金融市场与风险管理系列教材

金融计算与编程

——基于 MATLAB 的应用

（第二版）

曹志广　著

上海财经大学出版社

图书在版编目(CIP)数据

金融计算与编程/曹志广著. —2 版. —上海：上海财经大学出版社，2017.10
金融市场与风险管理系列教材
ISBN 978-7-5642-2727-2/F • 2727

Ⅰ.①金… Ⅱ.①曹… Ⅲ.①金融-计算机辅助计算-高等学校-教材 Ⅳ.①F830.49-39

中国版本图书馆 CIP 数据核字(2017)第 096663 号

□ 责任编辑　台啸天
□ 封面设计　张克瑶
□ 联系信箱　404485100@qq.com

JINRONG JISUAN YU BIANCHENG
金 融 计 算 与 编 程
——基于 MATLAB 的应用
(第二版)

曹志广　著

上海财经大学出版社出版发行
(上海市中山北一路369号　邮编200083)
网　　址:http://www.sufep.com
电子邮箱:webmaster @ sufep.com
全国新华书店经销
上海新文印刷厂印刷装订
2017 年 10 月第 2 版　2020 年 8 月第 4 次印刷

787mm×960mm　1/16　30 印张　638 千字
印数:4 501—5 500　定价:88.00 元

前　言

《金融计算与编程——基于MATLAB的应用》第一版于2013年5月出版,得到了许多师生的肯定,一些兄弟院校老师将本书作为"金融计算"课程的首选教材。尽管第一版进行了仔细的校对,但我在教学过程中还是发现了书中存在的不少错误,同时,第一版中的许多内容也需要得到扩充。本书第二版具体做了如下修改:

1. 订正了第一版中的多处文字和公式表述错误。
2. 为每一章增加了课后复习和思考题,方便教师的教学工作。
3. 新增了第13章"数据挖掘偏差的检验方法和应用"。
4. 原有部分章节内容做了拓展和延伸,具体各章的增加内容如下:

第3章:新浪实时数据的获取,Wind数据的获取,协整检验;

第4章:分位数回归,面板数据回归;

第5章:再抽样前沿组合,组合投资模型的实际应用;

第6章:基于EM算法的混合正态分布参数估计 MP模型的极大似然估计;

第11章:重点抽样法;

第12章:状态空间模型在ETF折溢价研究中的应用。

这本书的内容主要针对金融领域从事研究的研究人员,在实际金融市场中应用金融理论进行量化投资分析的从业人员,以及有可能从事金融领域研究或应用的金融专业的高年级本科生、硕士和博士研究生。对于缺乏金融学理论和计量经济学基础的读者而言,本书中的许多内容可能是艰涩和难懂的。

下面简单介绍一下本书的主要内容。第1章到第3章的内容为基础篇,第4章到第13

章的内容为金融领域中的应用篇。需要读者注意的是,本书中的所有函数均适用于 MATLAB7.1 或以上版本。书中的某些函数可能在低一些版本的 MATLAB 环境下无法运行,另外,由于 MATLAB 版本更新比较快,书中的一些函数在比较新的 MATLAB 版本(如 2014 以上版本)中可能无法使用,具体参见 MATLAB 版本的更新说明。

第 1 章介绍 MATLAB 的基本入门知识。这主要是为了方便不熟悉 MATLAB 的读者能够在最短的时间内了解和熟悉 MATLAB,当然熟悉 MATLAB 的读者可以跳过这部分内容。

第 2 章介绍计算中的误差问题,大部分初次从事数值计算的读者可能很少会想到计算机在有的时候计算出来的结果错得离谱,因此,我特别编写单独的一章来介绍这个问题。

第 3 章是数据的读入和基本的统计分析,这是实证研究和数据分析的基本前提。主要介绍如何读入 EXCEL、CSV 等数据类型的数据文件,如何通过网络从 Yahoo、新浪以及 Wind 等途径获取数据,还有金融统计分析中经常使用到的 MATLAB 函数的调用。

第 4 章是回归分析。在长期的研究和教学过程中,我发现回归分析在金融研究和金融模型的实际应用过程中非常重要,因此,这章比较详细地介绍了线性回归、非线性回归以及核回归、分位数回归和面板数据回归等常用的回归分析方法,以及所使用的 MATLAB 函数,这些函数大部分都是作者基于金融研究的实际需要而编写的。

第 5 章是金融分析中的优化问题,在金融研究和应用中,优化问题是不可避免的。在很多情形下,我们很难找到优化问题的全局最优解,经常会陷入局部最优解的陷阱。这一章主要介绍我们在金融中经常遇到的一些优化问题,以及如何借助 MATLAB 的帮助比较顺利地找到这些问题的最优解。

第 6 章是极大似然估计,金融模型都是对现实市场的一种近似刻画,金融模型中的参数估计通常要借助实际数据进行估计,而极大似然估计就是一种常用的参数估计方法。这章介绍了极大似然估计的基本原理,并给出了极大似然估计相应的 MATLAB 函数,借助该函数读者可以方便地进行许多金融模型的参数估计。

第 7 章是广义矩估计,广义矩估计是一种非常一般化的估计参数的方法,普通最小二乘法和极大似然估计方法都可以看成是广义矩估计的特例。因此,广义矩估计在金融研究和实际应用中具有非常广泛的应用。这章介绍了广义矩估计的基本原理,并给出了广义矩估计相应的 MATLAB 函数。最后结合常用的刻画利率随机过程的利率模型,使用实际的市场数据,详细地介绍了如何编写用于广义矩估计的矩条件函数进行参数估计。

第 8 章是金融资产收益率的波动率估计,波动率估计在风险估计、资产定价和套期保值等方面有着十分重要的意义。这章主要介绍常用的波动率估计方法，比如：ARCH、GARCH、多元 GARCH 等方法，也包含了 GARCHSK 等不太常见的波动率估计方法。

第 9 章是风险价值和条件风险价值的估计。这章主要介绍了估计风险价值和条件风险价值的一些常用方法：基于正态分布的估计、基于历史数据经验分布的估计、基于 Cornish-Fisher 展开式和极值理论的估计等，也讨论了将波动率替代为风险价值和条件风险价值后，经典的马克维茨的前沿组合的变化情况。

第 10 章是利率曲线估计，利率的期限结构在资产定价中有着十分重要的作用。这章给出了样条法和 Svensson 模型估计远期利率曲线和即期利率曲线的 MATLAB 函数，并结合市场实际国债数据详细地介绍了这些函数的调用方法。

第 11 章是期权定价的数值方法，主要介绍二叉树方法为欧式和美式期权定价的 MATLAB 函数，蒙特卡罗模拟方法为欧式、亚式和美式期权定价的 MATLAB 函数以及当标的资产收益服从非正态分布时的期权产品定价的 MATLAB 函数，有限差分方法为欧式期权定价的 MATLAB 函数等。

第 12 章是状态空间模型在金融中的应用。本章介绍了利用卡曼滤波对某些不可观测的变量进行估计的 MATLAB 函数，还介绍了状态空间模型在我国封闭式基金折价行为以及 ETF 折溢价行为实证研究中的具体应用。

第 13 章是数据挖掘偏差的检验方法及其应用。本章主要介绍金融研究和实践中广泛采用的数据挖掘技术所带来的数据挖掘偏差效应，以及如何利用真实性检验（RC）、SPA 检验、SRC、SSPA、SRC(K)、SSPA(K) 和 FDR 等检验方法将这些数据挖掘偏差效应纠正后，真正探测出数据背后隐藏的规律。我们给出了这些检验的 MATLAB 函数，以及在实证研究中如何使用这些函数的例子。

最后的参考文献部分仅列出了一些重要的参考文献，其他在正文中引用的文献对读者阅读本书并不十分重要，因此并未在最后的参考文献中列出。尽管我多次校对文中的各处细节，本书依然可能存在各种错误，欢迎读者通过邮箱 caozhiguang@shufe.edu.cn 与我沟通。对于使用本书作为教材的教师同行，我非常乐意提供电子版的 PPT 和教材中自编的 MATLAB 函数，如有需要，也请通过 E-mail 与我联系。

曹志广
2017 年 5 月

目 录

1 MATLAB 入门 1
   1.1 MATLAB 简介 1
   1.2 MATLAB 编程基础 4
   1.3 编写 MATLAB 函数 18
   1.4 一个浑沌游戏 21
   1.5 提高 MATLAB 的运算效率 23
   1.6 商品交换的例子 28
   复习与思考题 29
   参考答案 30

2 数值计算中的误差和误差传播 32
   2.1 认识计算机如何存储数字 32
   2.2 误差问题的认识 37
   2.3 误差的来源 39
   2.4 误差的度量 40
   2.5 运算中的误差传递 40
   2.6 误差控制 41
   复习与思考题 43
   参考答案 43

3 数据的读入和基本统计分析 44
   3.1 金融分析中常见的数据格式 44
   3.2 常见的数据获取方式 45
   3.3 EXCEL 数据文件的读取 45

3.4 文本数据文件的读取 … 49
3.5 CSV 格式和 ASCII 格式数据的读取 … 51
3.6 通过网络获取数据 … 52
3.7 数据的预处理 … 59
3.8 数据的描述性统计分析 … 65
3.9 样本分布 … 66
3.10 产生常见分布的随机数及分布检验 … 73
3.11 自助法（Bootstrap） … 74
3.12 时间序列的基本统计分析 … 76
3.13 常见的假设检验统计方法 … 85
3.14 主成分分析方法 … 90
3.15 因子分析 … 94
复习与思考题 … 98
参考答案 … 99

4 回归分析 … 102
4.1 MATLAB 在处理回归分析中的优势 … 102
4.2 线性回归 … 103
4.3 非线性回归 … 119
4.4 核回归 … 122
4.5 Fama-MacBeth 回归 … 127
4.6 分位数回归 … 130
4.7 面板数据回归 … 138
4.8 我国股票市场日历效应检验 … 144
4.9 基于线性回归的方差分解 … 152
4.10 回归分析中一些常见问题的讨论 … 155
复习与思考题 … 156
参考答案 … 157

5 金融分析中的优化问题 … 158
5.1 线性规划问题 … 158
5.2 二次规划问题 … 160
5.3 无约束非线性函数最优化问题 … 176
5.4 约束非线性函数最优化问题 … 180
5.5 局部最优值和全局最优值 … 182

5.6 优化问题的金融应用:信息交易模型的最优参数估计 …………… 185
　复习与思考题 ……………………………………………………………… 199
　参考答案 …………………………………………………………………… 199

6 极大似然估计 …………………………………………………………… 201
　6.1 极大似然估计基本原理 ……………………………………………… 201
　6.2 极大似然估计的 MATLAB 函数 …………………………………… 203
　6.3 基于 EM 算法的混合正态分布参数估计 …………………………… 209
　6.4 二元选择回归问题中的参数估计 …………………………………… 213
　6.5 受限因变量回归模型的参数估计 …………………………………… 216
　6.6 上证综合指数收益率广义双曲线分布的极大似然估计 …………… 223
　6.7 MP 模型的极大似然估计 …………………………………………… 230
　复习与思考题 ……………………………………………………………… 232
　参考答案 …………………………………………………………………… 233

7 广义矩估计 ……………………………………………………………… 234
　7.1 广义矩估计的基本原理 ……………………………………………… 234
　7.2 广义矩估计的参数估计 ……………………………………………… 237
　7.3 广义矩估计的 MATLAB 函数 ……………………………………… 238
　7.4 广义矩估计的应用 …………………………………………………… 241
　复习与思考题 ……………………………………………………………… 253
　参考答案 …………………………………………………………………… 253

8 波动率的估计 …………………………………………………………… 255
　8.1 历史波动率 …………………………………………………………… 255
　8.2 移动平均模型 ………………………………………………………… 257
　8.3 指数加权平均模型 …………………………………………………… 259
　8.4 ARCH 模型 …………………………………………………………… 260
　8.5 GARCH 模型 ………………………………………………………… 262
　8.6 多元 GARCH 模型 …………………………………………………… 265
　8.7 GARCHSK 模型 ……………………………………………………… 268
　8.8 波动率估计的应用:股指期货的套利交易 ………………………… 276
　复习与思考题 ……………………………………………………………… 283
　参考答案 …………………………………………………………………… 283

9 风险价值和条件风险价值的估计 ················ 284
- 9.1 VaR 和 CVaR 的定义 ················ 284
- 9.2 基于 Cornish-Fisher 展开式的 VaR 和 CVaR ················ 285
- 9.3 基于正态分布的 VaR 和 CVaR ················ 285
- 9.4 基于蒙特卡罗模拟的 VaR 和 CVaR ················ 286
- 9.5 基于历史模拟的 VaR 和 CVaR ················ 288
- 9.6 极值理论与 VaR 和 CVaR ················ 291
- 9.7 均值-方差有效前沿与均值-VaR 及均值-CVaR 有效前沿 ················ 297
- 9.8 不同 VaR 模型套期保值效果的比较 ················ 307
- 复习与思考题 ················ 317
- 参考答案 ················ 318

10 远期利率曲线估计 ················ 319
- 10.1 即期利率与远期利率 ················ 319
- 10.2 样条法估计利率曲线 ················ 320
- 10.3 Svensson 模型估计利率曲线 ················ 333
- 复习与思考题 ················ 338
- 参考答案 ················ 339

11 期权定价的数值方法 ················ 340
- 11.1 二叉树 ················ 340
- 11.2 三叉树 ················ 342
- 11.3 二叉树与期权定价 ················ 343
- 11.4 蒙特卡罗模拟和期权定价 ················ 348
- 11.5 有限差分方法和期权定价 ················ 366
- 11.6 期权定价的应用:银行理财产品的定价 ················ 375
- 11.7 期权定价的应用:累积股票期权的定价 ················ 378
- 复习与思考题 ················ 380
- 参考答案 ················ 381

12 状态空间模型在金融中的应用 ················ 382
- 12.1 状态空间模型 ················ 382
- 12.2 状态空间模型与其他时间序列模型 ················ 383
- 12.3 卡曼滤波与不可观测变量的估计 ················ 384
- 12.4 卡曼滤波的 MATLAB 程序 ················ 385

  12.5 状态空间模型的参数估计……390
  12.6 应用状态空间模型研究我国封闭式基金的折价行为……398
  12.7 我国 ETF 基金的折溢价行为及波动性研究[①]……406
  复习与思考题……420
  参考答案……420

13 数据挖掘偏差的检验方法和应用……421
  13.1 数据挖掘和数据挖掘偏差的检验方法……421
  13.2 数据挖掘偏差检验的 MATLAB 函数……426
  13.3 数据挖掘偏差和技术交易规则在我国股票市场的有效性……450
  复习与思考题……462
  参考答案……462

参考文献……463

1 MATLAB 入门

本章主要介绍 MATLAB 编程的入门知识,包括:基本的运算和变量命名规则、不同数据类型的生成和调用、矩阵的基本操作、基本的作图功能以及编程需要的最基本的循环语句和条件判断语句使用方法,还有如何提高 MATLAB 计算效率的基本技巧。熟悉 MATLAB 的读者可以跳过本章的内容。

1.1 MATLAB 简介

1.1.1 MATLAB 的优势

MATLAB 是由美国 Mathworks 公司推出的用于数值计算和图形处理的科学计算软件。MATLAB 是英文 Matrix Laboratory(矩阵实验室)的缩写。它的第 1 版(DOS 版本 1.0)发行于 1984 年。由于 MATLAB 编程简单高效,与利用 C 语言或 FORTRAN 语言作数值计算的程序设计相比,能够非常快速和方便地让初学者学会编程,从而大大节省学习编程语言的时间,更好地将时间和精力放在使用者自己的专业知识上。MATLAB 集中了日常数学处理中的各种功能,包括高效的数值计算、矩阵运算、信号处理和图形生成等功能。在 MATLAB 环境下,用户可以集成地进行程序设计、数值计算、图形绘制、输入输出、文件管理等各项操作。在工程技术界,MATLAB 也被用来解决一些实际课题和数学模型问题。典型的应用包括数值计算、算法预设计与验证,以及一些特殊的矩阵计算应用,如自动控制理论、统计、数字信号处理(时间序列分析)等。进入 20 世纪 90 年代,MATLAB 已经成为国际控制界公认的标准计算软件。90 年代初期,在国际上三十几个数学类科技应用软件中,MATLAB 在数值计算方面独占鳌头,而 MATHEMATICA 和 MAPLE 则分居符号计算软件的前两名。在全球许多高校,也包括国内许多高校里,

MATLAB 正在成为对数值线性代数以及其他一些高等应用数学课程进行辅助教学的有益工具。在金融和经济学领域，MATLAB 也在大学和各种金融机构里得到了广泛应用。同时 MATLAB 也在量化交易领域有着极大的发展空间，MATLAB 能够非常方便地对接到各种程序化交易平台，比如：MATLAB 可以方便地连接到由上海期货交易所开发的综合交易平台(CTP)，进行商品期货和股指期货的程序化交易。同时，MATLAB 在数学和统计模型上处理的高效性和方便性使得基于这些复杂模型的投资策略的研发、回测变得非常有效。由于 MATLAB 也能够方便地进行实盘的程序化交易，这就大大方便了交易策略的开发者，不需要在研发策略的时候借助 MATLAB 处理复杂模型的便捷性使用 MATLAB 语言进行模型开发，而在实盘交易的时候又要使用另外一门计算机语言进行交易。当然，由于 MATLAB 的运行速度较 C++、C♯ 等语言要慢一些，并不适合高频交易，但对于 1 分钟以上级别的实盘交易，MATLAB 足以胜任。归结一下，MATLAB 具有以下优势：

(1) 编程简单，类似于其他语言，如 C 语言。MATLAB 的语言与数学公式的书写非常雷同，是一种解释性的语言，非常容易理解。因此，编程者能够以数学公式的思维方式写程序。另外，MATLAB 的程序编写格式简单，不像其他语言有着复杂的格式要求，初学者能够很快掌握基本的编程技能。MATLAB 语言最基本的就是函数的调用，MATLAB 本身提供了丰富的内部函数库，使用者可以直接调用，调用的基本格式是 $[a,b,c,\cdots]=$ funname $(A,B,C,\cdots)$，其中：$a,b,c,\cdots$ 是函数的输出，全部包含在方括号中，不同的输出变量以逗号隔开；$A,B,C,\cdots$ 是函数的输入，全部包含在圆括弧中，不同的输入变量以逗号隔开；funname 则是函数的名称。比如使用者想计算 $\sin(3)$ 的值，可以直接调用 MATLAB 的内部函数：$y=\sin(3)$，正弦函数在 MATLAB 内部函数库中的名字与其数学表示 sin 相同。

(2) 集成度高，扩展性好。MATLAB 提供了强大的内部函数库，比如：优化工具箱、时间序列工具箱、信号处理工具箱和计量经济工具箱等等。用户也可以编写和开发自己的函数库，MATLAB 是一个完全开放的系统，其函数库的扩展完全是没有边界的。另外，MATLAB 并不排他，MATLAB 可以方便地与 FORTRAN、C 等语言进行连接。MATLAB 还能够很方便地对接到各种专业数据库，比如 Bloomberg、Wind 等数据提供商，非常方便使用者通过 MATLAB 直接从数据库中调取所需要的数据。

(3) 强大的矩阵处理能力。MATLAB 在进行矩阵运算方面是首屈一指的。虽然 MATLAB 作为解释性的语言，其运算速度相比 C 语言等要逊色。但 MATLAB 借助其在矩阵运算方面的强大优势，在金融工程、信号处理、控制系统等领域显得非常高效、简洁和方便。在控制界 MATLAB 是国际首选的计算机语言，在金融工程领域也是首选的计算工具。

(4) 丰富的网络资源。MATLAB 的爱好者遍布各个领域，也经常将一些程序放到网上共享，比如：Mathworks 公司的主页 www.mathworks.com 上就有许多 MATLAB 的爱好者发布的免费下载的程序。这些共享资源为 MATLAB 使用者大大节省了时间和精力。

1.1.2 MATLAB 的界面

启动 MATLAB 后,进入 MATLAB 默认的桌面平台,图 1.1 显示了 MATLAB7.1 的桌面平台。

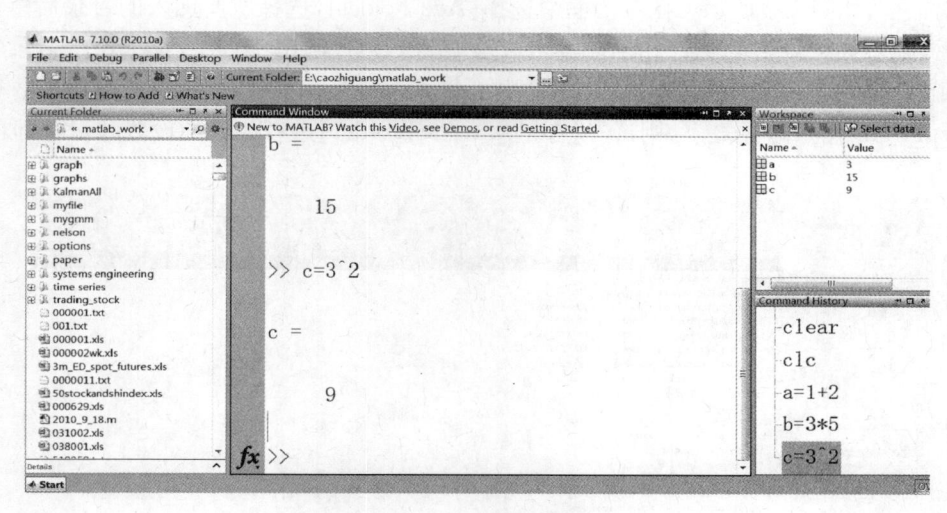

图 1.1 MATLAB 的桌面平台

桌面平台主要有四个窗口:当前目录窗口、命令窗口、工作管理窗口和历史命令窗口。当前目录窗口如图 1.1 中的最左边窗口所示。当前目录的位置是可以由使用者设定的,在图 1.1 中,我们将当前目录设定为 E:\caozhiguang\matlab_work。当前目录窗口显示了在该目录下所有的文件和文件夹,可以方便使用者搜索和查询。命令窗口如图 1.1 中的中间窗口所示。">>"为运算提示符,表示 MATLAB 正处在等待命令输入状态。在运算提示符后输入命令,比如:a=1+2,并按 Enter 键,MATLAB 将给出计算结果,a=3,然后再次进入等待状态。工作管理窗口如 1.1 中的右上窗口所示。工作管理窗口显示所有目前内存中 MATLAB 变量的变量名、类型等信息,鼠标左键双击工作管理窗口的某个变量,就可以在新的打开窗口中看到变量的具体内容。历史命令窗口如图 1.1 中的右下窗口所示。历史命令窗口显示了在命令窗口中所有命令的历史记录,方便使用者进行查询。鼠标左键双击历史命令窗口的某一行命令,则该行命令将在命令主窗口中得到执行。

1.1.3 MATLAB 的搜索路径

MATLAB 的所有命令操作都是在它的搜索路径中进行的(包括当前路径)。MATLAB 默认的搜索路径是 MATLAB 的安装目录以及所有自带工具箱的路径。这里的路径其实就是目录的意思。经常有初学者自己编写了一个函数,并且保存在某一个目录之下,但在命令窗口下调用该函数时，MATLAB 却提示找不到该函数。这是因为使用者保存该函数的目录并不在 MATLAB 搜索的路径当中，我们需要通过路径设置将该目录添加到 MATLAB 搜索的路径当中。这样 MATLAB 就能调用所有在搜索路径之下的任何函数或文件了。具体地，选择 MATLAB 窗口中的【File】下拉菜单中的【Set Path】，进入设置搜索路径的对话框，如图 1.2 所示。在对话框中选择【Add Folder】，选择所要加入的目录后将设置保存后，则所加目录下的文件和函数都可以被 MATLAB 调用，但该目录下面子目录的文件和函数，还是不在搜索路径之下。如果要将目录下面所有子目录下的文件和函数也置于 MATLAB 搜索路径之下，则选择【Add with Subfolder】进行相应的设置并保存即可。

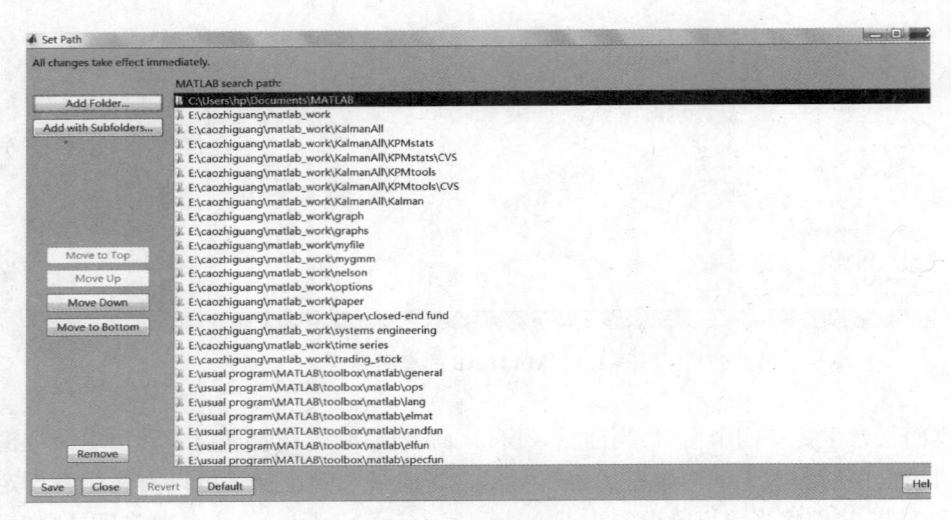

图 1.2　路径设置对话框

1.2　MATLAB 编程基础

1.2.1　MATLAB 变量名命名规则

在 MATLAB 中，变量名称的英文大小写是有区别的（apple，Apple，AppLe 表示三个不同的变量名）。在 MATLAB7.1 中，变量名的长度上限为 63 位，超过部分将被忽略。不同的 MATLAB 版本对变量名的长度上限规定可能存在差别。在 MATLAB 命令窗口下键入 N=namelengthmax 后，并敲回车键即可得到长度上限的值 N。

变量名的第一个字必须是一英文字，随后可以掺杂英文字母、数字或是下划线，但不可以有其他字符。比如：变量名中不能出现"+"，"."，"—"，"*"，"/"等符号。A_1，A1，ABC123，ABC_123 都是可以被 MATLAB 识别的有效变量名，而 2A，a*2，a/b 都是错误的变量名。

MATLAB 的赋值规则很简单,比如:要将数值 2 赋给变量 a,则只需要在 MATLAB 命令窗口中输入 a=2 并敲回车键即可完成赋值,事先也无须申明变量 a 的类型。a=2 同时完成了赋值和取变量名的任务。在将 2 赋给变量 a 后,我们如果在 MATLAB 命令窗口中输入 b=a+3 并敲回车键,在命令窗口中就显示得到 b=5。如果输入 b=a+3,并敲回车键,则命令窗口中不显示运算的结果,但实际上 MATLAB 已经完成了计算,并保存在内存中,用户可以在工作管理窗口看到新的变量 b。接下来用户可以直接调用变量 b。用户可以通过在 MATLAB 命令窗口中输入 clear 并敲回车键来清除内存中的所有变量,也可以通过 clear 后面跟空格再接变量名,来删除特定的变量。比如:我们要删除前面已经保存在内存中的变量 a,则输入 clear a 并敲回车键即可,如果要删除前面已经保存在内存中的变量 a 和 b,但在内存中保留其他变量,则输入 clear a b 并敲回车键即可,变量名之间也以空格隔开。

MATLAB 也自定义了一些变量,比如:eps、pi、Inf(或 inf)、NaN(或 nan)等等。eps 在 MATLAB 中定义为一个非常小的正数:2.2204e−16。pi 就被 MATLAB 自定义为无理数 π 值。inf 则表示无穷大的数。NaN(或 nan)则被 MATLAB 定义为"不是一个数"。i 或 j 在 MATLAB 中自定义为虚数 $\sqrt{-1}$。realmin 在 MATLAB 中自定义为最小的正浮点数,即 2.2251e−308。realmax 在 MATLAB 中自定义为最大的浮点数,即 1.7977e+308。用户在定义变量名时,尽量不要使用上述变量名。如果用户一定要以上述变量名来命名一个变量,MATLAB 也是允许的,并且以用户定义的为准。比如:如果我们在 MATLAB 命令窗口下输入 pi 回车键后得到 ans=3.1416,这是 MATLAB 默认的变量名,表示圆周率,如果数值没有赋给任何变量名称,则 MATLAB 自动以 ans 来命名。如果我们输入 pi=1 回车键后得到 pi=1,这时,pi 不再表示圆周率,而是等于数值 1。如果要恢复 MATLAB 默认的变量名,只要输入 clear pi,然后键入回车键,将用户定义的变量 pi 删除,即可恢复到 MATLAB 默认的状态,即 pi 仍然表示圆周率。当然 MATLAB 重新启动后,MATLAB 也自动恢复到默认的变量名。

1.2.2 简单数学运算

MATLAB 处理简单的数学运算,与普通的计算器没有什么不同。加、减、乘、除、幂次方在 MATLAB 中分别以 +、−、*、/、^ 表示。比如:我们要计算:5+3,5−3,5*3,5/3,5^3,就分别在 MATLAB 命令窗口中输入 5+3,5−3,5*3,5/3,5^3,即可得到相应的计算结果。如果我们要算 1×10+2×20+3×30 这个式子,并将计算结果赋给变量名 X,则我们在 MATLAB 命令窗口中输入 X=1*10+2*20+3*30 并敲回车键后得到:X=140。如果输入 X=1*10+2*20+3*30;,则在命令窗口中并不显示计算结果,如果想知道计算结果,只需要键入 X 并敲回车键,即可在命令窗口中显示:X=140。

MATLAB 的运算顺序完全遵循数学上的规则。比如:我们在 MATLAB 命令窗口中输入 X=(2+2.5)*2/3^2 并敲回车键后得到:X=1,而不是 9。

常见的数学函数在 MATLAB 中可以直接调用,函数名与其数学上的表示非常接近或完全相同。表 1.1 列出了 MATLAB 中定义的部分常见函数名称。详细的函数描述可以在 MATLAB 主窗口中点击【Help】进行查询。比如:我们在 MATLAB 命令窗口中输入 a=log(5)后,得到 a=1.6094;输入 b=ceil(1.2),得到 b=2;输入 c=gamma(2),得到c=1。

表 1.1 常用的基本函数

函数名	数学含义	函数名	数学含义
sin	正弦函数	asin	反正弦函数
cos	余弦函数	acos	反余弦函数
exp	指数函数	log	自然对数函数
log2	以 2 为底的对数函数	log10	以 10 为底的对数函数
sqrt	根号函数	abs	绝对值或模函数
floor	朝负方向取整函数	ceil	朝正方向取整函数
round	四舍五入取整函数	sign	符号函数
besselj	第一类贝赛尔函数	bessely	第二类贝赛尔函数
besselh	第三类贝赛尔函数	besseli	修正的第一类贝赛尔函数
besselk	修正的第二类贝赛尔函数	gamma	Gamma 函数

1.2.3 矩阵(向量)的运算

当某一变量为向量或是矩阵时,如果要键入元素,须用中括号[ ]将各个元素置于其中,元素与元素之间用逗号或空格隔开,";"则表示换行。例如:在 MATLAB 命令窗口中输入 a=[1,2,3;4,5,6;7,8,0],得到:

a=

    1   2   3
    4   5   6
    7   8   0

在 MATLAB 命令窗口中输入 b=[3,8,1;9,5,2;6,2,1],得到:

b=

    3   8   1
    9   5   2
    6   2   1

在 MATLAB 中,我们还能够以更简单的方式来输入一个向量,比如:输入 s=1:5,得到:

s=

  1 2 3 4 5

如果输入 s=1:2:9,得到

s=

  1 3 5 7 9

  输入 s=1:2:9 中的 2 定义了相邻元素间的间隔,如果间隔为 1,则可以简写为 s=1:9。另外,我们还可以用 linspace 来快速生成一个向量。比如:我们输入 s=linspace(1,9,5),得到区间 1 到 9 之间 4 等分后的各区间端点:

s=

  1 3 5 7 9

  而 MATLAB 提供的 ones,zeros,eye 等函数也给出了矩阵的简便输入方法。比如:输入 ones(3,3),得到 3×3 的全部是 1 的矩阵

ans=

  1 1 1
  1 1 1
  1 1 1

输入 zeros(3,3),得到 3×3 的全部是 0 的矩阵

ans=

  0 0 0
  0 0 0
  0 0 0

输入 eye(3),得到 3×3 的单位矩阵

ans=

  1 0 0
  0 1 0
  0 0 1

在 MATLAB 中也能很方便地创建高维数组,比如:我们输入
A(:,:,1)=[1,2;3,4];A(:,:,2)=[5,6;7,8];A(:,:,3)=[9,8;7,6];A 得到:

A

A(:,:,1)=

  1 2
  3 4

A(:,:,2)=

  5 6
  7 8

A(:,:,3)=
  9 8
  7 6

矩阵或向量的运算在MATLAB中十分方便。比如:我们在MATLAB中得到上面的两个矩阵a和b后,我们输入c=a+2,得到:

c=
  3 4 5
  6 7 8
  9 10 2

即将a中的每个元素都加上2。我们输入d=a+b,得到:

d=
  4 10 4
  13 10 8
  13 10 1

即求矩阵a和b的和。我们输入e=a*b,得到:

e=
  39 24 8
  93 69 20
  93 96 23

即求矩阵a和b的乘积,当然矩阵a和b要在数学上满足乘积的条件(a矩阵的列数要和b矩阵的行数相等),否则,MATLAB给出出错的信息。我们继续输入f=a^2,得到:

f=
  30 36 15
  66 81 42
  39 54 69

这相当于矩阵a与矩阵a相乘。

如果我们想让a矩阵中的每个元素进行平方,则我们输入g=a.^2,得到:

g=
  1 4 9
  16 25 36
  49 64 0

如果我们想让a矩阵中的每个元素和b矩阵中的位置对应的元素相乘,则我们输入h=a.*b,得到:

h=

```
  3    16    3
 36    25   12
 42    16    0
```

MATLAB 中许多函数也允许输入是矩阵或向量的形式，比如，我们输入 y=sin(a)，得到：

y=
```
  0.8415   0.9093   0.1411
 -0.7568  -0.9589  -0.2794
  0.6570   0.9894        0
```

矩阵 y 给出了矩阵 a 中每个元素所对应的正弦函数值。

输入 x=inv(b)，则得到矩阵 b 的逆矩阵：

x=
```
  0.0667  -0.4000   0.7333
  0.2000  -0.2000   0.2000
 -0.8000   2.8000  -3.8000
```

输入 z=x*b 可以验证结果是否为单位矩阵：

z=
```
  1.0000  -0.0000        0
  0.0000   1.0000   0.0000
       0   0.0000   1.0000
```

有时候我们可能要求一个接近奇异矩阵的逆矩阵，这时我们可以调用函数 pinv，依然用前面的例子，我们输入 x=pinv(b)，得到矩阵 b 的逆矩阵：

x=
```
  0.0667  -0.4000   0.7333
  0.2000  -0.2000   0.2000
 -0.8000   2.8000  -3.8000
```

要得到矩阵 a 的转置矩阵，我们只要输入 a1=a′，得到：

a1=
```
 1   4   7
 2   5   8
 3   6   0
```

矩阵中元素的提取在 MATLAB 中也非常方便，比如：输入 a2=a([1,3],[2,3])，得到矩阵 a 中行的位置在第一行和第三行，同时列的位置在第二列和第三列的元素：

a2=
```
 2   3
 8   0
```

a2=a([1,3],[2,3])的圆括弧中逗号前面的输入[1,3]表示行的位置,如果输入冒号,则表示所有的行;逗号后面[2,3]表示列的位置,如果输入冒号,则表示所有的列。比如:输入 a3=a(:,2),则得到矩阵 a 的第二列所有元素:

a3=
    2
    5
    8

输入 a4=a([1,2],:),则得到矩阵 a 的第一行和第二行所有元素:

a4=
    1   2   3
    4   5   6

我们也可以将空矩阵[]赋给矩阵中的某些行或某些列,从而将这些行或列删除,比如:我们输入 a(:,2)=[],得到删除了第二列的矩阵 a:

a=
    1   3
    4   6
    7   0

我们也可以使用函数 find 找出矩阵中满足某些条件的元素,比如:输入[row,col]=find(a>5),则得到矩阵 a 中那些大于 5 的元素所在的行和列的位置:

row=
    3
    3
    2
col=
    1
    2
    3

而 a(a>5)直接给出了 a 中大于 5 的元素:

ans=
    7
    8
    6

1.2.4 变量的类型

前面我们例子中给出的运算都是数值变量之间的运算,MATLAB 中还能方便地处理其他数据类型的变量,比如:字符型、元胞型和结构型等。

字符型变量的赋值要用单引号,比如:输入 a='This is Matlab',得到:

a=

This is Matlab

字符型变量中元素的提取方式与前面所介绍的一般矩阵提取方式完全相同。

元胞型变量的赋值要用大括号,元胞型变量中的各元素可以是不同类型和不同大小的变量,元素的提取规则与一般矩阵元素的提取类似,唯一不同的是要使用大括号,而不是小括号。比如:我们输入 A=[1,2;,3,4];B={2,A,'matlab'},得到:

B=

    [2]   [2x2 double]   'matlab'

再输入 B{1,2},则提取元胞型变量 B 的第二个元素:

ans=

    1   2

    3   4

如果输入 B(1,2),仅得到

ans=

    [2x2 double]

结构型变量是在普通的变量名后面加属性名来构造的,属性名与变量名之间用'.'隔开,当然属性名后面还可以再添加属性名,当中用'.'隔开即可。比如:我们输入 score.math=70;score.eng=80;score.grade='B';score,得到:

score=

    math:70

    eng:80

    grade:'B'

1.2.5 程序的注解

同其他语言一样,MATLAB 允许对程序加以注解,对相关的程序进行解释和说明。注解是由%起头,也就是说在%之后的任何文字都被视为程序的注解,不会被当成执行语句被执行。注解的功能是简要地说明程序的内容。比如:

r=2;%键入半径

area=pi*r^2;% 计算面积

1.2.6 图形处理

MATLAB 处理图形的功能十分强大,这里我们通过以下例子主要介绍二维作图函数 plot 的基本用法。比如:我们输入

```
clear
close all %关闭所有图形
x=linspace(0,2*pi,20);%生成向量
y=sin(x);%计算相应的正弦函数值
z=cos(x);%计算相应的余弦函数值
h=figure;%生成一幅空的图形
set(h,'color','w')%将图形的背景颜色设为白色
plot(x,y,'r-o') %以 x 为横轴,y 为纵轴作二维图形,图形中的每个点
%以红色的圈来标记并用连线将相邻的点连接起来
hold on %将刚才画的图继续保留
plot(x,z,'b-*') %以 x 为横轴,z 为纵轴作二维图形,图形中的每个点以蓝
色%的星号来标记并用连线将相邻的点连接起来
grid on %画出网格线
xlabel('X') %将横轴加注标记 X
title('sin(x) and cos(x)') %给图形加注名称 sin(x) and cos(x)
legend('sin(x)','cos(x)',1)%给第一条曲线取名 sin(x),
%第二条取名 cos(x),生成图例,并放置在图形的右上角位置
(1 表示右上角、2 表示左上角、3 表示左下角、4 表示右下角)
```

最后,我们得到图 1.3。

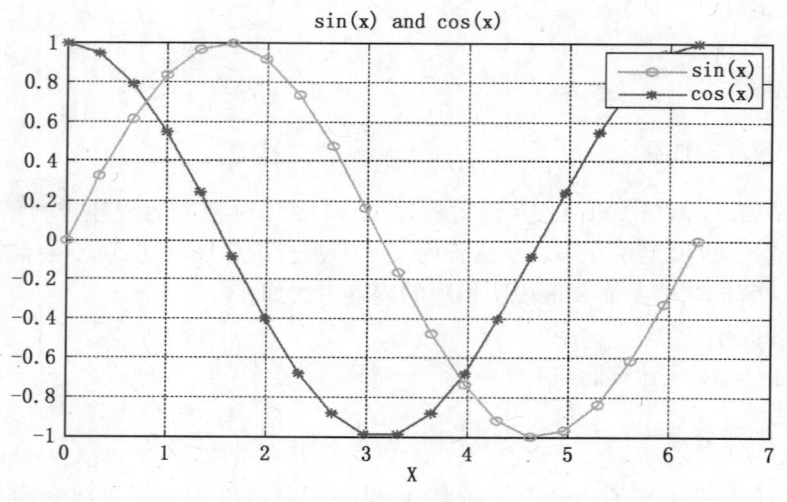

图 1.3 sin(x)和 cos(x)

对于 MATLAB 三维作图功能,我们给出下面的例子,注释语句给出了详细的说明。
在 MATLAB 命令窗口下输入
edit my_graph
在弹出的菜单中选择'Yes'
然后在弹出的空白文档中输入

```
clear
[x,y]=meshgrid(-3:0.1:3,-3:0.1:3);%生成 x-y 坐标的"格点"矩阵
z=(x.^2-2*x).*exp(-x^2-y.^2-x.*y);%计算在各个格点上的函数值
h=figure;
set(h,'color','w')
subplot(2,2,1) %在 2×2 的图上左上部分生成空白图形
mesh(x,y,z) %在 2×2 的图上左上部分生成三维图形
subplot(2,2,2) %在 2×2 的图上右上部分生成空白图形
x1=0:pi/20:3*pi;
r=5+cos(x1);
[a,b,c]=cylinder(r,500);%生成以 r 为母线的柱面的三维坐标,
%N 为旋转圆周上的分格线的条数
mesh(a,b,c) %在 2×2 的图上右上部分生成三维图形
subplot(2,2,3) %在 2×2 的图上左下部分生成空白图形
[a,b,c]=sphere(30);%生成单位球面的三维坐标
t=abs(c);%取绝对值
surf(a,b,c,t) %在 2×2 的图上左下部分生成三维图形
subplot(2,2,4) %在 2×2 的图上右下部分生成空白图形
x=-8:0.1:8;
y=x';
a=ones(size(y))*x;
b=y*ones(size(x));
c=sqrt(a.^2+b.^2)+eps;
z=sin(c)./c;
mesh(z) %在 2×2 的图上右下部分生成三维图形
```

然后再选择"保存",将文件保存在默认的文件夹下。然后在 MATLAB 命令窗口下输入 my_graph 得到图 1.4。

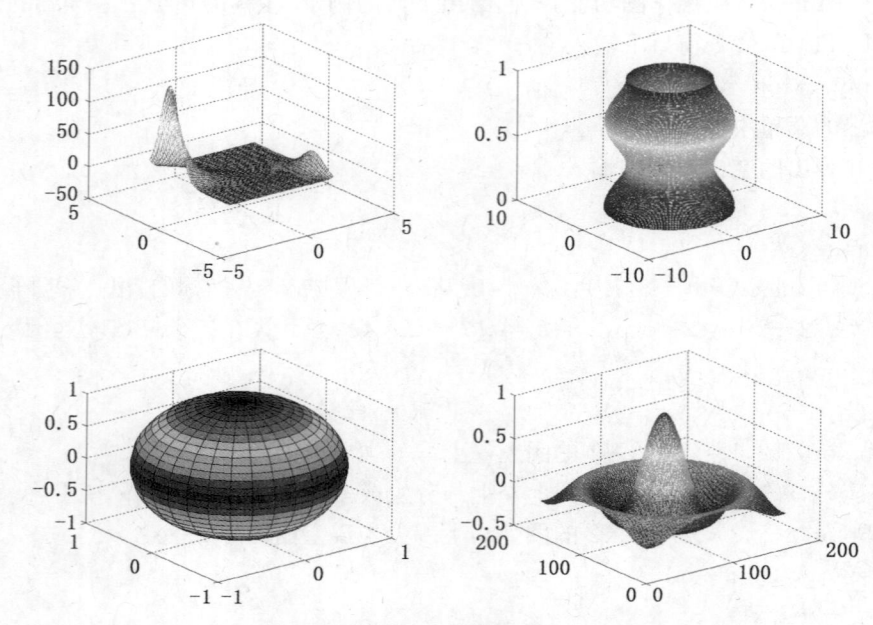

图1.4　三维图形

1.2.7　编写 M 脚本文件

通过 M 文件可以将多句程序保存在一个文件中,让 MATLAB 依次执行文件中所有的程序。比如前面所提到的文件 my_graph 就是一个 M 脚本文件。上面 my_graph 的例子实际上也给出了创建 M 文件的一种方法。M 文件的创建也可以通过菜单中的新建文档打开空白的文档,输入程序后,再点击保存,命名后保存在 MATLAB 默认的文件夹下(或在 MATLAB 的搜索路径之下)后就可以运行 M 文件中的程序了。运行方式可以在命令窗口下输入 M 文件的文件名,也可以在打开的 M 文件的窗口中点击【Debug】下拉菜单中的运行栏目即可。

1.2.8　条件语句和循环语句

MATLAB 的条件语句有其特定的格式:以 if 开头,以 end 结束。条件语句的一般格式为:

if 条件表达式

执行程序语句 1

else

执行程序语句 2

end

上述条件语句的含义是：如果满足条件，则执行语句1，否则就执行语句2。上面的条件只有2种情况，即满足条件的情况和不满足的情况。有时候条件可能有好几种情况，比如：有4种情况，则条件语句的格式为：

if 条件表达式1

执行程序语句1

elseif 条件表达式2

执行程序语句2

elseif 条件表达式3

执行程序语句3

else

执行程序语句4

end

下面我们给出一个简单的例子来具体说明条件语句的用法。

clear

x=randn(1)；%生成一个服从标准正态分布的随机数 x

if x>0

y=1；%如果 x>0，则让 y 等于1

elseif x==0 %条件表达式中要用双等号"=="，不能用"="

y=0；%如果 x=0，则让 y 等于0

else

y=-1；%如果 x<0，则让 y 等于-1

end

条件表达式中可以用"&"（表示"和"），"|"（表示"或"）和"~"（表示"非"）将不同的条件连接起来。注意：当条件语句中的情况不止一种情景时，MATLAB 依次检验是否满足条件，一旦发现满足条件，则执行相应的程序，然后跳出 if 结构，而不会继续检验接下来的条件是否有满足条件的情况。

MATLAB 的循环语句主要有 for 循环语句和 while 循环语句。for 循环语句以 for 开头，以 end 结束，其特定的格式为：

for x=向量

执行程序语句

end

比如，我们用循环来计算 1+3+5+…+99，编写以下程序：

clear

```
s=0;
for i=1:2:99
    s=s+i;
end
s
```

上面的程序中，for 后面的变量 i 被称为循环变量，for 和 end 之间的程序 s=s+i 被称为循环体。循环的次数是由循环变量定义的向量的列数所决定的，在第一次循环中 i 的取值为向量中的第一列元素 1，因此在第一次循环中执行 s=0+1；在第二次循环中 i 的取值为向量中的第二列元素 3，因此在第二次循环中执行 s=1+3；依次类推，最终程序给出的 s 就是 1+3+5+…+99 的和为 2500。

while 循环语句以 while 开头，以 end 结束，其特定的格式为：

while 条件语句
  执行程序语句
end

while 和 end 之间的执行程序语句为循环体。上面 1+3+5+…+99 的例子也可以通过 while 循环语句来执行。

```
clear
s=0;
i=1;
while i<=99 %当i小于或等于99时,执行循环体的语句
    s=s+i;
    i=i+2;
end
s
```

下面我们给出另外一个例子：求最小的 m，使得 $\sum_{i=1}^{m} i > 10\,000$。

```
s=0;
for i=1:10000
s=s+i;
if s>10000
```

```
    break %如果满足条件,则跳出循环
  end
 end
 m=i
```

运行以上程序,得到最小的 m 为 141。

1.2.9 分支语句

MATLAB 提供了 switch-case-otherwise 语句来实现多种情况下的开关控制,其一般格式如下:

switch 开关条件
case 状况 1
执行程序语句 1
case 状况 2
执行程序语句 2
…
otherwise
最终执行语句
end

switch 分支语句将 switch 后面的表达式与各个 case 后面的值(可以是标量、字符串和元胞型变量)依次进行比较,一旦比较结果为真,则执行该 case 下面对应的程序,然后跳出 switch 分支结构,而不再比较后面各个 case 对应的值。如 case 后面的值为元胞型变量,则 MATLAB 将 switch 后面的表达式与元胞型变量的所有元素进行比较,如果元胞型变量的其中一个元素和 switch 后面的表达式相等,则比较的结果为真。下面我们通过一个例子给出 switch 分支语句的具体用法。比如:有 5 名学生的考试成绩分别为 65、53、90、45、80,如果分数在 60 分或以上,则通过,记为"P",如果分数在 60 分以下,则不通过,记为"F"。下面的这段程序将分别给出这 5 名学生的考核结果 grade。

```
clear
for i=1:60
 a{i}=i-1;%生成 60 分以下的元胞型数组
end
for i=61:101
 b{i-60}=i-1;%生成 60 分及以上的元胞型数组
```

```
end
socre=[65;53;90;45;80];%输入学生成绩
for i=1:5
switch socre(i)
case a
grade(i,1)='F';%将60分以下的成绩定为"不通过"
case b
grade(i,1)='P';%将60分及以上的成绩定为"通过"
otherwise
error('something is wrong with scores')%给出单引号间所含内容的错误信息
end
end
```

键入 grade 回车后得到结果如下：
grade=
P
F
P
F
P

1.3 编写 MATLAB 函数

1.3.1 函数的格式

函数的编写与 M 文件稍有不同，有其特定的格式，必须以 function 开头，具体的格式如下：

function [a1,a2,…]=funname(b1,b2,…)
执行程序

其中，a1,a2,… 为函数的输出变量，b1,b2,… 为函数的输入变量。因此，MATLAB 中编写函数的格式也是十分简单的。下面我们给出一个简单的例子，来具体说明如何在 MATLAB 中创建自己的函数，并调用该函数。

在 MATLAB 命令窗口下键入 edit my-testfunction，在弹出的窗口中选择'Yes'，然后在空白的文件中输入以下内容：

```
function y=my_testfunction(x)
if x>=0
y=x;
else y=-x;
end
```

将文件保存在默认的文件夹下。显然,该函数用来计算输入 x 的绝对值。然后在 MATLAB 命令窗口下键入

y=my_testfunction(5),得到 y=5。

键入 y=my_testfunction(-5),得到 y=5

我们再给出一个例子:编写一个函数求最小的 m,使得 $\sum_{i=1}^{m} i > N$。其中 N 为任意大于 1 的数。

函数编写如下:

```
function f=my_exercise(N)
s=0;
for i=1:N
s=s+i;
if s>N
break
end
end
f=i;
```

将文件保存在默认的文件夹下。然后在 MATLAB 命令窗口下键入 f=my_exercise (10000),得到:

f=

141

在 MATLAB 命令窗口下键入 f=my_exercise(20000),得到:

f=

200

1.3.2 局部变量和全局变量

在 MATLAB 中,函数内部定义的变量都是局部变量,函数通过函数的输入变量和输

出变量与工作空间发生联系,即函数内部定义的变量不会加载到工作空间中。而全局变量则是在函数内部和工作空间都能被调用的变量。全局变量要使用 global 后面加变量名来定义,如果要定义 2 个或 2 个以上的全局变量,变量名之间用空格隔开。全局变量在工作空间和函数内部都要声明。下面我们给出一个简单的例子,来说明全局变量的声明。

首先给出下面的函数:

```
function f=my_fun_ex001(x)
global a b
f=a+b*x;
```

将上述函数以函数名 my_fun_ex001 保存在 MATLAB 搜索的路径下后,在命令窗口输入

```
global a b
a=2;b=3;
f=my_fun_ex001(4)
```

得到:f=14

全局变量破坏了函数的相对封闭性,因此,一般情形下尽量不要使用全局变量,避免出现变量使用过程中的混乱现象。

1.3.3 函数的可变输入和可变输出

MATLAB 允许函数的输入和输出变量的个数是可变的,并提供了 nargin、varargin、nargout、varargout 等函数来处理可变的函数输入和输出。nargin 和 nargout 分别表示输入和输出的变量个数。varargin 和 varargout 分别表示可变的输入和输出变量。下面我们给出一个综合利用 nargin、varargin、nargout、varargout 的例子。

```
function [f,varargout]=my_fun_ex002(varargin)
input_num=nargin;%给出输入变量的个数
output_num=nargout;%给出输出变量的个数
if input_num==1
  f=abs(varargin{1});%将输入变量的第一个变量的绝对值赋给输出变量 f
  varargout{1}=varargin{1};
  %将输入变量的第一个变量赋给输出变量的第一个变量
  varargout{2}=output_num;%将输出变量的个数赋给输出变量的第二个变量
elseif input_num==2
```

```
        f=varargin{1}+varargin{2}; %将输入变量的前2个变量的和赋给输出变量 f
        varargout{1}=varargin{1};
    %将输入变量的第一个变量赋给输出变量的第一个变量
        varargout{2}=varargin{2};
    %将输入变量的第二个变量赋给输出变量的第二个变量
        varargout{3}=output_num; %将输出变量的个数赋给输出变量的第三个变量
    else
        error('too many input arguments') %给出单引号间内容的错误信息
    end
```

在MATLAB命令窗口下输入[f,a,b]=my_fun_ex001(-1),得到：
f=1,a=-1,b=3
输入[f,a,b,c]=my_fun_ex001(3,4),得到：
f=7,a=3,b=4,c=4

1.4 一个浑沌游戏

前面我们已经介绍了MATLAB编程的最基本的内容,详细的入门知识需要读者专门阅读相关的教材。接下来,我们综合应用前面的知识,编写一个产生谢尔平斯基三角形的M文件。首先画出一个等边三角形ABC,在三角形内部任意取一点P0。然后让这一点在三角形内部随机运动,随机运动由掷色子来决定,色子有1,2,3,…,6共6个面,将色子的1点和2点与三角形的顶点A联系起来,色子的3点和4点与三角形的顶点B联系

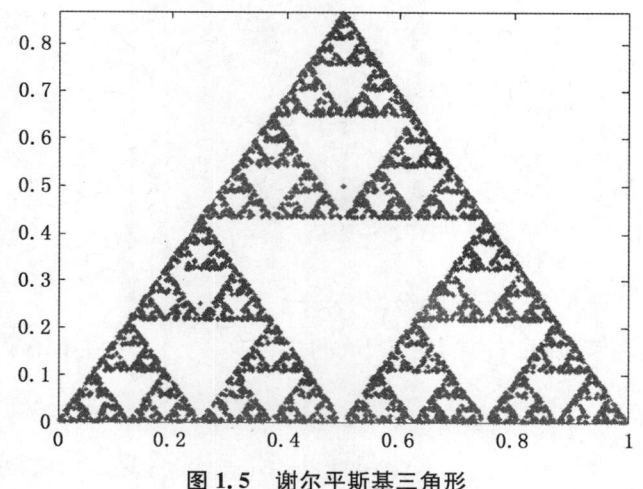

图1.5 谢尔平斯基三角形

起来,色子的 5 点和 6 点与三角形的顶点 C 联系起来。如果掷色子的结果为 5 点,则让 P0 运动到 P0 与三角形顶点 C 的连线的中点上,记为 P1,然后再继续掷色子,如果掷色子的结果为 1 点,则让 P1 运动到 P1 与三角形顶点 A 的连线的中点上,记为 P2,重复该过程,就得到了有名的谢尔平斯基三角形。

在 MATLAB 命令窗口下键入 edit my_triangle

在弹出的菜单中选择'Yes'

然后在弹出的空白文档中输入

```
clear
z1=[0,0];z2=[1,0];z3=[1/2,sqrt(3)/2];
x0=0.5;y0=0.5;N=100;
A(1,:)=[x0,y0];A(2:N,:)=zeros(N-1,2);
h=figure;
set(h,'color','w')
plot([0,1,1/2,0],[0,0,sqrt(3)/2,0],'-')
axis([0,1,0,sqrt(3)/2])
%将 x 轴限定在区间[0,1],将 y 轴限定在区间[0,√3/2]
hold on
for i=1:N
    a=rand(1,1)*6;%产生 0-6 之间的均匀分布的随机数
    if a<2
        A(i+1,:)=1/2*(A(i,:)+z3);
    elseif a<4
        A(i+1,:)=1/2*(A(i,:)+z2);
    else
        A(i+1,:)=1/2*(A(i,:)+z1);
    end
    plot(A(i,1),A(i,2),'r.')
    pause(0.1) %暂停 0.1 秒
end
```

然后再选择"保存",将文件保存在默认的文件夹下。然后在 MATLAB 命令窗口下输入:

my_triangle

将上述程序中的 N(掷色子的次数)调整为 5 000,将 pause(0.1)删除并保存后,在

MATLAB 命令窗口下输入 my_triangle，则得到图 1.5。

1.5 提高 MATLAB 的运算效率

提高 MATLAB 的运算效率可以通过以下途径：提高计算机的性能（比如：增加内存；更换性能更好的 CPU；调用网络中的其他计算机等）；使用 MATLAB 中开启 CPU 多核功能的 matlabpool 命令；尽量使用 MATLAB 自带的函数；尽量使用函数而不是 M 文件；将程序转化为 MEX 文件来执行；编写计算效率更高的算法或程序等。这里我们仅介绍一些常见的通过编写计算效率更高的程序来提高 MATLAB 运算效率的方法。

1.5.1 矩阵化运算

MATLAB 对于矩阵运算效率非常高，但许多初次接触 MATLAB 的使用者通常喜欢使用循环语句来进行运算。实际上许多循环都能通过矩阵或向量运算来实现。循环运算如果通过矩阵或向量的运算来实现，计算效率会明显得到改善。因此，在实际使用 MATLAB 编写程序过程中，应尽量使用矩阵或向量运算。下面我们通过一个例子来说明这一点。我们先看以下一段程序：

```
clear
s=0;
tic
for i=1:10000
    s=s+i;
end
toc;
```

上述程序将给出 tic 与 toc 之间的这段程序需要运算多长时间。运行后的结果为：elapsed_time=0.0200，这表示上面一段程序的运行时间为 0.02 秒。但如果我们将上述程序改成向量运算，则运算速度明显加快。

tic,sum(1:10000);toc

运行后的结果为：elapsed_time=0，这表示上面一段程序的运行时间几乎为 0 秒。可见，MATLAB 处理矩阵的能力是非常有效率的。

1.5.2 嵌套循环运算的设置

虽然许多时候，我们可以将循环运算转换成矩阵运算。但有时循环运算仍然不可避免。有时候还可能面临循环里面再套循环的情况。这时候我们注意要将循环次数最大的放在最里面的循环,而将循环次数少的循环放在外面。这样会提高运算的效率。我们可以通过一段程序来说明。

```
clear
x=ones(1,10);
y=ones(1,10000);
s=0;
tic
for i=1:10
    for j=1:10000
    s=s+x(i)*y(j);
    end
end
toc;
```

运行后的结果为:elapsed_time=0.27

在上面的程序中,如果将最里边的循环次数 10 000 与外面的循环次数 10 调换一个位置,则运行后的结果为:elapsed_time=0.32。可以看出运算时间要更长。

1.5.3 预先设定矩阵大小

如果我们能够事先知道计算出来的矩阵大小(即清楚矩阵有多少行多少列),则我们可以先将一个相应行和列的特殊矩阵(比如:零矩阵)赋值给该矩阵,然后再进行运算。这对于矩阵大小在运算过程中不断变化的计算而言,会明显改善运算效率。我们看下面一段程序:

```
clear
s=[];
tic
for i=1:1000
    s=[s,i];
end
toc
```

运行后的结果为:elapsed_time=0.0200

如果将上述程序作出以下修改:

```
clear
s=zeros(1,1000);
tic
for i=1:1000
    s(i)=i;
end
toc
```

运行后的结果为：elapsed_time=0.0100。显然后面的程序运算效率要比前面高。

1.5.4 程序运算效率的检查

对于简短程序运算效率的判断可以通过直接衡量运算时间的方式确定。然而，在实际研究或工作中，花费大量时间和精力对每段程序的运算效率进行改进是不合理的。比如：寻找运算效率更高的算法可能比改进现有程序的运算速度带来的效率更高。另外，也没有必要将每段程序的运算效率改进到极致。在大部分时候，计算的准确性要求比计算效率的要求更迫切。在满足计算的准确性要求后，计算效率才是考虑的问题。即使这样，我们也要选择那些在运算过程中耗时较多的程序进行改进，而不必拘泥于那些耗时较少的程序。因此，面对一大段要进行运算效率检查的程序，我们必须知道整个运算的时间在各程序段中的分配时间和比例。然后，我们选择耗时较多的程序进行改进。MATLAB本身就提供的profile on 和 profile off 就具备这样的功能。我们看以下一段程序的运行结果。

```
profile on
[pdf,cdf]=my_truncatednd(0,1,-1,1,-0.5:0.1:0.5);
profile off
profile report
```

上述程序中调用了以下自定义的函数my_truncatednd(函数给出了截取正态分布的其中一部分得到的随机变量概率密度函数和分布函数)：

```
function [pdf,cdf]=my_truncatednd(mu,sigma,low,high,x)
%truncate a normal distribution with a mean mu and standard
%deviation sigma
%in the interval [low,high]
%output:
```

```
%pdf: truncated probability density function at value x
%cdf: truncated probability distribution function at value x
  if (x<low)|(x>high)
      error('Wrong interval');
  end
  if any(x<low)|any(x>high)
      error('x must be within [low,high]');
  end
  pdf=normpdf(x,mu,sigma)./(normcdf(high,mu,sigma)-…
  normcdf(low,mu,sigma));
  cdf=(normcdf(x,mu,sigma)-normcdf(low,mu,sigma))./…
  (normcdf(high,mu,sigma)-normcdf(low,mu,sigma));
```

输出结果如下：
MATLAB Profile Report: Summary

Total recorded time:	0.79 s
Number of M-functions:	6
Number of MEX-functions:	2
Clock precision:	0.00000006 s
Clock speed:	1600 Mhz

Name	Time		Calls	Time/call	Self time	
truncatednd	0.791 000 00	100.0%	1	0.791 000 000	0.220 000 00	27.8%
normcdf	0.491 000 00	62.1%	6	0.081 833 333	0.081 000 00	10.2%
erfc	0.410 000 00	51.8%	6	0.068 333 333	0.410 000 00	51.8%
normpdf	0.080 000 00	10.1%	1	0.080 000 000	0.070 000 00	8.8%
distchck	0.010 000 00	1.3%	7	0.001 428 571	0.010 000 00	1.3%
profile	0.000 000 00	0.0%	1	0.000 000 000	0.000 000 00	0.0%
erfcore	0.000 000 00	0.0%	6	0.000 000 000	0.000 000 00	0.0%
cellfun	0.000 000 00	0.0%	7	0.000 000 000	0.000 000 00	0.0%

从上面的报告中可以看出整个程序运行耗时0.79秒(注：具体消耗的时间依赖计算机的配置和已经占用的内存等因素)，其中函数 norncdf 和 erfc 运行时间占据了62%，两者调用的次数为6次。显然要提高函数 my_truncatednd 的运算效率，首先要减少函数 norncdf 和 erfc 的调用次数。我们来看函数 my_truncatednd 中两次用到了(normcdf (high,mu,sigma),3次用到了 normcdf(low,mu,sigma)。多次调用同一函数,显然会增加程序的运行时间。将函数 my_truncatednd 作以下修改后,会明显提高运算效率。

```
function [pdf,cdf]=my_truncatednd(mu,sigma,low,high,x)
    if (x<low)|(x>high)
        error('Wrong interval');
    end
    if any(x<low)|any(x>high)
        error('x must be within [low,high]');
    end
a=normcdf(high,mu,sigma);b=normcdf(low,mu,sigma);
pdf=normpdf(x,mu,sigma)./(a-b);
cdf=(normcdf(x,mu,sigma)-b)./(a-b);
```

重新运行以下程序:

```
profile on
[pdf,cdf]=my_truncatednd(0,1,-1,1,-0.5:0.1:0.5);
profile off
profile report
```

输出结果如下:
MATLAB Profile Report: Summary
 Total recorded time: 0.01 s
 Number of M-functions: 6
 Number of MEX-functions: 2
 Clock precision: 0.00000006 s
 Clock speed: 1600 Mhz

Name	Time		Calls	Time/call	Self time	
normcdf	0.01000000	100.0%	3	0.003333333	0.01000000	100.0%
truncatednd	0.01000000	100.0%	1	0.010000000	0.00000000	0.0%
profile	0.00000000	0.0%	1	0.000000000	0.00000000	0.0%
normpdf	0.00000000	0.0%	1	0.000000000	0.00000000	0.0%
erfcore	0.00000000	0.0%	3	0.000000000	0.00000000	0.0%

续表

Name	Time		Calls	Time/call	Self time	
erfc	0.000 000 00	0.0%	3	0.000 000 000	0.000 000 00	0.0%
cellfun	0.000 000 00	0.0%	4	0.000 000 000	0.000 000 00	0.0%
distchck	0.000 000 00	0.0%	4	0.000 000 000	0.000 000 00	0.0%

从上述报告中可以看出，修改后的函数 my_truncatednd 减少了调用函数 norncdf 和 erfc 的次数，程序的总运行时间为 0.01 秒。相对于修改前的 0.79 秒运行时间有了明显的改善。

1.6 商品交换的例子

下面我们考虑以下商品交换的例子，进一步增加读者对 MATLAB 应用的感受。比尔与杰克如何交换手中的商品，使得两人效用的乘积最大，并且交换后两个人的效用都得到提高？商品对比尔和杰克的效用如表 1.2 所示。

表 1.2　　　　　　　　　　商品的效用

比尔的商品	给比尔带来的效用	给杰克带来的效用
书	2	4
搅拌器	5	2
球	2	7
球拍	2	2
盒子	4	1
杰克的商品		
钢笔	10	1
玩具	1	1
小刀	6	3
帽子	2	2

通过分析我们知道最后的交换结果有 512 种可能性，可以考虑用枚举法，计算出每种可能交换结果下相应比尔与杰克的效用乘积，并在满足比尔与杰克的效用都得到提高的可能性中寻找最优的交换结果。我们在 MATLAB 主命令窗口下输入：

```
clear
%构造比尔所有可能的交换结果
```

```
A=dec2bin(0:511,9);
for i=1:9
    B(:,i)=str2num(A(:,i));
end
X=[2,4;5,2;2,7;2,2;4,1;10,1;1,1;6,3;2,2];%输入效用表
U_Bill=X(:,1);%商品对比尔的效用
U_Jack=X(:,2);%商品对杰克的效用
Bill_0=sum(U_Bill(1:5));%比尔的初始效用
Jack_0=sum(U_Jack(6:9));%杰克的初始效用
C_Bill=B*U_Bill;%比尔对所有交换结果的效用
C_Jack=(1-B)*U_Jack;%杰克对所有交换结果的效用
C=C_Bill.*C_Jack;%比尔与杰克的效用乘积
D=zeros(512,1);
D(C_Bill>Bill_0&C_Jack>Jack_0)=C(C_Bill>Bill_0&C_Jack>Jack_0);
%确定比尔与杰克的效用都得到提高的交换结果
[U_prod_max,id]=max(D);
%寻找比尔与杰克的效用乘积的最大值和最优交换结果的位置
exchange_plan=B(id,:);%确定比尔最优的交换结果
U_Bill_max=exchange_plan*U_Bill;%计算比尔的最优效用
U_Jack_max=(1-exchange_plan)*U_Jack;%计算杰克的最优效用
```

最后我们得到比尔最优的交换结果为:(0,1,0,0,1,1,0,1,0),即比尔最后拥有搅拌器、盒子、钢笔和小刀。相应地,杰克最优的交换结果为:(1,0,1,1,0,0,1,0,1),即杰克最后拥有书、球、球拍、玩具和帽子。比尔与杰克的效用乘积的最大值为400,在最优的交换结果下,比尔的效用为25,杰克的效用为16。

复习与思考题

1. 请产生一个100*5的矩阵,矩阵的每一行都是[1 2 3 4 5]。
2. 请修改下面的程序,让它们没有for循环语句

```
A=[1 2 3;4 5 6;7 8 9];
[r,c]=size(A);
for i=1:1:r
    for j=1:1:c
```

```
        if (A(i,j)>8 | A(i,j)<2)
            A(i,j)=0;
        end
    end
end
```

3. a=[1 2 3 4 5], b=a(1)*a(5)+a(2)*a(4)+a(3)*a(3)+a(4)*a(2)+a(5)*a(1).

试用 MATLAB 中最简单的方法计算 b。

4. 利用函数 randn 随机生成一个矩阵，1×100，即行向量，并找出其中所有的元素，使其既大于左边的元素又大于右边的元素。即找出所有的 i，使得：

$$a(i-1) < a(i) > a(i+1)$$

[注] 不使用 for 循环，算法越快越好。

5. 编写一个函数，其输入为任意一组数据，输出为按随机次序排列的输入数据。

6. 均线是技术分析中常用的趋势交易指标，给定多个股票的时间序列，求这些股票 N 期（N>1）的移动平均线，如果股票的价格高于其 N 期移动平均线，则发出多头信号；如果股票的价格低于其 N 期移动平均线，则发出空仓信号（不允许做空）。请写出 MATLAB 函数，函数需要给出各股票的均线和持仓与否的信号（多头持仓信号用 1 表示，空仓则用 0 表示）。

参考答案

1.
a=1:5; A=repmat(a,100,1);
2.
A=[1 2 3; 4 5 6; 7 8 9]; A(A>8|A<2)=0;
3.
a=1:5; b=a*fliplr(a)'
4.
a=randn(1,100); b=diff(a);
c1=find(b>0)+1; c2=find(b<0);
c=intersect(c1,c2);
5.
function y=my_fun_ex_001(x)
[~,ix]=sort(randn(length(x),1));

```
y=x(ix);
```
6.
```
function [s,ma]=my_ma(p,N)
%计算多个股票的N期移动平均线和持仓信号
%输入:
%p 为多只股票价格的时间序列组成的矩阵,
%每一列表示一只股票的价格时间序列
%N 为均线的参数
%输出:
%s 为持仓与空仓的信号
%ma 为N期的移动平均线
[m,n]=size(p);
s=zeros(m,n);
ma=s;
ma(1:N-1,:)=p(1:N-1,:);
for i=N:m
    A=p(i-N+1:i,:);
    ma(i,:)=mean(A);
end
s(p>ma)=1;
```

2 数值计算中的误差与误差传播

本章主要介绍计算机存贮二进制数据的基本原理以及误差产生的来源和控制误差放大的基本方法。通常的十进制数字需要转化为二进制数字后才能够被计算机进一步处理和运算,计算机有限的存储格式决定了除机器数以外的数字都只能够被近似地表示,因此,误差就不可避免地出现了。如果误差在某些糟糕的迭代算法中逐步放大,这将造成非常大的计算误差。

2.1 认识计算机如何存储数字

2.1.1 二进制和十进制

计算机本质上只能识别 0 和 1,数据在计算机中是以二进制方式,用 1 或 0 按顺序排列表示的。我们实际使用的是十进制数字,计算机要将其表示成二进制数字后才能进一步处理,处理后还重新将其表示为十进制数字呈现给计算机使用者,以上过程如下所示:

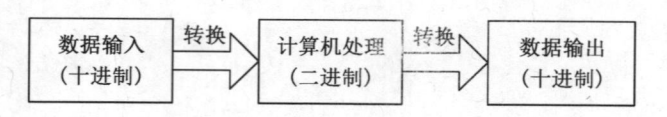

数据输入(十进制) → 转换 → 计算机处理(二进制) → 转换 → 数据输出(十进制)

在计算机中,一个 1 或 0 就占据 1 个二进制位(bit)。位是计算机存贮的最小单位,其他常用的单位,比如:字节(byte)表示 8 个二进制位,通常缩写为 B;1 KB 表示 1 024 B;1 MB 表示 1 024 KB。

在十进制表示中,312.456 可以写成:

$$312.456 = 3\times 10^2 + 1\times 10^1 + 2\times 10^0 + 4\times 10^{-1} + 5\times 10^{-2} + 6\times 10^{-3}$$

在二进制表示中,数字$(1001.11101)_2$(以下标 2 表示二进制)可以写成:

$$(1001.11101)_2 = 1\times 2^3 + 0\times 2^2 + 0\times 2^1 + 1\times 2^0 + 1\times 2^{-1} + 1\times 2^{-2} + 1\times 2^{-3} + 0\times 2^{-4} + 1\times 2^{-5}$$

即$(1001.11101)_2$等同于十进制数字 9.90625。

一般地,r 进制(r 为大于 1 的正整数)表示中,位数有限的 r 进制正数可以写成以下形式的字符串:$(a_{l-1}a_{l-2}\cdots a_0.a_{-1}\cdots a_{-m})_r$,其中 a_i, $i = -m, -m+1, \cdots, l-1$ 为 $0, 1, \cdots, r-1$ 中的某一个数。该 r 进制数字有 l 位整数,m 位小数。进一步,我们按以下方式将 r 进制的数字转化为相应的十进制数字:

$$(a_{l-1}a_{l-2}\cdots a_0 \cdot a_{-1}\cdots a_{-m})_r = a_{l-1}\times r^{l-1} + a_{l-2}\times r^{l-2} + \cdots + a_0 \times r^0 + a_{-1}\times r^{-1} + a_{-2}\times r^{-2} + \cdots + a_{-m}\times r^{-m}$$

下面我们给出在 Matlab 中分别将二进制字符串转化为十进制数字和十进制数字转化为二进制字符串的函数 my_dec2bin 和 my_bin2dec。

```
function y=my_dec2bin(dec_num,N)
% transform a positive decimal number into a binary string with N bits
% N: the length of binary string
% dec_num should be less than 2^52
% eg: y=my_dec2bin(5.25,6)
A=floor(dec_num);
B=dec_num-A;
y_A=dec2bin(A,N);
c=0;
temp=B;
y_B=repmat('0',1,N);
while(N)
    c=c+1;
    if(c>N)
        N=0;
    end
    temp=temp*2;
    if temp>1
        y_B(c)='1';
```

```
            temp=temp-1;
        elseif(temp==1)
            y_B(c)='1';
            N=0;
        else
            y_B(c)='0';
        end
    end
    y=[y_A,'.',y_B];
```

```
function f=my_bin2dec(integer,decimal)
% transform a positive binary number to a decimal number
% input:
% integer: integer fraction of a binary number (string)
% decimal: decimal fraction of a binary number (string)
% output:
% f: a decimal number
% eg: f=my_bin2dec('111','001')
int=0;n=length(integer);
for i=1:n
    int=int+str2num(integer(i))*2^(n-i);
end
dec=0;m=length(decimal);
for i=1:m
    dec=dec+str2num(decimal(i))*2^(-i);
end
f=int+dec;
```

将上述函数分别保存在 Matlab 能够搜索到的路径上后,我们在 Matlab 主窗口中输入 f=my_dec2bin(5.25,6)后得到(将十进制数字 5.25 转化为整数位和小数位都是 6 位长度的二进制数字):

$$f = 000101.010000$$

继续输入 f=my_bin2dec('111','001')后得到(将二进制数字$(111.001)_2$转化为十进

制的数字）：

$$f = 7.1250$$

2.1.2 定点数系统与浮点数系统

将小数点永远固定在指定位置，以位数有限的 l 位表示 r 进制数字的整数部分，以位数有限的 m 位表示 r 进制数字的小数部分。以这种形式存储数据的计算机系统称为定点数系统。比如：$l = 3, m = 3, r = 2$ 时，在定点数系统中，6 位定点非零数字中绝对值最小和绝对值最大的数分别为：$(000.001)_2$，$(111.111)_2$。以十进制表示则分别为：0.1250，7.8750，因此，该定点数系统能够表示的非零数字范围为：$[0.1250, 7.8750]$。

因为，计算机只能进行有限字长的数据存储。因此，如果计算机以定点数系统来表示数字，则能够被表示的数字范围将比较狭小。如果输入的数字或数据运算后的结果超出能够被计算机表示的范围，则会产生溢出。

大多数计算机都采用浮点数系统来表示数字。因为浮点方式能够表示更大的取值范围。一个 r 进制的数 x 可以表示为：$x = \pm s \times r^p$，这种表示方式称为浮点方式。

进一步，可以要求 $\frac{1}{r} \leqslant s < 1$，以这种方式表示的数称为 r 进制规格化浮点数。比如：$-0.0325 = 0.325 \times 10^{-1}$。

以浮点方式存储数据的计算机系统称为浮点数系统。这里 s 称为尾数，p 称为指数。计算机在实际存储二进制数字时，将 s 限定为 $1 \leqslant s < 2$，即以 $s = (1.f)_2$ 的形式表示尾数，其中 f 是由 0 和 1 组成的字符串，称 f 为规格化之后的尾数。比如：$(1001.101)_2 = 1.001101 \times 2^3$。

计算机只能用有限位的长度来表示浮点数。一个非零的规格化之后的二进制浮点数 $x = \pm s \times 2^p$，计算机将其解码为：$x = (-1)^q s \times 2^m$，其中：$s = (1.f)_2$，在计算机中实际上只存储规格化之后的尾数 f，q 和 m。q 用来确定数值的正和负，q 为 0 或 1，$q = 0$ 表示正数，$q = 1$ 表示负数；m 为非负整数，表示偏移指数，$m = p + d$，d 为某一个正整数，称为指数偏移量。

按照 IEEE(Institute of Electrical and Electronic Engineers，电气电子工程师协会)标准，以 32 位长度表示一个浮点数的计算机表示方式如下所示：

符号	偏移指数	规格化后的尾数
1 位	8 位	23 位

这种用 23 位的长度存储规格化之后的尾数 f，以 8 位的长度表示偏移指数 m，以 1 个二进制位的长度表示数值的正负号的方式，称之为单精度浮点表示方式。根据 IEEE 标准，单

精度浮点表示方式中的指数偏移量 $d=127$。

因此,按照这种单精度浮点表示方式,二进制数字 -1.001101×2^3(对应的十进制数字为 9.625 0)将被计算机解码为:$(-1)^1 1.001101\times 2^{130}$,130 以二进制表示就是 10000010。因此,该数字在计算机中的存储方式如下:

1	10000010	00110100000000000000000
1 位	8 位	23 位

如果计算机以 32 位长度的单精度浮点方式表示数字,由于,用 8 位长度表示偏移指数的最大值为:$(11111111)_2=255$。因此,对于一个非零的规格化之后的二进制浮点数 $x=\pm s\times 2^p$,p 的取值范围只有在 -127 到 $+128$ 之间时,计算机才不会出现溢出现象。一般地,计算机用 $m=0$ 表示 0,用 $m=255$ 表示无穷大。因此,p 的取值范围在 -126 到 $+127$ 之间。这时,计算机能够表示的最大数约为:$(2-2^{-23})\times 2^{127}\approx 3.4\times 10^{38}$;能够表示的绝对值最小的非零数约为:$2^{-126}\approx 1.2\times 10^{-38}$。通常计算机将绝对值小于能够表示的最小非零数字处理为零,将超出最大范围的数字处理成(正或负)无穷大。

使用 32 位长度的单精度浮点方式表示数字的范围在很多情况下还不能满足实际的计算要求,在实际应用中通常使用 64 位长度的双精度浮点方式表示数字的范围。按照 IEEE 标准,以 64 位长度表示一个浮点数的计算机表示方式如下所示(指数偏移量 $d=1 023$):

符号	偏移指数	规格化后的尾数
1 位	11 位	52 位

用 11 位长度表示偏移指数的最大值为:$(11111111111)_2=2 047$,这样 64 位长度的双精度浮点方式能够表示的最大数约为:

$$(2-2^{-52})2^{1 023}\approx 1.8\times 10^{308}$$

能够表示的绝对值最小的非零数约为:

$$2^{-1 022}\approx 2.2\times 10^{-308}。$$

由以上计算机存储数字的方式可以知道计算机能够表示的数是离散的,这些能够被计算机精确表示的离散数字称之为机器数。这些离散的机器数在 0 附近比较密集,当机器数越来越远离 0 时,机器数之间的间隔也越来越大。如果计算机处理的数字是位于两个相邻机器数之间的非机器数,则计算机不能精确表示,这时计算机一般会通过截断、四舍五入等方法选择相应的机器数来近似表示,这样误差就产生了。而且非机器数的绝对值越大,由此产生的误差也越大。

2.2 误差问题的认识

通常许多刚开始接触利用计算机进行大量数值计算的读者对数值计算中的误差问题不太敏感,或者基本不认为这也是个问题。事实上这个问题在数值计算中非常重要。首先利用计算机进行数值计算,误差通常情况下是存在的。因为计算机能够存贮的小数点位数总是有限的,机器数不能覆盖所有的数字。如果在进行数值计算的过程中,误差在逐渐放大,而不是逐渐减少,那么,计算得出的结论就不可信了。以此为基础做出投资决策,那就危险了。比如:在金融计算中,我们会经常使用迭代方法进行数值计算。如果算法设计不合理,使得误差在迭代过程中逐渐放大,有时最后会得出非常奇怪的解。不明白这一点,我们就很容易将问题归咎于原始数据有问题,或者金融理论模型存在缺陷等原因。而真正的原因却是计算过程中的误差问题。下面我们通过几个例子来进一步认识这个问题。

例2.1 考虑以下形式的迭代计算:

$x_{i+1} = i + 5x_i$, $i = 1, 2, 3, \cdots$。给定初始值 $x_1 = \dfrac{1}{3}$。

我们利用计算机对上述迭代关系进行迭代计算,初始值 x_1 在计算机中只能以有限位的小数点后数字表示,假定在计算机中 $x_1 \approx 0.33$(实际计算机中的小数点存贮位数远高于小数点后两位),我们进行9次迭代计算。则我们得到以下数值:

0.33、2.65、15.25、79.25、400.25、2 006.3、10 037、50 193、2.509 7e+005、1.254 9e+006 分别表示 $x_1, x_2, \cdots, x_{10}$。

而上述迭代真实值 $x_1, x_2, \cdots, x_{10}$ 接近以下数值:

0.333 3、2.666 7、15.333、79.667、402.33、2016.7、10 089、50 454、2.522 8e+005、1.261 4e+006

真实值与计算值的差距接近以下数值:

0.003 333 3、0.016 667、0.083 333、0.416 67、2.083 3、10.417、52.083、260.42、1 302.1、6 510.4

可以看出误差在迭代计算过程中在逐步放大,如果将迭代过程进行100次,误差将达到一个非常可观的数字。在例2.1中,初始值 x_1 的误差大约为 $\xi = 3 \times 10^{-3}$ 左右,经过一次迭代计算 x_2 的误差大致为 5ξ,再经过一次迭代就达到了 25ξ,不断地迭代下去,误差就会不断放大。可见,上述的迭代算法是一个非常糟糕的"坏"算法,要杜绝使用这种算法。对于初次接触数值计算的人员,常常在不知不觉中犯这样的错误。

例2.2 考虑以下函数:$f(x) = 1.4x - 0.2x^2 + 3$,$x = -3$ 和 $x = 5$ 是该函数的两个不动点。即 $f(-3) = -3$,$f(5) = 5$。考虑以下迭代方式:$x_{i+1} = f(x_i)$,$i = 1, 2, 3, \cdots$,

初始值为 $x_1 = -3$。

我们可以知道,不管迭代多少次,理论上应该有 $x_i = -3, i = 1, 2, \cdots$。但在实际数值计算中并非如此,即使我们用数值计算功能最好的软件之一 MATLAB 来进行上述迭代计算。

在 MATLAB 命令窗口下输入:

```
x(1)=1.4*(-3)-0.2*(-3)^2+3;
for i=1:100
    x(i+1)=1.4*x(i)-0.2*x(i)*x(i)+3;
end
h=figure;
set(h,'color','w')
plot(x,'-*')
xlabel('number of iteration')
```

上述命令的图形输出结果如图 2.1 所示。可以看出大约经过四十几次的迭代计算后,不动点由 $x = -3$ 逐步"奇怪地"变成了 $x = 5$。这当中的原因就是计算过程中产生的误差。

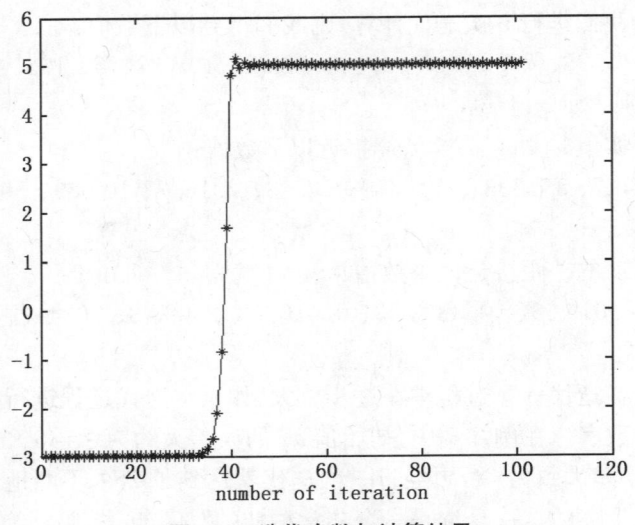

图 2.1 迭代次数与计算结果

由上面函数 $f(x)$ 的具体形式可得到:$|f'(-3)| = 2.6 > 1$,$|f'(5)| = 0.6 < 1$,所以,不动点 $x = -3$ 具有不稳定性,而不动点 $x = 5$ 具有稳定性。因此,计算中产生的微小误

差,就能够使得迭代的数值逐渐远离不稳定的不动点 $x=-3$,最后到达另一个稳定的不动点 $x=5$。如果将上面程序中的 $x(1)=1.4*(-3)-0.2*(-3)2+3$,修改为 $x(1)=1.4*(-3)-0.2*(-3)*(-3)+3$,则迭代计算就不会出现 $x=-3$ 逐步"奇怪地"变成 $x=5$ 的问题。这是因为 $(-3)2$ 和 $(-3)*(-3)$ 在计算机中的运算方式不同,因而误差也是不一样的。

2.3 误差的来源

数值计算中的误差来源是多方面的。有的误差我们可以控制和降低,而有的误差却很难控制和消除,甚至很难察觉。我们能做的是尽量减少可控误差,尤其要避免使用误差不断累积和放大的"坏"算法。有些误差是由人为因素造成的,比如由于工作人员的疲劳,造成程序中出现某些运算的误用等,这些误差的控制通常要通过一些制度层面的设立来控制和减少。而计算机本身带来的误差,比如:舍去了某一位置之后的小数带来的误差,作为编程人员,一般难以控制。一般只能通过更改程序中的运算方式加以减少。但计算机本身带来的误差在一般情形下,并不会招致严重的问题。这是因为计算机技术不断进步,计算机存贮数位基本满足了数值计算的实际需要。下面分别对误差的各种来源作一个简单的介绍。

2.3.1 计算过程中的舍入误差

计算机在数值计算过程中引入的误差来源于计算机本身只能以有限位数表示数字。因为计算机以有限位的二进制表示数字。举一个简单的例子,假如计算机只能最多表示 N 位数字,则两个具有 N 位数字的数相乘就会产生位数为 2N 或 2N-1 的乘积结果。但计算机只能以 N 位数字表示,计算机就会用近似的数值来表示。这时,计算机就会出现舍入误差。我们非常熟悉的一种舍入方法就是"四舍五入"方法。舍入误差很难控制,但可以度量。

2.3.2 数据输入误差

由于计算机以有限位的二进制表示我们经常使用的十进制数字,所以在原始数据输入到计算机的时候,即使没有进行任何形式的数学运算,误差也已经产生了。我们将之称为数据输入误差。比如原始数据为 $\frac{1}{3}$,在输入计算机后就变成了 $0.3333\cdots$,小数点后面的数字取决于计算机的存贮位数。数据输入误差也是很难控制的,但可以度量。

2.3.3 截断误差和离散化误差

截断误差是指将一个无限序列中自某个位置截掉后产生的误差。比如:函数的泰勒展开式,我们通常截取前面的几项作为函数的近似表示。这时,就会引入截断误差。而离散化误差是指连续过程离散化表示时引入的误差。比如:在金融计算中,由于很难得到某些函数导数的解析解,通常使用下面的式子来代替函数 $f(x)$ 的一阶导数 $f'(x)$:

$$\frac{f(x+\Delta x)-f(x)}{\Delta x} \text{ 或 } \frac{f(x+\Delta x)-f(x-\Delta x)}{2\Delta x},$$

其中 Δx 表示 x 的微小增量。截断误差和离散化误差是可以分析和度量的。

2.3.4 模型简化误差

金融理论为我们提供丰富的理论模型,但各种模型都是对现实的某种近似和简化。比如:线性回归在实际中得到了大量的应用,而在实际中变量之间的关系通常是复杂的非线性关系。这种由于模型的简化而带来的误差,我们称之为模型简化误差。模型简化而带来的误差通常是很难衡量的。

2.3.5 人为误差

在进行数值计算的过程中,由于人为因素造成的误差,我们称之为人为误差。比如:在数据输入过程中,输入了错误的数据;在程序编写过程中遗漏了负号等。人为的误差可以分为故意误差和非故意误差。非故意误差是非意识状态下引入的误差。故意误差是故意引入的误差。比如:我们在进行迭代或循环数值计算时,通过设定一定的迭代或循环终止规则(例如:当邻近数值相差在 0.000 1 以内时就终止迭代或循环)。非故意误差很难衡量,甚至很难发现。但故意误差确是可以衡量和控制的。

2.4 误差的度量

误差的度量通常可以用绝对误差和相对误差来衡量。绝对误差是近似值 $\tilde{a}$ 与真实值 a 之间的差异 $\varepsilon = \tilde{a} - a$;而相对误差是 $r = \frac{\tilde{a}-a}{a} \times 100\%$,$a \neq 0$。对于矩阵或向量,可以定义 $\varepsilon = \|\tilde{a}-a\|$ 和 $\varepsilon = \frac{\|\tilde{a}-a\|}{\|a\|} \times 100\%$,$\|a\| \neq 0$ 来表示绝对误差和相对误差。其中 $\|\cdot\|$ 表示范数。有时也可以用 $a \pm \bar{\varepsilon}$ 或 $a(1+\bar{r})$ 来标示出绝对或相对误差上限的大小。其中 $\bar{\varepsilon} \geqslant 0$ 表示绝对误差上限;$\bar{r} \geqslant 0$ 表示相对误差上限。

2.5 运算中的误差传递

运算中的误差传递在实际数值计算中非常重要。以下是数值在加减乘除运算中的误差传递规则。

规则1:加法及减法运算中的绝对误差上限等于各数值绝对误差上限之和。
比如:$a = 3\pm 0.1, b = 2\pm 0.2$,则 $b = 5\pm 0.3$
规则2:乘法运算中的相对误差上限近似等于各数值相对误差上限之和。
比如:数值 $\tilde{a}_1$ 和 $\tilde{a}_2$ 的相对误差上限分别为 $\bar{r}_1$ 和 $\bar{r}_2$,则 $\tilde{a}_1 * \tilde{a}_2$ 的相对误差上限为:

$$(1+\bar{r}_1)*(1+\bar{r}_2)-1 \approx \bar{r}_1+\bar{r}_2$$

规则3:除法运算中的相对误差上限近似等于各数值相对误差上限之差的绝对值。
比如:数值 $\tilde{a}_1$ 和 $\tilde{a}_2$ 的相对误差上限分别为 $\bar{r}_1$ 和 $\bar{r}_2$,则 $\tilde{a}_1/\tilde{a}_2$ 的相对误差上限为:

$$|(1+\bar{r}_1)/(1+\bar{r}_2)-1| \approx |\bar{r}_1-\bar{r}_2|$$

规则4:一般函数 $\tilde{y}=f(\tilde{x})$ 的绝对误差上限约为 $\sum_{i=1}^{n}\left|\frac{\partial y}{\partial x_i}(\tilde{x})\bar{\varepsilon}_i\right|$。其中:$\tilde{x}=(\tilde{x}_1,\tilde{x}_2,\cdots,\tilde{x}_n)$,$\bar{\varepsilon}_i$ 为 $\tilde{x}_i$ 的绝对误差上限($i=1,2,\cdots,n$),$x=(x_1,x_2,\cdots,x_n)$ 为 $\tilde{x}$ 的精确值。

规则4的证明很简单。应用泰勒展开式可得:$\Delta y = f(\tilde{x})-f(x) \approx \sum_{i=1}^{n}\frac{\partial y}{\partial x_i}(\tilde{x})\Delta\tilde{x}_i$

由于 $\Delta\tilde{x}_i = \tilde{x}_i - x_i \leqslant \bar{\varepsilon}_i, i=1,2,\cdots,n$

因此,得到函数 $\tilde{y}=f(\tilde{x})$ 的绝对误差上限约为 $\sum_{i=1}^{n}\left|\frac{\partial y}{\partial x_i}(\tilde{x})\bar{\varepsilon}_i\right|$。

2.6 误差控制

对于误差的控制,通常可以采取以下方法:减少运算次数;避免两个比较接近的数字的减法,因为这会导致运算后得到的结果的相对误差很大;避免一个较大的数与一个非常小的数字的运算,因为这会导致大数"吃"掉小数的现象。比如一个非常大的数加一个非常小的数,运算的结果还是那个非常大的数,仿佛大数"吃"掉了小数;避免除法运算中被除数远远大于除数的情形,因为这样会导致舍入误差很大;避免使得在计算过程中误差不断放大的算法。

在计算过程中,威胁最大的就是误差不断放大的迭代,我们尤其要注意,一定要将误差不断放大的算法修正为误差不断缩小的算法。下面我们给出两个简单的例子。

例2.3 利用 $X_n + 5X_{n-1} = 1/n$ 来计算 $X_0, X_1, \cdots, X_{10}$,其中:$X_n = \int_0^1 \frac{x^n}{x+5}dx$。

我们采用以下迭代计算算法:

$$X_0 = \int_0^1 \frac{1}{x+5}dx = \ln(x+5)\Big|_0^1 = \ln(6/5) \approx 0.182(这里小数点后面保留 3 位来近似)$$

$$X_1 = 1 - 5X_0 \approx 0.090$$
$$X_2 = 1/2 - 5X_1 \approx 0.050$$
$$X_3 = 1/3 - 5X_2 \approx 0.083$$
$$X_4 = 1/4 - 5X_3 \approx -0.165$$
……

显然,这样的迭代算法出现了问题,先后出现了 $X_3 > X_2$ 和 $X_4 < 0$ 的错误。

我们换另外一种迭代算法:$X_{n-1} = \dfrac{1}{5n} - \dfrac{X_n}{5}$,由于随着 n 的增加,X_n 的下降速度越来越慢,因此,当 n 较大时,设定 $X_n \approx X_{n-1}$ 的误差也相应较小。这里我们设定 $X_{10} \approx X_9$,因此,$X_9 + 5X_9 \approx 1/10$,即 $X_9 \approx 0.017$,应用迭代算法,我们得到:

$$X_8 = \frac{1}{45} - \frac{X_9}{5} \approx 0.019$$

$$X_7 = \frac{1}{40} - \frac{X_8}{5} \approx 0.021$$

……

$$X_1 = \frac{1}{10} - \frac{X_2}{5} \approx 0.058$$

$$X_0 = \frac{1}{5} - \frac{X_1}{5} \approx 0.182$$

后面的迭代算法明显要好于前面的算法,前一种算法在每次迭代中将误差放大了 5 倍,而后一种算法则在每次迭代中将误差缩小了 5 倍,即便初始值存在较大误差,但随着迭代的进行,误差却越来越小,因此也不会招致严重的后果。但前面的算法在进行到第三次迭代时就开始带来较大的误差,导致在第四次迭代时出现了 $X_4 < 0$ 的严重错误。

例 2.4 利用迭代方法计算 3 的平方根,即求解 $X^2 = 3$。

我们将其转化为求函数 $F(X)$ 的不动点问题,即求解 $X = F(X)$,由 $X^2 = 3$ 可得到以下式子:$X = 3/X$,我们设定 $F(X) = 3/X$,并用以下迭代算法来计算 3 的平方根:$X_n = 3/X_{n-1}$。给定初始值 $X_0 = 1.5$,利用上述迭代算法,我们依次得到:$X_1 = 2$,$X_2 = 1.5$,$X_3 = 2$,$X_4 = 1.5$,…。$|F'(\sqrt{3})| = |F'(-\sqrt{3})| = 1$,迭代结果并不收敛,一直在 2 和 1.5 之间来回震荡。显然这样的迭代算法比较糟糕,无论我们迭代多少次都不能得到满意的结果。

进一步可以写成以下迭代方式:$X = (X + 3/X)/2$,我们设定 $F(X) = (X + 3/X)/2$,并用以下迭代方法来计算 3 的平方根:$X_n = (X_{n-1} + 3/X_{n-1})/2$。给定初始值 $X_0 = 1.5$,利用上述迭代算法,我们依次得到:$X_1 = 1.75$,$X_2 = 1.7321$,$X_3 = 1.7321$,$X_4 = 1.7321$,…。$|F'(\sqrt{3})| = |F'(-\sqrt{3})| = 0 < 1$,迭代结果收敛,当迭代到第 2 次时,我们就得到了满意的结果。显然这种迭代算法要好于前面的迭代算法,两种算法的差异在于前者的不动点迭代是不稳定不动点的迭代,迭代结果并不收敛,而后一种算法是稳定不动点的迭代,迭代结果是收敛的。

复习与思考题

1. 将十进制数字 258.98 表示成为长度为 10 的二进制的数字,将二进制数字 111001.1001 表示成为十进制的数字。
2. 利用迭代方法计算 5 的平方根,即求解 $X^2=5$,写出相应的 MATLAB 代码。
3. 假定只有 a 存在误差,其绝对误差为 e,求 $1+2a+3a^2$ 的绝对误差上限。
4. 如果 x 是非常接近 0 的数,则在 MATLAB 中输入 sqrt(x^2+1)−1 将导致两个非常接近的数字相减,从而导致较大的误差。试改进以上代码,减少计算误差。

参考答案

1.
my_dec2bin(256.98,10)
my_bin2dec('111101','1001')

2.
```
clear
x(1)=2;
N=100;
for i=2:N
    x(i)=(x(i-1)+5/x(i-1))/2;
    if abs(x(i)-x(i-1))<1e-6;
        break
    end
end
[i,x(i)]
```

3. 2e+6ae

4. x*x/(1+sqrt(x*x+1))

3 数据的读入和基本统计分析

本章主要介绍 MATLAB 如何读入一些常见的数据文件的方法，数据读入后基本的查错等预处理，以及对数据的基本统计分析。数据文件的读入主要介绍包括 *.xls、*.xlsx、*.txt、*.csv、*.ascii 等数据格式的读入。在 MATLAB 读入数据后，我们还要对数据做一些预处理，因为数据中可能存在某些错误，利用错误的数据来做分析和决策显然是不合适的。作为一名缜密的分析人员或研究者首先要对所得到的数据作梳理，尽可能找出存在错误或遗漏的数据。在金融实证研究和实践过程中，获取相应的数据并对数据进行查错处理后，接下来的分析就是基本的统计分析了，主要介绍如何在 MATLAB 中进行一些金融分析中常用的基本统计分析。具体包括：基本的数据统计描述、常见分布随机数的产生、分布检验、时间序列平稳性和自相关性的检验以及主成分分析和因子分析等内容。

3.1 金融分析中常见的数据格式

在金融研究以及金融理论的实际应用上，大量的金融数据是不可或缺的。金融理论提供了丰富的模型，但理论模型的实证检验需要大量的金融数据。金融模型的实际应用也需要大量金融数据来估计或标定其中的参数。例如，资本资产定价模型（CAPM）中 β 值的估计，期权定价中标的资产收益率的波动率的估计等都需要实际数据。MATLAB 提供了在主窗口直接输入和利用 xlsread、textread、fopen 和 load 等函数直接读取数据的方式。在主窗口直接输入数据对于少量数据是合适的，但金融领域的研究者和金融行业的金融理论应用人士经常面临大量的金融数据，利用 MATLAB 提供的内部函数直接读取数据是非常必要的。由于大部分的金融数据来自各种机构提供的数据库，这些数据库数据的输出大多会支持 EXCEL、CSV 和文本文件的输出格式。我们首先介绍如何利用 MATLAB 提供的 xlsread、csvread 和 textread 函数来读取 *.xls(*.xlsx)、*.csv 和 *.

txt 数据文件。有些数据库则提供 ascii 格式的数据格式，MATLAB 提供的 dlmread 可以方便地读取 *.ascii 数据文件。

3.2 常见的数据获取方式

在金融研究和实践中，我们经常需要利率、国内生产总值（GDP）、消费者物价指数（CPI）、货币供应量、股票交易、期货交易、外汇交易、贵金属等交易数据。这些数据的获取可以从某些网站免费获取，比如：我们可以通过雅虎（www.yahoo.com）财经栏目免费下载世界各主要市场的股票交易历史数据，也可以通过新浪（www.sina.com.cn）财经栏目免费下载我国上市公司财务报表中的主要信息、股利分配、股本、股票历史交易数据等等。还有许多数据提供商提供各种各样的金融数据，当然，这些数据库的使用通常是收费的。比如：Wind、Bloomberg、Reuters 等。下面给出了其他一些免费的数据获取渠道：

www.stats.gov.cn 国家统计局
www.unstats.un.org 联合国统计司
www.imf.org 国际货币基金组织
www.worldbank.org 世界银行
www.imfstatistics.org 国际货币基金组织统计资料库
www.gw.com.cn 大智慧交易平台（中国股票交易数据、期货交易数据等）
www.metaquotes.net 外汇交易平台（外汇交易数据及其他）

另外，各个证券交易所、大部分国内券商的网上交易平台也提供了行情历史数据的免费下载。

3.3 EXCEL 数据文件的读取

利用 MATLAB 提供的函数 xlsread 可以方便地读取数据文件中的数值型数据，对于 EXCEL 文件中的字符型变量 xlsread 将不读取。其最简单的调用格式为在 MATLAB 命令窗口输入：x=xlsread('filename')，MATLAB 将读取以 filename 为名字的 EXCEL 文件中"Sheet1"中的数值型数据。其中 filename 为在 MATLAB 自动搜索文件夹下的 EXCEL 文件名，文件 filename 中的数值型数据矩阵赋值给变量 x。如果要读取"Sheet2"中的数值，则在 MATLAB 命令窗口输入：x=xlsread('filename',2)即可。对于 2003 版 EXCEL 文件 filename 可以不带后缀.xls，对于 2007 版 EXCEL 文件 filename 需要带后缀.xlsx。

下面以上证综合指数为例，给读者介绍如何使用 xlsread 读取数据。图 3.1 显示了上证综合指数的 EXCEL 文件中的部分数据（仅显示了其中前 20 行的数据），其中 EXCEL 文件中的第一列为日期，第二列为与第一列日期相应的上证综合指数。由于日期型数据在 EXCEL 中是可以与数值相互转化的，因而 xlsread 是可以读取日期型数据的（先将日

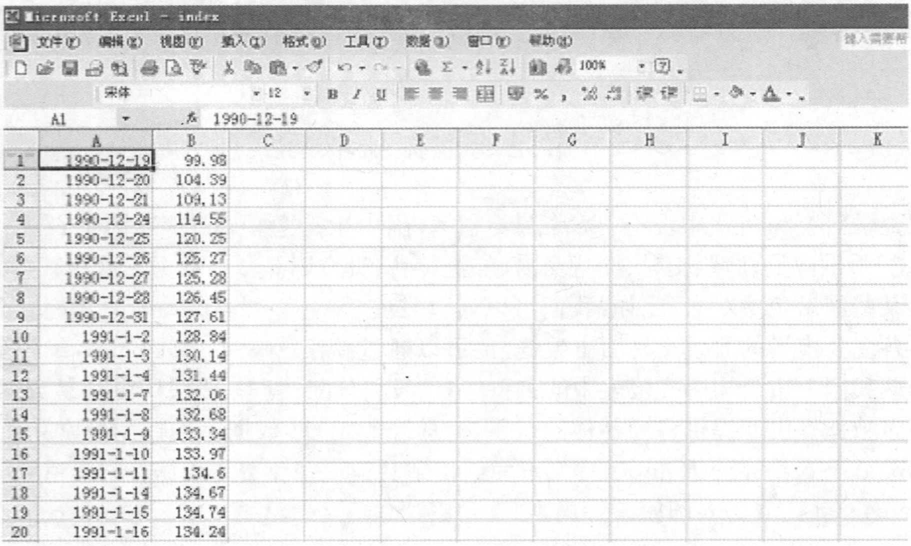

	A	B
1	1990-12-19	99.98
2	1990-12-20	104.39
3	1990-12-21	109.13
4	1990-12-24	114.55
5	1990-12-25	120.25
6	1990-12-26	125.27
7	1990-12-27	125.28
8	1990-12-28	126.45
9	1990-12-31	127.61
10	1991-1-2	128.84
11	1991-1-3	130.14
12	1991-1-4	131.44
13	1991-1-7	132.06
14	1991-1-8	132.68
15	1991-1-9	133.34
16	1991-1-10	133.97
17	1991-1-11	134.6
18	1991-1-14	134.67
19	1991-1-15	134.74
20	1991-1-16	134.24

图 3.1　上证综合指数 EXCEL 文件

期在 Excel 中转化为数值，然后使用 xlsread 命令读取）。

如果该 EXCEL 文件位于 MATLAB 自动搜索文件夹下，比如：D:\matlab_work\index.xls。则在 MATLAB 命令窗口输入：

x = xlsread('index')

则得到变量 x，x 为 n 行 2 列的矩阵，第一列为日期，第二列为指数。其中 n 与该文件中的数据长度一致，如数据包含 1 000 天的上证综合指数，则 n 为 1 000。这里注意两点：(1)读出的数据赋值给变量 x，x 的第一列为日期，但在 MATLAB 的输出格式中变成了数值型。比如图 3.1 中的第一个日期在 EXCEL 表中显示为 1990－12－19，如果读者先在 EXCEL 表中将其转换为数值型，则在 EXCEL 表中显示为 33 226。因此，在 MATLAB 读入该文件的时候该日期就变成了数值 33 226；(2)MATLAB 提供了一个数值与表示日期的字符型变量相互转换的函数 datenum（将日期转换为数值）和 datestr（将数值转换为日期），但这种转换与 EXCEL 中数值和日期型变量的转换是有差异的。在 MATLAB 中以 0000 年 1 月 1 日作为起点，将这一天转换为数值 1，相应的 0000 年 1 月 2 日就转换为 2，而在 EXCEL 中（基于 Windows 系统）以 1900 年 1 月 1 日为起点，将这一天转换为 1。我们在 MATLAB 命令窗口下输入 datenum(1990,12,19)后得到 1990－12－19 在 MATLAB 中转化的数值：727 186，这与 1990－12－19 在 EXCEL 中转化的数值 33 226 是不同的。因此，前面例子中的数据读入 MATLAB，并赋值给变量 x 后，如果要将日期还原到 MATLAB 能够正确识别的日期，则在 MATLAB 命令窗口下输入：

x(:,1) = x(:,1) + datenum('30－Dec－1899');

当然也可以直接调用 MATLAB 内部函数 x2mdate，将 EXCEL 中数值型日期还原到 MATLAB 能够正确识别的日期，在 MATLAB 命令窗口下输入：

$$x(:,1) = x2mdate(x(:,1));$$

从而对 EXCEL 与 MATLAB 对日期与数字转换规则的差异做出调整。有时候我们也需要将 MATLAB 中表示日期的数字转化为 Excel 中表示日期的数字，这时我们可以调用 MATLAB 自带的函数 m2xdate。比如：我们在 MATLAB 主窗口下输入：a＝datenum(2016,11,8)，得到 2016 年 11 月 8 日在 MATLAB 中所对应的数值为 736642，输入 b＝m2xdate(a)，则得到 2016 年 11 月 8 日在 Excel 中所对应的数值为 42 682。

综合以上例子，可以在 MATLAB 命令窗口下输入以下命令得到图 3.2。%后面的内容表示对命令的解释和说明。

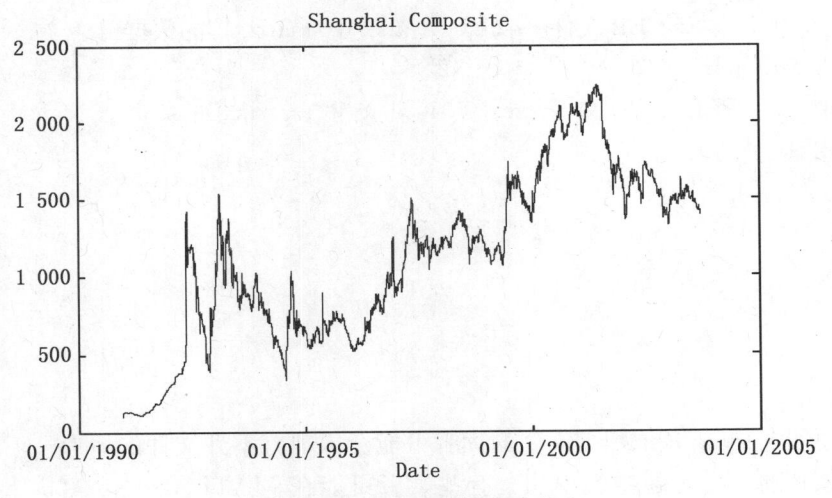

图 3.2 上证综合指数走势

```
clear
x=xlsread('index');%读取 2003 版 EXCEL 文件中"Sheet 1"的数据
x(:,1)=x(:,1)+datenum('30-Dec-1899');
%将 EXCEL 日期数值还原成 MATLAB 日期数值
h=figure;%生成空的图形
set(h,'color','w');%将图的背景颜色设定为白色
plot(x(:,1),x(:,2));%以 x 的第一列为横轴、第二列为纵轴作图
datetick('x',23);%将横轴转成日期格式'mm/dd/yyyy'
```

xlabel('Date');%生成横坐标标记
title('Shanghai Composite');%生成图形名称

运行上述程序后得到图 3.2。

下面我们给出 MATLAB 读取 2007 版本 EXCEL 文件中不同电子表格中数值型数据的例子。给定 excel_001.xlsx 是存放在 MATLAB 搜索路径之下的 2007EXCEL 格式的数据文件,第一张电子表格的名称为 matrix1,存放的数据为矩阵[1,2;3,4];第二张电子表格的名称为 matrix2,存放的数据为矩阵[5,6;7,8]。我们在 MATLAB 命令窗口下输入以下命令:

clear
x=xlsread('excel_001.xlsx','matrix1')
%读取 2007 版 EXCEL 文件 excel_001.xlsx 中"matrix1"的数据
y=xlsread('excel_001.xlsx','matrix2')
%读取 2007 版 EXCEL 文件 excel_001.xlsx 中"matrix1"的数据

分别得到:

x=
    1   2
    3   4
y=
    5   6
    7   8

初次使用 xlsread 读取数据文件的读者可能会出现打不开文件的情形。下面就读者可能经常碰到的一些问题做出说明。有些读者可能在 MATLAB 命令窗口下输入 x=xlsread('index')后 MATLAB 提示找不到该文件。读者可以在 MATLAB 中 File 菜单中选择 Set Path 进行路径设置,将 EXCEL 文件 index.xls 所在的文件夹置于搜索路径之下,然后点击 Save 进行保存即可。有些读者可能碰到无法读取数据的情形,MATLAB 提示文件不包含有效的 EXCEL 数据。这时,读者可以将 EXCEL 文件中说明性的字符,比如:对每一列变量做出说明的某些字符等整行删除即可。比如:在上海大智慧投资咨询公司提供的大智慧平台下载数据,得到 EXCEL 文件数据,如图 3.3 所示,则读取文件时就会出现这样的错误。这时将文件中的第一行和第二行直接整行删除就可以了。通常这样处理后在 EXCEL 数据中某些列中仍夹杂着一些空格,这时 MATLAB 读入时将其以 NaN 代替。也有些读者在 MATLAB 命令窗口下输入 x=xlsread('filename')后出现这样的情形,即得到的变量 x 的列数比 EXCEL 文件中数据的列数少,这可能是 EXCEL 数据文件中的某些列数据为字符型,比如:日期,MATLAB 在读入数据时忽略了这些列。

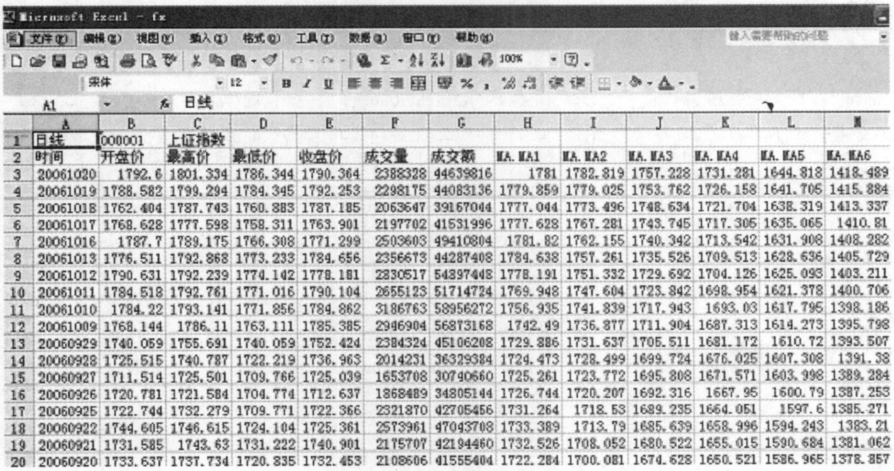

	A	B	C	D	E	F	G	H	I	J	K	L	M
1	日线	000001	上证指数										
2	时间	开盘价	最高价	最低价	收盘价	成交量	成交额	MA. MA1	MA. MA2	MA. MA3	MA. MA4	MA. MA5	MA. MA6
3	20061020	1792.6	1801.334	1786.344	1790.364	2388328	44639816	1781	1782.819	1757.228	1731.281	1644.818	1418.489
4	20061019	1788.582	1799.294	1784.345	1792.253	2298175	44083136	1779.859	1779.025	1753.762	1726.158	1641.705	1415.884
5	20061018	1762.404	1787.743	1760.883	1787.185	2063647	39167044	1777.044	1773.496	1748.634	1721.704	1638.319	1413.337
6	20061017	1768.628	1777.598	1758.311	1763.901	2197702	41531996	1777.628	1767.281	1743.745	1717.305	1635.065	1410.81
7	20061016	1787.7	1789.175	1766.308	1771.299	2503603	49410804	1781.82	1762.155	1740.342	1713.542	1631.908	1408.282
8	20061013	1776.511	1792.868	1773.233	1784.656	2356673	44287408	1784.638	1757.261	1735.526	1709.513	1628.636	1405.729
9	20061012	1790.631	1792.239	1774.142	1778.181	2830517	54397448	1778.191	1751.332	1729.692	1704.126	1625.093	1403.211
10	20061011	1784.518	1792.761	1771.016	1790.104	2655123	51714724	1769.948	1747.604	1723.842	1698.954	1621.378	1400.706
11	20061010	1784.22	1793.141	1771.856	1784.862	3186763	58956272	1756.935	1741.839	1717.943	1693.03	1617.795	1398.186
12	20061009	1768.144	1786.11	1763.111	1785.385	2946904	56873168	1742.49	1736.877	1711.904	1687.313	1614.273	1395.798
13	20060929	1740.059	1755.691	1740.059	1752.424	2384324	45106208	1729.886	1731.637	1705.511	1681.172	1610.72	1393.507
14	20060928	1725.515	1740.787	1722.219	1736.963	2014231	36329384	1724.473	1728.499	1699.724	1676.025	1607.308	1391.38
15	20060927	1711.514	1725.501	1709.766	1725.039	1653708	30740660	1725.261	1723.772	1695.808	1671.571	1603.998	1389.284
16	20060926	1720.781	1721.584	1704.774	1712.637	1868489	34805144	1726.744	1720.207	1692.316	1667.95	1600.79	1387.253
17	20060925	1722.744	1732.279	1709.771	1722.366	2321870	42705456	1731.264	1718.53	1689.235	1664.051	1597.6	1385.271
18	20060922	1744.605	1746.615	1724.104	1725.361	2573961	47043708	1733.389	1713.79	1685.639	1658.996	1594.243	1383.21
19	20060921	1731.585	1743.63	1731.222	1740.901	2175707	42194460	1732.526	1708.052	1680.522	1655.015	1590.684	1381.062
20	20060920	1733.637	1737.734	1720.835	1732.453	2108606	41555404	1722.284	1700.081	1674.628	1650.521	1586.965	1378.857

图 3.3　大智慧下载数据

使用 xlsread 读取数据文件有两个明显的缺点。一是 xlsread 不能读取字符型变量，因此要读取某些包含字符型变量的文件就不能使用 xlsread。另外 EXCEL 文件中的数据长度是有限定的，EXCEL2003 版单个工作表的最大行数为 65 536，每一行最大列数为 256 列。但有时候要处理的金融数据量会超出这个范围，这时候不得不将数据分拆成几个 EXCEL 文件或几张电子表格后分别用 xlsread 读取。而 MATLAB 提供的 textread 函数可以读取 *. txt 文件，因此能够很好地解决以上两个问题。

3.4　文本数据文件的读取

对于 *. txt、*. csv 等类型的数据文件，如果知道数据文件中每一列数据的类型，即字符型、数值型等，则可以使用 MATLAB 提供的 textread 函数方便地进行读取。对于 textread 函数的详细了解可以在 MATLAB 命令窗口下输入 help textread 或 doc textread 来了解。

下面以位于 MATLAB 自动搜索文件夹下的上证综合指数数据文件（比如：D:\matlab_work\000001. txt）为例来进行解释如何调用 textread。图 3.4 显示了该文件的部分数据，该数据文件包含 7 列的数据，分别为时间、开盘价、最高价、最低价、收盘价、成交量和成交额，数据包含了 1990 年 12 月 19 日到 2006 年 9 月 27 日上证综合指数行情。在 MATLAB 命令窗口下输入以下命令：

[a,b,c,d,e,f,g]=textread('000001. txt','%s%f%f%f%f%f%f','headerlines',1);

其中上述命令中的输出变量 a,b,c,d,e,f,g 分别表示时间、开盘价、最高价、最低价、收盘价、成交量和成交额列向量，a 为表示时间的字符型变量。textread 函数的输入部分中，'000001. txt'表示文件名；%s 表示以字符型方式读入变量；%f 表示以浮点数值型方式读入变量；'headerlines',1 表示文件的第一行为标题，不需要读入，'headerlines'为标题

```
000001 - 记事本
文件(F)  编辑(E)  格式(O)  查看(V)  帮助(H)
时间        开盘价         最高价         最低价         收盘价         成交量        成交额
20060927    1711.514038    1725.500977    1709.765991    1725.03894     1653708     30740660
20060926    1720.781006    1721.583984    1704.774048    1712.636963    1868489     34805144
20060925    1722.744019    1732.279053    1709.770996    1722.365967    2321870     42705456
20060922    1744.60498     1746.61499     1724.104004    1725.360962    2573961     47843708
20060921    1731.584961    1743.630005    1731.222046    1740.901001    2175707     42194460
20060920    1733.636963    1737.734009    1720.834961    1732.453003    2108606     41555404
20060919    1735.301025    1743.020996    1728.28894     1735.240967    2357767     47203808
20060918    1727.915039    1733.412964    1719.160034    1732.987061    2402581     48244608
20060915    1689.60498     1722.660034    1689.51001     1721.045044    2449322     51253652
20060914    1689.630981    1696.621948    1672.884033    1689.692017    1877401     36004960
20060913    1695.350952    1713.989014    1687.04895     1689.389038    2318871     47970576
20060912    1675.197998    1699.584961    1673.44104     1695.862061    2010270     40109732
20060911    1668.161011    1675.093994    1653.01001     1674.965942    1693481     32037368
20060908    1659.702026    1671.307983    1658.672974    1667.984089    1423593     27982848
20060907    1683.781982    1683.890015    1655.407959    1661.189941    1774064     33729904
20060906    1665.130005    1672.26001     1656.863037    1672.120972    1844446     35538512
20060905    1659.737061    1669.901001    1657.046997    1664.078003    2212541     42358400
```

图 3.4 上证综合指数文本数据文件

属性。注意：textread 函数的输入部分中 $'\%s\%f\%f\%f\%f\%f\%f'$ 是与输出 a,b,c,d,e,f,g 一一对应的；另外这里文件名的后缀.txt 不能省略，否则 MATLAB 会给出不能找到该文件的提醒。这个例子有点特殊，第一列的时间数据也可以以浮点数值型方式读入。在 MATLAB 命令窗口下输入以下命令：

[a,b,c,d,e,f,g]=textread('000001.txt','%f%f%f%f%f%f%f','headerlines',1);

但这时读出的日期变成了数值。比如：2006 年 9 月 27 日就变成了数值 20060927。

下面再给出一个读取美国债券市场数据的例子。数据文件名为 bonds.txt，部分数据内容如图 3.5 所示。其中 crspid 表示债券的 CRSP 识别码、cusip 表示债券的 CUSIP 代码、name 表示债券名称、matdt 表示债券到期日、type 表示类型、couprt 表示票面利率。type 和 couprt 两列的数据分别为整数和浮点数值型变量，其他列的数据全部为字符型变量。

```
bonds - 记事本
文件(F)  编辑(E)  格式(O)  查看(V)  帮助(H)
crspid         cusip         name    matdt     type    couprt
19990531.21    9128272U      NOTE    990531    2       6.25
19990531.21    912827Q2      NOTE    990531    2       6.75
19990603.4     912795BN      BILL    990603    4       0
19990610.4     912795BP      BILL    990610    4       0
19990615.4     912795GU      BILL    990615    4       0
19990617.4     912795BQ      BILL    990617    4       0
19990624.4     912795BY      BILL    990624    4       0
19990630.21    9128272X      NOTE    990630    2       6
19990630.21    912827Q4      NOTE    990630    2       6.75
19990701.4     912795BR      BILL    990701    4       0
19990708.4     912795CF      BILL    990708    4       0
19990715.21    912827F9      NOTE    990715    2       6.375
19990715.4     912795CG      BILL    990715    4       0
19990722.4     912795BZ      BILL    990722    4       0
```

图 3.5 美国债券市场文本数据文件

对于上面 bonds.txt 的读取可以在 MATLAB 命令窗口下输入以下命令：

[a,b,c,d,e,f]=textread('bonds.txt','%s%s%s%s%u%f','headerlines',1);

其中 textread 输入部分中的 %u 表示以整数方式读入。

如果我们只想读入上面 bonds.txt 数据中最后两列的数据，我们输入

[a,b]=textread('bonds.txt','%*s%*s%*s%*s%u%f','headerlines',1);

输入项中'%*s%*s%*s%*s%u%f'的"*"表示不读入该列。有时候，我们可能还要指明数据中各元素的分隔标记，这时，我们需要在 textread 的输入项中增加'delimiter'属性项。比如：上例中 bonds.txt 的读取，我们输入

[a,b]=textread('bonds.txt','%*s%*s%*s%*s%u%f','delimiter','\t','headerlines',1);

输入项中的'\t'表示以 tab 键分隔元素，如果元素之间以","隔开，则需将'\t'改成','即可。

3.5 CSV 格式和 ASCII 格式数据的读取

对于 CSV 格式的数据文件，我们可以使用 MATLAB 提供的函数 csvread 来读取。其基本调用格式为 data=csvread(filename, row, col)。其中：文件名 filename 要加后缀.csv；row 定义了从第几行开始读数据(0 表示第一行，1 表示第二行，依次类推)；col 定义了从第几列开始读数据(0 表示第一列，1 表示第二列，依次类推)。csvread 将读入 row 和 col 定义的右下角的数值矩阵。比如：我们要读取存放在 MATLAB 搜索路径下文件名为 shindex_day.csv 的数据，如图 3.6 所示。

	A	B
1	时间	收盘价
2	1990/12/19	99.98
3	1990/12/20	104.39
4	1990/12/21	109.13
5	1990/12/24	114.55
6	1990/12/25	120.25
7	1990/12/26	125.27
8	1990/12/27	125.28
9	1990/12/28	126.45
10	1990/12/31	127.61
11	1991/1/2	128.84
12	1991/1/3	130.14
13	1991/1/4	131.44
14	1991/1/7	132.06
15	1991/1/8	132.68

图 3.6 数据文件 shindex_day.csv

我们在 MATLAB 主窗口下输入 x=csvread('shindex_day.csv',1,1);即得到 shindex_day.csv 文件中第二列,即收盘价数据。注意 csvread 仅能读取数值型数据,如果想读取 shindex_day.csv 文件中第一列日期,则我们可以事先在 EXCEL 中打开 shindex_day.csv 文件,选中第一列并通过"设置单元格格式"将图 3.6 中的字符型日期转化为数值型保存后在 MATLAB 主窗口下输入

x=csvread('shindex_day.csv',1,0);

x(:,1)=x2mdate(x(:,1));%将 EXCEL 日期数值还原成 MATLAB 日期数值

另外要注意,当读入的数据中存在空的数值时,csvread 以 0 来填充,而 xlsread 则是以 NaN 来填充的。

对于 ASCII 格式的数据文件,我们可以使用 MATLAB 提供的函数 dmlread 来读取。其基本调用格式为 M=dlmread(filename, delimiter, R, C)。filename 为文件名;delimiter 定义数据之间分隔符;R 和 C 则分别定义了要读取数据范围的左上角的位置。R=0,C=0 则分别表示第一行和第一列,R=1,C=1 则分别表示第二行和第二列,依次类推。具体的例子可以在 MATLAB 命令窗口下输入 doc dlmread 参考 MATLAB 中的 HELP 文档。

3.6 通过网络获取数据

MATLAB 的 Datafeed 工具箱提供了从主要的金融数据提供商(Bloomberg、Thomson Reuters 和雅虎等)获取当前的、当天的、历史的和实时市场数据的工具。

3.6.1 从 Yahoo 获取免费历史数据

从 yahoo 财经上可以免费获取股票日、周和月等历史数据。我们通过一个例子介绍从 www.yahoo.com 获取数据的方法。首先在网络连接的前提下在 MATLAB 命令窗口下输入:

c=yahoo

得到:

c=

url: 'http://finance.yahoo.com'

ip: []

port: []

这表示 MATLAB 成功连接了雅虎财经数据库。一般地,我们使用以下格式提取数据:x=fetch(c,'Security','Fields','FromDate','ToDate','Period'),其中 Security 定义证券名称,可以用缩写也可以用其代码;Fields 可以取值 close(收盘价)、high(最高价)、volume(成交量)等等;FromDate 定义了起始日期;ToDate 定义了截止日期;Period 可以

取值 d、w、m、v,分别表示:日数据、周数据、月数据和红利。

如果我们想提取在上海证券交易所上市交易的宝钢股份(通过雅虎查询得到其股票代码为 600019.ss)2011 年 11 月 21 到 2011 年 11 月 25 日的收盘价,则在 MATLAB 命令窗口下输入:

x=fetch(c,'600019.ss','close','11/21/2011','11/25/2011','d');
date=datestr(x(:,1)),p=x(:,2)

得到:

date=

25 - Nov - 2011
24 - Nov - 2011
23 - Nov - 2011
22 - Nov - 2011
21 - Nov - 2011

p=

5.0200
5.0300
5.0300
5.0700
5.1000

如果我们想提取在上海证券交易所上市交易的宝钢股份 2011 年 10 月 31 日到 2011 年 11 月 25 日的周收盘价,则在 MATLAB 命令窗口下输入:

x=fetch(c,'600019.ss','close','10/31/2011','11/25/2011','w');
date=datestr(x(:,1)),p=x(:,2)

得到:

date=

21 - Nov - 2011
14 - Nov - 2011
07 - Nov - 2011
31 - Oct - 2011

p=

5.0200
5.0600
5.2200
5.3700

需要提醒的是,从 yahoo 获取数据会经常碰到无法连接的情况。

3.6.2 从新浪财经获取免费实时行情数据

新浪财经提供了免费的实时行情数据，对于国内股指期货实时行情而言，网页显示的行情有15分钟的延迟，但对于国内股票行情而言，网页显示的实时行情延迟时间还是比较短的，对于那些不需要太及时的实时数据的分析人员来讲，足以满足需要。下面我们直接给出相应的MATLAB函数my_sina_data：

```matlab
function [price,bid_ask,bid_ask_lot,vol]=my_sina_data(stockcode)
%获取实时行情数据(期货数据格式与股票不同)
%[price,bid_ask,bid_ask_lot,vol]=my_sina_data('sh600019')
%[price,bid_ask,bid_ask_lot,vol]=my_sina_data('sz150013')
%[price,bid_ask,bid_ask_lot,vol]=my_sina_data('AG1610')
%[price,bid_ask,bid_ask_lot,vol]=my_sina_data('CFF_IF1610')
net_id=['http://hq.sinajs.cn/list=',stockcode];
s=urlread(net_id);
result=strread(s,'%s','delimiter',',');
if strcmpi(stockcode(1:2),'sh')==1||strcmpi(stockcode(1:2),'sz')==1
o=str2num(cell2mat(result(2)));% 今日开盘价;
c=str2num(cell2mat(result(4)));% 当前价格;
h=str2num(cell2mat(result(5)));%当天最高价
l=str2num(cell2mat(result(6)));%当天最低价
bid=str2num(cell2mat(result(7)));%买一价
ask=str2num(cell2mat(result(8)));%卖一价
vol.amount=str2num(cell2mat(result(10)))/1e8;%成交量(亿元)
vol.lot=str2num(cell2mat(result(9)))/10000;%成交量(万手)
bid_lot=str2num(cell2mat(result(11)))/100;%买一手数
ask_lot=str2num(cell2mat(result(21)))/100;%卖一手数
elseif strcmpi(stockcode(1:3),'cff')==1%股指期货数据
disp('数据延时15分钟')
a=min(find(s=='"'));
s=[s(1:a),',',s(a+1:end)];
result=strread(s,'%s','delimiter',',');
o=str2num(cell2mat(result(2)));% 今日开盘价;
c=str2num(cell2mat(result(5)));% 当前价格;
```

```
h=str2num(cell2mat(result(3)));%当天最高价
l=str2num(cell2mat(result(4)));%当天最低价
vol.lot=str2num(cell2mat(result(6)));%成交量(手)
vol.amount=str2num(cell2mat(result(7)))/1e8;%成交金额(亿元)
bid=nan;%买一价
ask=nan;%卖一价
bid_lot=nan;%买一手数
ask_lot=nan;%卖一手数
else%商品期货
o=str2num(cell2mat(result(3)));% 今日开盘价;
c=str2num(cell2mat(result(9)));% 当前价格;
h=str2num(cell2mat(result(4)));%当天最高价
l=str2num(cell2mat(result(5)));%当天最低价
bid=str2num(cell2mat(result(7)));%买一价
ask=str2num(cell2mat(result(8)));%卖一价
vol.lot_holding=str2num(cell2mat(result(14)));%持仓量;
vol.lot=str2num(cell2mat(result(15)));%成交量(手)
bid_lot=str2num(cell2mat(result(12)));%买一手数
ask_lot=str2num(cell2mat(result(13)));%卖一手数
end
price=[o,h,l,c];
bid_ask=[bid,ask];
bid_ask_lot=[bid_lot,ask_lot];
```

我们在 MATLAB 主窗口下输入:
[price,bid_ask,bid_ask_lot,vol]=my_sina_data('sh600019')
得到结果如下:
price=
    5.6800   5.7000   5.5400   5.6000
bid_ask=
    5.5900   5.6000
bid_ask_lot=
    1.0e+03 *
    2.5151   0.3720

vol=

  amount：2.2191

   lot：3.9547e+03

 price 分别给出了上海证券交易所交易的股票 600019（宝钢股份）当天开盘到当前时刻的开盘价、最高价、最低价和收盘价。bid_ask 则分别给出了当前时刻的买一价和卖一价。bid_ask_lot 给出了当前时刻的买一手数和卖一手数。vol 则给出了当天开盘到当前时刻的成交量（亿元）和成交手数（万手）。

 我们在 MATLAB 主窗口下输入：

[price,~,~,vol]=my_sina_data('CFF_IF1612')

数据延时 15 分钟

price=

 1.0e+03 *

 3.3420 3.3444 3.2636 3.3230

vol=

  lot：2643

  amount：26.3126

 price 分别给出了沪深 300 股指期货 1612 合约的当天开盘到当前时刻的开盘价、最高价、最低价和收盘价。vol 则给出了当天开盘到当前时刻的成交手数（手）和成交金额（亿元），当然数据会延迟 15 分钟左右。

 我们在 MATLAB 主窗口下输入：

[price,bid_ask,bid_ask_lot,vol]=my_sina_data('AG1612')

 price 分别给出了沪银 1612 合约的当天开盘到当前时刻的开盘价、最高价、最低价和收盘价。bid_ask 则分别给出了当前时刻的买一价和卖一价。bid_ask_lot 给出了当前时刻的买一手数和卖一手数。vol 则给出了持仓手数和当天开盘到当前时刻的成交手数（手）。结果如下：

price=

  4121 4305 4117 4264

bid_ask=

  4263 4264

bid_ask_lot=

 23 1

vol=

 lot_holding：369290

  lot：1413512

3.6.3 从 Wind 个人免费版量化接口获取实时行情数据

Wind 是国内比较知名的数据提供商，Wind 自行开发了针对国内股票和期货的量化交易平台，也对个人投资者推出了免费版的量化接口，并提供了 MATLAB 的插件，这大大方便了应用 MATLAB 进行量化策略设计、回溯测试、模拟盘交易和实盘交易的使用者。当然，个人免费版接口的使用权限还比较有限，开通更多的权限则需要付费。具体可以访问 www.dajiangzhang.com 了解详细的信息。Wind 也提供了详细的量化接口安装说明、量化平台 MATLAB 使用手册等说明。有兴趣的读者可以到该网站下载并进行详细了解。同花顺也推出了类似的量化交易平台，并且也提供了 MATLAB 插件和详细的使用手册，感兴趣的读者也可以详细了解一下。Wind 给出的数据质量比较高，下面我们给出一段 MATLAB 代码，通过免费版的量化接口接收 Tick 数据，并合成 1 分钟的开盘价、最高价、最低价和收盘价的 K 线数据。同时将 1 分钟的 K 线价格数据实时保存起来。

```
clear
clear functions
clc
close all
cd('D:\caozhiguang\matlab_work');%将工作目录调整到指定文件夹
w=windmatlab;%连接 Wind 量化接口
sec_code='IF1612.CFE';%需要接收数据的证券代码
[~,~,~,~,~,reqid]=w.wsq(sec_code,'rt_last',@my_wsqcallback);
%接受 Wind 推送的 Tick 数据
```

以上代码中调用了以下回调函数 my_wsqcallback，其具体内容如下：

```
function my_wsqcallback(reqid,isfinished,errorid,datas,codes,fields,times)
%fetch 1-min data
persistent A B C
if now<datenum([date,' 09:30:00'])||times<datenum([date,' 09:30:00'])
    elseif now>datenum([date,' 15:00:00'])||times>…
datenum([date,' 15:00:00'])
    elseif now>datenum([date,' 11:30:00'])&&now<…
datenum([date,' 13:00:00'])
```

```
elseif times>datenum([date,'11:30:00'])&&times<···
datenum([date,'13:00:00'])
else
if isempty(A)
    A=minute(times);
end
if minute(times)==A
    B=[B;[times,datas]];
    A1=(hour(times)==11&&minute(times)==29&&second(times)>=58);
    A2=(hour(times)==15&&minute(times)==14&&second(times)>=58);
    if A1||A2
        if size(B,1)>5
        C=[C;[B(end,1),B(1,2),nanmax(B(:,2)),nanmin(B(:,2)),B(end,2)]];
            save(date,'C');
        end
        A=[];
        B=[];
    end
else
    if size(B,1)>5
    C=[C;[B(end,1),B(1,2),nanmax(B(:,2)),nanmin(B(:,2)),B(end,2)]];
    save(date,'C');%用户可以修改文件名
    end
    B=[times,datas];
    A=[];
end
end
```

这样 MATLAB 就会一直不断地接收从 Wind 量化接口推送过来的 Tick 数据,并且每隔 1 分钟就会将截到的 Tick 数据合成 1 分钟的开盘价、最高价、最低价和收盘价的 K 线数据,并且将 K 线数据保存在以当前日期命名的数据文档中,比如:当前时期为 27 - Jun - 2016,则保存的文件名为 27 - Jun - 2016.mat。当然读者可以将文档名字改成自己喜欢的名字,只要在回调函数 my_wsqcallback 中修改代码 save(date,'C') 即可,比如可以保存为 save('my_data','C')。

当我们需要调用生成的 1 分钟 K 线数据时，我们在 MATLAB 主窗口下输入：
load(date)%读入当天保存的 1 分钟 K 线数据
如果需要停止接收从 Wind 推送的数据，则在 MATLAB 主窗口下输入：
cancelRequest(w,reqid)%停止订阅行情

假如我们在 2016 年 6 月 27 号这一天接收数据，则我们需要调用该数据时，直接输入：load('27-Jun-2016')，如果当天调用该数据，也可以输入 load(date)，MATLAB 提供的 date 命令以字符型变量形式直接返回当前的日期。然后在主窗口的工作空间里就会出现数据变量 C，该变量的第一列为时间，其余四列数据分别对应从接收时间开始到取消订阅时刻之间 1 分钟的开盘价、最高价、最低价和收盘价的 K 线数据。我们以 2016 年 6 月 27 号接收沪深 300 指数为例，该数据以文件名 27-Jun-2016.mat 保存。我们在 MATLAB 主窗口下输入：

```
clear
    load('27-Jun-2016')
    fprintf('%s        %s        %s        %s        %s\n','时间',…
'开盘价','最高价','最低价','收盘价')
    for i=1:5
    fprintf('%s        %.2f        %.2f        %.2f        %.2f\n',…
datestr(C(i,1)),C(i,2:5));
    end
```

以上代码显示了数据文档 27-Jun-2016.mat 中前 5 分钟的 1 分钟 K 线数据，具体数据形式屏幕打印如下：

时间	开盘价	最高价	最低价	收盘价
27-Jun-2016 14:37:59	3 114.23	3 115.01	3 114.23	3 114.96
27-Jun-2016 14:38:59	3 115.39	3 116.20	3 115.39	3 115.76
27-Jun-2016 14:39:59	3 115.77	3 116.54	3 115.77	3 116.27
27-Jun-2016 14:40:59	3 116.65	3 116.80	3 116.29	3 116.76
27-Jun-2016 14:41:59	3 116.90	3 117.05	3 116.53	3 117.05

3.7 数据的预处理

3.7.1 数据的错误检查和处理

在得到数据并成功读入数据后，从严谨的角度来看，还不能直接运用这些数据来做实

证分析或参数估计。无论初始的数据来源何处,数据中总是有可能存在这样或那样的错误。比如:股票数据中存在一些异常值,价格序列中出现了负值或异常大的数值;股票数据中的交易日期序列某些地方出现了日期颠倒;数据中的某些部分为 NaN;部分数据缺失等。因此,还必须对数据进行剔除错误的预处理。对于大量数据而言,手工进行错误判断和除错是不现实的。然而借助 MATLAB 强大的计算功能可以有效地对数据进行剔除错误的预处理,但这必须事先给出数据中是否存在错误的判断标准。这些判断标准的提出与对所处理的数据本身的了解是密切相关的,比如:数据代表的实际对象等,判断标准也与数据处理者的经验有关。同时要注意避免在除错的过程中引入新的错误。下面以上证综合指数文本数据文件为例,给出一些常见的除错处理方法。

(1) 数据读入

假定我们只需要时间、开盘价、最高价、最低价、收盘价数据,在 MATLAB 命令窗口下输入以下命令:

[a,b,c,d,e]=textread('000001.txt','%s%f%f%f%f%*f%*f','headerlines',1);

其中 textread 输入部分中的 %*f 表示忽略该列的数据读入。因此,a、b、c、d、e 分别表示时间、开盘价、最高价、最低价、收盘价的列向量。注意,这里我们字符型方式读入了日期变量 a,但这里读入的格式与 MATLAB 认可的日期格式不同。因此,需要编写一段程序将其转换为正确的 MATLAB 可以处理的日期数据。为此,在 MATLAB 命令窗口下输入以下命令:

x=strvcat(a);%将元胞型数组转换为普通矩阵

a=datenum(str2num(x(:,1:4)),str2num(x(:,5:6)),str2num(x(:,7:8)));

这样日期变量 a 就转换成了 MATLAB 可以处理的以数值表示的日期变量 a。

(2) 检验日期变量

为检验日期变量是否存在错误,我们必须事先给出一些判断错误的标准。这里我们列出以下标准:日期数据是否按照升序或降序排列(如果数据用于时间序列分析,数据的日期顺序就显得很重要);日期有无异常值(比如:超出了某一范围);日期中是否存在星期六和星期天(因为我们知道星期六和星期天上海证券交易所是不交易的)或其他应该休市的节假日(比如:国庆节、元旦、春节等);日期是否遗漏了某些应该交易的交易日;是否存在重复的交易日期等。

下面仅给出日期数据是否按照升序或降序排列和日期中是否存在星期六和星期天的检验,其他查错的检验,读者可以自行检查。读者也可以自己给出一些判断错误的标准来对数据进行审查。

检验日期数据是否按照升序或降序排列,可以在 MATLAB 命令窗口下输入以下命令:

logic=issorted(a);%判断日期数据是否按照升序排列
if logic==1

```
disp('the date is sorted in ascending order');
else logic=issorted(flipud(a));
%将日期上下颠倒后判断日期数据是否按照升序排列
if logic==1
disp('the date is sorted in descending order');
else disp('the date is disordered');
end
end
```

上述命令将给出日期数据是否按照升序或降序排列的输出。如果输出结果为'the date is disordered',则可以在MATLAB命令窗口下输入以下命令,对时间、开盘价、最高价、最低价、收盘价数据按照日期升序方式进行重新排列:

```
[a,index]=sort(a);%将时间按照升序方式进行重新排列
b=b(index);%将开盘价按时间升序方式进行重新排列
c=c(index);%将最高价按时间升序方式进行重新排列
d=d(index);%将最低价按时间升序方式进行重新排列
e=e(index);%将收盘价按时间升序方式进行重新排列
```

检查日期中是否存在星期六和星期天,可以在MATLAB命令窗口下输入以下命令:

```
N=weekday(a);%判断日期是星期几
if isempty(find(N==7|N==1))
disp('there are no saturdays or sundays');
else S=find(N==7|N==1)
sprintf('row %d is Saturday or Sunday\n',S)
%列出日期是星期六或星期天在列向量a中的位置
end
```

如果上述命令运行后显示数据中存在星期六或星期天,要将星期六或星期天的交易数据剔除,在MATLAB命令窗口下输入以下命令:

a(S)=[];b(S)=[];c(S)=[];d(S)=[];e(S)=[];

(3) 检验其他变量

类似地,对开盘价、最高价、最低价、收盘价数据的检查也需要设定判定错误的标准。比如可以设定以下标准:价格是否存在负数和其他异常数据;开盘价和收盘价是否介于当

天最高价和最低价之间等。

下面仅给出开盘价和收盘价是否介于当天最高价和最低价之间的检验。检验开盘价是否介于当天最高价和最低价之间可以在 MATLAB 命令窗口下输入以下命令：

```
open_high=find((c-b>=0)~=1);%判断开盘价是否低于最高价；
if isempty(open_high)
    disp('open price is lower than the highest price')
else
sprintf('open price of row %d is greater than the highest price\n',open_high)
end
open_low=find((c-d>=0)~=1);%判断开盘价是否高于最低价
if isempty(open_low)
    disp('open price is higher than the lowest price')
else
sprintf('open price of row %d is lower than the lowest price\n',open_low)
end
```

如果需要剔除异常的开盘价所对应日期的其他所有数据，可以在 MATLAB 命令窗口下输入以下命令：

```
a([open_high;open_low])=[];b([open_high;open_low])=[];c([open_high;open_low])=[];
d([open_high;open_low])=[];e([open_high;open_low])=[];
```

类似地，将以上程序稍作修改就可以用来检验收盘价是否介于当天最高价和最低价之间。

3.7.2　日期数据的处理

有时候我们读入的日期格式可能是 20111025 这种数字形式的日期，显然这不是 MATLAB 所认可的日期数字。我们可以编写以下函数 my_date_num，将这样的日期数字转化为 MATLAB 所认可的日期数字：

```
function f=my_date_num(x)
%x is a date vector like 20060321
%f is a date number consistent with matlab
x=reshape(x,length(x),1);
```

```
c=num2str(x);
f=datenum(str2num(c(:,1:4)),str2num(c(:,5:6)),str2num(c(:,7:8)));
```

接下来我们调用该函数,在 MATLAB 命令窗口下输入
date=my_date_num([20111129;20111130])
得到:
date=
　　734836
　　734837
这样日期变量 date 与 MATLAB 中表示 2011 年 11 月 29 日和 2011 年 11 月 30 日所对应的数字就一致了,我们输入 datestr(date)得到:
ans=
　　29-Nov-2011
　　30-Nov-2011
这正是日期 2011 年 11 月 29 日和 2011 年 11 月 30 日。

另外,我们也有可能读入的字符型日期形式像 2001-12-18 或者 2001/8/18 这样的形式。我们可以编写以下函数 my_date_trans,将这样的字符型日期转化为 MATLAB 所认可的日期数字:

```
function y=my_date_trans(x,mark)
x(:,5)=[];m=size(x,1);y(1:m,[1:4])=x(1:m,[1:4]);
for i=1:m
[a,b]=find(x(i,:)==mark);
if b==6
y(i,5)='0';　y(i,6)=x(i,5);
else
y(i,[5,6])=x(i,[5,6]);
end
d=num2str(str2num(x(i,b+1:end)));
if length(d)==1
y(i,7)='0';　y(i,8)=d;
else y(i,[7,8])=d;
end
end
```

```
y=my_date_num(str2num(y));
```

接下来我们调用该函数,我们在 MATLAB 命令窗口下输入
x=['2008/08/08';'2008/12/18'];
y=my_date_trans(x,'/')
得到:
y=
  733628
  733760

我们在 MATLAB 命令窗口下再输入 datestr(y),即可验证该函数是否正确地将字符型日期转变为 MATLAB 正确识别的日期数字。我们得到:
ans=
08 - Aug - 2008
18 - Dec - 2008

结果与 x=['2008/08/08';'2008/12/18'];所表示的日期是完全一致的。

我们在金融研究中经常面临处理两列日期数据需要完全匹配的情况。比如:我们得到股票 A 的日期和相应收盘价,用 X 表示,X 的第一列为日期,第二列为相应日期的收盘价,股票 B 的日期和相应收盘价,用 Y 表示,Y 的第一列为日期,第二列为相应日期的收盘价。我们编写以下函数 my_date_match 给出日期向量 x 和另一个日期向量 y 中日期相同的位置 ix 和 iy,也就是说,向量 x 中 ix 位置的日期与向量 y 中 iy 位置的日期是一致的,即 x(ix)=y(iy)。

```
function [ix,iy,common_date]=my_date_match(x,y)
%input: x and y are date vectors, respectively
%output: ix is number of row which makes the ixth number in x equals the
%iyth number in y; common_date is the common dates in both x and y
if length(unique(x))~=length(x)
    error('there are some repeated dates in x')
end
if length(unique(y))~=length(y)
    error('there are some repeated dates in y')
end
[common_date,ix,iy]=intersect(x,y);
```

3.8 数据的描述性统计分析

通常在得到数据并对数据进行了除错的预处理后，需要对数据进行描述性的统计分析。比如：对数据中变量的最小值、最大值、中位数、平均值、标准差、偏度、峰度等进行分析。对于这些经常性遇到的重复过程，我们可以自己编写函数，将函数保存在 MATLAB 自动搜索文件夹下，然后就可以直接调用自己定义的函数了。对于上述描述性统计分析，我们可以在 MATLAB 命令窗口中输入：edit my_description，然后在弹出的窗口中选择 yes，就创建了一个文件名为 my_description 的空白文件。然后在弹出的空白文件中编写以下 M 函数：

```
function [f,table]=my_description(x)
a=[repmat('%10.4f',1,size(x,2)),'\n'];
b1=['Min:',a];
b2=['Max:',a];
b3=['Mean:',a];
b4=['Median:',a];
b5=['Std:',a];
b6=['Skew:',a];
b7=['Kurt:',a];
b=[b1,b2,b3,b4,b5,b6,b7];
f=sprintf(b,min(x),max(x),mean(x),median(x),std(x),skewness(x),kurtosis(x));
table=[min(x)',max(x)',mean(x)',median(x)',std(x)',skewness(x)',kurtosis(x)'];
```

注意在上面给出的函数例子中，我们使用了 my_description 作为文件名，这与函数文件中第一行中的 my_description 保持了一致。这样就可以以 [f,table]=my_description(x) 形式调用该函数。如果使用不同于 my_description 的文件名保存，比如：my_statistic，则调用该函数时，必须以 [f,table]=my_statistic(x) 形式调用。为避免调用时的麻烦，尽量使用相同的名称保存函数。

下面我们以上证综合指数为例来调用刚刚自定义的函数 my_description。假定我们只关心以开盘价、最高价、最低价、收盘价表示的日收益率。在读入数据并对数据进行除错的预处理后（将数据按照日期升序进行重新排列），我们得到变量 b、c、d、e，分别表示 1990 年 12 月 19 日到 2006 年 9 月 27 日之间的开盘价、最高价、最低价、收盘价数据。然后在 MATLAB 命令窗口中输入：

x=price2ret([b,c,d,e]);%将价格转换为对数收益率
[f,table]=my_description(x);%调用自定义函数 my_description

得到基本的统计性描述 f 如下：

f=
Min：	−0.7138	−0.7607	−0.7372	−0.7192
Max：	0.3170	0.1565	0.4498	0.1791
Mean：	−0.0007	−0.0007	−0.0007	−0.0007
Median：	−0.0007	−0.0008	−0.0004	−0.0004
Std：	0.0291	0.0253	0.0277	0.0267
Skew：	−4.5223	−8.2428	−4.2877	−6.0669
Kurt：	112.0329	227.8814	162.7151	151.3787

3.9 样本分布

在对数据进行基本的描述性统计分析后，有时我们还需要对变量的样本分布函数与样本概率密度函数进行分析。甚至有时候基于研究的需要，我们还要根据样本的历史数据，来产生随机样本进行某些研究。下面以 1990 年 12 月 19 日到 2006 年 9 月 27 日之间的上证综合指数收盘价为例，给出如何利用 MATLAB 得到上证综合指数日对数收益率的经验分布函数以及样本的概率密度函数，还有如何根据历史收益率的经验分布来生成随机数。

3.9.1 样本分布函数

假定我们在 MATLAB 中已经读入了 2000 年 1 月 1 日到 2006 年 6 月 1 日之间的上证综合指数的日期和收盘价数据，在经过数据的预处理后，得到列向量 a 和 e，分别表示时期和收盘价。

在 MATLAB 命令窗口下输入：

```
log_ret=price2ret(e);
h=figure;
set(h,'color','w')
plot(a(2:end),log_ret)
datetick('x',23)
xlabel('date')
ylabel('return')
title('daily return of Shanghai Composite')
```

图形输出结果如图 3.7 所示。

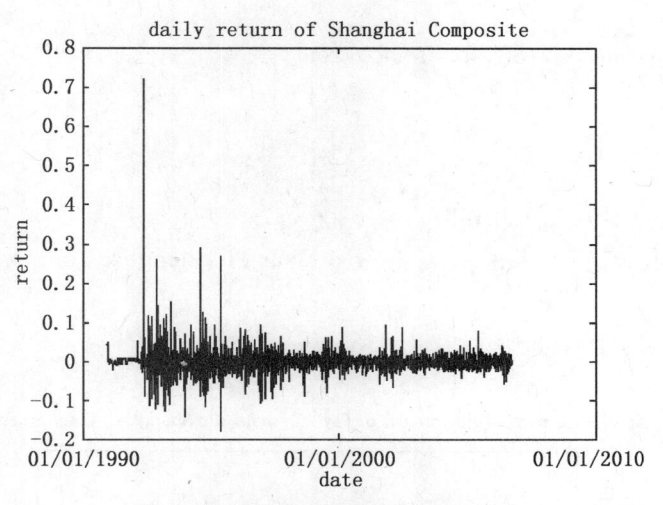

图 3.7　上证综合指数日对数收益率

为了得到样本的分布函数，我们可以编写以下 M 函数，并以 my_empirical_dist 的文件名保存在 MATLAB 自动搜索的文件夹下。

```
function [x,cumpr]=my_empirical_dist(data)
%generate empirical distribution function
%input:
%data is a vector
%output:
%x is sample observation vector
%cumpr is cumulative probability vector
if min(size(data))~=1
    error('data must be a vector')
end
n=length(data);
data=reshape(data,n,1);
data=sort(data);
[x,a,b]=unique(data);
frequency=[a(1);diff(a)];
cumpr=cumsum(frequency)/n;
```

然后在 MATLAB 命令窗口中输入：

```
[x,cumpr]=my_empirical_dist(log_ret);
h=figure;
set(h,'color','w')
plot(x,cumpr)
ylabel('cumulative probability')
title('empirical distribution of daily returns on Shanghai Composite')
```

图形输出结果如图 3.8 所示。

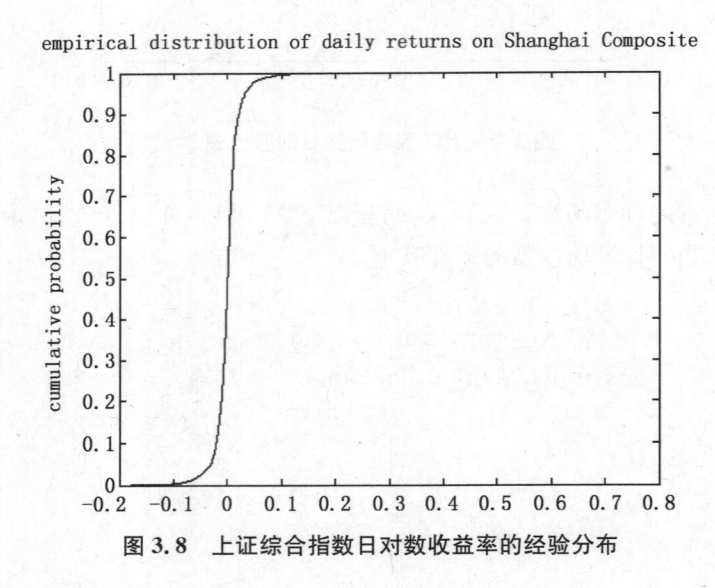

图 3.8　上证综合指数日对数收益率的经验分布

3.9.2　样本概率密度函数

为了得到样本的概率密度函数，我们可以编写以下 M 函数，并以 my_empirical_density 的文件名保存在 MATLAB 自动搜索的文件夹下。

```
function [x,density]=my_empirical_density(data,m)
% generate relative frequency and probability density
% input:
```

```
% data is a vector
% m is number of intervals
% output：
% x is a vector points of intervals
% density is probability density
if min(size(data))~=1
    error('data must be a vector')
end
n=length(data);
data=reshape(data,n,1);
zeta=min(abs(data))/10;
min1=min(data)-zeta;%locate low ending point
max1=max(data)+zeta;%locate high ending point
x=linspace(min1,max1,m+1);%generate intervals
density=hist(data,x)./(n*(x(2)-x(1)));
```

在上面的程序中，区间的数目由 m 确定。利用前面得到的上证综合指数的日对数收益率 log_ret，在 MATLAB 命令窗口下输入：

```
[x,density]=my_empirical_density(log_ret,200);
h1=figure(1);
set(h1,'color','w')
bar(x,hist(log_ret,x)/length(log_ret));
title('relative frequency');
h2=figure(2);
set(h2,'color','w')
plot(x,density);
title('probability density');
```

图形输出结果分别如图 3.9 和 3.10 所示。

利用函数 empirical_density，有时候得到的概率密度函数显得不太光滑，这时，我们可以编写以下函数 my_empirical_density1，得到较为光滑的概率密度函数。

relative frequency

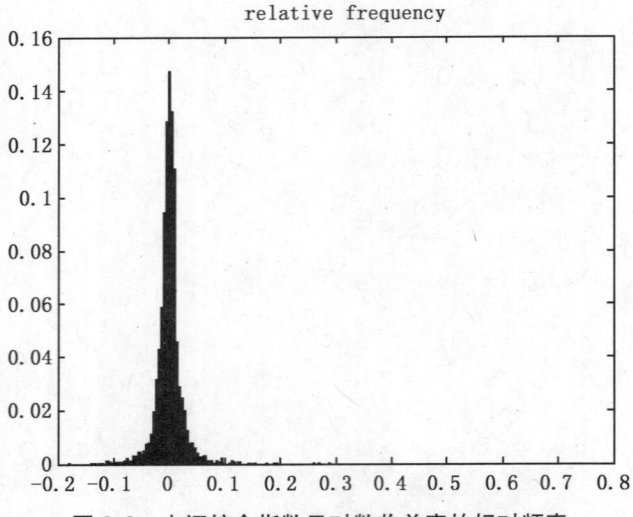

图 3.9　上证综合指数日对数收益率的相对频率

probability density

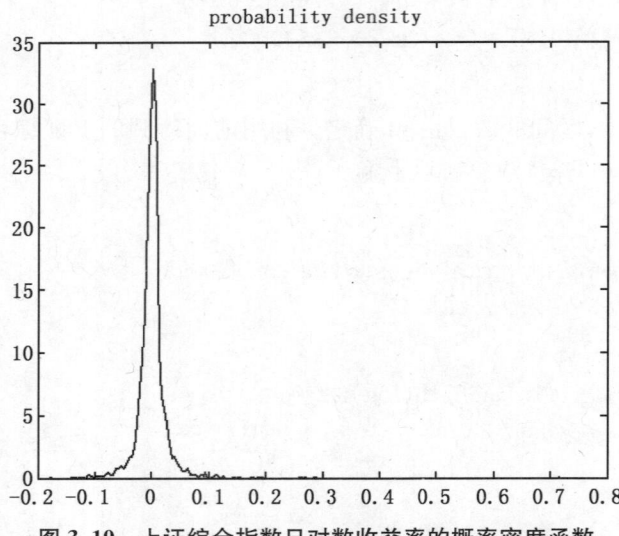

图 3.10　上证综合指数日对数收益率的概率密度函数

```
function [x,density]=my_empirical_density1(data,m)
% generate smoothed probability density function
% input:
% data is a vector
% m is number of intervals
```

```
% output:
% x is a vector points of intervals
% density is smoothed probability density
if min(size(data))~=1
    error('data must be a vector')
end
n=length(data);
data=reshape(data,n,1);
zeta=min(abs(data))/10;
min1=min(data)-zeta;%locate low ending point
max1=max(data)+zeta;%locate high ending point
x=linspace(min1,max1,m+1);%generate intervals
h=2*iqr(data)*length(data)^(-1/3);
density=zeros(1,length(x));
for j=1:n
    density=density+normpdf(x,data(j),h);
end
density=density/n;
```

3.9.3 产生服从经验分布的随机数

根据历史数据的经验分布产生随机数的基本原理如下：记 $f(x)$ 为随机变量 X 的概率密度函数，$F(x)$ 为其分布函数。则 $F(x)$ 服从 $[0,1]$ 区间的均匀分布。因此，先利用计算机产生服从 $[0,1]$ 区间均匀分布的随机数 y，然后利用 $z=F^{-1}(y)$ 就得到了服从概率密度函数为 $f(x)$ 的随机数 z。因此，如果知道 $f(x)$ 或 $F(x)$，应用上述原理就可以产生相应的随机数。

基于以上原理，我们可以编写以下函数名为 my_empirical_rv 的函数：

```
function random_number=my_empirical_rv(data,m,n)
% generate random numbers based on empirical distribution
% input:
% data is a vector of sample points
% m is the number of rows of the matrix with generated random numbers
```

```
% n is the number of columns of the matrix with generated random numbers
% output:
% random_number is a m-by-n matrix with generated random numbers
[x,cumpr]=my_empirical_dist(data);
union_number=rand(m,n);
random_number=interp1(cumpr,x,union_number);
%利用线性插值法计算经验分布函数的反函数
```

函数 my_empirical_rv 中用到了我们前面编写的函数 my_empirical_dist。利用前面得到的上证综合指数的日对数收益率 log_ret，在 MATLAB 命令窗口下输入：

```
h=figure;
set(h,'color','w')
random_number=my_empirical_rv(log_ret,100,100);
plot(random_number,'.')
title('generated random numbers based on empirical distribution')
```

上述结果将根据上证综合指数日对数收益率的经验分布产生 100 行 100 列的相互独立的随机数。图形输出结果如图 3.11 所示。

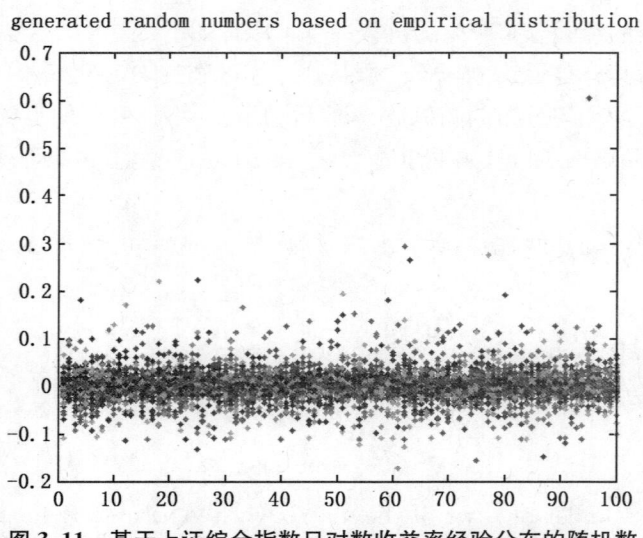

图 3.11　基于上证综合指数日对数收益率经验分布的随机数

3.10 产生常见分布的随机数及分布检验

3.10.1 产生随机数

MATLAB 提供了产生服从多种分布的随机变量函数,比如:函数 rand 可以产生 0 到 1 之间均匀分布的随机数,函数 randn 产生服从正态分布的随机数,函数 unidrnd 产生离散均匀分布的随机数等等。但这些 MATLAB 本身提供的产生随机数函数很多时候并不能满足我们研究和实践的需要,例如,我们要产生服从某一特定分布的随机变量,假如我们能够计算其累计分布函数 $F(x)$,我们可以利用分布函数 $F(x)$ 的反函数和服从 0 到 1 之间均匀分布的随机数来生成相应的随机数。前面的函数 my_empirical_rv,我们就是利用了经验分布函数生成了服从样本分布的随机数。我们也可以利用 MATLAB 本身提供的随机数生成函数来间接生成我们需要的随机数。比如:我们要生成服从$[a,b]$区间均匀分布的若干随机数,我们只要利用函数 rand 产生若干$[0,1]$区间均匀分布,然后将产生的随机数乘以$(b-a)$后再加上 a 就生成了我们需要的服从$[a,b]$区间均匀分布的随机数。需要提醒的是计算机产生的随机数并非真正意义上的随机数,实际上是按照某种算法产生的伪随机数。

Alex Barguy 提供了一个很好的产生随机数的函数 randraw,该函数可以产生服从五十几种分布的随机数,比如:randraw 可以产生服从广义双曲线、正态逆高斯、双指数等分布的随机数,这些分布在金融实证研究和应用层面都有很广泛的用途。该函数可以在以下网页免费下载: http://www.mathworks.com/matlabcentral/fileexchange/7309。

该函数的调用格式为:

Y=randraw(distribName, distribParams, sampleSize);

其中: distribName 为分布名称; distribParams 为分布的参数向量; sampleSize 为随机样本大小。比如:我们要生成 1 000 个服从均值为 1、标准差为 2 的正态分布随机数,我们输入以下命令即可。

Y=randraw('norm',[1,2], 1000);

该函数对各种其他分布的调用可以参见函数的说明部分。

3.10.2 分布检验

许多时候我们需要检验样本是否服从某一个理论分布,比如:金融市场上资产的收益率,尤其是短期的收益率,通常表现为尖峰厚尾的分布特点,假定比较短期(比如:日收益和周收益)服从正态分布是不符合实际情况的。通常资产的收益率可以假设为广义双曲线分布、正态逆高斯分布等等。基于这些假定资产的风险特性就可以得到更合理的估计。因此,这首先需要对样本分布是否服从这些分布做出检验。对样本是否服从某一特定分

布的检验方法很多,我们这里仅介绍 Kolmogorov-Smirnov 拟合优度的检验方法。Kolmogorov-Smirnov 检验通过构造以下统计量 $D=\max\{|F_n(x)-F(x)|\}$ 来检验经验分布 $F_n(x)$ 与理论分布 $F(x)$ 有无显著性差异。如果样本服从特定的理论分布,则统计量 D 应该比较小。MATLAB 提供了函数 kstest 来进行这一检验。其基本调用格式为:

[h,p,k,c]=kstest(data,cdf,alpha,tail);

其中:h=0 或 1,0 表示不能拒绝原假设,1 表示拒绝原假设;p 表示 P 值,k 表示 Kolmogorov-Smirnov 统计量;c 表示在显著水平 alpha 下的临界值;data 为数据;cdf 为理论分布的累计分布函数,由两列数据构成,第一列为数据点,通常可以设定为 data,第二列为数据点对应的理论累计分布的函数值;tail=0 表示双尾检验,原假设为 $F_n(x)=F(x)$,tail=-1 表示原假设为 $F_n(x) \geqslant F(x)$ 的检验,tail=1 表示原假设为 $F_n(x) \leqslant F(x)$ 的检验。

下面我们通过一个简单的例子来进行 kstest 的调用。我们在 MATLAB 命令窗口下输入:

x=rand(100,1);%产生[0,1]之间均匀分布的随机数
[h,p,k,c]=kstest(x,[x,expcdf(x,1)],0.05);
%检验样本在5%显著水平下是否服从参数为1的指数分布

输出结果如下:

h=1;p=3.4614e-013;k=0.3789;c=0.1340
检验结果表示样本不服从参数为1的指数分布。

我们在 MATLAB 命令窗口下继续输入:

[h,p,k,c]=kstest(x,[x,unifcdf(x,0,1)],0.05);
%检验样本在5%显著水平下是否服从[0,1]之间的均匀分布

输出结果如下:

h=0;p=0.5784;k=0.0763;c=0.1340
检验结果表示样本不能拒绝服从[0,1]之间的均匀分布。

MATLAB 还提供了函数 kstest2,用来检验两个样本是否具有相同的分布,其基本调用格式为:[h,p,ks2stat]=kstest2(x1,x2,alpha,tail)。

其中:x1,x2 为样本,其余输入和输出项与 kstest 基本含义相同。

3.11 自助法(Bootstrap)

自助法最早由 Efron(1979)提出[*],是一种有返回的再抽样统计方法,可以用于总体分布未知或者统计量的分布未知时的参数推断。自助法在金融研究和实践中的应用十分

---

[*] Efron B, 1979, Bootstrap methods:Another look at the Jackknife, Annual of statistics, 7,1-26.

广泛。其基本思想是将观测到的 n 个样本数据看成是"伪"总体,然后从这 n 个数据中有返回地重复抽样 n 次就得到了 1 个自助样本,重复以上过程 N 次就可以得到 N 个自助样本。然后我们可以由这 N 个自助样本计算得出的自助统计量来估计总体真实值。比如:用 N 个自助样本的平均值(先计算每个自助样本中 n 个数据的平均值,然后再将所有自助样本的平均值再平均)来估计总体的均值。所以自助法是一种将小样本扩张成大样本的统计方法。MATLAB 提供了函数 bootstrp 来产生再抽样随机样本,其基本的调用格式为:

[bootstat,bootsam]=bootstrp(N,funname,data);

Bootstat 给出了每个自助样本的统计量,是 $N\times 1$ 的列向量,分别对应 N 个自助样本中每一个自助样本计算出来的自助统计量。统计量由函数 funname 所定义,如果 funname 为[ ],则 Bootstat 也为[ ];bootsam 则给出了 N 个自助样本的序号是 $n\times N$ 的矩阵,n 为输入项中需要自助的样本数据 data 向量的长度,该序号对应于 data 向量中的位置;N 为自助样本的数量。

下面我们通过一个简单的例子,用自助样本的平均值来估计有限观察样本的均值,具体来说明 bootstrp 的用法。我们在 MATLAB 命令窗口下输入:

x=normrnd(1,2,100,1);%产生均值为 1、标准差为 2 的正态分布随机变量 100 个
[bootstat,bootsam]=bootstrp(1000,@mean,x);
%产生 1 000 个自助样本并计算每个自助样本的平均值
sample=x(bootsam);%得到 1 000 个自助样本
mean_est=mean(bootstat);%将所有自助样本的平均值再取平均
std_error=std(bootstat);%得到平均值估计的标准误差

bootstat 为 1 000 行一列的向量,分别对应 1 000 个自助样本中的每一个样本的平均值;sample 矩阵中的每一列就是一个自助样本,每个自助样本有 100 个数据,与需要自助的样本数据 x 的容量 n 一致,一共 1 000 列,这与自助样本的数量 N 一致。结果我们得到:mean_est=1.0592,std_error=0.1820。如果自助样本统计量满足渐进正态分布,则我们可以给出均值 95% 置信水平下的估计区间,我们在 MATLAB 命令窗口下输入

[mean_est+norminv(0.025)*std_error,mean_est+norminv(0.975)*std_error]

得到相应的估计区间:[0.702 6, 1.415 8]。

然而在一般情况下,自助样本统计量并不满足渐进正态分布,这时我们可以用分位数来估计相应的区间,继续上面的例子,我们在 MATLAB 命令窗口下输入

prctile(bootstat,[2.5,97.5]);
%计算 1 000 个自助样本的平均值 2.5% 和 97.5% 的分位数

我们得到均值 95% 置信水平下的估计区间为:[0.437 3, 1.333 7]。

自助法还经常用在回归分析中,将回归得到的残差进行自助抽样并进行相应的参数估计。

3.12 时间序列的基本统计分析

3.12.1 平稳性检验

在很多时候我们需要检验时间序列的平稳性,比如:在回归分析中我们经常要求时间序列变量是平稳的(除非存在协整关系)以避免伪回归的问题。MATLAB 提供了多种函数进行时间序列的单位根检验来对时间序列的平稳性做出检验,这里我们仅介绍扩增(Augmented)Dickey-Fuller 检验和 Phillips-Perron 检验。扩增 Dickey-Fuller 检验的函数为 adftest,其一般调用格式为:

[h,pValue,stat,cValue,reg]=adftest(y,'Para_Name',Para_Value,...)

其中:y 为时间序列变量;'Para_Name'为参数名字,具体包括:'alpha'(显著水平,默认的显著水平为 0.05),'lags'(Δy 滞后项的数量,默认值为 0),'model'(模型选择参数,可选择'AR'、'ARD'、'TS',默认值为'AR'),'test'(统计量的选择,可选择't1'、't2'、'F',默认值为't1');h==1 则拒绝时间序列为单位根过程的原假设,h==0 则不能拒绝时间序列为单位根过程的原假设;pValue 为 P 值,pValue<alpha,则拒绝时间序列为单位根过程的原假设;stat 为统计量,如果'test'的值为't1',则 stat 为标准的 t 统计量,如果'test'的值为't2',则 stat 为滞后项调节的非标准 t 统计量,如果'test'的值为'F',则 stat 统计量为 F 统计量;cValue 为统计量拒绝原假设的临界值;reg 为结构型变量,给出有效样本容量、回归系数等信息。

如果'model'选择为'AR',则检验的原假设为:

$$Y_t = Y_{t-1} + b_1 \Delta Y_{t-1} + b_2 \Delta Y_{t-2} + \cdots + b_p \Delta Y_{t-p} + \varepsilon_t$$

对应的备选假设为:

$$Y_t = a Y_{t-1} + b_1 \Delta Y_{t-1} + b_2 \Delta Y_{t-2} + \cdots + b_p \Delta Y_{t-p} + \varepsilon_t$$

其中 $a < 1$

如果'model'选择为'ARD',则检验的原假设为:

$$Y_t = Y_{t-1} + b_1 \Delta Y_{t-1} + b_2 \Delta Y_{t-2} + \cdots + b_p \Delta Y_{t-p} + \varepsilon_t$$

对应的备选假设为:

$$Y_t = c + a Y_{t-1} + b_1 \Delta Y_{t-1} + b_2 \Delta Y_{t-2} + \cdots + b_p \Delta Y_{t-p} + \varepsilon_t$$

其中 $a < 1$

如果'model'选择为'TS',则检验的原假设为:

$$Y_t = c + Y_{t-1} + b_1 \Delta Y_{t-1} + b_2 \Delta Y_{t-2} + \cdots + b_p \Delta Y_{t-p} + \varepsilon_t$$

对应的备选假设为：
$$Y_t = c + dt + aY_{t-1} + b_1\Delta Y_{t-1} + b_2\Delta Y_{t-2} + \cdots + b_p\Delta Y_{t-p} + \varepsilon_t$$

其中 $a<1$。

下面我们以 2010 年 1 月—2011 年 12 月上证综合指数的日收盘价和日收益率为例来简单说明 adftest 的用法。假定我们在 MATLAB 命令窗口下已经得到收盘价序列 p 和收益率序列 r。然后我们输入

[h,pValue,stat,cValue]=adftest(p,'lags',2,'model','ts')

得到：

h=0;pValue=0.2142;stat=−2.7656;cValue=−3.4184

因此，价格序列不能拒绝单位根的原假设，即价格序列是非平稳序列。

我们输入

[h,pValue,stat,cValue]=adftest(r,'lags',2,'model','ard')

得到：

h=1;pValue=1.0000e−003;stat=−13.3588;cValue=−2.8674

因此，收益率序列拒绝单位根的原假设，即收益率序列是平稳序列。

MATLAB 为 Phillips-Perron 检验提供了函数 pptest，其调用格式与 adftest 完全相同，其一般调用格式为：

[h,pValue,stat,cValue,reg]=pptest(y,'Para_Name',Para_Value,...)

我们同样以 2010 年 1 月—2011 年 12 月上证综合指数的日收盘价和日收益率为例，我们输入

[h,pValue,stat,cValue]=pptest(p,'lags',2,'model','ts')

得到：

h=0;pValue=0.2227;stat=−2.7484;cValue=−3.4183

因此，价格序列不能拒绝单位根的原假设，即价格序列是非平稳序列。

我们输入

[h,pValue,stat,cValue]=pptest(r,'lags',2,'model','ard')

得到：

h=1;pValue=1.0000e−003;stat=−24.3261;cValue=−2.8674

因此，收益率序列拒绝单位根的原假设；即收益率序列是平稳序列。

从检验结果来看，adftest 与 pptest 的结论是一致的。

3.12.2 自相关和偏自相关性

时间序列时常表现出自相关性，MATLAB 提供了函数 autocorr 来计算时间序列的相关系数。autocorr 的基本调用格式如下：

[ACF,Lags,Bounds]=autocorr(X,nLags,M,nSTDs)

其中:ACF 为自相关系数;Lags 为时间滞后向量;Bounds 为自相关系数正负 nSTDs 个标准差的区间;X 为时间序列;nLags 为需要计算相关系数的最大时间滞后项,M 定义的是一个整数值,在此时间滞后期后的相关系数理论上为 0;nSTDs 为标准差的倍数,用来计算 Bounds。下面我们还是以上面 2010 年 1 月—2011 年 12 月上证综合指数的日收益率 r 为例来说明 autocorr 的用法。

[ACF,Lags,Bounds]=autocorr(r,5,0,1.96)

得到结果如下:
ACF=[1.0000;0.0044;0.0192;0.0360;−0.0379;−0.0110]
Lags=[0;1;2;3;4;5]
Bounds=[0.0800;−0.0800]

这样我们分别得到了 0 到 5 时间滞后的自相关系数估计 ACF,0 表示同期的相关性,这等于 1,Bounds 则给出了自相关系数 95% 的置信区间(即正负 1.96 个标准差)。由于自相关系数的标准误差为 $1/\sqrt{T}$,T 为时间序列 X 的长度,因此我们在 MATLAB 命令窗口下输入以下命令得到自相关系数相应的 t 统计量:

t_stat=ACF * sqrt(length(r))

得到:t_stat=[24.4949;0.1088;0.4700;0.8823;−0.9286;−0.2703]

上面的 t 统计量分别对 1 到 5 阶时间滞后的自相关系数与 0 是否存在差异作出了检验,结果表明在通常的显著性水平下,1 到 5 阶时间滞后的自相关系数分别与 0 相比并无显著差异。但如果将 1 到 5 阶时间滞后的自相关系数看成一个整体,我们要从总体上检验 5 阶滞后的自相关系数是否为 0,我们可以使用 Ljung-Box Q 统计量来做出检验,$Q=T(T+2)\sum_{i=1}^{L}\frac{\rho_i^2}{T-i}$,其中:$\rho_i$ 为时间滞后 i 期的自相关系数,该统计量服从自由度为 L 的 χ^2 分布。

我们在 MATLAB 命令窗口下输入以下命令:
[h,pValue,stat,cValue]=lbqtest(r,5,0.05)

得到:
h=0; pValue=0.8541; stat=1.9641; cValue=11.0705

pValue 为 P 值;stat 为 Q 统计量;cValue 为 5% 显著水平下的临界值,因此,我们不能拒绝 1 到 5 阶时间滞后的自相关系数为 0 的原假设。

如果我们输入以下命令,则得到自相关系数的图形输出:
h=figure;
set(h,'color','w')
autocorr(r,30,0,1.96)%输出 0 到 30 阶滞后的自相关系数图形

输出结果如图 3.12 所示,图中的两条直线则给出了自相关系数 95% 的置信区间。

Sample Autocorrelation Function

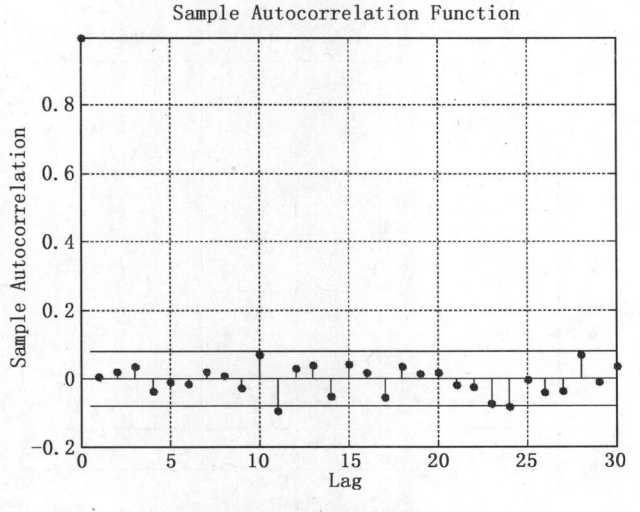

图 3.12 自相关系数

偏自相关系数衡量了去掉中间滞后变量的影响之后,变量当前值与滞后期之间的相关性。显然一阶偏自相关系数与自相关系数是相同的,但二阶及以上的偏自相关系数与自相关系数一般是不相同的。MATLAB 提供了函数 parcorr 计算偏自相关系数,其调用方式与 autocorr 完全相同。我们同样以前面的收益率 r 为例来说明 parcorr 的调用方式。我们输入:

[PACF,Lags,Bounds]=parrcorr(r,5,0,1.96)
PACF=[1.0000;0.0044;0.0192;0.0360;−0.0389;−0.0119]
Lags=[0;1;2;3;4;5]
Bounds=[0.0801;−0.0801]

我们在 MATLAB 命令窗口下输入以下命令得到偏自相关系数相应的 t 统计量:

t_stat=PACF * sqrt(length(r))

得到:t_stat=[24.4949;0.1088;0.4701;0.8809;−0.9535;−0.2918]

上面的 t 统计量分别对 1 到 5 阶时间滞后的偏自相关系数与 0 是否存在差异作出了检验,结果表明在通常的显著性水平下,1 到 5 阶时间滞后的偏自相关系数分别与 0 相比并无显著差异。

如果我们输入以下命令,则得到偏自相关系数的图形输出:

h=figure;
set(h,'color','w')
parcorr(r,30,0,1.96)%输出 0 到 30 阶滞后的偏自相关系数图形

输出结果如图 3.13 所示,图中的两条直线则给出了偏自相关系数 95% 的置信

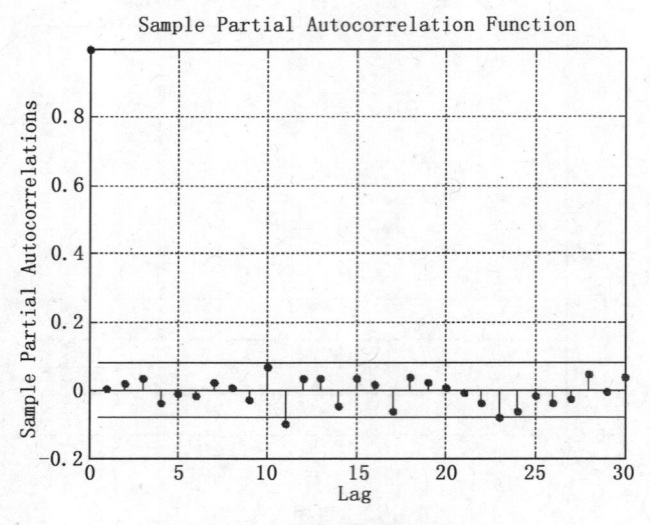

图 3.13 偏自相关系数

区间。

自相关系数和偏自相关系数常用来辅助判定自回归移动平均过程 ARMA(p,q)的 p 和 q 的阶数,p 和 q 的阶数的精确确定则通常用 AIC、SC、HQIC 信息准则,使得最小化信息值的 p 和 q 的阶数就是最佳的。当然,我们在具体选择 p 和 q 阶数的时候还需要考虑模型的简单性。AR(p)过程的自相关系数表现出拖尾的性质,即随着滞后阶数的增加,自相关系数逐渐下降,而其偏自相关系数表现出截尾的性质,即偏自相关系数自 p 滞后阶数后变得很小。MA(q)过程则偏自相关系数表现出拖尾的性质,而自相关系数表现出自 q 阶滞后项后截尾的性质。ARMA(p,q)则表现出自相关系数和偏自相关系数均拖尾的性质。

我们以 1992 年之前的上证综合指数的日收益率 r 为例来说明利用自相关系数和偏自相关系数建立 ARMA(p,q)模型。假定我们已经得到了收益率序列 r,我们在 MATLAB 命令窗口下输入:

h=figure(1);
set(h,'color','w')
autocorr(r)
h=figure(2);
set(h,'color','w')
parcorr(r)

比较图 3.14 和 3.15 中自相关系数和偏自相关系数的特征,我们推断可以用 AR(1) 过程来刻画 1991 年上海证券市场收益率的变动过程。

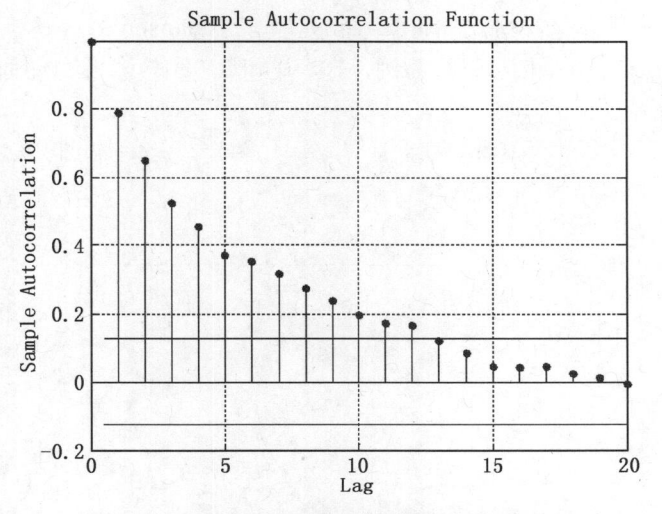

图 3.14　1991 年上证综合指数自相关系数

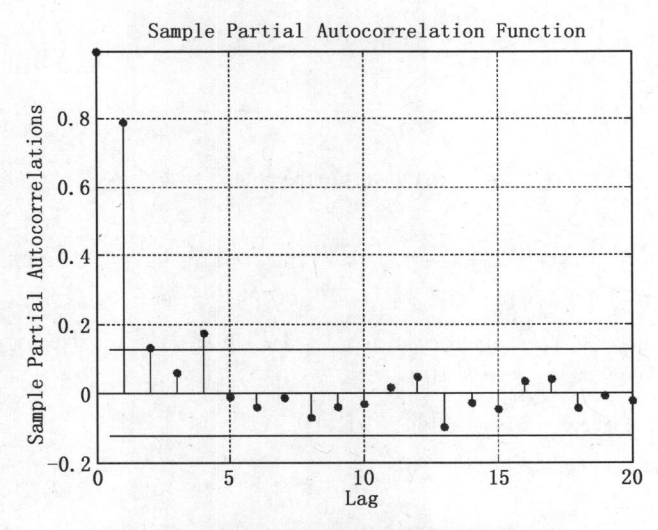

图 3.15　1991 年上证综合指数偏自相关系数

3.12.3　协整关系检验

在金融实证和应用中我们经常要分析一组变量之间是否存在协整关系。比如：期货价格和现货价格之间应该存在比较稳定的关系，它们之间的价差通常会呈现出均值回复的现象。协整关系通常可以描述这种在统计意义上呈现出的长期均衡关系。MATLAB 的计量经济工具箱提供了 egcitest 和 jcitest 等函数来进行协整关系的检验。egcitest 是基于 Engle-Granger 的两步检验法，而 jcitest 是基于 Johansen 的协整检验方法。下面我们以跟踪沪深 300 指数的两个 ETF 为例，510330 和 510300，来说明如何在 MATLAB 中进行协整关系的检验。

我们收集了 510330 和 510300 在 2013/4/15—2013/5/30 期间每 5 分钟的收盘价，数据如图 3.16 所示。

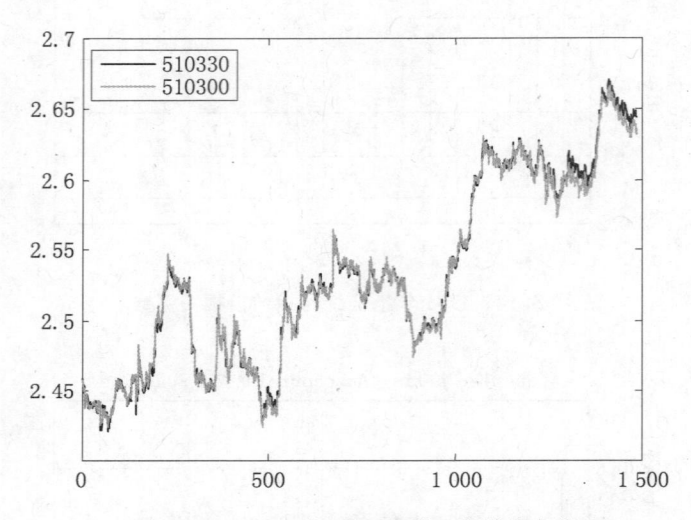

图 3.16　510330 和 510300 的 5 分钟收盘价

假定我们在 MATLAB 中已经读入了 ETF 的价格序列 x，x 为两列的数据矩阵，第一列为 510330 的 5 分钟的收盘价；第二列为 510300 的 5 分钟的收盘价。在进行协整关系之前，我们需要确认两个 ETF 的价格序列是非平稳的时间序列，但差分后的时间序列是平稳的时间序列。然后我们再进行协整关系的检验。我们在 MATLAB 主窗口输入：

[h1,p1]=adftest(x(:,1),'model','ARD')

h1=0

p1=0.7835

因此，ADF 单位根检验表明：510330 的价格不能拒绝存在单位根的原假设

[h2,p2]=kpsstest(x(:,1),'trend',false)

h2=1

p2=0.0100

因此，KPSS 平稳性检验表明：510330 的价格拒绝是平稳序列的原假设。综合以上两种检验，我们确认 510330 的价格是非平稳的序列。

类似地，得到 510300 的价格是非平稳的序列

[h1,p1]=adftest(x(:,2),'model','ARD')

h1=0
p1=0.7346
[h2,p2]=kpsstest(x(:,2),'trend',false)
h2=1
p2=0.0100

接下来我们对差分后的序列进行平稳性检验:
[h1,p1]=adftest(diff(x(:,1)),'model','ARD')
h1=1
p1=1.0000e-003

ADF 单位根检验表明:510330 价格差分后的序列拒绝存在单位根的原假设
[h1,p1]=adftest(diff(x(:,2)),'model','ARD')
h1=1
p1=1.0000e-003

同样 ADF 单位根检验表明:510300 价格差分后的序列能拒绝存在单位根的原假设
[h2,p2]=kpsstest(diff(x(:,1)),'trend',false)
h2=0
p2=0.1000

KPSS 平稳性检验表明:510330 价格差分后的序列不能拒绝平稳序列的原假设
[h2,p2]=kpsstest(diff(x(:,2)),'trend',false)
h2=0
p2=0.1000

KPSS 平稳性检验表明:510300 价格差分后的序列不能拒绝平稳序列的原假设

接下来,我们继续进行协整关系的检验,我们首先进行 Engle-Granger 协整关系检验:
[h,p]=egcitest(x,'test',{'t1','t2'})
h=   1   1
p=   1.0e-003 *
      1.0000   1.0000

函数 egcitest 输入项中的 t1 和 t2 分别表示进行 T 检验和 Z 检验。结果表明:拒绝不存在协整关系的原假设。

更换因变量后,再做检验:
[h,p]=egcitest(x(:,[2,1]),'test',{'t1','t2'})
h=   1   1
p=   1.0e-003 *
      1.0000   1.0000

结果表明:拒绝不存在协整关系的原假设

接下来我们进行Johansen协整关系检验:

[h,p]=jcitest(x,'model','H1','lags',1:2)

得到结果如下:

****

Results Summary (Test 1)

Data: x

Effective sample size: 1486

Model: H1

Lags: 1

Statistic: trace

Significance level: 0.05

r	h	stat	cValue	pValue	eigVal
0	1	119.2164	15.4948	0.0010	0.0766
1	0	0.8422	3.8415	0.5042	0.0006

****

Results Summary (Test 2)

Data: x

Effective sample size: 1485

Model: H1

Lags: 2

Statistic: trace

Significance level: 0.05

r	h	stat	cValue	pValue	eigVal
0	1	72.3839	15.4948	0.0010	0.0471
1	0	0.7975	3.8415	0.5212	0.0005

h=

	r0	r1
t1	true	false
t2	true	false

p=

	r0	r1
t1	0.001	0.50422

t2　　0.001　　　0.52121

　　以上 Johansen 协整关系检验结果表明：拒绝不存在协整关系的原假设；不能拒绝存在一个协整关系的原假设。

　　综合以上统计检验我们得到：510330 和 510300 存在协整关系。

　　继续输入：

[~,~,~,~,reg]=egcitest(x,'test','t2');

进一步得到协整系数估计如下：

reg. coeff

ans=

　　−0.0482

　　1.0194

即

$Y = -0.0482 + 1.0194 * X + e$

其中：Y 表示 510330 的收盘价；X 表示 510300 的收盘价。

估计的 t 统计量如下：

reg. tStats. t

ans=

　　−14.5434

　　778.5424

3.13　常见的假设检验统计方法

　　在金融研究和实践中，我们经常需要比较样本的均值、中位数和方差等与理论值是否存在统计意义上的差异，也经常比较两个样本的均值、中位数和方差等是否存在统计意义上的差异。MATLAB 为这些检验提供了丰富的函数。这里我们分别介绍其中常用的一些函数。

　　函数 ttest(单个样本的 t 检验)用来检验样本的均值与理论值是否存在统计意义上的差异，是一种参数检验方法，其调用的基本格式为：

[h,p,ci,stats]=ttest(X,m,alpha,tail)

　　其中：X 为样本；m 为理论值；alpha 为显著性水平；tail=0 表示双尾检验，检验样本均值与 m 是否有差异，tail=1 表示右尾检验(原假设为 $\overline{X} \leqslant m$)，检验样本均值是否大于 m，tail=−1 表示左尾检验，检验样本均值是否小于 m；h=1 表示拒绝原假设，h=0 表示不能拒绝原假设；p 为 P 值；ci 为 1−alpha 的置信区间；stats 是一个结构型变量，分别给出了 t 统计量、t 统计量的自由度和样本的标准差。

　　我们用一个简单的例子来说明 ttest 的调用方法，在 MATLAB 命令窗口下输入：

x=randn(200,1)+2;%产生服从均值为2、方差为1的正态分布随机样本
[h,p,ci,stats]=ttest(x,1,0.05,0)%检验样本的均值是否与1有差异
得到：
h=
    1
p=
    2.2986e−029
ci=
    1.8735
    2.1769
stats=
    tstat：13.3225
    df：199
    sd：1.0883

因此,样本拒绝均值为1的原假设。输入
[h,p,ci,stats]=ttest(x,1,0.05,1)
则得到h=1,即拒绝均值$\overline{X}\leqslant 1$的原假设,输入
[h,p,ci,stats]=ttest(x,1,0.05,−1)
则得到h=0,即不能拒绝均值$\overline{X}\geqslant 1$的原假设。

函数 ttest2(两个样本的 t 检验)用来检验两个样本的均值是否存在统计意义上的差异,也是一种参数检验方法,其调用的基本格式为：
[h,p,ci,stats]=ttest2(X,Y,alpha,tail,vartype)
其中：X,Y 为样本,vartype 为′equal′则表示两个样本的方差相等,vartype 为′unequal′则表示两个样本的方差不相等。

我们用一个简单的例子来说明 ttest2 的调用方法,在 MATLAB 命令窗口下输入
x=randn(100,1)+1；%产生服从均值为1、方差为1的正态分布随机样本
y=randn(100,1)+2；%产生服从均值为2、方差为1的正态分布随机样本
[h,p,ci,stats]=ttest2(x,y,0.05,0,′equal′)
%在两个样本方差相等的前提下检验两个样本的均值是否相等
得到：
h=
    1
p=
    1.5712e−012
ci=

    -1.3193
    -0.7728
  stats=
    tstat: -7.5488
     df: 198
     sd: 0.9799

因此,拒绝两个样本均值相等的原假设。

  函数 vartest(单个样本的 χ^2 检验)是一种参数检验方法,用来检验样本的方差与理论值是否存在统计意义上的差异,其调用的基本格式为：

  [h,p,ci,stats]=vartest(X,V,alpha,tail)

  其中:V 为方差的理论值。

  我们用一个简单的例子来说明 vartest 的调用方法,在 MATLAB 命令窗口下输入

x=randn(100,1)+1;%产生均值为 1、方差为 1 的正态分布随机样本

[h,p,ci,stats]=vartest(x,2,0.05,0)%检验样本方差与 2 有无差异

  得到：

  h=
    1
  p=
    6.8856e-009
  ci=
    0.5883
    1.0299
  stats=
    chisqstat: 37.7776
     df: 99

因此,拒绝样本方差为 2 的原假设。

  函数 vartest2(两个样本的 F 检验)是一种参数检验方法,用来检验两个样本的方差是否存在统计意义上的差异,其调用的基本格式为：

  [h,p,ci,stats]=vartest2(X,Y,alpha,tail)

  我们用一个简单的例子来说明 vartest2 的调用方法,在 MATLAB 命令窗口下输入

x=randn(100,1)+1;%产生均值为 1、方差为 1 的正态分布随机样本

y=randn(100,1)*2+2;%产生均值为 2、方差为 4 的正态分布随机样本

[h,p,ci,stats]=vartest2(x,y,0.05,1)

%检验 x 的方差小于等于 y 的方差的原假设

  得到：

h=

　　0

p=

　　1.0000

ci=

　　0.1484

　　　　Inf

stats=

　　fstat:0.2069

　　　df1:99

　　　df2:99

因此,不能拒绝 x 的方差小于等于 y 的方差的原假设。

函数 signrank(符号秩检验)是一种非参数检验方法,用来检验样本的中位数与理论值是否存在统计意义上的差异,其调用的基本格式为:

[p,h,stats]=signrank(X,m,'alpha',alpha)

其中:X 为样本;m 为理论值;'alpha'为显著水平属性,alpha 为显著水平;p 为 P 值;h=1 表示拒绝原假设,h=0 表示不能拒绝原假设;stats 是一个结构型变量,分别给出了符号秩统计量和 Z 统计量(只使用于大样本情况)

我们用一个简单的例子来说明 signrank 的调用方法,在 MATLAB 命令窗口下输入

x=randn(100,1)+1;%产生均值为 1、方差为 1 的正态分布随机样本

[p,h,stats]=signrank(x,0,'alpha',0.05)%检验中位数是否为 0

得到:

p=

　　1.1409e−014

h=

　　1

stats=

　　　　zval:−7.7225

　　signedrank:279

因此,拒绝样本中位数为 0 的原假设。

函数 ranksum(Wilcoxon 秩和检验,也被称为 Mann-Whitney U 检验或 Mann-Whitney-Wilcoxon 检验)是一种非参数检验方法,用来检验两个样本的中位数是否存在统计意义上的差异,其调用的基本格式为:

[p,h,stats]=ranksum(X,Y,'alpha',alpha)

我们用一个简单的例子来说明 ranksum 的调用方法,在 MATLAB 命令窗口下输入:

```
x=randn(100,1)+1;%产生均值为1、方差为1的正态分布随机样本
y=randn(100,1)*2+2;%产生均值为2、方差为4的正态分布随机样本
[p,h,stats]=ranksum(x,y,'alpha',0.05) %检验两个样本的中位数是否相等
p=
    0.0018
h=
    1
stats=
        zval：-3.1239
        ranksum：8771
```

P值为0.0018,h=1,检验结果拒绝两个样本中位数相等的原假设。

下面我们给出一个符号秩检验和Wilcoxon秩和检验在金融研究方面应用的例子。我国自2005年7月21日起实行了以市场供求为基础、参考一篮子货币进行调节、有管理的浮动汇率制度。因此,我们可以推测这增加了企业的经营风险,从而进一步推测公司在股票市场上的波动性也应该增加。为了验证以上想法,我们可以选取所有符合一定条件(比如:非ST股票、在2002年之前上市)的上市公司样本进行实证研究。假定我们选取了800家符合条件的股票,针对每家上市公司,我们分别用其2005年前3年的月收益数据计算其在汇改之前的波动性,用其2005年后3年的月收益数据计算其在汇改之后的波动性。最后我们得到了800家公司汇改前的波动性向量X和汇改后的波动性向量Y,这里X和Y中同一位置的元素对应同一家上市公司。这时我们可以利用符号秩检验来检验汇改前后的波动性是否存在差异,在MATLAB命令窗口中输入:

$$[p,h,stats] = signrank(X-Y,0,'alpha',0.05)$$

从而检验汇改前后的波动性是否存在差异。函数signrank并不能直接进行单尾检验,如果我们要进行单尾检验,看汇改后的波动性是否增加,我们可以利用当样本容量比较大时,符号秩统计量近似服从对称的正态分布的性质来进行检验,具体地,我们在MATLAB命令窗口中输入:

$$[p,h,stats] = signrank(Y-X,0,'alpha',0.05)$$

得到的p如果小于10%,则我们可以得出以下结论:在5%的显著水平下,汇改后的波动性要高于汇改前的波动性。

进一步,我们推测进出口业务比较多的公司相对于其他没什么涉外业务的公司在汇改后增加的波动性应该更多些。因此,我们可以在控制规模并剔除能源和其他资源型易受美元波动的公司之后,选择行业和规模相互匹配的外贸型公司和非外贸型公司,比如:我们得到100个外贸型公司和100个非外贸型公司,这两组里的公司在规模和行业方面

是分别一一匹配的，从而控制了其他因素对波动率的影响。然后我们计算外贸型公司汇改后的波动性和汇改前的波动性，将前者除以后者就得到了波动比率，如果汇改后的波动性增加了，则该比率应该大于1。因此，我们可以得到100个外贸型公司的波动比率，我们将其用向量A来表示。类似地，我们得到100个非外贸型公司的波动比率，我们将其用向量B来表示。然后我们可以用Wilcoxon秩和检验来对两个样本的中位数是否存在差异做出检验。如果样本A的中位数显著高于样本B，则说明外贸型上市公司波动性的增加程度更高。

3.14 主成分分析方法

主成分分析方法是一种将多个变量 $X_1, X_2, \cdots, X_N$ 通过线性组合综合成少数几个不相关的变量 $Z_1, Z_2, \cdots, Z_K$ 的统计方法。其中：$Z = AX$，$Z = (Z_1, Z_2, \cdots, Z_K)'$，$X = (X_1, X_2, \cdots, X_N)'$，$\mathrm{Cov}(Z_i, Z_j) = 0$，$\forall i \neq j$，$N \geqslant K$。$A$ 通常被称为主成分变换矩阵。主成分分析在金融研究和实践方面有着广泛的用途。比如：在回归分析中，多个自变量之间可能存在共线性的问题，将这些变量放入回归方程可能导致回归系数不显著，这时可以借助主成分分析方法将这些变量综合成几个不相关的变量后进行回归，这就是主成分回归。主成分的第二个用处是识别出重要的主成分变量，将各主成分变量的方差除以总的方差就得到了各主成分对总方差的解释百分比，百分比越大的主成分就越重要。这里总的方差就是原始变量 $X_1, X_2, \cdots, X_N$ 的方差之和。下面我们结合MATLAB提供的主成分分析函数princomp来说明主成分分析的基本用法。princomp的基本调用格式为：

[coeff, score, latent, tsquare] = princomp(data)

其中：data 是一个矩阵，每一列表示一个变量，即 $X_1, X_2, \cdots, X_N$；coeff 就是主成分变换矩阵A；score 就是数据data在新的主成分坐标体系下的新的转换数据，等于原始数据data中心化（即每列的数据减去本列的均值）之后乘以主成分变换矩阵coeff；latent 就是主成分变量 $Z_1, Z_2, \cdots, Z_K$ 由高到低排列的方差向量；tsquare 是Hoteling的 T^2 统计量，用来衡量数据与中心点的距离，常用来确定数据中的极值点。

load hald；%读入MATLAB自带的数据文件hald.mat
[coeff, score, latent, tsquare] = princomp(ingredients);
%对矩阵ingredients进行主成分分析

ingredients 是 1 个 13×4 的矩阵，在MATLAB命令窗口下输入ingredients，可以看到具体的ingredients的数据如下：

ingredients=

7	26	6	60
1	29	15	52
11	56	8	20

11	31	8	47
7	52	6	33
11	55	9	22
3	71	17	6
1	31	22	44
2	54	18	22
21	47	4	26
1	40	23	34
11	66	9	12
10	68	8	12

主成分分析的结果如下：

coeff＝

0.0678	0.6460	−0.5673	0.5062
0.6785	0.0200	0.5440	0.4933
−0.0290	−0.7553	−0.4036	0.5156
−0.7309	0.1085	0.4684	0.4844

score＝

−36.8218	6.8709	4.5909	0.3967
−29.6073	−4.6109	2.2476	−0.3958
12.9818	4.2049	−0.9022	−1.1261
−23.7147	6.6341	−1.8547	−0.3786
0.5532	4.4617	6.0874	0.1424
10.8125	3.6466	−0.9130	−0.1350
32.5882	−8.9798	1.6063	0.0818
−22.6064	−10.7259	−3.2365	0.3243
9.2626	−8.9854	0.0169	−0.5437
3.2840	14.1573	−7.0465	0.3405
−9.2200	−12.3861	−3.4283	0.4352
25.5849	2.7817	0.3867	0.4468
26.9032	2.9310	2.4455	0.4116

latent＝

517.7969

67.4964

12.4054

0.2372
tsquare=
5.6803
3.0758
6.0002
2.6198
3.3681
0.5668
3.4818
3.9794
2.6086
7.4818
4.1830
2.2327
2.7216

这里有四个原始变量,因此最多有 4 个主成分变量。得到的 4 个主成分对总方差的解释百分比如下:

percent_explained=latent./sum(latent)
percent_explained=
0.8660
0.1129
0.0207
0.0004

注意,这里 4 个主成分的方差之和与 4 个原始变量的方差之和是一致的。第一个主成分变量解释了 86.6% 的总方差,第二个主成分变量解释了 11.29% 的总方差。因此,前面 2 个主成分能够解释 98% 左右的方差,忽略后面 2 个主成分变量不会损失太大的信息。因此,如果要进行主成分回归分析,4 个主成分变量中只需要将前面 2 个主成分变量进入回归方程就可以了。

将原始数据 ingredients 乘以主成分变换矩阵 coeff 就得到 4 个主成分变量组成的矩阵,矩阵的每一列对应一个主成分变量 Z_1, Z_2, …, Z_K,主成分变量重要程度从左到右由高到低排列,即第一列的主成分变量是方差解释占比最高的,最后一列的主成分变量是方差解释占比最低的。

Z=ingredients * coeff
Z=
　　−25.9105　　　　7.0189　　　　35.8545　　　　48.5266

−18.6960	−4.4628	33.5112	47.7341
23.8931	4.3530	30.3613	47.0039
−12.8034	6.7821	29.4088	47.7514
11.4645	4.6098	37.3510	48.2723
21.7238	3.7946	30.3506	47.9950
43.4995	−8.8318	32.8699	48.2117
−11.6951	−10.5779	28.0270	48.4543
20.1739	−8.8373	31.2805	47.5862
14.1953	14.3053	24.2171	48.4705
1.6913	−12.2380	27.8352	48.5651
36.4962	2.9297	31.6503	48.5768
37.8145	3.0790	33.7091	48.5416

输入 cov(Z) 得到：
ans=

517.7969	0.0000	0.0000	−0.0000
0.0000	67.4964	−0.0000	−0.0000
0.0000	−0.0000	12.4054	−0.0000
−0.0000	−0.0000	−0.0000	0.2372

这验证了这 4 个主成分变量之间是不相关的。

另外，我们要注意有时候原始数据中各列的数据大小之间可能存在比较大的差异，这时候，我们先需要将数据标准化之后再做主成分分析，即将数据中每一列的数据减去该列的均值，然后再除以该列的标准差。我们可以编写以下函数 my_standardized_data 来进行数据的标准化处理。

```
function f=my_standardized_data(X)
mu=mean(X);
sigma=std(X);
N=size(X,1);
matrix_mu=repmat(mu,N,1);
matrix_sigma=repmat(sigma,N,1);
f=(X−matrix_mu)./matrix_sigma;
```

我们还是以前面的数据为例，先将数据 ingredients 标准化，再做主成分分析。

```
data=my_standardized_data(ingredients);
[coeff,score,latent,tsquare]=princomp(data);
percent_explained=latent. /sum(latent)
```

得到的 4 个主成分对总方差的解释百分比如下：

```
percent_explained=
    0.5589
    0.3940
    0.0467
    0.0004
```

第一个主成分变量解释了 55.89% 的总方差，第二个主成分变量解释了 39.40% 的总方差。因此，前面 2 个主成分能够解释 95.29% 的方差，忽略后面 2 个主成分变量不会损失太大的信息。这个结论与前面的结论基本是一致的。

3.15 因子分析

在资产定价理论和应用研究中，经常使用多因素模型来刻画资产的收益，即对于所有资产 $i = 1, 2, \cdots, N$，满足以下统计模型：

$$r_i = \alpha_i + \sum_{j=1}^{K} \lambda_{i,j} f_j + \varepsilon_i, \ i = 1, 2, \cdots, N \tag{3.1}$$

其中：$E(\varepsilon_i) = E(\varepsilon_i f_j) = \text{cov}(\varepsilon_i, f_j), \ \forall i, j$

式(3.1)表明：资产的收益受到共同因素 $f = (f_1, f_2, \cdots, f_K)'$ 的影响，以及特质因素 ε 的影响。显然共同因素的影响是不能通过分散投资来消除的，因此，这部分风险就是不可分散的系统风险。而特质因素 ε 的影响(特质风险)是可以通过分散投资消除的。

我们可以借助因子分析建立以上统计模型，寻找合适的共同因子 $f = (f_1, f_2, \cdots, f_K)'$。假定每个资产收益的观测值为 T，比如是连续 T 个月的月收益率，因子分析就是估计最优的 $\lambda = \begin{bmatrix} \lambda_{1,1} & \cdots & \lambda_{1,K} \\ \cdots & \cdots & \cdots \\ \lambda_{N,1} & \cdots & \lambda_{N,K} \end{bmatrix}$ 使得 $\lambda\lambda'$ 能够解释最大的总方差，并且满足 $V = \lambda\lambda' + EE'$，其中：

V 为 N 个资产收益的协方差矩阵；$E = \begin{bmatrix} \varepsilon_{1,1} & \cdots & \varepsilon_{1,T} \\ \cdots & \cdots & \cdots \\ \varepsilon_{N,1} & \cdots & \varepsilon_{N,T} \end{bmatrix}$，$EE'$ 为对角矩阵代表了非系统风险部分；$\lambda\lambda'$ 则代表了系统风险部分。

记

$$R = \begin{pmatrix} r_{1,1} & \cdots & r_{1,T} \\ \cdots & \cdots & \cdots \\ r_{N,1} & \cdots & r_{N,T} \end{pmatrix}$$

$$F = \begin{pmatrix} f_{1,1} & \cdots & f_{1,T} \\ \cdots & \cdots & \cdots \\ f_{K,1} & \cdots & f_{K,T} \end{pmatrix}$$

则

$$R = \lambda F + E \tag{3.2}$$

MATLAB 提供了函数 factoran 用极大似然估计方法来估计 λ，其基本的调用格式如下：[lambda,psi,T,stats,F]=factoran(X,K)

其中：X 就是观测数据；K 是因子 f 的个数；lambda 就是 λ；psi 就是 EE' 的主对角元素组成的向量；T 是正交变换矩阵，用来旋转因子从而使得因子更容易被解释；stats 为结构型变量，分别给出最大化的似然函数值、自由度、χ^2 统计量和 P 值，对 K 个因素可以解释 X 的原假设做出检验；F 是估计的共同因子矩阵，即(3.2)中的 F。函数 factoran 允许用户对正交变换(旋转)矩阵的属性进行选择，在输入项增加'scores'，'none'，则不进行正交变换；在输入项增加'rotate'，'varimax'，则进行最大方差正交变换；默认的旋转方式为'promax'(共同倾斜法)，用该法旋转因子后，因子相互之间的相关性可能会不等于 0。函数 factoran 允许用户选择其他多种旋转方法，这里不一一介绍。函数 factoran 允许用户对 F 的估计方法进行选择。在输入项增加'rotate'，属性，其后面的取值可以是'wls'(加权最小二乘估计)，'regression'(岭回归估计)等。

下面我们以上海股票市场的 91 只股票月收益率为例来用因子分析建立统计模型(3.1)。我们从上海股票市场任意取了 2000 年 1 月到 2009 年 1 月 91 只股票的月收盘数据来进行因素分析。月收盘数据的文件名为 my_stock_month.xls，存放在 MATLAB 搜索路径之下的目录，数据形式如图 3.17 所示。

我们在 MATLAB 命令窗口下输入：

```
%先进行主成分分析,大致确定共同因子 f 的个数
p=xlsread('my_stock_month');
%第一列日期被认为是字符不读入,如需要将日期读入,可以在 EXCEL 中将日期转化
%为数值然后保存即可
r=price2ret(p);%计算收益率
nr=my_standardized_data(r);%数据标准化
```

2000-01-28	9.15	3.47	1.05	5.05	5.61	10.56	5.47	11.67	4.21	7.43
2000-02-29	9.19	3.55	1.09	5.9	6.34	11.22	4.92	11.47	4.89	8.39
2000-03-31	9.21	3.63	1.12	5.98	5.85	12.89	4.51	11.3	5.57	7.41
2000-04-28	9.13	3.81	1.19	6.17	6	13.26	4.35	12.49	5.09	7.11
2000-05-31	8.57	4.15	1.33	6.79	5.93	14.98	4.18	11.65	5.51	7.57
2000-06-30	8.6	3.95	1.37	7.19	6.07	13.81	4.32	12.82	5.45	7.31
2000-07-31	8.84	4.41	1.52	8.48	6.42	13.96	5.09	12.55	5.85	7.65
2000-08-31	8.55	3.97	1.64	7.62	6	13.22	5.83	11.24	5.45	7.12
2000-09-29	7.94	3.65	1.43	6.87	5.72	11.74	7.33	11.6	5.29	6.68
2000-10-31	7.83	3.68	1.43	7.09	5.69	11.22	8.16	11.44	5.29	7.49
2000-11-30	8.08	3.9	1.48	7.42	5.82	12.71	9.29	11.1	5.72	7.46
2000-12-29	7.63	3.81	1.45	7.26	5.72	11.69	7.47	11.54	5.71	7.25
2001-01-19	7.64	4.02	1.58	8.15	5.92	12.09	6.65	11.17	5.73	7.45
2001-02-28	7.3	3.96	1.56	8.11	6.03	11.28	6.64	10.42	6.06	7.19
2001-03-30	7.71	4.13	1.61	8.43	6.25	11.94	6.92	10.73	6.5	7.87
2001-04-30	7.39	3.94	1.57	8.3	5.96	12	6.47	10.39	5.94	8.23
2001-05-31	7.35	3.89	1.62	8.5	5.97	11.96	7.42	10.19	6.3	8.38

图 3.17　Excel 文件 my_stock_month.xls

```
[coeff,score,latent,tsquare]=princomp(nr);%主成分分析
percent_explained=latent./sum(latent);
%各主成分分析对总方差的解释能力
h=figure;
set(h,'color','w')
stem(cumsum(percent_explained))
%对各主成分分析对总方差的累计解释能力作图。
```

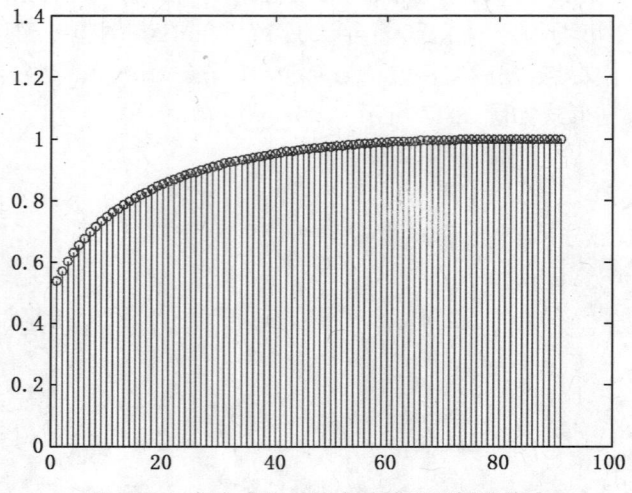

图 3.18　各主成分对总方差的累积解释能力

得到各主成分分析对总方差的累计解释能力如图 3.18 所示。输入：
percent_explained(1:5)′
得到前面 5 个主成分分析对总方差的解释能力如下：
ans＝
  0.5393 0.0326 0.0323 0.0268 0.0234

可见前面 3 个主成分对总方差的解释能力超过了 60%，其中第一个主成分对总方差的解释能力超过了 50%，这也说明用单因素模型刻画资产的收益是有相当合理性的。接下来我们分别使用 1 个共同因素和 3 个共同因素来进行因子分析。

我们在 MATLAB 命令窗口下继续输入：

```
[lambda,psi,T,stats,F]=factoran(r,1);
h=figure;
set(h,'color','w')
plot(F,'.-')
```

这里我们不列出 lambda,psi,T,stats,F 的输出，仅用图形给出 1 个共同因素的估计序列，如 3.19 所示。

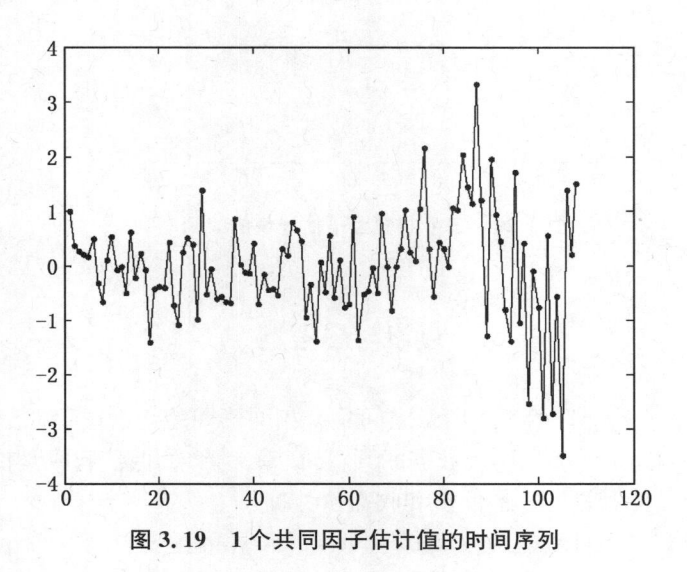

图 3.19 1 个共同因子估计值的时间序列

我们在 MATLAB 命令窗口下继续输入：

```
[lambda,psi,T,stats,F]=factoran(r,3);
```

```
h=figure;
set(h,'color','w')
plot(F(:,1),'.-')
hold on
plot(F(:,2),'r*-')
plot(F(:,3),'k:')
legend('f_1','f_2','f_3',2)
```

同样,这里我们不列出 lambda,psi,T,stats,F 的输出,仅用图形给出 3 个共同因素的估计序列,如 3.20 所示。

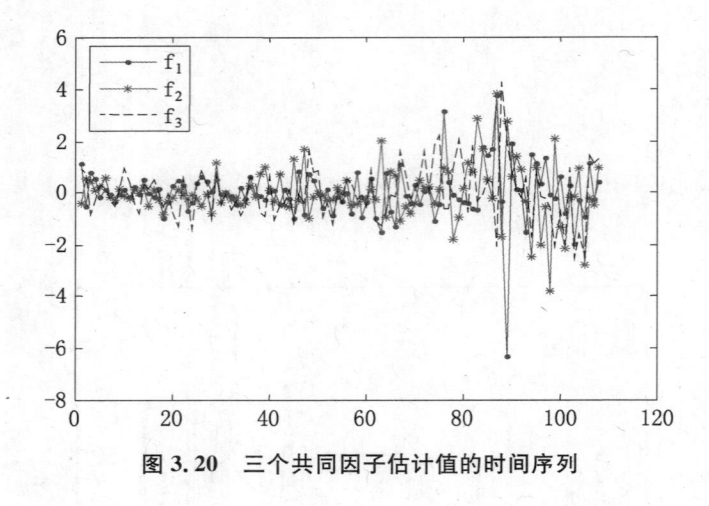

图 3.20 三个共同因子估计值的时间序列

复习与思考题

1. 编写函数,求多个日期序列向量之间具有相同日期的元素位置。

2. 编写函数,根据 1 分钟 K 线数据的开盘价、最高价、最低价和收盘价数据生成 5 分钟 K 线数据的开盘价、最高价、最低价和收盘价数据。

3. 比较 MATLAB 自带的函数 adftest 和 kpsstest 的主要差别。

4. 给定两个变量的两列观测值,利用自助法求两个变量之间的相关系数在统计意义上的显著性。试编写相应的函数。

5. 考虑某一个交易策略的历史回溯测试。给定某一资产的价格时间序列,以及投资策略的历史信号序列:1 表示多头,-1 表示空头,0 表示空仓。编写一个函数求解交易的次数(开仓并平仓算一次交易)、每次交易的盈利状况和胜率(每次交易的单位为 1 股,需要考虑交易成本)。

参考答案

1.
```
function [common_date,index]=my_date_match_new(varargin)
num=nargin;
if num==2
[common_date,index(:,1),index(:,2)]=intersect(varargin{1},varargin{2});
elseif num>2
common_date=intersect(varargin{1},varargin{2});
for i=3:num
common_date=intersect(common_date,varargin{i});
end
for i=1:num
[common_date,index(:,i)]=intersect(varargin{i},common_date);
end
else
common_date=varargin{1};
index=(1:length(varargin{1}))';
end
```

2.
```
function P_5_min=my_1min2_5min(P_1_min)
%P_1_min=[O,H,L,C];
% P_5_min=[O,H,L,C];
N=floor(size(P_1_min,1)/5);
if N==0
P_5_min=[];
else
for i=1:N
    A=P_1_min(5*(i-1)+1:5*i,:);
    P_5_min(i,1)=A(1);
    P_5_min(i,4)=A(end);
```

```
        P_5_min(i,2)=max(A(:,2));
        P_5_min(i,3)=min(A(:,3));
    end
end
```

3.

adftest 和 kpsstest 都可以用来进行时间序列的平稳性检验,但两者的区别在于:adftest 的原假设为序列是不平稳的时间序列;kpsstest 的原假设为序列是平稳的时间序列。

4.
```
function [ruo,p_value]=my_bootstr_ruo(x)
%x:2 列数据
%ruo:使用自助法得到的相关系数估计
% p_value:使用自助法得到相关系数的 p 值
b=bootstrp(500,@corrcoef,x);
ruo_bt=b(:,2);
ruo=mean(ruo_bt);
p_value=sum(abs(ruo_bt)>abs(ruo))/500;
```

5.
```
function [num,ret_trade,prob_win]=my_performance_evaluation(p,s,cost)
%输入:
%p:价格列向量
%s:持仓信号列向量
%cost:百分比交易成本
%输出:
%num:交易次数
%ret_trade:每次交易的收益/股
%prob_win:胜率
N=length(p);
s(N)=0;%确保最后没有持仓
A=[s(1);diff(s)];%产生交易的信号
B=A.*s;
open_id=(A~=0&B~=0);%确定开仓的位置
```

```
close_id=((A~=0&B==0)|abs(A)==2);%确定平仓的位置
ret_bh=[0;diff(p)];
gross_ret=[0;ret_bh(2:end).*s(1:N-1)];%策略的盈亏/股
c=abs(p).*abs(A)*cost;%交易成本
ret=gross_ret-c;%净收益/股
cum_ret=cumsum(ret);%累计净收益
ret_trade=cum_ret(close_id)-cum_ret(open_id);%每次交易的盈亏
num=length(ret_trade);
prob_win=sum(ret_trade>0)/num;
```

4 回归分析

本章主要介绍 MATLAB 在回归分析中的应用。回归分析方法是金融研究和实践中常用的参数估计方法,最常用的普通最小二乘线性回归在假定自变量与因变量存在线性关系的情形下,利用观测到的样本对线性统计模型中的参数进行估计。在金融研究和应用过程中,我们经常要对回归模型作各种各样的调整,以适应实际需要。比如:回归模型中的参数可能严重地受到一些异常观测值的影响、回归模型中的参数受到某些约束条件的限制、回归模型中存在内生性问题、自变量和因变量之间的非线性关系不明确等。本章将主要讨论这些问题,具体介绍普通最小二乘线性回归、稳健回归、参数受到限制的线性回归、两阶段最小二乘回归、核回归、非线性回归、分位数回归和面板数据回归等内容。

4.1 MATLAB 在处理回归分析中的优势

回归分析在金融领域的应用十分广泛,许多软件,比如 SPSS、EVIEWS 等,为回归分析提供了便捷的菜单式操作。这些标准的菜单式操作给理论应用者带来方便的同时,也丧失了对数据进行分析的灵活性。比如:当我们要处理根据 1 000 只股票的价格时间序列和相应的股票指数价格序列,利用单因素模型或资本资产定价模型(CAPM)求各股票的贝塔系数。处理如此大量的数据,应用菜单式操作的效率将非常低。这时候如果利用 MATLAB 来处理,MATLAB 强大的数据处理和计算能力就体现出来了。再比如:在金融研究和实证中,经常要使用哑变量(Dummy variable)。例如,行业哑变量,如果要分析 10 个行业,则需要 10 个行业哑变量。在对包含这些哑变量的解释变量进行回归的时候,为避免多重共线性的问题,通常要在常数项和这 10 个行业哑变量之间去掉一个以后,再进行回归分析。但这样一来给回归出来的各解释变量前面的系数带来了解释上的麻烦。比如:我们去掉第一个行业哑变量,保留常数项进行回归。则第二个行业哑变量前面回归出来的系数实际上代表了第二个行业与第一个行业之间的差异,其他行业哑变量前面回归出来的系数依此类推。如果我们去掉常数项,而保留 10 个行业哑变量,则第一个行业哑变量前面回归出来的系数实际上代表了第一个行业的平均值,其他行业哑变量前面回归出来的系数依此类推。在实际应用中,我们实际上更关注不同行业与所有行业平均值(常数项)之间的差异,但我们又必须在常数项和这 10 个行业哑变量之间去掉一个。因此,这样回归出来的系数并非是我们想要的直观结果。这时,我们就需要对通常意义上使用的回归做一些调整。Suits(1984)给出了调整的具体方法。通过 MATLAB 可以轻易地实现这些调整。因此,即便在 EVIEWS 等其他软件提供的便捷菜单式操作情形之下,MATLAB 凭借其强大的数据处理能力和灵活的处理方式,MATLAB 在最常用的回归分析中仍有其用武之地。

4.2 线性回归

4.2.1 普通最小二乘回归

线性回归分析是金融领域中常用的分析方法。线性回归分析假定自变量 X 与因变量 Y 之间存在以下关系:

$$Y = X\beta + \varepsilon \tag{4.1}$$

其中 $X = (X_1, X_2, \cdots, X_K)$,$\beta = (\beta_1, \beta_2, \cdots, \beta_K)'$,$\varepsilon$ 为随机扰动项。如果上式中包含常数项,则 $X_1 = 1$。线性回归分析除了上述假设之外,还有以下几个重要假设:

$E(X\varepsilon) = 0$;$E(\varepsilon\varepsilon') = \sigma^2 I$;$E(\varepsilon|X) = 0$;

对于线性回归,通常用普通最小二乘法(Ordinary Least Squares,OLS)来估计回归中的系数。MATLAB 本身提供了函数 regress,该函数在很多时候还不能满足金融研究和实践的需要,读者可以自行在 MATLAB 自带的 Help 文档中查阅该函数的用法。这里我们编写函数 my_regress 来进行多元线性回归分析,该函数内容如下:

```
function [b,stats]=my_regress(y,x,constant)
% perform multiple linear regression:y=x*b+e
% input:
% y: dependent variable (column vector)
% x: independent variables and it's a matrix,
% each column represents an independent variable
% constant=1 means including constant and constant=0 means
```

```
% no constant in the regression
% output:
% b: estimates of coefficients
% stats: a structure variable, its fields represent as follows:
% t: t-statistics
% p_coeff: P values for estimates
% std_coeff: standard errors of estimates
% F: F value for test the null hypothesis that all coefficients except
% constant are zeros
% F_p: P value for the F value
% R_sq: R-squared
% R_sq_adj: adjusted R-squared
% cov: covariance matrix of estimates
% y_hat: fitted values of dependent variable
% residual: residuals of regression
% std_residual: estimate of standard deviation of residuals
if size(y,1)~=size(x,1)
    error('length of x and y is not matched')
end
% remove data presented as NANs
[a,b]=find(isnan([y,x])==1);
y(a)=[];
x(a,:)=[];
%%%%%%%%%%%%%%%%%%%%%%%%%%%%%%%%%%
if constant==1
    x=[ones(length(y),1),x];
end
[N,K]=size(x);
b=inv(x'*x)*x'*y;
stats.y_hat=x*b;
stats.residual=y-stats.y_hat;
stats.std_residual=sqrt(stats.residual'*stats.residual/(N-K));
stats.cov=inv(x'*x)*stats.std_residual^2;
stats.R_sq=1-var(stats.residual)/var(y);
```

```
stats.R_sq_adj=1-(N-1)/(N-K)*(1-stats.R_sq);
stats.F=stats.R_sq*(N-K)/((1-stats.R_sq)*(K-1));
stats.F_p=1-fcdf(stats.F,K-1,N-K);
stats.std_coeff=sqrt(diag(stats.cov));
stats.t=b./stats.std_coeff;
stats.p_coeff=2*(1-tcdf(abs(stats.t),N-K));
```

函数的调用格式如下：

$$[b,stats] = my\_regress(y,x,constant)$$

在输入变量中，y 是因变量观测值；x 是自变量观测值；constant 为 1 表示回归中有常数项，为其他值则表示没有常数项。在输出变量中 b 为回归系数，stats 为结构型变量，其下属名称分别输出：std_coeff(系数估计的标准误差)；t(系数估计量的 T 统计量)；p_coeff(单个回归系数的 P 值)；F(原假设为所有非常数项的系数为 0 的 F 检验统计量)；F_p(F 检验的 P 值)；R_sq(回归分析的决定系数)；R_sq_adj(回归分析的调整后的决定系数)；cov(估计系数的协方差矩阵)；y_hat(拟合值)；residual(残差)；std_residual(残差的标准差估计值)。

下面给出一个应用上述函数估计线性回归中的参数的例子。

```
clear
x=randn(300,1);
y=2+3*x+randn(300,1);
[coeff,stats]=my_regress(y,x,1);
```

得到部分结果如下：

```
coeff=
    1.8538
    3.0495
stats.t=
   32.5630
   49.6670
stats.cov=
    0.0032   -0.0000
   -0.0000    0.0038
stats.R_sq_adj=
```

0.8922

stats.std_residual=

0.9860

回归系数的估计值为(1.8538,3.0495),这与真实值(2,3)比较接近,t统计量表明在1%显著水平下,显著不为0;残差的标准差估计量为0.9860,与真实值1比较接近。

4.2.2 稳健回归

普通最小二乘回归实际上赋予每个观测值同样的权重来寻找最优的参数使得误差平方和最小。因此,观测值中的异常值可能会导致回归系数的估计缺乏稳健性。为了解决这个问题,基本的一个思想就是赋给拟合较差的观测点较小的权重,这样回归系数的估计受异常值的影响就较少了。MATLAB 提供了函数 robustfit 来进行稳健回归,其基本的调用格式如下:

$$[b,stats] = robustfit(x,y,wfun,tune,const)$$

其中:b 为估计的回归系数;stats 为结构型变量,分别输出估计系数的标准误差、t 统计量、P 值、残差、估计系数的协方差矩阵等等;x 为自变量矩阵;y 为因变量列向量;wfun 则定义了权重的选择方法,默认值为'bisquare';tune 为调协常数用来辅助确定权重,对应'bisquare'的默认调协常数为 4.685;constant 为'on',表示回归模型中包含常数项,为'off',则表示回归模型中不包含常数项。当然,我们也可以在 x 矩阵中加入一列全部为 1 的单位列来加入常数项。用户也可以自己定义确定权重的方法,用户需要定义一个权重函数,并将 wfun 定义为用户自己定义的函数名即可。

下面我们通过一个简单的例子来看函数 robustfit 的基本用法。我们在 MATLAB 命令窗口下输入:

```
clear
x=randn(100,1);
y=1+2*x+randn(100,1);%产生 y 与 x 的线性统计模型
[b,stats]=robustfit(x,y,[],[],'on');%进行稳健性回归
[nb,nstats]=robustfit(x,y,'ols',[],'on');%进行 OLS 回归
ny=y;
ny([10;30;80])=[-30;50;40];%在 y 的观测值中掺杂异常值
h=figure;
set(h,'color','w')
plot(y)
hold on
```

```
    plot(ny,':')
    plot([10;30;80],ny([10;30;80]),'ro')
    legend('y','new y','abnormal value',4)
    [b1,stats1]=robustfit(x,ny,[],[],'on');
    %在有异常值的情形下进行稳健性回归
    [nb1,nstats1]=robustfit(x,ny,'ols',[],'on');
    %在有异常值的情形下进行OLS回归
```

在没有异常值的情况下,稳健性回归给出的参数估计是:
b=
  1.0428
  1.9654

而OLS给出的参数估计是:
nb=
  1.0435
  1.9885

可见,在没有异常值的情形下,稳健回归与OLS给出的参数估计比较接近,同真实的参数(1,2)没有明显差异。

我们在原始的观测值y中加入了三个异常值后(见图4.1),稳健性回归给出的参数估计是:
b1=
  1.0541
  1.9817

这与真实参数值仍然没有太大的差别,而OLS给出的参数估计是:
nb1=
  1.6591
  0.9874

这与真实的参数值(1,2)相差很远,这说明OLS估计的参数明显地受到了异常值的干扰,而稳健性回归估计的结果并没有受到太大的干扰。

4.2.3 参数受线性约束的回归

在金融研究和实践中,线性回归模型中的参数有时要受到某些约束条件的限制,比如:理论模型要求参数之间要满足某些关系。这里我们仅考虑线性约束的情况,即考虑以下线性回归模型的参数估计:

图 4.1 观测值中的异常值

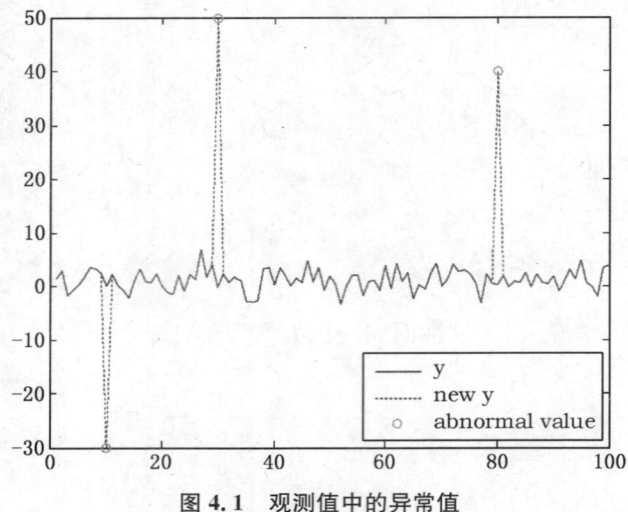

$$Y = X\beta + \varepsilon$$
$$\text{s. t.}$$
$$R\beta = B$$
(4.2)

上述模型中的参数 β，受到线性约束条件 $R\beta=B$ 的限制。我们编写函数 my_constraint_regress 对以上受到线性约束的参数进行估计（参见：威廉·格林，经济计量分析，1998）。

```
function [b,stats]=my_constraint_regress(y,x,R,B)
%perform the following linear regression subject to a linear constraint:
%y=x*b+e,
%s. t.
%R*b=B
%where R is a matrix, and B is a column vector
%if constant is needed, then the first column in x should be one
a=inv(x'*x);
b0=a*x'*y;
c=inv(R*a*R');
b=b0-a*R'*c*(R*b0-B);%estimates of coefficients
residual=y-x*b;
[N,K]=size(x);
```

```
var_res=residual' * residual/(N-K);
cov=var_res * a-var_res * a * R' * c * R * a;
stats.cov=cov;%covariance of estimates
stats.se=sqrt(diag(cov));%standard errors of estimates
stats.t=b./stats.se;%t-statistics of estimates
stats.p=2*(1-tcdf(abs(stats.t),N-K));%P value for estimates
stats.R_sq=1-var(residual)/var(y);%R-squared
```

注意:上面的回归如果要包含常数项,则要将 x 的第一列设为 1 表示常数项。下面,我们给出一个简单例子来说明该函数的具体调用方法。我们输入:

```
clear
x=randn(100,1);
y=1+2*x+randn(100,1);%产生 y 与 x 的线性统计模型
[b,stats]=my_constraint_regress(y,[ones(100,1),x],[1,1],3);
```

在上面的程序中我们对回归模型 $y = a + bx + e$ 中参数施加了以下约束: $a+b=3$。最后我们得到参数估计(1.0049,1.9951),相应的 t 统计量为(13.5552,26.9111)。如果施加 $a+b=2$ 的约束,则在 MATLAB 命令窗口继续输入:

[b,stats]=my_constraint_regress(y,[ones(100,1),x],[1,1],2);

得到参数估计(0.5234,1.4766),相应的 t 统计量为(6.3378,17.8792)。

在很多时候,我们对回归方程的系数并不施加约束条件,而是在无约束条件下进行回归后,然后检验系数是否在统计意义上满足某些条件。我们先从一个简单的例子来说明。

比如:我们用以下回归模型来检验某一个基金经理是否具有选时能力[①]:

$$r_t - r_{ft} = \alpha + \beta_1 * (r_{mt} - r_{ft})D_{1t} + \beta_2 * (r_{mt} - r_{ft})D_{2t} + \varepsilon \tag{4.3}$$

其中: r_t 为该基金的收益率; r_{ft} 为无风险利率; r_{mt} 为市场组合收益率; D_{1t} 为哑变量,市场上涨时($r_{mt} \geq r_{ft}$)为 1,反之为 0; D_{2t} 为哑变量,市场下跌时($r_{mt} < r_{ft}$)为 1,反之为 0。如果 $\beta_1 - \beta_2 > 0$,则说明基金经理在市场上涨时选择了高贝塔值的组合,而在市场下跌时选择了低贝塔值的组合,因而具有选时能力。回归模型中的 α 则衡量了基金是否具有选股的能力,如果在统计意义上 $\alpha > 0$,则说明基金具有选股能力。假定我们观测了该基金的 N 个收益样本,利用前面我们介绍的函数 my_regress 可以得到回归方程系数估计的协方差矩

---

① Chang, E.C., Lewellen, W.G., 1984, Market timing and mutual fund investment performance, Journal of Business, 57, 57-72.

阵 V，因此，我们可以得到 $\beta_1-\beta_2$ 的标准误差：$s_{\beta_1-\beta_2}=\sqrt{(0,1,-1)*V*(0,1,-1)'}$，进一步构造以下自由度为 $N-3$ 的 t 统计量：$t_{\beta_1-\beta_2}=\dfrac{\beta_1-\beta_2}{s_{\beta_1-\beta_2}}$。然后我们可以在一定显著水平下，利用单尾检验对 $\beta_1-\beta_2$ 是否大于 0 做出检验。在大样本情形下，如果 $t_{\beta_1-\beta_2}>1.65$，则表明在 5% 显著水平下该基金经理具有选时能力。

更一般的情形，我们可能需要检验不止一个（比如：J 个）线性约束条件的检验，记约束条件为 $R\beta=B$。这时我们可以构造以下 F 统计量来对是否满足约束条件的原假设做出检验：$F=(R\beta-B)'(RVR')^{-1}(R\beta-B)/J$，该 F 统计量的第一个自由度为 J，第二个自由度为 $N-K$。其中：V 为回归系数的协方差矩阵，N 为回归样本观测数量，K 为回归系数的个数（包含常数项）。基于以上原理，我们编写函数 my_constraint_test 来对约束条件进行检验。

```
function [F,p]=my_constraint_test(y,x,R,B)
%to test R*b=B,b is the estimates of the following regression:
%y=x*b+e
%if constant is included,then the first column in x should be ones
[b,stats]=my_regress(y,x,0);
V=stats.cov;
J=size(R,1);
N=length(y);
K=size(x,2);
F=(R*b-B)'*inv(R*V*R')*(R*b-B)/J;
p=1-fcdf(F,J,N-K);
```

同样要注意上面的回归如果要包含常数项，则要将 x 的第一列设为 1 表示常数项。下面我们给出一个简单的应用上面函数的例子。我们在 MATLAB 命令窗口下输入：

```
clear
x=randn(100,1);
y=1+2*x+randn(100,1);%产生 y 与 x 的线性统计模型
[F,p]=my_constraint_test(y,[ones(100,1),x],[1,1],3)
```

我们得到：
F=
    0.0150

p=0.9027

因此,我们在通常的显著水平,比如5%的显著水平下,不能拒绝回归系数之和(即回归的常数项和斜率之和)等于3的原假设。

4.2.4 自相关和异方差问题

在完成回归系数的估计后,我们通常要对回归的残差做一些必要的检查。根据经典回归模型的假设,残差应该是同方差的、不存在自相关性的、与自变量是无相关性的。因此,常见的残差检验包括:残差是否存在自相关(对于时间序列而言)、残差是否与自变量相关(即内生变量问题)、是否存在异方差等等。对自相关的检验,常见的回归分析工具通常给出 Durbin-Watson 统计量来检验,如果统计量比较接近2,则说明不存在相关性。但该检验实际上只检验了一阶自相关,如果要检验更高阶的相关性,则可以用我们在第4章介绍的 Ljung-Box Q 统计量来检验残差的自相关性。这里我们仅讨论异方差的检验,对于残差是否与自变量相关问题我们在接下来的两阶段最小二乘回归中讨论。对于异方差的检验,我们可以使用 White 检验,White 检验通过建立以下形式的新的辅助回归模型来构造服从 χ^2 分布的 White 统计量,从而对原来回归方程中的残差是否为同方差的原假设做出检验:

$$e^2 = \alpha + \sum_{i=1}^{K} \beta_i x_i + \sum_i \sum_j \gamma_{ij} x_i x_j + \varepsilon \tag{4.4}$$

其中:e 为原来回归方程中的残差项,$x_1, x_2, \cdots, x_K$ 为原回归方程中的自变量。

White 统计量为:$n * R^2$,n 为样本观测的数量,R^2 为辅助回归模型中的决定系数。该统计量近似服从自由度为辅助回归模型中除常数项之外的自变量的个数的 χ^2 分布。基于以上 White 检验的方法,我们编写以下 MATLAB 函数 my_white_test 进行 White 检验。

```
function [stat,p]=my_white_test(residuals,X,model)
%White test is a statistical test that establishes whether the residual
%variance in a regression model is constant (homoscedasticity).
%output:
%stat: White statistics
%p: P value for White statistics
%input:
%residuals: residuals of a regression
%X: independent variables
```

```
%model can be set as follows:
%'linear':Constant and linear terms.
%'interaction':Constant,linear,and interaction terms
%'quadratic':Constant,linear,interaction,and squared terms
%'purequadratic':Constant,linear,and squared terms
NX=x2fx(X,model);
[b,stats]=my_regress(residuals.^2,NX,0);
stat=stats.R_sq*length(residuals);
p=1-chi2cdf(stat,size(NX,2)-1);
```

下面我们给出一个简单的应用上面函数的例子。我们在 MATLAB 命令窗口下输入：

```
clear
x=randn(100,2);
y=1+2*x(:,1)+3*x(:,2)+randn(100,1);%产生 y 与 x 的线性统计模型
[b,stats]=my_regress(y,x,1);
r=stats.residual;
[stat,p]=my_white_test(r,x,'quadratic')
stat=
    1.1153
p=
    0.9527
```

因此，我们在通常的显著水平下，不能拒绝残差为同方差的原假设。

如果残差存在异方差现象，虽然参数估计仍然满足无偏性，但不是有效的，参数估计的标准误差存在问题，不能用来进行统计推断。如果残差存在自相关性，参数估计通常是无偏的，但也不是有效的。对于残差的自相关和异方差性，有许多方法进行缓解。比如：我们可以用加权最小二乘法来处理异方差问题，可以用差分之后的数据进行回归以缓解残差的自相关问题，还可以用广义最小二乘法来解决残差存在自相关和异方差的问题等等。这里我们介绍 Newey 和 West(1987)提出的一致协方差矩阵来代替普通最小二乘回归得到的参数估计的协方差矩阵[①]，从而修正异方差和自相关带来的问题。Newey-West

---

[①] Newey, W., and K. West, 1987, A simple positive semi-definite, heteroscedasticity and autocorrelation consistent covariance matrix, Econometrica, 55, 703-708.

异方差和自相关一致协方差矩阵的具体形式为：

$$\frac{N}{N-K}(X'X)^{-1}\Big[\sum_{i=1}^{N}u_i^2 x_i x_i' + \sum_{j=1}^{q}w(j)\sum_{i=j+1}^{N}x_i u_i u_{i-j} x_{i-j}' + x_{i-j} u_{i-j} u_i x_i'\Big](X'X)^{-1}$$

其中，N 为观测点数量；K 为回归中自变量个数；u_i 为回归出来的第 i 个残差；x_i 为第 i 个解释变量的观测值向量 $(x_{i1}, x_{i2}, \cdots, x_{iK})$ 的转置；q 为残差项的最大自相关阶数；$w(j) = 1 - j/(q+1)$ 表示权重。

因此，根据上述原理，我们重新编写基于 Newey-West 异方差和自相关一致协方差矩阵的线性回归 MATLAB 函数 my_newey_west_regress。函数中设定最大自相关阶数 $q = [N^{1/3}]$，这里 [ ] 表示按四舍五入取整。

```
function [Coeff,stats]=my_newey_west_regress(y,x,intercept)
%linear regression based on Newey and west herteroscedasticity and
%autocorrelation consistent covariance
%input：
%y：dependant variable (column vector)
%x：independent variable (matrix with the same rows as y)
%intercept：0 means not including intercept；1 means including intercept
%output：
%Coeff：estimated coefficients
%stats：a structure variable, its sub-names represent as follows：
%t：t-statistics
%p_coeff：P values for estimates
%std_coeff：standard errors of estimates
%F：F value for test the null hypothesis that all coefficients except
%constant are zeros
%F_p：P value for the F value
%R_sq：R-squared
%R_sq_adj：adjusted R-squared
%y_hat：fitted values of dependent variable
%residual：residuals of regression
%std_residual：estimate of standard deviation of residuals
%cov：Newey and west herteroscedasticity and autocorrelation consistent
%covariance
if intercept==1
```

```
        x=[ones(length(y),1),x];
    end
    [Coeff,stats]=my_regress(y,x,0);
    r=stats.residual;
    K=size(x,2);N=length(y);
    a=zeros(K);c=zeros(K);
    q=round(N^(1/3));%specify maximum number of lags
    for i=1:N
        a=a+r(i)^2*x(i,:)'*x(i,:);
    end
    if q>=1
    for i=1:q
        b=zeros(K);
        for j=(i+1):N
        b=b+x(j,:)'*r(j)*r(j-i)*x((j-i),:)+x((j-i),:)'*…
            r(j)*r(j-i)*x(j,:);
        end
        c=c+b*(1-i/(q+1));
    end
    end
    stats.cov=N/(N-K)*inv(x'*x)*(a+c)*inv(x'*x);
    stats.t=Coeff./sqrt(diag(stats.cov));
    stats.p_coeff=2*(1-tcdf(abs(stats.t),N-K));
```

下面我们给出一个简单的应用上面函数的例子。我们在 MATLAB 命令窗口下输入：

```
clear
x=randn(100,2);
y=1+2*x(:,1)+3*x(:,2)+randn(100,1);%产生 y 与 x 的线性统计模型
[b,stats]=my_regress(y,x,1);%OLS 估计
[Coeff,Stats]=my_newey_west_regress(y,x,1);
% Newey-West 异方差和自相关调整后的估计
```

OLS 和协方差经过 Newey-West 异方差和自相关调整后的估计方法对回归系数的估计是一样的,只是参数估计的标准误差有所不同,下面我们仅列出 t 统计量的结果:

stats.t=
　　10.7695
　　19.2551
　　26.1982
Stats.t=
　　10.4172
　　23.1061
　　27.4253

从 t 统计量的结果来看,协方差经过调整后,参数估计的标准误差通常要相对小一些。

4.2.5　两阶段最小二乘回归和内生变量检验

在回归模型(4.1)中,自变量被认为是外生的,即自变量与残差是不相关的。如果自变量当中的某些变量 S 与残差是相关的,则 S 为内生变量。当回归模型自变量中存在某些内生变量,则回归系数的估计是有偏的。两阶段最小二乘法(two stages least squares, TSLS)就是比较常用的解决这一问题的方法之一。其基本的思想是利用工具变量 Z 和两步 OLS 回归来纠正参数估计的有偏性。工具变量 Z 就是与 S 相关,但与残差无关的变量。工具变量的寻找通常是不容易的,经常要借助理论和经济涵义才能找到合适的工具变量。

下面我们简单介绍 TSLS 的基本做法。首先我们考察以下形式的回归:

$$y = \alpha + S\beta + X\gamma + e \tag{4.5}$$

变量 S、X、Z 为向量,X 为外生变量,Z 为工具变量。如果 S 被怀疑为内生变量,则第一步我们先对 S 中的每个分量 S_j 分别进行以下形式的回归:

$$S_j = \alpha_j + Z\beta_j + X\gamma_j + se_j \tag{4.6}$$

得到拟合值矩阵 S_hat,矩阵的第 j 列对应 S_j 回归后的拟合值。然后第二步进行以下回归:

$$y = \alpha + S\_hat\beta + X\gamma + \varepsilon \tag{4.7}$$

回归模型(4.7)给出了回归模型(4.5)中回归系数的无偏估计,但估计的标准差是不正确的,因为(4.7)的残差与(4.5)的残差并不相同。因此,我们需要将从(4.7)估计的系数代入到回归模型(4.5)得到残差,然后估计残差的标准误,并以此为基础进一步估计回归系数的标准误。具体地,我们编写函数 my_tsls 进行两阶段最小二乘回归:

```matlab
function [b,stats]=my_tsls(y,s,x,z,constant)
%perform two stages least squares regression:
%y=(c)+[s,x]*b+e
%y is dependent variable;s are suspected endogenous variables;
%x are exogenous variables;
%z are instrumental variables not including one
%constant must be set to be 0 (not including constant)
%or 1 (including constant)
%step 1: run the following regression:
%s=a1+z*b1+x*b2+e1
%then get the fitted value s_hat=a1+z*b1+x*b2;
%step 2: run the following regression:
%y=(c)+[s_hat,x]*b+e
%yet,the standard errors for estimates in the above regression
%is not correct and should be corrected.
%output:
%b: estimates of coefficients
%stats: structure variable,and its sub-names denote the following
%outputs,respectively:
%cov: covariance of estimates
%se: standard errors for estimates
%t: t-statistics for estimates
%p: P value for estimates
%R_sq: R squared
%residual: residuals of the regression
%s_res: standard error estimate for residuals
N=length(y);
A=[ones(N,1),z,x];
s_hat=A*inv(A'*A)*A'*s;
nx=[s_hat,x];
if constant==1
    nx=[ones(N,1),nx];
end
K=size(nx,2);
```

```
b=inv(nx' * nx) * nx' * y;
stats.residual=y-nx * b;
stats.s_res=sqrt(stats.residual' * stats.residual/(N-K));
stats.R_sq=1-var(stats.residual)/var(y);
stats.cov=stats.s_res^2 * inv(nx' * nx);
stats.se=sqrt(diag(stats.cov));
stats.t=b./stats.se;
stats.p=2 * (1-tcdf(abs(stats.t),N-K));
```

下面我们给出一个简单的应用上面函数的例子。我们在MATLAB命令窗口下输入：

```
clear
a1=randn(200,1);
a2=randn(200,1);
x=a1+a2;
e=0.6 * a2+sqrt(1-0.6^2) * randn(200,1);%产生与x相关的残差
z=0.8 * a1+sqrt(1-0.8^2) * randn(200,1);
%产生与x相关但与e无关的工具变量
y=1+2 * x+e;%构造y与x之间的统计模型
[b1,stats1]=my_regress(y,x,1);
[b2,stats2]=my_tsls(y,x,[],z,1);
```

上面的例子中，自变量x与残差存在相关性，因此，x实际上为内生变量。而构造的工具变量z与x相关，但与残差不相关，因此符合工具变量的要求。直接使用OLS回归，估计的结果将是有偏的。具体地，上面的程序运行后我们得到直接使用OLS回归的参数估计结果如下：

b1=

  0.9585

  2.3240

而使用两阶段最小回归得到的参数估计结果如下：

b2=

  0.9544

  2.0075

对比 OLS 与 TSLS 的结果，显然 OLS 对 x 前面系数的估计结果 2.324 偏离真实的参数值 2 比较远，而 TSLS 的估计结果 2.007 5 则比较接近参数的真实值。

接下来，我们讨论内生变量的检验问题。两阶段最小回归给出参数估计的标准误差相对于 OLS 而言通常要大。因此，对于某个可能为内生性的自变量很有必要进行内生变量的检验。上面的例子，我们分别用了 OLS 和 TSLS 来估计回归系数，如果自变量中没有内生变量，则两种估计结果应该一致。因此，一个检验内生性变量的基本思想就是比较这两种估计的差异。具体地，Hausman(1978)给出了以下检验方法[①]。对于回归模型(4.5)：

$$y = \alpha + S\beta + X\gamma + e$$

变量 S、X、Z 为向量，X 为外生变量，Z 为工具变量。如果 S 被怀疑为内生变量，则对 S 中的每个分量 S_j 分别进行以下形式的回归(4.6)：

$$S_j = \alpha_j + Z\beta_j + X\gamma_j + se_j$$

得到残差矩阵 se，矩阵的第 j 列对应 S_j 回归后的残差序列。然后考察以下回归模型：

$$y = \alpha + S\beta + X\gamma + \delta se + \varepsilon \tag{4.8}$$

对上面回归模型中 se 前的回归系数向量 δ 总体是否为 0 做出检验。这可以利用我们前面介绍的约束检验中使用的 F 统计量来检验，显然，这里的约束条件的个数就是 S 向量中分量的个数。原假设为所有 δ 的分量均为 0，如果检验结果拒绝原假设，则说明 S 为内生变量。基于以上思想，我们编写函数 my_endogeneity_test 对回归模型中的可以内生变量做出检验：

```
function [F,p]=my_endogeneity_test(y,s,x,z,constant)
%Hausman,J.A.,1978,specification tests in economics,
%Econometrica,46,1251-1271.
N=length(y);
A=[ones(N,1),z,x];
s_hat=A*inv(A'*A)*A'*s;
s_residual=s-s_hat;
if constant==1
```

① Hausman, J. A., 1978, Specification tests in economics, Econometrica, 46,1251-1271.

```
        X=[ones(N,1),s,x,s_residual];
    else
        X=[s,x,s_residual];
    end
    n1=size(s,2);
    n2=size(X,2);
    R=[zeros(n1,n2-n1),eye(n1)];
    B=zeros(n1,1);
    [F,p]=my_constraint_test(y,X,R,B);
```

下面我们继续沿用前面给出的例子来应用上面的函数。我们在MATLAB命令窗口下输入：

```
clear
a1=randn(200,1);
a2=randn(200,1);
x=a1+a2;
e=0.6*a2+sqrt(1-0.6^2)*randn(200,1);%产生与x相关的残差
z=0.8*a1+sqrt(1-0.8^2)*randn(200,1);
%产生与x相关但与e无关的工具变量
y=1+2*x+e;%构造y与x之间的统计模型
[F,p]=my_endogeneity_test(y,x,[],z,1)%对x进行内生性检验
```

检验结果如下：
F=
    19.3533
p=
    1.7773e-005

P值<1%，因此，检验结果在1%显著水平下拒绝x为外生变量的原假设。这与我们的模型设置是一致的。

4.3 非线性回归

非线性回归分析也是金融领域中常用的分析方法。非线性回归分析假定自变量X

与因变量 Y 之间存在以下关系：
$$Y = f(X, \beta) + \varepsilon \tag{4.9}$$

其他假设条件与线性回归类似。

我们可以编写以下 MATLAB 函数 my_non_lin_regress 进行非线性回归分析中的参数估计。

```
function [para,stats]=my_non_lin_regress(Y,X,fun,para0)
% to estimate parameters based on non-linear regression
% input:
% Y: dependant variable (column vector)
% X: independent variable (matrix with the same rows as Y)
% fun: the name of specified nonlinear function
% para0: initial values for parameter
% output:
% para: estimated parameter
% stats: a structure variable, its fields represent as follows:
% std_err: standard deviation of residuals
% cov: covariance matrix for estimates
% t_stat: t statistics for estimates
% R_sq: a value measuring degree of the fitness
[para,r,J]=nlinfit(X,Y,fun,para0);
stats.std_err=std(r);
%to calculate asymptotical variance-covariance matrix for estimates
stats.cov=var(r)*inv(J'*J);
stats.t_stat=para./sqrt(diag(stats.cov));
stats.R_sq=1-var(r)/var(Y);
```

下面给出一个应用上述函数估计非线性回归中的参数的例子。

已知变量 y 与变量 (x_1, x_2) 存在下列关系：$y = ax_1^2 + \dfrac{b}{x_2} + \varepsilon$，给定观测值 (y_i, x_{i1}, x_{i2}), $i = 1, 2\cdots, n$，用非线性回归分析方法估计参数 (a, b)。

首先我们编写以下 MATLAB 函数 ex_nonlin_01：

```
function f=ex_nonlin_01(parameter,X)
```

```
a=parameter(1);
b=parameter(2);
f=a*X(:,1).^2+b./X(:,2);
```

然后在MATLAB主窗口下运行以下程序：

```
clear
x1=randn(200,1)*2+3;
x2=randn(200,1)*3+1;
a=2;b=5;
y=a*x1.^2+b./x2+3*randn(200,1);
[para,stats]=my_non_lin_regress(y,[x1,x2],'ex_nonlin_01',[1;2])
```

得到以下结果：
para=
    1.9949
    4.9282
stats.std_err=
    2.8450
stats.cov=
    0.0001   −0.0000
  −0.0000   0.0027
stats.t_stat=
  213.9638
   94.3229
stats.R_sq=
    0.9943

参数估计值(1.9949，4.9282)比较接近真实值(2,5)。上面例子的参数也可以通过线性回归来估计，我们在MATLAB命令窗口下继续输入：

[b,Stats]=my_regress(y,[x1.^2,1./x2],0);

得到参数估计结果如下：
b=
    1.9949
    4.9282

Stats. t=
   213.0982
   93.9413
Stats. R_sq_adj=
   0.9943

比较线性回归和非线性回归的参数估计结果，可以看出两者除了 t 统计量方面稍有差异外，其他结果基本一致。

4.4 核回归

当我们考察变量 (X, Y) 之间的关系时，通常使用以下统计模型：

$$y_i = f(x_i) + \varepsilon, \ i = 1, 2, \cdots, n$$

其中 (x_i, y_i), $i = 1, 2, \cdots, n$ 分别表示 n 个观测值，$x_i = (x_{i1}, x_{i2}, \cdots, x_{ik})'$。

如果函数 $f(\cdot)$ 为线性形式，我们可以使用线性回归方法估计模型中的参数。如果函数 $f(\cdot)$ 为某一个具体的非线性形式，我们可以使用非线性回归方法估计模型中的参数。如果函数 $f(\cdot)$ 的具体形式未知，我们可以通过局部线性化来进行分析。核回归（Kernel Regression）就是一种常用的非参数估计方法，而线性回归和非线性回归是常用的参数估计方法。

我们应用泰勒展开式在 x 处进行展开，并保留一次项将函数 $f(\cdot)$ 进行局部线性化：

$$f(x_i) \approx f(x_j) + f'(x_j)(x_i - x_j), \ i, j = 1, 2, \cdots, n$$

因此，我们将模型进行了局部线性化：

$$y_i = f(x_j) + f'(x_j)(x_i - x_j) + e, \ i, j = 1, 2, \cdots, n$$

核回归对参数 $\theta = (f(x), f'(x))'$ 的估计实际上是最小化以下问题：

$$\min_{\theta_i} \sum_{i=1}^{n} (y_i - f(x) - f'(x)'(x_i - x))^2 K(h^{-1}(x_i - x))$$

其中：$K(\cdot)$ 为核函数，h 为带宽。

最小化以上问题实际上就是为每个观测值 (x_i, y_i) 寻找参数 θ_i。上述优化问题与加权最小二乘法的参数估计是类似的，所不同的是核回归需要为每一个观测点 x 寻找参数，不同的 x 对应不同的参数估计值 $\theta(x)$。

$$\theta(x_i) = (X'WX)^{-1} X'Wy$$

其中：

$$y = \begin{pmatrix} y_1 \\ y_2 \\ \cdots \\ y_n \end{pmatrix}$$

$$X = \begin{pmatrix} 1 & x_{11}-x_{i1} & \cdots & x_{1k}-x_{ik} \\ 1 & x_{21}-x_{i1} & \cdots & x_{2k}-x_{ik} \\ \cdots & \cdots & & \cdots \\ 1 & x_{n1}-x_{i1} & \cdots & x_{nk}-x_{ik} \end{pmatrix}$$

$$W = \begin{pmatrix} K(h^{-1}(x_1-x_1)) & 0 & \cdots & 0 \\ 0 & K(h^{-1}(x_i-x_2)) & \cdots & 0 \\ \cdots & \cdots & \cdots & \cdots \\ 0 & 0 & \cdots & K(h^{-1}(x_i-x_n)) \end{pmatrix}$$

分别令 $i=1,2,\cdots,n$，则得到每个观测点 x_i 的参数估计 $\theta_i = (\hat{f}(x_i), \hat{f}'(x_i))'$，$\hat{f}(x_i)$ 就是给定 x_i 后对 y_i 的估计量（y_i 的拟合值）。

下面我们讨论核函数的设置问题，核函数的形式可以多种多样，通常我们可以用正态分布的概率密度函数来设置核函数。这里我们用以下多元正态分布的概率密度函数来设定核函数：

$$K(z) = \frac{1}{\sqrt{|\Sigma|(2\pi)^k}} \exp(-0.5 z \Sigma^{-1} z')$$

其中：

$$\Sigma = \begin{pmatrix} 1 & 0 & \cdots & 0 \\ 0 & 1 & \cdots & 0 \\ \cdots & \cdots & \cdots & \cdots \\ 0 & 0 & \cdots & 1 \end{pmatrix}$$

对于带宽 h 的选择，也存在多种方法。其中一个最直观的选择就是选择使得 y 的拟合值和实际值误差平方和最小的带宽。当然，这样又可能带来过度拟合数据的问题。这里，我们采用以下方法来确定带宽 h[①]：

$$h = \sqrt{\frac{M(|x-M(x)|)}{0.6745}\left(\frac{4}{(k+2)n}\right)^{(1/(k+4))} \cdot \frac{M(|y-M(y)|)}{0.6745}\left(\frac{4}{(k+2)n}\right)^{(1/(k+4))}}$$

[①] Bowman, A. W., and Azzalini, A., 1997, *Applied Smoothing Techniques for Data Analysis*, London: Oxford University Press.

其中：$M(\cdot)$表示中位数，可以用样本的中位数来估计，k为向量x的维数。
基于以上基本思想，我们编写以下函数进行核回归：

```
function [y_hat,b]=my_kernel_regress(y,x)
%perform kernel regression based on gaussian kernel function
[n,k]=size(x);
hx=median(abs(x-repmat(median(x),n,1)))/0.6745*(4/(k+2)/n)^(1/(k+4));
hy=median(abs(y-median(y)))/0.6745*(4/(k+2)/n)^(1/(k+4));
h=sqrt(hy.*hx);
mu=zeros(1,k);
sigma=eye(k);
for i=1:n
X=[ones(n,1),x-repmat(x(i,:),n,1)];
g(:,i)=max(mvnpdf((repmat(x(i,:),n,1)-x)./repmat(h,n,1),…
mu,sigma),1e-8);
w=diag(g(:,i));
b(:,i)=pinv(X'*w*X)*X'*w*y;
y_hat(i)=b(1,i);
end
```

函数的输入为自变量x和因变量y的观测值，输出为y的拟合值y_hat和在每个观测点的参数估计值b，b为$k+1$行n列的矩阵，b中的每一列对应每个观测点的参数估计。

下面我们给出一个应用核回归的简单例子，在MATLAB主窗口下输入：

```
clear
x=linspace(0.2,2*pi,50);
x=x(:);
n=length(x);
y=sin(x)+randn(n,1)/10;
[y_hat,b]=my_kernel_regress(y,x);
h=figure;
set(h,'color','w')
plot(x,y,'o')
hold on
```

```
plot(x,y_hat,'r—')
plot(x,sin(x),':')
legend('data','fitted data','real function')
```

图形输出结果如图 4.2 所示。

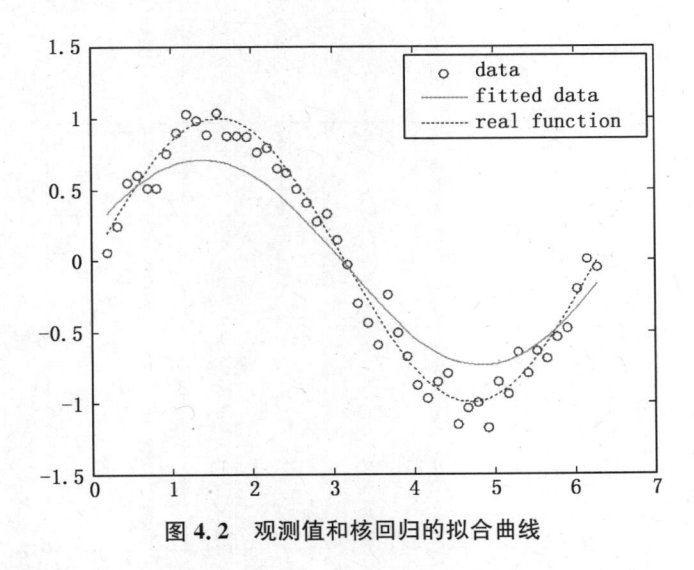

图 4.2 观测值和核回归的拟合曲线

通常而言,较小的带宽对数据的拟合比较好,读者可以在函数 my_kernel_regress 修改带宽的参数设置。下面我们再给出一个应用核回归的简单例子,在 MATLAB 主窗口下输入:

```
clear
x1=linspace(0.2,2*pi,50);
x2=linspace(pi,3*pi,50);
x1=x1(:);
x2=x2(:);
n=length(x1);
y=sin(x1)+cos(x2)+randn(n,1)/10;
x=[x1,x2];
[y_hat,b]=my_kernel_regress(y,x);
h=figure;
set(h,'color','w')
```

```
plot(y,'o')
hold on
plot(y_hat,'r-')
plot(sin(x1)+cos(x2),':')
legend('data','fitted data','real function')
```

图形输出结果如图 4.3 所示。

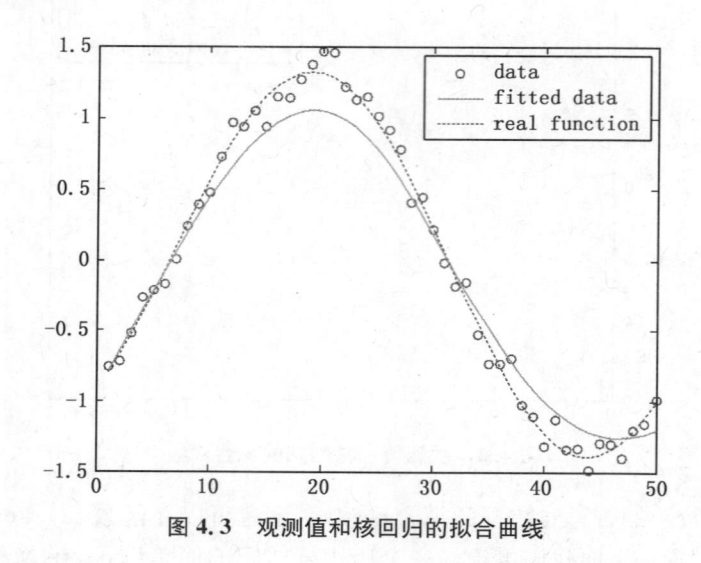

图 4.3 观测值和核回归的拟合曲线

在金融研究和实践中，如果变量 x 和 y 存在未知形式的非线性关系，我们可以先利用 n 个观测值进行核回归，得到每个观测点对应的参数估计，然后计算估计参数的平均值来综合衡量 x 和 y 之间的关系，并构造以下 t 统计量来进行统计推断[①]：

$$\bar{\theta}\sqrt{n}/S_\theta$$

其中：

$$\bar{\theta} = \frac{1}{n}\sum_{i=1}^{n} \theta_i$$

$$S_\theta = \sqrt{\frac{\sum_{i=1}^{n}(\theta_i - \bar{\theta})^2}{n-1}}$$

---

① Rilstone, P., 1991, Nonparametric hypothesis testing with parametric rates of convergence. International Economics Review 32, 209-227.

下面我们以 2005 年 7 月我国汇率实行改革为事件,研究股票收益是否受到人民币兑美元汇率影响(以人民币/1 美元计价)的影响。我们选择 2005 年 7 月~2008 年 12 月在上海和深圳上市的 1 002 家公司为样本(全体样本中剔除 ST 及数据不足的股票后剩余 1 002家公司)。我们分别采用 OLS 方法和核回归方法对 1 002 只股票的月收益和汇率变化的关系进行研究。

对于 OLS 方法,具体地,我们进行以下处理:首先将市场组合收益 R_M(以上证综合指数收益代替)对汇率变化R_{ex}($R_{ex} = \ln(ex_t/ex_{t-1})$,其中$ex_t$ 为 t 时刻的汇率)进行回归:$R_M = \beta R_{ex} + \mu$ 得到残差估计$\hat{\mu}$;然后对每只股票进行以下回归:$R_i = a_i + b_i\hat{\mu} + c_i R_{ex} + \varepsilon_i$,$i = 1, 2, \cdots, 1 002$,如果系数$c_i$ 在统计意义上显著,则结果为股票 i 与汇率之间存在关系提供了实证支持。

对于核回归方法,我们进行以下处理:$R_i = a_i + b_i\hat{\mu} + e_i$,$i = 1, 2, \cdots, 1 002$,得到残差估计$\hat{e}_i$ 后进行核回归:$\hat{e}_i = f(R_{ex}) + \varepsilon$,得到每个观测点收益和汇率变化的关系的参数估计,然后计算估计参数的平均值并构造 t 统计量来进行统计推断。

下面我们给出实证结果:OLS 方法发现 18 只股票的收益与汇率关系显著,而核回归方法发现 72 只股票显著。显然核回归方法更多地捕捉了收益和汇率之间的非线性关系。

4.5 Fama-MacBeth 回归

Fama-MacBeth(1973)回归分析方法在金融研究和实践中经常使用[①]。比如:我们猜想基金的持股比例总和会影响股票的收益,基金持股比例越高的股票似乎对应比较高的收益。为了验证以上想法,我们可以使用 Fama-MacBeth 回归分析方法。比如我们选取了 N 只样本股票,并在每个季度计算每个股票收益率和该股票被基金等机构投资者持有比例的和(基金持股比例等数据可以从上市公司和基金公司公布的季报获得)。我们对于每个时间点 t(每个季度末)建立以下截面回归模型:

$$r_{it} = \alpha_t + \beta_t INS_{it} + \gamma_t C_{it} + \varepsilon_{it}, i = 1, 2, \cdots, N \tag{4.10}$$

其中:r_{it} 为股票 i 在季度 t 的收益;INS_{it} 为股票 i 被所有基金持有的比例之和;C_{it} 为其他控制变量。移动时间点,即分别对季度 $t = 1, 2, \cdots, T$ 进行上面的回归分析,这样我们就得到了时间序列$\beta_1, \beta_2, \cdots, \beta_T$,进一步我们计算该时间序列的样本平均值$\bar{\beta} = 1/T\sum_{t=1}^{T}\beta_t$ 和标准差$\sigma_\beta = \sqrt{\sum_{t=1}^{T}(\beta_t - \bar{\beta})^2/T}$,并用$\bar{\beta}$来衡量基金持股比例对股票收益的影响,相应地,t 统计量T_β计算如下:$T_\beta = \bar{\beta}\sqrt{T}/\sigma_\beta$。如果实证结果$\bar{\beta} > 0$,且 t 统计量$T_\beta$表明

[①] Fama, E., and J. MacBeth, 1973, Risk, return and equilibrium: Empirical tests, Journal of Political Economy, 81,607-636.

在一定显著性水平下显著,则实证结果为我们的猜想提供了支持。下面我们给出 Fama-MacBeth 回归分析的函数 my_fama_macbeth_regress。

```
function [Coef,T_stat]=my_fama_macbeth_regress(Y,X,constant)
%Regression based on Fama-MacBeth (1973) method
%at a given time t,the following regression is run
%y_it=x_it * b_t+e_t,i=1,2,…,N
%the above regression is run from t=1 to t=T repeatedly,and then
%b_1,b_2,…,b_T are obtained.
%refrence:Fama,E.,and J. MacBeth,1973,Risk,return and equilibrium:
%Empirical tests,Journal of Political Economy
%input:
%Y=[Time_index,y],Time_index is a vector,the element in a specific row
%indicates the time of the observation of dependent variable y at the same
%row.
%X=[Time_index,x],at any given time,the numbers of observations of y
%and x must be equal,but the number of observations can differ across
%time.
%Time_index indicates the time.
%eg:we observe (y_it,x_it),where x_it=(x1_it,x2_it),i=1,2,3 and t=1,2
%(y_it,x_it) is the observation of individual i at the time t
%if
%y_11=12,y_21=45,y_31=32,y_12=46,y_22=21,y_32=56
%x_11=(3,5),x_21=(6,2),x_31=(7,1),x_12=(9,3),x_22=(4,8),…
x_32=(5,2)
%then we input Y and X as follows:
%Y=
%    1    12
%    1    45
%    1    32
%    2    46
%    2    21
%    2    56
%X=
%    1    3    5
```

```
%    1    6    2
%    1    7    1
%    2    9    3
%    2    4    8
%    2    5    2
%output:
%Coef is coefficient
%T_stat is T statistics
%Example:
% clear
% x=randn(500,2);
% y=1+2*x(:,1)+3*x(:,2)+randn(500,1);
% time_index=[ones(200,1);ones(200,1)*2;ones(100,1)];
% X=[time_index,x];
% Y=[time_index,y];
% [Coef,T_stat]=my_fama_macbeth_regress(Y,X)
Time_index=unique(Y(:,1));
T=length(Time_index);
for i=1:T
a=find(Y(:,1)==Time_index(i));
ny=Y(a,2);
nx=X(a,2:end);
coeff=my_regress(ny,nx,constant);
A(i,:)=coeff';
end
Coef=mean(A);
std_coef=std(A,1);
T_stat=sqrt(T)*Coef./std_coef;
```

下面我们通过一个简单例子来说明该函数的调用：

```
clear
x=randn(500,2);%生成随机数
y=1+2*x(:,1)+3*x(:,2)+randn(500,1);%生成带噪音干扰的统计模型
```

```
time_index=[ones(200,1);ones(200,1)*2;ones(100,1)*3];%产生时间向量
X=[time_index,x];%带时间标记的自变量
Y=[time_index,y];%带时间标记的因变量
[Coef,T_stat]=my_fama_macbeth_regress(Y,X,1)%进行 Fama-MacBeth 回归
```

估计结果如下：
Coef=
    0.9251   2.0727   2.9933
T_stat=
    35.9796   56.7874   58.9647

4.6 分位数回归

普通最小二乘法的回归模型实际上只是一种基于条件均值的分析，即给定自变量 X 的情形下，刻画了因变量 Y 的均值。但在许多实际应用过程中，自变量 X 对因变量 Y 的影响随着 Y 的大小不同而不同。比如：沪深 300 股指期货和现货沪深 300ETF 的价格差大小与套利者的套利活动紧密相关，当价差较少时，套利者不会进入市场进行套利交易。而当价差较大时，套利者就会进入市场进行套利交易。另外，期货价格显著大于现货价格引发套利者买入现货，同时卖出期货的套利行为与期货价格显著低于现货价格引发套利者买入期货，同时卖空现货的套利行为在交易成本上存在明显差别（卖空沪深 300ETF 需要支付较高的利息成本，甚至年化的利息可能达到 10%）。因此，在研究自变量 X（比如：利率、期货到期期限、投资者情绪和分红等因素）如何影响价差 Y 的实证分析中，由于套利活动的存在需要我们考虑不同价差大小下，X 对 Y 的影响。这时候分位数回归分析就比较合适，能够考虑和分析不同价差大小条件下，自变量 X 如何影响因变量 Y。

我们考虑以下线性的分位数回归模型：

$$Y = X\beta + \varepsilon$$

在给定分位数 q 的情形下，回归模型的参数 $\beta(q) = (\beta_{q,1}, \beta_{q,2}, \cdots, \beta_{q,k})'$（其中 $\beta_{q,1}$ 为常数项）的估计实际上是优化以下目标函数得到：

$$\min_{\beta(q)} \{ q \sum_{y_i \geq x_i\beta} | y_i - x_i\beta | + (1-q) \sum_{y_i < x_i\beta} | y_i - x_i\beta | \}$$

求解以上优化问题的算法很多，包括：单纯型算法、内点算法、平滑算法等，以下 MATLAB 函数 my_lin_qr 从最小化加权绝对离差角度给出了求解上述优化问题的具体算法（参见：威廉·格林，经济计量分析，第六版）。

```
function [b,stats]=my_lin_qr(y,x,q)
%线性分位数回归模型参数估计
%输入:
%y:因变量观测值列向量
%x:自变量观测值矩阵
%q:分位数,0<q<1
%c:c=1 表示回归包含常数项,等于其他值则回归时不包含常数项
%输出:
%beta:回归系数
%stats:结构性变量,包含估计参数的协方差矩阵、参数的估计误差、
%T 统计量、参数的 p 值和伪 R 平方
%2016/11/6
M=size(y,1);
x=[ones(M,1), x];
N=size(x,2);
k=0;
x_new=x;
diff=inf;
b0=zeros(N,1);
while k<1000&&diff>1e-6
k=k+1;
b=pinv(x_new'*x)*x_new'*y;
e=y-x*b;
e(abs(e)<1e-6)=1e-6;
e(e<0)=q*e(e<0);
e(e>=0)=(1-q)*e(e>0);
e=abs(e);
x_new=x./repmat(e,1,N);
diff=norm(b-b0);
b0=b;
end
h=(q==0.5)*0.9*std(e)/(M^0.2)+(q~=0.5)*0.9*…
min(std(e),iqr(e)/1.34)/(M^0.2);
u=e/h;
```

```
g=(1/(M*h))*(sum(exp(-u)./((1+exp(-u)).^2)));
D=zeros(M,1);
D(e>=0)=(q/g)^2;
D(e<0)=((1-q)/g)^2;
D=diag(D);
stats.v=pinv((x'*x))*x'*D*x*pinv((x'*x));
stats.std_err=sqrt(diag(stats.v));
stats.t=b./stats.std_err;
stats.p_value=2*(1-tcdf(abs(stats.t),M-N));
e(e<0)=(1-q)*e(e<0);
e(e>=0)=q*e(e>=0);
e=abs(e);
ee=y-quantile(y,q);
ee(ee<0)=(1-q)*ee(ee<0);
ee(ee>=0)=q*ee(ee>=0);
ee=abs(ee);
stats.pseudo_R2=1-sum(e)/sum(ee);
```

下面我们给出一个应用的例子,考虑以下统计模型的参数估计:

$$Y = \begin{cases} X\beta_1 + \varepsilon, & Y \leqslant L_1 \\ X\beta_2 + \varepsilon, & L_1 < Y \leqslant L_2 \\ X\beta_3 + \varepsilon, & L_2 < Y \leqslant L_3 \\ X\beta_4 + \varepsilon, & Y > L_3 \end{cases}$$

我们在 MATLAB 主窗口输入:

```
clear
x=randn(100,1)/10;
y1=1+x+randn(100,1)/10;
y2=2+2*x+randn(100,1)/10;
y3=3+3*x+randn(100,1)/10;
y4=4+4*x+randn(100,1)/10;
y=[y1;y2;y3;y4];
x=repmat(x,4,1);
```

```
h=figure;
set(h,'color','w')
plot(x,y1,'bpentagram')
hold on
plot(x,y2,'r*')
plot(x,y3,'go')
plot(x,y4,'k<')
legend('y1','y2','y3','y4')
xlabel('X')
ylabel('Y')
```

图 4.4 给出了不同水平的因变量 Y 随自变量 X 变化的关系。随着因变量水平的不同，X 与 Y 的统计关系也不同，截距和斜率都随着因变量水平而变化。

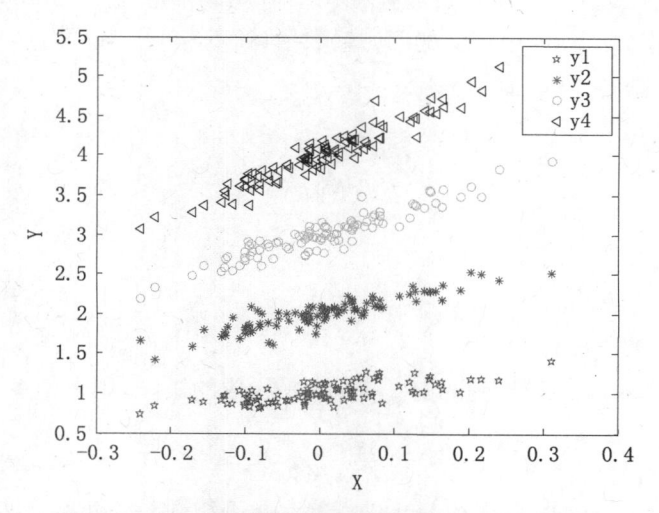

图 4.4 不同水平的因变量和自变量之间的统计关系

接下来我们调用函数 my_lin_qr 进行分位数回归。我们分别进行 0.125、0.375、0.675 和 0.875 的分位数回归，同时也进行普通的最小二乘回归。

```
[beta1,stats1]=my_lin_qr(y,x,0.125);
[beta2,stats2]=my_lin_qr(y,x,0.375);
[beta3,stats3]=my_lin_qr(y,x,0.675);
[beta4,stats4]=my_lin_qr(y,x,0.875);
```

```
[beta,stats]=my_regress(y,x,1);
b=[beta1,beta2,beta3,beta4,beta]
```

输出结果如下：

b=

| 0.9958 | 1.9671 | 3.0198 | 4.0034 | 2.4903 |
| 1.0943 | 2.1643 | 2.8020 | 4.0135 | 2.4906 |

输出结果 b 分别给出了在 0.125、0.375、0.675 和 0875 分位数下的分位数回归模型参数的估计，以及普通最小二乘的回归系数的估计值。b 的第一行为截距项的估计，第二行为斜率的估计。从结果中可以看出分位数回归精确地度量了自变量与因变量之间的统计关系，分位数回归的参数估计与模型设定的真实参数比较接近。而普通最小二乘回归则并没有考虑不同因变量水平下，自变量对因变量的影响差异。

如果不同分位数下，分位数回归的除常数项系数外都相等，则没有必要进行分位数回归，普通最小二乘回归就可以分析自变量和因变量之间的关系。假定 $\beta(q_1)$，$\beta(q_2)$，…，$\beta(q_m)$ 分别为分位数 q_1，q_2，…，q_m 的回归系数估计。不考虑常数项，建立如下原假设：

$$H_0: \beta_{q_1,j} = \beta_{q_2,j} = \cdots = \beta_{q_m,j}, j=2,3,\cdots,k$$

我们构建以下 Wald 统计量对这一系列的分位数回归的斜率是否相同做出检验：

$$W = (Rb)'(RVR')^{-1}(Rb)$$

其中：

$$b = (\beta_{q_1,2}, \beta_{q_1,3}, \cdots, \beta_{q_1,k}, \cdots, \beta_{q_m,2}, \beta_{q_m,3}, \cdots, \beta_{q_m,k})'$$

V 为 b 的协方差矩阵

R 为 $(k-1)\times(m-1)$ 行 m 列的由 0,1 和 -1 构成的矩阵，用来刻画原假设的等式约束条件：$Rb = 0$。

统计量 W 服从自由度为 $(k-1)\times(m-1)$ 的卡方分布。

具体我们编写以下函数 my_qr_test 进行斜率是否相同的统计检验：

```
function [b,t_stat,W,W_p_value,R]=my_qr_test(y,x,q,K)
%执行给定分位数向量 q 的系列分位数回归
%进行分位数回归系数是否相同的联合检验（不包含常数项）
%2016/11/6
N=length(q);
for i=1:N
[b(:,i),stat]=my_lin_qr(y,x,q(i));
```

```
t_stat(:,i)=stat.t;
end
V=my_bootstr_cov_qr(b,y,x,q,K);
M=size(b,1);
R=zeros((N-1)*M,N*M);
for i=1:(N-1)*M
R(i,i)=1;
R(i,M+i)=-1;
end
R(1:M:end,:)=[];
B=zeros(size(R,1),1);
bb=b(:);
[W,W_p_value]=my_wald_con_test(R,V,B,bb);
```

该函数调用了以下两个辅助函数 my_bootstr_cov_qr 和 my_wald_con_test。

```
function V=my_bootstr_cov_qr(b,y,x,q,K)
%应用自助法求解系列分位数回归系数的协方差矩阵
%分位数回归模型:Y=X*beta+e
%分位数1回归系数:b1=(b1_1,b1_2,…,b1_k)'
%分位数2回归系数:b2=(b2_1,b2_2,…,b2_k)'
%分位数m回归系数:bm=(bm_1,bm_2,…,bm_k)'
%b=[b1,b2,…,bm]
%y:因变量观测值列向量
%x:自变量观测值矩阵
%q:分位数向量,定义了一系列的分位数回归
%K:自助法的重复抽样次数
%V:b的协方差矩阵
%2016/11/6
M=size(x,1);
xx=[ones(M,1),x];
N=size(b,2);
A=[];
for i=1:N
```

```
        e=y-xx*b(:,i);
        B=[];
        for j=1:K
        [~,e_id]=bootstrp(1,[],e);
        y=xx*b(:,i)+e(e_id);
        beta=my_lin_qr(y,x,q(i));
        B=[B;beta'];
        end
        A=[A,B];
    end
    V=cov(A);

    function [W,W_p_value]=my_wald_con_test(R,V,B,b)
    %构造Wald统计量进行联合检验线性约束条件Rb=B是否成立
    W=(R*b-B)'*pinv(R*V*R')*(R*b-B);
    W_p_value=1-chi2cdf(W,size(R,1));
```

我们沿用前面例子中的统计模型，在MATLAB主窗口输入：

```
clear
x=randn(100,1)/10;
y1=1+x+randn(100,1)/10;
y2=2+2*x+randn(100,1)/10;
y3=3+3*x+randn(100,1)/10;
y4=4+4*x+randn(100,1)/10;
y=[y1;y2;y3;y4];
x=repmat(x,4,1);
q=[0.125,0.375,0.675,0.875];
K=100;
[b,t_stat,W,W_p_value,R]=my_qr_test(y,x,q,K)
```

得到结果如下：
b=
    0.9604   1.9868   3.0456   4.0124

  0.9952 1.8800 3.2273 4.0742

t_stat=
  40.1223 62.0240 53.4854 24.1997
  4.2409 5.9865 5.7813 2.5066

W=
  20.8226

W_p_value=
  1.1459e−04

R=
  0 1 0 −1 0 0 0 0
  0 0 0 1 0 −1 0 0
  0 0 0 0 0 1 0 −1

  Wald 检验的 p 值小于 5%，在 95% 致信水平下拒绝原假设，这说明分位数回归是合适的。结果也列出了不同分位数下的回归系数，以及相应的 T 统计量。

  在 MATLAB 主窗口输入：

```
clear
x=randn(100,2);
y=1+2*x(:,1)+3*x(:,2)+randn(100,1);
q=0.1:0.2:0.9;
K=100;
[b,t_stat,W,W_p_value,R]=my_qr_test(y,x,q,K)
```

得到结果如下：

b=
  −0.2803 0.5613 0.9467 1.4096 2.2896
  2.2688 1.9975 2.0964 2.2214 2.3301
  2.8564 2.9689 2.9943 2.9434 3.0970

t_stat=
  −6.5698 13.5177 16.6158 13.0135 6.1426
  58.7068 53.1062 40.6168 22.6398 6.9007
  68.4230 73.0702 53.7046 27.7694 8.4908

W=
  11.7415

W_p_value=

$$R = \begin{matrix} & 0.1631 & & & & & & & & & & & \\ 0 & 1 & 0 & 0 & -1 & 0 & 0 & 0 & 0 & 0 & 0 & 0 & 0 \\ 0 & 0 & 1 & 0 & 0 & -1 & 0 & 0 & 0 & 0 & 0 & 0 & 0 \\ 0 & 0 & 0 & 1 & 0 & 0 & -1 & 0 & 0 & 0 & 0 & 0 & 0 \\ 0 & 0 & 0 & 0 & 0 & 1 & 0 & -1 & 0 & 0 & 0 & 0 & 0 \\ 0 & 0 & 0 & 0 & 0 & 0 & 1 & 0 & -1 & 0 & 0 & 0 & 0 \\ 0 & 0 & 0 & 0 & 0 & 0 & 0 & 1 & 0 & -1 & 0 & 0 & 0 \\ 0 & 0 & 0 & 0 & 0 & 0 & 0 & 0 & 0 & 1 & 0 & -1 & 0 \\ 0 & 0 & 0 & 0 & 0 & 0 & 0 & 0 & 0 & 0 & 1 & 0 & -1 \end{matrix}$$

Wald 检验的 p 值大于 5%，在 95% 致信水平下不能拒绝原假设，这说明普通最小二乘回归是合适的。

4.7 面板数据回归

在金融领域我们经常会碰到面板数据的分析和处理，即同时观测到不同个体在不同时间上的观测值。基于面板数据的回归模型是常用的分析方法。具体地，我们考虑以下常见形式的面板回归模型：

$$Y_{i,t} = \alpha_i + X_{i,t}\beta + \varepsilon_{i,t}$$

α_i 反映了在给定自变量的情形下个体的差异。固定效应模型将个体差异视为常数，固定效应模型中参数的估计可以将个体的哑变量加入到回归模型中，在满足最小二乘回归模型的假设条件下，然后使用普通最小二乘法进行估计即可。

而随机效应模型则将个体的差异视为随机变量，具体地，随机效应模型可以将个体差异做如下处理：$\alpha_i = \alpha + v_i$

其中：v_i 为随机变量，$E[v_i] = E[\varepsilon_{i,t}] = E[v_i\varepsilon_{i,t}] = 0$，$E[v_i^2] = \sigma_v^2$，$E[\varepsilon_{it}^2] = \sigma_\varepsilon^2$。其他假设与普通最小二乘回归模型相似。因此，随机效应模型中对于同一个个体的不同时间的随机误差项之间存在相关性，普通最小二乘法的估计量虽然满足无偏性和一致性，但并不满足有效性，即估计量的误差较大。随机效应模型的参数估计通常可以用广义最小二乘法、极大似然估计等方法进行估计。

如果将面板回归模型设定为：

$$Y_{i,t} = \alpha + X_{i,t}\beta + \varepsilon_{i,t}$$

则面板数据回归蜕变为普通最小二乘法回归，即混同数据（Pooled data）回归。

对于到底使用固定效应模型还是随机效应模型的问题，Hausman（1978）提出了以下统计量：

$$W = (\beta_1 - \beta_2)'\Sigma^{-1}(\beta_1 - \beta_2)$$

其中：

β_1 和 β_2 分别为固定效应和随机效应模型的估计量；

$\Sigma = \text{Var}(\beta_1) - \text{Var}(\beta_2)$，$\Sigma$ 表示 $\beta_1 - \beta_2$ 的协方差矩阵。

这里利用了 Hausman 一个重要的结论：$\text{cov}(\beta_1 - \beta_2, \beta_2) = 0$

$\text{Var}(\beta_1)$ 表示 β_1 的协方差矩阵；

$\text{Var}(\beta_2)$ 表示 β_2 的协方差矩阵。

统计量 W 服从自由度为 K（自变量个数）的卡方分布，如果不能拒绝原假设，则我们采用固定效应模型，如果拒绝原假设，则我们应该采用随机效应模型。

下面我们给出面板回归的 MATLAB 函数 my_panel_regress（具体算法参见：高铁梅主编，计量经济方法与建模，2006 年，第一版）。

```
function [b,stat]=my_panel_regress(data,type)
%执行面板数据回归：
%混同数据回归：y_it=a+x_it*beta+e_it
%固定效应回归：y_it=a_i+x_it*beta+e_it
%随机效应回归：y_it=a+x_it*beta+v_i+e_it
%比如进行随机效应回归：[b,stat]=my_panel_regress(data,'random')
%输入：
%data：第一列为个体编号（N 个个体）；第二列为时间编号%
（个体的时间序列上的观测值
%数据长短可以不同）；%第三列为因变量的观测值，其余的列为自变量的观测值
%type：取值为以下三种选择的其中一个：'pooled','fixed','random'
%输出：
%b：回归系数
%混同数据回归：b=[a;beta];
%固定效应回归：b=[a_1;a_2;...;a_N;beta]
%随机效应回归：b=[v_1;v_2;...;v_N;a;beta];
%stat：结构型变量，包含估计参数的协方差矩阵、T 统计量、P 值等信息
%曹志广,2016/11/7
data=sortrows(data);%按个体整理数据
id=data(:,1);%个体序号
t=data(:,2);%时间序号
y=data(:,3);%因变量观测值向量
x=data(:,4:end);%自变量观测值矩阵
```

```
A=unique(id);
M=length(y);%总的观测样本数量
N=length(A);%个体数量
K=size(x,2);%自变量个数(不含常数项)
for i=1:N
    t_id(i)=sum(id==A(i));%计算不同个体的时间上的观测值数量
end
switch type
    case 'pooled'
    [b,stat]=my_regress(y,x,1);
    case 'fixed'
    D=zeros(M,N);
    for i=1:N
    D(id==A(i),i)=1;
    end
    [b,stat]=my_regress(y,[D,x],0);
    case 'random'
    for i=1:N
    y_mean(i,1)=mean(y(id==A(i)));
    x_mean(i,:)=mean(x(id==A(i),:));
    yy(id==A(i),1)=y(id==A(i))-y_mean(i);
    xx(id==A(i),:)=x(id==A(i),:)-repmat(x_mean(i,:),t_id(i),1);
    end
    [~,stat1]=my_regress(yy,xx,0);
    [~,stat2]=my_regress(y_mean,x_mean,1);
    ee1=stat1.residual'*stat1.residual;
    ee2=stat2.residual'*stat2.residual;
    sigma2_eta=ee1/(M-N-K);
    sigma2_v=ee2/(N-K-1)-mean(sigma2_eta./t_id);
    sigma2_v=(sigma2_v>=0)*sigma2_v+(sigma2_v<0)*ee2/(N-K-1);
    nx=[ones(M,1),x];
    clear yy xx
    for i=1:N
    y_mean(i,1)=mean(y(id==A(i)));
```

```
    xx_mean(i,:)=mean(nx(id==A(i),:));
    adj=1-sqrt(sigma2_eta)/sqrt(sigma2_eta+t_id(i)*sigma2_v);
    yy(id==A(i),1)=y(id==A(i))-y_mean(i)*adj;
    xx(id==A(i),:)=nx(id==A(i),:)-repmat(xx_mean(i,:)…
    *adj,t_id(i),1);
    end
    [b,stat]=my_regress(yy,xx,0);
    resid=y-nx*b;
    for i=1:N
    v(i,1)=sum(resid(id==A(i)))*sigma2_v/(sigma2_v*t_id(i)+…
    sigma2_eta);
    end
    b=[v;b];
    otherwise
    error('type must be one of pooled, fixed and random')
end
```

在上述函数中,我们设定数据变量 data 的格式如图 4.5 所示:数据矩阵中的第一列为个体编号;第二列为时间编号(个体的时间序列上的观测值,数据长短可以不同);第三

个体序号	时间序号	Y	X1	X2
1	1	1.085427	-0.71132	1.331525
1	2	2.389396	0.546451	1.331525
1	3	1.318181	0.177135	1.331525
1	4	0.343754	-0.88299	1.331525
1	5	1.520868	-0.41153	1.331525
2	2	0.03425	-0.92837	2.254884
2	3	2.662597	0.171179	2.254884
2	4	4.990464	0.620541	2.254884
2	5	1.332225	-0.93041	2.254884
3	1	1.927161	-1.13027	2.89502
3	2	1.853479	-1.23056	2.89502
3	3	3.913937	0.221311	2.89502
3	4	2.849113	0.060433	2.89502
3	5	3.931408	0.18458	2.89502
4	1	1.910393	-1.19871	4.171707
4	2	4.676461	-0.05796	4.171707

图 4.5 面板数据的格式

列为因变量的观测值,其余的列为自变量的观测值。

函数 my_hausman_test 则给出了在一定显著水平下 Hausman 检验的结果。

```
function [W,p_value]=my_hausman_test(data,alpha)
%进行固定效应还是随机效应的 Hausman 检验
%曹志广,2016/11/8
[b1,stat1]=my_panel_regress(data,'fixed');
[b2,stat2]=my_panel_regress(data,'random');
N=size(data,2)-3;
beta1=b1(end-N+1:end);
beta2=b2(end-N+1:end);
V1=stat1.cov(end-N+1:end,end-N+1:end);
V2=stat2.cov(end-N+1:end,end-N+1:end);
V=V1-V2;
W=(beta1-beta2)'*pinv(V)*(beta1-beta2);
p_value=1-chi2cdf(W,N);
disp('********** Hausman 检验 **************')
disp('原假设:随机效应')
disp('备选假设:固定效应')
if p_value<=alpha
    fprintf('检验结果拒绝原假设,选择固定效应模型\n')
else
    fprintf('检验结果接受原假设,选择随机效应模型\n')
end
disp('*****************************************')
```

接下来,我们给出应用以上两个函数进行面板数据回归的例子。以下代码生成 5 个个体在 200 个时间点上的观测值数据,并设定自变量和因变量服从以下统计关系:

$$y_{it} = i + 2x_{1t} + 3x_{2t} + \varepsilon_{it},\ i = 1,2,\cdots,5,\ t = 1,2,\cdots,200$$

```
clear
num_id=5;
num_t=200;
for i=1:num_id
```

```
        x((i-1)*num_t+1:i*num_t,:)=randn(num_t,2);
        y((i-1)*num_t+1:i*num_t,1)=i+x((i-1)*num_t+1:i*num_t,:)
*[2;3]+randn(num_t,1);
        id((i-1)*num_t+1:i*num_t,1)=i;
        t((i-1)*num_t+1:i*num_t,1)=(1:num_t)';
    end
    data=[id,t,y,x];
```

在 MATLAB 命令窗口输入以上代码,我们得到了面板数据 data,首先我们在 5% 显著水平进行 Haussman 检验,输入:

[W,p_value]=my_hausman_test(data,0.05);

得到结果如下:

W=
    0.0338

p_value=
    1

********** Hausman 检验 ***************

原假设:随机效应

备选假设:固定效应

检验结果接受原假设,选择随机效应模型

****

检验结果表明我们应该选择随机效应模型进行面板数据的回归,继续输入:

[b,stat]=my_panel_regress(data,'random');
output=[b(end-2:end)';stat.t';stat.p_coeff'];
individual=b(1:5)';

输出结果如下:

output=
    2.9674   2.0540   3.0098
    3.6859   65.7445   94.5625
    0.0002   0   0

individual=
   -1.9308   -0.9832   -0.1102   1.0030   2.0212

output 中第一行数据是随机效应模型中的常数项 α 以及两个自变量前面的回归系数,第二行则是系数估计相应的 T 统计量,第三行是系数估计对应的 P 值。individual

则给出了个体的随机效应估计量 v_i。

4.8 我国股票市场日历效应检验

在许多国家的股票市场上，周末效应和月份效应现象都被实证检验结果所证实。周末效应是指股票收益率在一周5个交易日当中，每天的收益率表现并不一致。在大多数相对成熟的市场，由于周五的收益通常表现比较好，因此，该现象又被称为周末效应。月份效应是指股票收益率在一年的12个月当中，收益率在每个月的表现并不一致。假日效应是指股票收益率在节日前后存在异常的效应。

4.8.1 应用线性回归检验周末效应[①]

$$R_t = \alpha + \beta_1 D_{1,t} + \beta_2 D_{2,t} + \beta_3 D_{3,t} + \beta_4 D_{4,t} + \beta_5 D_{5,t} + \varepsilon_t \quad (4.11)$$

我们应用式(4.11)对股票市场周日效应的检验，其中 R 为股票的收益率；$D_{i,t}$，$i=1, 2, 3, 4, 5$ 分别表示周一到周五的哑变量。判定市场某些交易日的收益率是否显著不同于平常收益率，我们需要估计出(4.11)式中的系数 α，β_1，β_2，β_3，β_4，β_5。因为式(4.11)中的 α 衡量了周一到周五的平均收益率，β_1 衡量了周一的收益率与平均收益率 α 之间的差异，β_2，β_3，β_4，β_5 的含义与此类似。所以哑变量前面的回归系数分别代表了周一到周五的异常收益。但由于式(4.11)存在完全多重共线性问题，直接估计式(4.11)中的系数存在技术上的问题。通常我们可以采用在常数项和5个哑变量去掉一个进行回归的做法。比如：可以采用式(4.12)或式(4.13)进行回归。

$$R = \beta_1 D_1 + \beta_2 D_2 + \beta_3 D_3 + \beta_4 D_4 + \beta_5 D_5 + \varepsilon. \quad (4.12)$$

$$R = \alpha + \beta_2 D_2 + \beta_3 D_3 + \beta_4 D_4 + \beta_5 D_5 + \varepsilon \quad (4.13)$$

但采用式(4.12)或式(4.13)进行回归(这里省略了时间下标)，则不能直接得出某个交易日与平均收益率之间是否存在显著差异的结果。为此，我们采用 Suits(1984)提出的给出式(4.11)中系数的估计方法[②]。由于 Suits 提出的方法中假定了每个哑变量所对应的观测值的数量是一样的，然而实际上每个哑变量所对应的观测值的数量可能并不一样。因此需要做出修正。

具体的我们做以下修正。为直接衡量某个交易日与平均收益率之间是否存在显著差异。我们需要增加以下限制条件：

[①] Cao, Z, Harris, RDF and Wang A, Seasonality in the Returns, Volatility and Turnover of the Chinese Stock Markets, Finance Letters, 2007, 12: 1–11.

[②] Suits, 1984, Dummy Variables: mechanics V. interpretation, The Review of Economics and Statistics, 66, 177–180.

$$\sum_{i=1}^{5} \beta_i \overline{D}_i = 0 \tag{4.14}$$

这里 $\overline{D}_i = n_i^D / \sum_{j=1}^{5} n_j^D$，$n_i^D$，$i = 1, 2, \cdots, 5$ 分别表示周一到周五的观测值数量。然后再对下式进行回归（舍去了周一的哑变量）：

$$R_t = \alpha + \beta_2 \widetilde{D}_{2,t} + \beta_3 \widetilde{D}_{3,t} + \beta_4 \widetilde{D}_{4,t} + \beta_5 \widetilde{D}_{5,t} + \varepsilon_t \tag{4.15}$$

$$\widetilde{D}_{i,t} = \left[D_{i,t} - \frac{n_i^D}{n_1^D} D_{1,t} \right], \ i = 2, 3, 4, 5$$

式(4.15)避免了多重共线性的问题，可以应用上面提到的 MATLAB 函数 my_regress 进行回归。然后利用式(4.14)得到 $D_{1,t}$ 前面的系数 $\beta_1 = -\dfrac{n_2^d \beta_2 + \cdots + n_5^d \beta_5}{n_1^d}$。为了得到 β_1 的标准误差，可以利用 my_regress 函数得到的协方差矩阵计算 β_1 的标准误差，为方便起见，我们用 V 表示该协方差矩阵。因此，β_1 的标准误差为：$\sqrt{W'VW}$，其中 $W = \left(\dfrac{n_2^d}{n_1^d}, \dfrac{n_3^d}{n_1^d}, \dfrac{n_4^d}{n_1^d}, \dfrac{n_5^d}{n_1^d} \right)'$。

下面利用 1990 年 12 月 19 日到 2005 年 12 月 30 日的上证综合指数日收盘价，考虑到残差项可能存在自相关和异方差的现象。我们应用上述函数 my_newey_west_regress 对上海股票市场的周日效应进行实证检验。

在 MATLAB 主窗口下键入：

```
clear
x=xlsread('shindex');%读入上证综合指数(第一列为日期,第二列为收盘价)
x(:,1)=x2mdate(x(:,1));
y=x(:,2);%指数变量
r=price2ret(y);%计算对数收益率
z=x(2:end,1);%日期变量
g=weekday(z)-1;%判断每个交易日为星期几
%生成5个哑变量矩阵
for i=1:length(z)
    D(i,g(i))=1;
end
%对哑变量进行调整
n=sum(D)/sum(sum(D));
```

```
newD=D(:,2:5)-D(:,1)*n(2:5);
[Coeff,Stats]=my_newey_west_regress(r,newD,1);
```

输出部分结果如下：
Coeff=
    0.0001
   -0.0012
    0.0015
    0.0007
    0.0026
Stats.R_sq=
    0.0032
Stats.t=
    0.1235
   -1.2280
    1.4767
    0.5810
    2.8582
Stats.cov=
  1.0e-005 *
    0.0556   -0.0435   -0.0360   -0.0207   -0.0382
   -0.0435   0.0971   0.0192   0.0087   0.0106
   -0.0360   0.0192   0.1002   -0.0116   0.0296
   -0.0207   0.0087   -0.0116   0.1525   0.0260
   -0.0382   0.0106   0.0296   0.0260   0.0817

然后利用回归的结果计算系数 β_1，在 MATLAB 主窗口下键入：
beta1=-n(2:5)*Coeff(2:5)
得到周一哑变量前的系数 β_1 为：
beta1=-7.1330e-004
为得到系数 β_1 的标准误差和 t 统计量，在 MATLAB 主窗口下键入：
std_beta1=sqrt(n(2:5)*Stats.cov(2:5,2:5)*n(2:5)');
T_beta1=beta1/std_beta1;
得到 β_1 的标准误差 std_beta1=4.8932e-004，t 统计量 T_beta1=-1.4577
因此，得到的回归方程如下：

$$R_t = 0.0001 - 0.0007 D_{1,t} - 0.0012 D_{2,t} + 0.0015 D_{3,t} + 0.0007 D_{4,t} + 0.0026 D_{5,t}$$
$$(0.1235) \quad (-1.4577) \quad (-1.2280) \quad (1.4767) \quad (0.5810) \quad (2.8582)$$

括弧中为估计系数的 t 统计量。从上述回归方程中可以看出周五的收益率在 5% 显著水平下高出平均水平。

4.8.2 应用线性回归检验月份效应

类似地,下面利用 1990 年 12 月 19 日到 2005 年 12 月 30 日的上证综合指数日收盘价,应用上述函数 my_newey_west_regress 对上海股票市场的月份效应进行实证检验。我们想要得到以下回归方程中的系数(略去了时间下标)。

$$R = \alpha + \sum_{i=1}^{12} \beta_i M_i + \varepsilon \tag{4.16}$$

类似地,我们施加以下约束条件: $\sum_{i=1}^{12} \beta_i \bar{M}_i = 0$,这里 $\bar{M}_i = n_i^M / \sum_{j=1}^{12} n_j^M$, n_i^M, $i = 1, 2, \cdots, 12$ 分别表示 1 月份到 12 月份的观测值数量。

然后再对下式进行回归(舍去了 1 月份的哑变量):

$$R = \alpha + \beta_2 \tilde{M}_2 + \beta_3 \tilde{M}_3 + \cdots + \beta_{12} \tilde{M}_{12} + \varepsilon_t \tag{4.17}$$

$$\tilde{M}_i = \left[D_i - \frac{n_i^M}{n_1^M} M_1 \right], \ i = 2, 3, \cdots, 12$$

在 MATLAB 主窗口下键入:

```
clear
x=xlsread('shindex');
y=x(:,2);
r=price2ret(y);
z=x(2:end,1);
g=my_month(z);
for i=1:length(z)
    M(i,g(i))=1;
end
%对哑变量进行调整
n=sum(M)/sum(sum(M));
newM=M(:,2:12)-M(:,1)*n(2:12);
```

```
[Coefficients,Stat]=my_newey_west_regress(r,newM,1);
Cov=Stat.cov;T_stat=Stat.t;
beta1=-n(2:12)*Coefficients(2:12)
std_beta1=sqrt(n(2:12)*Cov(2:12,2:12)*n(2:12)');
T_beta1=beta1/std_beta1;
%get the constant and coefficients from January to December
Coefficients_adj=[Coefficients(1);beta1;Coefficients(2:end)]
%get t statistics for the constant and coefficients from January to December
T_stat_adj=[T_stat(1);T_beta1;T_stat(2:end)]
```

最后,我们得到常数项和1月到12月份的系数 Coefficients_adj,以及相对应的 t 统计量 T_stat_adj。

Coefficients_adj=
　　0.0011
　　0.0005
　　0.0014
　-0.0010
　　0.0006
　　0.0014
　　0.0001
　-0.0032
　　0.0011
　-0.0020
　-0.0028
　　0.0012
　-0.0016
T_stat_adj=
　　1.2680
　　0.5898
　　1.0082
　-0.7079
　　0.3586
　　0.4001
　　0.0516

−2.2054
0.4753
−1.3925
−1.7121
0.6070
−1.1213

由上面的分析可以看出：7月份的收益在5%显著水平下，低于平均水平。上面的程序中用到了自编的函数 my_month，对日期所处的月份进行判断，其内容如下：

```
function f=my_month(x,para)
%input:x is a integer vector,which must be accordance with date
%expression;par is 1 or 0,1 indicates that the date format is EXCEL
%format,0 is matlab
%within EXCEL,not MATLAB( in excel,1 stands for 1900/1/1;in matlab,1
%stands for 1/1/1)
%output:f is a number chosen from 1to 12,represent from Jan to
%Dec,respectively.
if nargin==1|para==1
x=reshape(x,length(x),1)+datenum(1899,12,30);
%change date expression from EXCEL to MATLAB
elseif para==0,x=reshape(x,length(x),1);
else error('wrong')
end
y=datestr(x,26);
f=str2num(y(:,6:7));
```

4.8.3 应用线性回归检验周末效应、月份效应和假日效应

下面讨论利用线性回归分别检验收盘价对第二天收盘价收益率、收盘价对第二天开盘价收益率、开盘价对当天收盘价收益率、收益波动率和成交量的周末效应、月份效应和节日效应。这里我们只讨论春节、五一、十一和元旦四个节日前后交易日是否存在假日效应。应用同样的上证综合指数样本，我们需要估计下面回归方程中的系数。

$$y_t = \alpha + \sum_{i=1}^{5} d_i D_{i,t} + \sum_{i=1}^{12} m_i M_{i,t} + \sum_{i=1}^{9} h_i H_{i,t} + \varepsilon_t \qquad (4.18)$$

$D_{i,t}$, $i=1,2,\cdots,5$ 表示周一到周五的哑变量，d_i, $i=1,2,\cdots,5$ 为其相应的系数；$M_{i,t}$, $i=1,2,\cdots,12$ 表示1月份到12月份的哑变量，m_i, $i=1,2,\cdots,12$ 为其相应的系数；$H_{i,t}$, $i=1,2,\cdots,9$ 表示节日前及节日后的哑变量，$H_{i,t}$, $i=1,\cdots,4$ 分别表示春节、五一、十一和元旦节前的最后一个交易日，$H_{i,t}$, $i=5,\cdots,8$ 分别表示春节、五一、十一和元旦节后的第一个交易日，$H_{9,t}$ 表示非节假日，h_i, $i=1,2,\cdots,9$ 为这些节日哑变量前相应的系数。

这里我们的被解释变量分别有：收盘价对第二天收盘价收益率 $r_t^{c/c}$、收盘价对第二天开盘价收益率 $r_t^{c/o}$、开盘价对当天收盘价收益率 $r_t^{o/c}$、收益波动率 σ_t 和成交量 v_t。其定义分别如下：

$$r_t^{c/c} = \ln(P_t^c/P_{t-1}^c)$$
$$r_t^{c/o} = \ln(P_t^o/P_{t-1}^c)$$
$$r_t^{o/c} = \ln(P_t^c/P_t^o)$$
$$\sigma_t = \ln(P_t^h/P_t^o) \times \ln(P_t^h/P_t^c) + \ln(P_t^l/P_t^o) \times \ln(P_t^l/P_t^c)$$
$$v_t = \ln(V_t)$$

其中：P_t^o 表示第 t 个交易日的开盘价；P_t^c 表示第 t 个交易日的收盘价；P_t^h 表示第 t 个交易日的最高价；P_t^l 表示第 t 个交易日的最低价；V_t 表示第 t 个交易日的成交手数。

为估计出(4.18)式中的各项系数，我们必须先施加以下条件：

$$\sum_{i=1}^{5} d_i \bar{D}_i = \sum_{i=1}^{12} m_i \bar{M}_i = \sum_{i=1}^{9} h_i \bar{H}_i = 0$$

这里 $\bar{H}_i = n_i^H / \sum_{j=1}^{9} n_j^H$，$n_i^H$, $i=1,2,\cdots,9$ 分别表示春节、五一、十一和元旦前一个交易日、后一个交易日以及非节日交易日的观测值数量。

根据上述约束条件我们很快得到：

$$d_1 = -\frac{n_2^d d_2 + \cdots + n_5^d d_5}{n_1^d}$$

$$m_1 = -\frac{n_2^m m_2 + \cdots + n_{12}^m m_{12}}{n_1^m}$$

$$h_1 = -\frac{n_2^h h_2 + \cdots + n_9^h h_9}{n_1^h}$$

然后对下式进行回归

$$y_t = \alpha + \sum_{i=2}^{5} d_i \widetilde{D}_{i,t} + \sum_{i=2}^{12} m_i \widetilde{M}_{i,t} + \sum_{i=2}^{9} h_i \widetilde{H}_{i,t} + \varepsilon_t \tag{4.19}$$

其中：

$$\widetilde{D}_{i,t} = \left[D_{i,t} - \frac{n_i^D}{n_1^D} D_{1,t} \right], i = 2, \cdots, 5$$

$$\widetilde{M}_{i,t} = \left[M_{i,t} - \frac{n_i^M}{n_1^M} M_{1,t} \right], i = 2, \cdots, 12$$

$$\widetilde{H}_{i,t} = \left[H_{i,t} - \frac{n_i^H}{n_1^H} H_{1,t} \right], i = 2, \cdots, 9$$

然后,采用与前面类似的方法,分别计算周一哑变量前的系数 d_1、1月哑变量前的系数 m_1 和春节前一个交易日哑变量前的系数 h_1,以及它们相应的 t 统计量。最后得到的结果如表 4.1 所示。

表 4.1 上海股票市场的日历效应检验

	$r_t^{c/c}$	$r_t^{c/o}$	$r_t^{o/c}$	σ_t	v_t
d_1	−0.01	0.08**	−0.08	−0.09***	−0.03*
d_2	−0.11	−0.05	−0.06	0.06**	−0.02
d_3	0.16**	0.03	0.13*	−0.06***	−0.01
d_4	−0.15**	0.02	−0.16**	0.04	0.02
d_5	0.11*	−0.07**	0.18***	0.05**	0.04***
m_1	−0.02	−0.13***	0.12	0.06	−0.14
m_2	0.08	−0.01	0.09	0.09	−0.08
m_3	0.20**	0.04	0.16**	−0.09	0.12
m_4	0.09	0.02	0.07	−0.07	0.30***
m_5	0.07	0.07	0.00	0.27	0.03
m_6	0.12	0.08	0.03	0.08	0.07
m_7	−0.07	0.01	−0.08	−0.02	0.08
m_8	−0.07	−0.03	−0.04	−0.01	0.02
m_9	−0.11	0.02	−0.12	−0.09	−0.05
m_{10}	−0.02	0.11*	−0.13	0.05	−0.01
m_{11}	−0.03	−0.04	0.01	−0.09	−0.08
m_{12}	−0.20	−0.12	−0.09	−0.10	−0.28***
h_1	1.01***	0.17**	0.84**	−0.37***	−0.01
h_2	−0.34	0.01	−0.35	0.14	−0.04
h_3	0.53	0.09	0.44	−0.28**	−0.22
h_4	0.00	0.20*	−0.20	−0.21	−0.03
h_5	0.73	0.80**	−0.08	−0.16	0.00
h_6	−0.48	0.50	−0.98	−0.31	−0.02

续表

	$r_t^{c/c}$	$r_t^{c/o}$	$r_t^{o/c}$	σ_t	v_t
h_7	−0.66*	−0.03	−0.63	−0.04	−0.44***
h_8	−0.17	−0.20	0.03	−0.20	−0.36*
h_9	0.00	−0.01***	0.00	0.01**	0.01*
c	0.03***	0.04**	−0.02	0.98***	14.11***
t					0.001***
t^2					0.000**

'***','**'和'*'分别代表1%、5%和10%显著水平下显著。

4.9 基于线性回归的方差分解[①]

考虑回归模型：
$$Y = \beta_0 + \sum_{i=1}^{K}\beta_i X_i + \varepsilon$$

显然我们有：
$$\mathrm{Var}(Y) = \mathrm{cov}(\sum_{i=1}^{K}\beta_i X_i, Y) + \mathrm{cov}(\varepsilon, Y)$$

进一步得到：
$$R^2 = \sum_{i=1}^{K}\mathrm{cov}(\beta_i X_i, Y)/\mathrm{Var}(Y)$$

决定系数 R^2 仅衡量了 K 个因素综合在一起对因变量的解释能力。而基于上面对决定系数的分解，我们可以将总的解释能力分解成与 K 个因素一一对应的解释能力。利用上式，我们可以用 $\mathrm{cov}(\beta_i X_i, Y)/\mathrm{Var}(Y)$ 来刻画单个因素 X_i 对 Y 的解释能力，该数值越大，则说明该因素越重要。将 $\mathrm{cov}(\beta_i X_i, Y)/\mathrm{Var}(Y)$ 除以 R^2 则得到规一化的权重。基于上述原理，我们编写以下程序 my_variance_decom_regress：

```
function [var_decom,prc,R_sq]=my_variance_decom_regress(Y,X,c)
%reference：Gary S. Fields,2004,Regression-Based Decompositions：
%A New Tool for Managerial Decision-Making,working paper
%input：
%Y：dependent variable；X：independent variable
```

[①] Gary S. Fields, 2004, Regression-Based Decompositions: A New Tool for Managerial Decision-Making, working paper

```
%c=1: constant is included, and c=0 means no constant
%output:
%var_decom: variance explained by individual independent variables
%prc: percentage of variance vector
%R_sq: R squared
[Coeff,stats]=my_regress(Y,X,c);
R_sq=stats.R_sq;
n=size(X,2);
CV=cov([Y,X]);
if c==1
    b=Coeff(2:end);
else
    b=Coeff;
end
var_decom=CV(1,2:end)'.*b/var(Y);
prc=var_decom./R_sq;
```

下面我们通过一个简单例子来说明该函数的调用：

```
clear
x1=randn(100,1);
x2=randn(100,1);
y=1+x1+3*x2+randn(100,1);%生成统计模型
[var_decom,prc,R_sq]=my_variance_decom_regress(y,[x1,x2],1)%方差分解
```

得到结果如下：

var_decom=
    0.1785
    0.7343

prc=
    0.1955
    0.8045

R_sq=
    0.9128

显然，$x2$ 对 y 的影响要大于 $x1$ 对 y 的影响。

基于上述分解，在某些情况下，可能会得到负的权重。我们还可以通过解释变量 Y 与因素 X_i 偏相关系数 γ_{YX_i} 的平方来衡量解释变量 X_i 的相对重要性。偏相关系数的平方可以用以下简单方法计算：

$$\gamma_{YX_i}^2 = \frac{t_{X_i}^2}{t_{X_i}^2 + df}$$

其中，$df = N - (K+1)$，表示自由度，N 为回归模型中的样本数量。基于上述原理，我们编写以下程序：

```
function [par_coef,par_coef_sq,prc,R_sq]=my_par_corr_regress(Y,X,c)
%calculate partial correlation coefficient squared between Y and X based
%on linear regression
%reference: William H. Greene, Econometric Analysis
%input:
%Y: dependent variable;X: independent variable
%c=1: constant is included, and c=0 means no constant
%output:
%par_coef: partial correlation coefficient
%par_coef_sq: partial correlation coefficient squared
%prc: percentage of variance vector
%R_sq: R squared
[Coeff,stats]=my_regress(Y,X,c);
df=length(Y)-(size(X,2)+c);
T_stat=stats.t;
if c==0
  b=Coeff;
  par_coef_sq=(T_stat.^2)./(df+T_stat.^2);
else
  b=Coeff(2:end);
  par_coef_sq=(T_stat(2:end).^2)./(df+T_stat(2:end).^2);
end
par_coef=sqrt(par_coef_sq).*sign(b);
prc=par_coef_sq./sum(par_coef_sq);
R_sq=stats.R_sq;
```

继续沿用上面的例子，我们在 MATLAB 命令窗口下继续输入：
[par_coef,par_coef_sq,prc,R_sq]=my_par_corr_regress(y,[x1,x2],1)
得到结果如下：
par_coef=
    0.7978
    0.9434
par_coef_sq=
    0.6364
    0.8900
prc=
    0.4170
    0.5830
R_sq=
    0.9128

从输出结果来看：$x2$ 对 y 的影响为 58.3%，要大于 $x1$ 对 y 的影响 41.7%，这与前面的结论是一致的。

4.10　回归分析中一些常见问题的讨论

接下来我们讨论回归分析中经常遇到的一些问题，忽略这些问题，在金融研究和实践过程中可能带来严重的错误。我们讨论以下形式的回归模型：

$$y = a + Xb + e$$

我们将一些常见的问题做以下总结：

(1) 残差异方差，或残差自相关：这时候估计的系数 b 通常情况下仍满足无偏性，但参数估计不是有效的。

解决办法：引入调整的标准误差，广义最小二乘回归等。

(2) X 与 e 相关：系数 b 不满足无偏性和一致性。

X 与 e 相关的常见原因如下：

① 遗漏了自变量 Z：如果 Z 影响 Y，且 Z 与 X 不相关，则系数 b 仍满足无偏性和一致性。但如果 Z 与 X 相关，即会出现 X 与残差相关的现象，则系数 b 不满足无偏性和一致性。

② 模型设定有误（比如：X 的非线性）导致 X 与 e 相关。

③ X 存在误差（比如：收入的调查数据，有些人可能为了隐瞒真实收入 X 而虚报收入 X^*）。将回归模型重新定义为：

$$Y = a + X^* * b + (X - X^*) * b + e$$

因此，$Y = a + X^* * b + v$，新的残差 $v = (X - X^*) * b + e$。
如果误差 $X - X^*$ 与 X^* 相关，则导致 X^* 与残差 v 相关。

④ 样本选择有偏：比如：研究工资水平与受教育水平等因素之间的关系，样本中仅包含了由工作的这部分人群，而无法包含没有工作的那部分人群，这将导致 X 与 e 相关。

⑤ X 不是外生变量，而是内生的，即 X 影响 Y，Y 反过来也影响 X。比如：商品的价格会影响需求，但需求也会影响价格，即存在相互影响。这也将导致 X 与 e 相关

解决办法：增加被遗漏的变量、使用面板数据、更正错误的模型设定、选择随机性样本、断点回归、引入工具变量（与 X 强相关，而与残差不相关的变量即为好的工具变量）进行二阶段最小二乘回归、广义矩估计等。

(3) 伪回归：当不平稳的时间序列进行回归时，没有关系的变量之间可能得到统计显著的回归系数，这时的回归结果是不可信的、虚假的，这称为伪回归（除非他们之间存在协整关系）。

解决办法：变量平稳化后进行回归，差分是常见的平稳化时间序列的方法。

(4) 自变量 X 相互间存在比较严重的共线性问题：导致标准误较大，t 统计量变小。

解决办法：删除某些变量、增加样本、使用残差代替问题变量、主成分回归等。

(5) 模型存在突变：即模型的参数发生改变，这通常有以下几种情况：已知时间点的突变；未知时间点的突变；缓慢的结构变化。

解决办法：对于已知时间点的突变，可以在将数据按照突变点分开进行回归，或者加入反映突变的哑变量进行回归；对于不明时间点的突变可以使用 Chow 检验探知突变点后，按照前面的情形处理；对于缓慢的结构变化 Chow 检验不适用，这时可以通过状态空间模型（State-Space 模型）来解决。

复习与思考题

1. 考虑线性回归模型：$Y = X\beta + \varepsilon$，试编写函数，用自助法估计参数 β，并给出估计的 T 统计量。

2. 考虑公募基金收益的复制问题。选取一只公募基金，考虑用沪深 300 指数、中证 500 指数、中小板指数和创业板指数的收益来复制该基金的收益。具体的使用以下模型：

$$Y = \beta_0 + \beta_1 r_{300} + \beta_2 r_{500} + \beta_3 r_{zxb} + \beta_4 r_{cyb} + \varepsilon$$
$$\text{s. t.}$$
$$\beta_1 + \beta_2 + \beta_3 + \beta_4 = 1$$

则 $(\beta_1, \beta_2, \beta_3, \beta_4)$ 相当于沪深 300 指数、中证 500 指数、中小板指数和创业板指数所构成的组合权重。编写相关代码，求复制该基金的组合权重 $(\beta_1, \beta_2, \beta_3, \beta_4)$。

参考答案

1.
```
function [b,t_stat]=my_bt_regress(y,x,c)
if c==1
    x=[ones(size(x,1)),x];
end
beta=[];
for i=1:500
[~,id]=bootstrp(1,[],[y,x]);
y_bt=y(id);
x_bt=x(id,:);
beta=[beta,inv(x_bt' * x_bt) * x_bt' * y_bt];
end
b=mean(beta');
t_stat=b. /std(beta');
```

2.

假定 MATLAB 已经读入了某一公募基金的复权净值、沪深 300 指数、中证 500 指数、中小板指数和创业板指数,数据变量为 data。data 的第一到第五列分别对应基金的复权净值、沪深 300 指数、中证 500 指数、中小板指数和创业板指数。继续在 MATLAB 主窗口输入:

```
r=price2ret(data,[],'periodic');
y=r(:,1);
x=[ones(size(r,1),1),r(:,2:5)];
[b,stats]=my_constraint_regress(y,x,[0,ones(1,4)],1)
```

b 中的第二到第五个元素即为复制该基金的组合权重(β_1,β_2,β_3,β_4)。需要提醒的是组合的权重不能保证都是大于 0 的数,但对于国内股票型公募基金而言,一般都只能采取股票多头策略,不能进行期货以及融券等交易。因而,一般情况下上面的代码求得的权重都是大于 0 的。

5 金融分析中的优化问题

本章主要介绍 MATLAB 在金融领域中常见的优化问题的求解方法。在金融领域中，我们经常遇到优化问题的求解。比如：利用极大似然估计方法（MLE）估计参数时，就面临最大化似然函数的优化问题；还比如：利用广义矩估计方法（GMM）估计参数时也面临最大化目标函数的优化问题。本章我们仅讨论利用 MATLAB 进行静态优化问题的求解，对于动态优化问题，我们不做讨论。本章中我们结合实例主要讨论金融领域中经常碰到的优化问题：线性规划问题，二次规划问题，无约束非线性函数最优化问题，约束非线性函数最优化问题。

5.1 线性规划问题

利率风险的控制对大多数机构投资者都很重要。久期是衡量利率变动对债券收益影响程度的指标，久期越长表示债券对利率变化的敏感程度越高，债券的利率风险也越高。因此，将债券组合的久期与投资者的投资期限相互匹配，是许多机构投资者的目标之一。假定某机构投资者想构造一个久期为 D 的债券组合，它可以在市场上合适的备选债券中构造某个组合权重 $W = (w_1, w_2, \cdots, w_n)$，使得该组合的久期为 D，由于满足这一条件的组合权重可能有很多，为简化起见，我们可以进一步假定投资者选择那些期望收益最高的债券组合。用数学形式描述如下（限制卖空）：

$$\max \sum_{j=1}^{n} w_j E(R_j)$$

$$\text{s. t.} \sum_{j=1}^{n} w_j D_j = D; \sum_{j=1}^{n} w_j = 1; w_j \geqslant 0$$

上述优化问题就是一个线性规划问题。求解线性规划问题可以借助 MATLAB 本身提供的函数 linprog 来解决。该函数解决如下形式的线性规划问题：

$$\min_x f^T x$$
$$\text{s.t.} \quad Ax \leqslant b$$
$$A_{eq} x = b_{eq}$$
$$l \leqslant x \leqslant u$$

其中：f, x, b, l, u 均为列向量；A, A_{eq} 为矩阵。

调用该函数的格式如下：[x,fval]=linprog(f,A,b,Aeq,beq,lb,ub,x0)

这里函数的输入项中的 f,A,b,Aeq,beq,lb,ub 分别对应于上述线性规划问题中的 $f, A, b, A_{eq}, b_{eq}, l, u$；x0 是给定的初始值向量。输出项中的 x 为最优解；fval 为目标函数的最小值。

例 5.1 假定市场上有 3 种备选债券：债券 1、债券 2、债券 3。其期望收益率分别为 5%，15%，10%；久期分别为 1 年、2 年和 3 年。投资者若想构造久期为 2.5 年的债券组合，并使得组合的期望收益最大，则该投资者该如何行动？

$$\max \sum_{j=1}^{3} w_j E(R_j)$$
$$\text{s.t.} \quad \sum_{j=1}^{n} w_j D_j = 2.5$$
$$\sum_{j=1}^{n} w_j = 1; w_j \geqslant 0$$

在 MATLAB 主窗口输入：

```
f=-[0.05,0.15,0.1];
A=[];
b=[];
Aeq=[1,2,3;1,1,1];
beq=[2.5;1];
W=linprog(f,A,b,Aeq,beq,zeros(1,3))
```

得到：W=(0.0000,0.5000,0.5000)

因此，该投资者应该将一半的资金购买债券 2，另一半的资金购买债券 3。

对投资者而言，如面对同样久期的债券，还可以选择凸性最大的债券。沿用例 5.1，如果债券 1、债券 2、债券 3 的凸性分别为 15、12、20，则投资者选择实际上面临以下规划问题：

$$\max \sum_{j=1}^{3} w_j CV_j$$

$$\text{s. t.} \sum_{j=1}^n w_j D_j = 2.5$$

$$\sum_{j=1}^n w_j = 1; w_j \geqslant 0$$

类似地,我们可以在 MATLAB 的命令窗口输入以下命令:

```
f=-[15,12,20];
A=[];
b=[];
Aeq=[1,2,3;1,1,1];
beq=[2.5;1];
W=linprog(f,A,b,Aeq,beq,zeros(1,3))
```

得到:W=(0.2500,0.0000,0.7500)

因此,如果该投资者选择凸性最大的组合,则应该将四分之一的资金购买债券 1,四分之三的资金购买债券 3。

5.2 二次规划问题

二次规划问题的数学形式可以描述如下:

$$\min \frac{1}{2} x^T H x + f^T x$$

$$\text{s. t.} \quad Ax \leqslant b$$
$$A_{eq} x = b_{eq}$$
$$l \leqslant x \leqslant u$$

其中:f, x, b, b_{eq}, l, u 均为列向量;A, A_{eq}, H 为矩阵。

MATLAB 提供了函数 quadprog 来求解上述二次规划问题,其调用格式如下:

[x,fval]=quadprog(H,f,A,b,Aeq,beq,lb,ub,x0)

其中:H,f,A,b,Aeq,beq 分别与上述二次规划问题一一对应,lb 和 ub 则分别对应左边界和右边界。x0 是给定的初始值向量。

5.2.1 马柯维茨的分散投资理论

下面我们给出在金融理论和应用中常用的二次规划问题:资产的最优配置问题。在投资组合管理中,马柯维茨的均值方差模型是一个重要的资产的最优配置模型。其数学描述如下：

$$\min \frac{1}{2} W^T V W$$
$$\text{s. t.} \quad W^T e = E(r_p)$$
$$W^T 1 = 1$$

上面的优化问题就是一个二次规划问题。这里，W 表示组合的权重列向量；组合的风险由组合收益率的方差 $W^T V W$ 表示，V 表示股票收益率的协方差矩阵；e 为股票的期望收益率列向量；$E(r_p)$ 为预期要达到的收益率。因此，马柯维茨的均值方差模型可以直接调用 MATLAB 函数 quadprog 进行求解。

下面选择我国深圳股票市场代号为 000016 到 000020(1992 年 10 月 12 日到 2003 年 10 月 12 日)的 5 只股票为例，考虑如何在这 5 只股票中选择一个最优的权重 W 使得组合的收益达到 2% 的月收益，同时使得组合的风险在所有满足 2% 的月收益的可能组合中风险最小。将上述思想表述为数学形式为：

$$\min \frac{1}{2} W^T V W$$
$$\text{s. t.} \quad W^T e = 0.02$$
$$W^T 1 = 1$$

其中：V 为这 5 只股票收益率的协方差矩阵；e 为这 5 只股票期望收益率向量。事先将股票数据保存在 MATLA 搜索路径下的 Excel 文档中，数据格式如图 5.1 所示。股票

图 5.1　2003Excel 文件 test1001

的价格为收盘价。

我们在 MATLAB 主窗口下输入：

```
clear
a=xlsread('test1001');%读入数据,其中第一列为日期,其余列为股票收盘价
a=a(1:21:end,2:end);%月度数据(每月以 22 个交易日计)
c=price2ret(a,[],'periodic');%计算月简单百分比收益
v=cov(c);% 计算股票收益的协方差矩阵
ER=mean(c);% 计算股票的历史平均月收益率
Ae=[ER;ones(1,length(v))];
Be=[0.02;1];%设定 2%目标收益和权重之和为 1
[W,fval]=quadprog(v,[],[],[],Ae,Be);%寻找最优权重
var=2*fval;%g 计算给定目标收益下的最小方差
```

得到最优的权重 W 和最小的方差 var 分别为：

W=
    1.6365
  −1.3989
  −0.2749
    0.8465
    0.1907

var=
    0.0533

如果市场不允许卖空，则马柯维茨的均值方差模型表述如下：

$$\min \frac{1}{2} W^T V W$$
$$\text{s.t.} \quad W^T e = E(r_p)$$
$$W^T 1 = 1$$
$$W \geqslant 0$$

继续应用上面的数据，我们比较允许卖空和不允许卖空条件下的前沿组合。在 MATLAB 主窗口下输入：

```
clear
a=xlsread('test1001');
a=a(1:22:end,2:end);
```

```
c=price2ret(a,[],'periodic');
v=cov(c);
ER=mean(c);
n=length(v);
Ae=[ER;ones(1,n)];
re=min(ER):0.0002:max(ER);%改变目标收益率
for i=1:length(re)
%不允许卖空
[W1(:,i),fv1(i)]=quadprog(v,zeros(n,1),-eye(n),zeros(n,1),Ae,[re(i);1]);
%允许卖空
[W2(:,i),fv2(i)]=quadprog(v,zeros(n,1),[],[],Ae,[re(i);1]);
end
stdp1=sqrt(2*fv1);stdp2=sqrt(2*fv2);
h=figure;set(h,'color','w')
plot(stdp1,re,'b-*');hold on;
plot(stdp2,re,'r-o')
plot(std(c),ER,'kpentagram')
legend('不允许卖空','允许卖空','单个股票的风险和收益',3)
xlabel('standard deviation')
ylabel('return')
```

得到图形输出如图 5.2 所示。

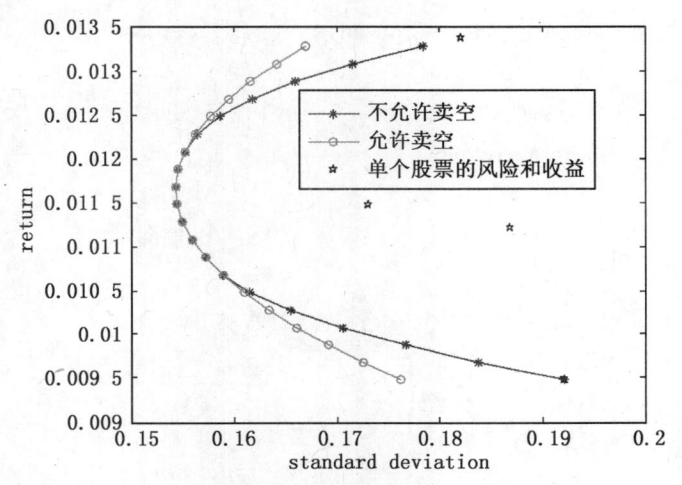

图 5.2 允许卖空和不允许卖空下的前沿组合

进一步,我们还可以比较前沿组合和非前沿组合的情况,图形输出如图 5.3 所示。在 MATLAB 主窗口下输入:

```
%比较前沿组合(允许卖空)和非前沿组合
clear
a=xlsread('test1001');
a=a(1:22:end,2:end);
c=price2ret(a,[],'periodic');
v=cov(c);
ER=mean(c);
n=3000;nn=0.2;m=1;
%分别产生各个股票权重超过50%的随机权重向量
w1=[0.5+m*rand(n,1),randn(n,1)*nn,randn(n,1)*nn,…
randn(n,1)*nn];
w1=[w1,1-sum(w1,2)];
%产生3000个第一只股票权重超过50%的随机权重向量
w2=[randn(n,1)*nn,0.5+m*rand(n,1),randn(n,1)*nn,…
randn(n,1)*nn];
w2=[w2,1-sum(w2,2)];
%产生3000个第二只股票权重超过50%的随机权重向量
w3=[randn(n,1)*nn,randn(n,1)*nn,0.5+m*rand(n,1),randn(n,1)*nn];
w3=[w3,1-sum(w3,2)];
%产生3000个第三只股票权重超过50%的随机权重向量
w4=[randn(n,1)*nn,randn(n,1)*nn,randn(n,1)*nn,0.5+m*rand(n,1)];
w4=[w4,1-sum(w4,2)];
%产生3000个第四只股票权重超过50%的随机权重向量
w5=[randn(n,1)*nn,randn(n,1)*nn,randn(n,1)*nn,0.5+m*rand(n,1)];
w5=[1-sum(w5,2),w5];
%产生3000个第五只股票权重超过50%的随机权重向量
for i=1:n
sig1(i)=sqrt(w1(i,:)*v*w1(i,:)');%计算标准差
sig2(i)=sqrt(w2(i,:)*v*w2(i,:)');
sig3(i)=sqrt(w3(i,:)*v*w3(i,:)');
sig4(i)=sqrt(w4(i,:)*v*w4(i,:)');
```

```
sig5(i)=sqrt(w5(i,:)*v*w5(i,:)');
er1(i)=w1(i,:)*ER';%计算期望收益
er2(i)=w2(i,:)*ER';
er3(i)=w3(i,:)*ER';
er4(i)=w4(i,:)*ER';
er5(i)=w5(i,:)*ER';
end
h=figure;
set(h,'color','w')
plot(sig1.^2,er1,'ro')
hold on
plot(sig2.^2,er2,'b*')
plot(sig3.^2,er3,'g<')
plot(sig4.^2,er4,'k.')
plot(sig5.^2,er5,'y.')
xlabel('variance')
ylabel('expected return')
title('available portfolios and frontier portfolios using monthly data')
%利用解析解构建前沿组合
e=ER';n=size(c,2);A=ones(1,n)*inv(v)*e;B=e'*inv(v)*e;
C=ones(1,n)*inv(v)*ones(n,1);D=B*C-A^2;
g=1/D*(B*inv(v)*ones(n,1)-A*inv(v)*e);
h=1/D*(C*inv(v)*e-A*inv(v)*ones(n,1));
varp=[];Erp=(0.005:0.0004:0.02)';
for i=1:length(Erp)
Er=Erp(i);
varp1=(g+h*Er)'*v*(g+h*Er);
varp=[varp;varp1];
end
plot(varp,Erp,'-mo','LineWidth',2,'MarkerEdgeColor','m','MarkerFaceColor',
[.49 0.7 .63],'MarkerSize',8)
legend('000016>50%','000017>50%','000018>50%','000019>50%',
'000020>50%','frontier portfolios')
```

在上述程序中,我们直接应用了马柯维茨均值方差模型的解析解形式[①]:

$$W = g + hE(r_p)$$

其中: $g = \frac{1}{D}[BV^{-1}1 - AV^{-1}e]$; $h = \frac{1}{D}[CV^{-1}e - AV^{-1}1]$;

$A = 1^T V^{-1} e = e^T V^{-1} 1$; $B = e^T V^{-1} e$; $C = 1^T V^{-1} 1$; $D = BC - A^2$

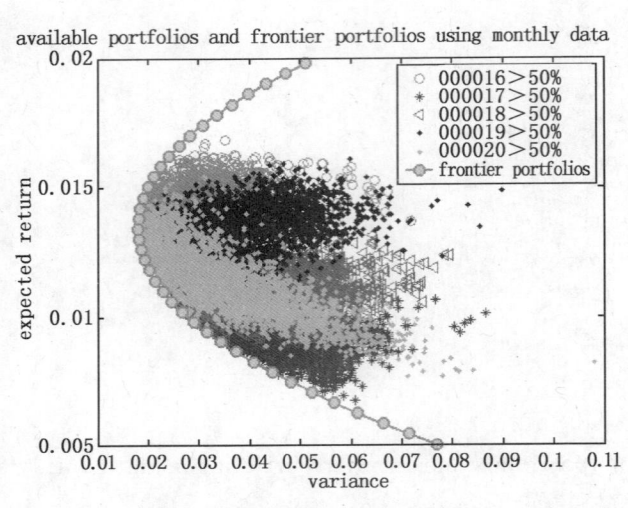

图 5.3 前沿组合和非前沿组合

5.2.2 其他分散投资策略

马柯维茨的投资组合理论在实践中存在以下明显的缺陷:(1)组合的权重可能集中在少数资产上;(2)前沿组合权重对参数的变化非常敏感,因此,参数的估计误差,尤其是期望收益估计的误差(Merton, 1980),可能带来组合权重的巨大变化;(3)组合在样本外的表现不理想。

针对以上缺陷,许多新的资产组合模型开始发展起来。归结起来主要从以下几个方向进行改进:(1)直接应用最简单最直接的方法进行分散投资,无需对资产的收益和协方差矩阵进行估计。常见的方法是等权重方法(即 N 个资产的权重各为1/N)和市值权重法(以资产市值的占比为权重);(2)应用贝叶斯方法对收益和协方差进行估计缓解资产的收益和协方差矩阵估计的误差问题;(3)对组合权重施加不同的约束条件,比如:权重最少不低于某个比例、权重最高不超过某个比例等;(4)根据协方差矩阵而忽略资产收益来选择资产组合,从而避免期望收益估计的误差对组合权重的影响;(5)引入投资者看法结合资

[①] Huang, C. F. and Litzenberger, R., *Foundations for Financial Economics*, North Holland, 1988.

产定价理论对收益和协方差进行估计;(6)引入 VaR、CVaR、下半方差、绝对离差等风险指标代替方差进行最优化组合选择;(7)引入投资者的非理性,从行为金融角度发展出行为投资组合理论(behavioral portfolio theory,简称 BPT)。

下面我们简单介绍一些常见的分散投资策略。

(1) 等风险(Equally-weighted risk contributions,ERC)组合

等风险组合策略也是一种忽略资产期望收益,仅利用资产收益的协方差矩阵对马柯维茨组合理论做出修正的策略(Neurich,2008;Qian,2005;Maillard et al,2009)。其基本思想是选择最优的组合权重设,使得各资产的风险对组合总风险的贡献相同。

考虑 N 个风险资产,组合权重记为 $W=(w_1,w_2,\cdots,w_N)'$,资产收益的协方差矩阵记为 V,则组合的标准差为 $\sigma(W)=\sqrt{W'VW}$,资产的边际风险贡献定义如下:

$$\frac{\partial \sigma(W)}{\partial W}=\frac{VW}{\sigma(p)}$$

记 $\partial_{w_i}\sigma(p)$ 为向量 $\frac{VW}{\sigma(p)}$ 中的第 i 个分量,则 $\partial_{w_i}\sigma(p)$ 表示了第 i 个资产对组合风险的边际贡献。

显然组合的标准差也可以写为:

$$\sigma(W)=W'\frac{\partial \sigma(W)}{\partial W}=\sum_{i=1}^N w_i \partial_{w_i}\sigma(W)$$

定义 $\sigma_i(W)\equiv w_i\partial_{w_i}\sigma(W)$,因此,可以将 $\sigma_i(W)$ 定义为组合中资产 i 对组合风险的贡献。等风险组合就是使得以下等式成立的组合:

$$\sigma_i(W)=\sigma_j(W),\forall i,j$$

在实际应用中,寻找等风险组合可以转化为以下优化问题:

$$\min_W \sum_{i=1}^N \sum_j^N (w_i(VW)_i - w_j(VW)_j)^2$$
$$\text{s.t.} \begin{array}{l} W'1_N=1 \\ 0\leqslant W\leqslant 1 \end{array}$$

其中:$(VW)_i$ 表示向量 VW 中的第 i 个分量,1_N 表示长度为 N 的全部是 1 的列向量。注意这里我们施加了不允许卖空的限制。

上述优化问题通常需要通过数值方法求解。有时候上述优化问题难以得到数值解,这时候我们可以求解以下等价的优化问题:

$$\min_Y Y'VY$$
$$\text{s.t.} \sum_{i=1}^N \ln(y_i) \geqslant c$$

$$Y \geqslant 0$$

其中:$Y = (y_1, y_2, \cdots, y_N)'$,$c$ 为任意的常数。

可以证明以上两个优化问题是等价的。将优化解 Y^* 归一化后与前面优化问题的最优解 W^* 是一致的,即 $\dfrac{Y^*}{Y^{*'}1_N} = W^*$

后面的优化问题我们可以使用序列二次规划(Sequential quadratic programming)算法来求解。我们可以利用 MATLAB 自带的函数 fmincon 来求解以上优化问题。

考虑一个 4 只资产的证券组合,4 个资产的标准差分别为 10%,20%,30% 和 40%,相关系数矩阵为:

$$\begin{bmatrix} 1 & 0.8 & 0 & 0 \\ 0.8 & 1 & 0 & 0 \\ 0 & 0 & 1 & -0.5 \\ 0 & 0 & -0.5 & 1 \end{bmatrix}$$

下面的程序给出了序列二次规划问题的数值解。

```
clear
ruo=[1,0.8,0,0;0.8,1,0,0;0,0,1,-0.5;0,0,-0.5,1];
sigma=[0.1;0.2;0.3;0.4];
V=sigma*sigma'.*ruo;
W0=[0.25;0.25;0.25;0.25];
options=optimset('Algorithm','sqp');
[W,fval]=fmincon(@(x) my_erc_fun(x,V),W0,[],[],[],[],[0;0;0;0],
[]','my_erc_noncon',options);
optimal_W=W./sum(W)
```

optimal_W 就是优化问题归一化之后的最优解

optimal_W=

  0.3834

  0.1917

  0.2428

  0.1821

因此,$(0.3834, 0.1917, 0.2428, 0.1821)'$ 就是等风险组合。

上面的程序中用到了以下两个函数:

```
function f=my_erc_fun(W,V)
f=W' * V * W;
function [c,ceq]=my_erc_noncon(W)
c=[];
ceq=sum(log(W))-1;
```

函数 fmincon 用来求解约束条件下的最优值,我们将在后面详细介绍。

(2) 最大分散(Maximum-diversification,MD)组合

最大分散组合(Choueifaty and Coignard,2008)权重是以下优化问题的解:

$$\max_{W} \frac{W'\sigma}{\sqrt{W'VW}}$$

s.t.
$$W' 1_N = 1$$
$$0 \leqslant W \leqslant 1$$

其中:$\sigma = (\sigma_1, \sigma_2, \cdots, \sigma_N)'$,$\sigma_i$ 为资产 i 的波动性。注意这里我们也施加了不允许卖空的限制。

利用前面同样的例子,我们求解最大分散组合的权重。

```
clear
ruo=[1,0.8,0,0;0.8,1,0,0;0,0,1,-0.5;0,0,-0.5,1];
sigma=[0.1;0.2;0.3;0.4];
V=sigma * sigma'. * ruo;
options=optimset('Algorithm','active-set');
W0=[0.25;0.25;0.25;0.25];
[W,fval]=fmincon(@my_md_fun,W0,[],[],[1,1,1,1],1,[0;0;0;0],[1;1;1;1],[],options,V);
```

我们得到最大分散组合的权重为

W=

  0.2773

  0.1387

  0.3337

  0.2503

用到的函数 my_md_fun 定义如下：

```
function f=my_md_fun(W,V)
sigma=sqrt(diag(V));
a=W′*sigma;
b=sqrt(W′*V*W);
f=-a./b;
```

(3) 最小方差(Minimum-variance)组合

同样考虑卖空限制，最小方差组合权重是以下优化问题的解：

$$\min_{W} W'VW$$
$$s.t. \quad W' 1_N = 1$$
$$0 \leqslant W \leqslant 1$$

最小组合只与协方差矩阵有关，与预期收益无关，这样就避免了期望收益估计带来的误差。我们同样应用前面的例子，在 MATLAB 主窗口中输入：

```
clear
ruo=[1,0.8,0,0;0.8,1,0,0;0,0,1,-0.5;0,0,-0.5,1];
sigma=[0.1;0.2;0.3;0.4];
V=sigma*sigma'.*ruo;
W0=[0.25;0.25;0.25;0.25];
[W,fval]=quadprog(V,[],[],[],[1,1,1,1],1,[0;0;0;0],[1;1;1;1],W0);
```

我们得到最小方差组合的权重为：

W=
    0.7448
  −0.0000
    0.1517
    0.1034

(4) MP 模型

MacKinlay 和 Pastor(2000)在定价模型中存在一个缺失因子的情形下，讨论了资产收益和协方差矩阵的估计。我们将这一模型称为 MP 模型。

MacKinlay 和 Pastor(2000)考虑了以下形式的定价模型：

$$r = \beta X + \gamma Z + \varepsilon$$

其中 r 为资产的收益率（扣除了无风险利率），X 为 K 个可观测的定价因子，比如：CAPM 模型中的市场收益率（扣除了无风险利率）就是一个可观测的定价因子。Z 是一个遗漏的定价因子（扣除了无风险利率），因此实际使用的定价模型为：

$$r = \alpha + \beta X + e$$

上面的式子省去了时间下标，其中：

r, α 为 $N \times 1$ 矩阵，β 为 $N \times K$ 矩阵，X 为 $K \times 1$ 矩阵，e 为 $N \times 1$ 矩阵

α 衡量了 N 个资产定价的偏差，并且 $\alpha = \gamma E(Z)$，$\text{Var}(e) = E(ee') = \gamma\gamma' \text{Var}(Z) + \sigma^2 I$

假定 N 个资产的收益服从联合正态分布，则可以通过极大似然估计方法利用已经观测到的 T 个观测值向量估计参数 $\left(\alpha, \beta, \sigma^2, \dfrac{[E(Z)]^2}{\text{Var}(Z)}\right)$，定义 $S^2 = \dfrac{[E(Z)]^2}{\text{Var}(Z)}$，则 S 表示不可观测因子 Z 的夏普比率。

进一步，$\Sigma \equiv E(ee') = \alpha\alpha'/S^2 + \sigma^2 I$

$r - \alpha - \beta X$ 服从均值为 0，协方差矩阵为 Σ 的联合正态分布。观测值所对应的对数似然函数为：

$$\text{Ln}L = T\ln\left(\frac{1}{2\pi}\right) + \ln(|\Sigma|^{-\frac{T}{2}}) - 0.5\sum_{i=1}^{T}(r_i - \alpha - \beta X_i)' \Sigma^{-1}(r_i - \alpha - \beta X_i)$$

最大化以上似然函数后得到参数 $(\alpha, \beta, \sigma^2, S^2)$ 的估计量。

资产的期望收益估计 μ^{MP} 为：

$$\mu^{MP} = \alpha + \beta E(X)$$

资产收益的协方差矩阵估计 V^{MP} 为：

$$V^{MP} = \frac{\alpha\alpha'}{S^2} + \sigma^2 I + \text{Var}(\beta X)$$

其中：

$$[\text{Var}(\beta X)]_{ij} = [\beta]_i \text{Var}(X) [\beta]'_j$$

$[\text{Var}(\beta X)]_{ij}$ 表示矩阵 $\text{Var}(\beta X)$ 第 i 行第 j 列元素，$[\beta]_i$ 表示矩阵 β 中第 i 行元素组成的行向量。

通过 X 的历史样本估计出 $E(X)$ 和 $\text{Var}(X)$ 后可以得到 μ^{MP} 和 V^{MP}。

由于 S 精确的估计值比较困难，因此，MacKinlay 和 Pastor(2000) 建议在给定 S 的基础上来估计其他参数的值。在本书极大似然估计这一章中，我们将通过一个例子来说明 MP 模型对资产收益和协方差矩阵的估计，这里我们暂时不讨论如何实施极大似然估计方法来估计收益和协方差矩阵。

(5) James-Stein 模型

Stein(1955)，James 和 Stein(1961)用以下基于 Bayes 方法的估计量来估计资产的期望收益：

$$\mu^{js} = (1-\varphi)\hat{\mu} + \varphi\mu_0 1_N$$

其中：$\hat{\mu}$ 为 N 个资产收益样本的平均值向量；
μ_0 为最小方差组合的期望收益。

$$\varphi = \min\left(1, \frac{(N-2)/T}{(\hat{\mu}-\mu_0 1_N)'\hat{V}^{-1}(\hat{\mu}-\mu_0 1_N)}\right)$$

T 为样本的观测数量；
$\hat{V}$ 为收益样本协方差矩阵。

(6) diffuse prior(扩散先验概率)模型

Barry(1974)，Brown(1979)等提出以下基于 Bayes 方法的均值和协方差的估计量：

$$\mu^{dp} = \hat{\mu}$$
$$V^{dp} = \hat{V}(1+1/T)$$

(7) Bayes-Stein 模型

Jorion(1985，1986)在 James-Stein 估计量的基础上提出用以下估计量来估计资产的期望收益和协方差矩阵：

$$\mu^{bs} = (1-\varphi)\hat{\mu} + \varphi\mu_0 1_N$$
$$V^{bs} = V\left(1+\frac{\lambda}{T+\lambda}\right) + \frac{\lambda}{T(T+1+\lambda)}\frac{1_N 1_N'}{1_N' V^{-1} 1_N}$$

其中：

$$\varphi = \frac{N+2}{N+2+(\hat{\mu}-\mu_0 1_N)'TV^{-1}(\hat{\mu}-\mu_0 1_N)}$$

$$\lambda = \frac{N+2}{(\hat{\mu}-\mu_0 1_N)'V^{-1}(\hat{\mu}-\mu_0 1_N)}$$

由于协方差的真实值 V 是不知道的，上式中的 V 通常用 $\frac{T-1}{T-N-2}\hat{V}$ 来代替。

(8) 再抽样前沿组合[①]

---

① Michaud, R., 1998. Efficient Asset Management: A practical Guide to Stock Portfolio Optimization and Asset Allocation. Boston: Harvard Business School Press.

图 5.4 再抽样前沿组合

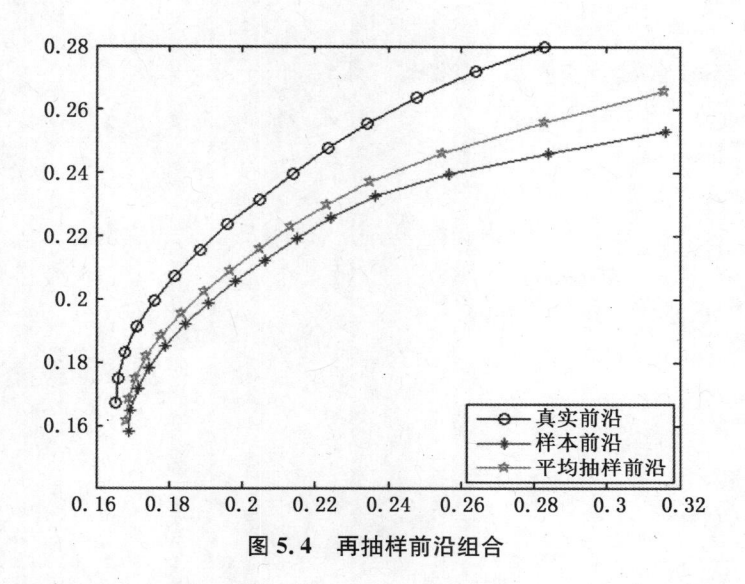

Michaud(1998)提出对样本进行重复抽样,用来改进均值和方差的估计误差问题。每次抽样得到抽样样本的均值和协方差,然后得到一条前沿组合,平均多次抽样得到的前沿组合则得到一条新的前沿组合,这就是 Michaud 定义的再抽样前沿组合。具体计算步骤如下:

1. 对样本进行重复抽样 N 次
2. 基于每次抽样的均值和协方差,计算前沿组合权重向量
3. 对 N 次抽样得到的组合权重取平均值
4. 计算 N 次抽样得到的平均的有效前沿

下面我们通过一个例子来简单说明如何得到再抽样前沿组合(如图 5.4)。我们在 MATLAB 主窗口下输入:

```
clear
%生成3个资产真实参数(均值和协方差)
mu=[0.12;0.2;0.28];
V=[0.04,0.01,0.015;0.01,0.06,0.025;0.015,0.025,0.08];
[PortRisk, PortReturn, PortWts]=frontcon(mu,V,15);
h=figure;
set(h,'color','w');
plot(PortRisk,PortReturn,'b−o')
hold on;
```

```
%生成3个资产的收益率样本
N=100;%生成3个资产100观测点样本序列
r=mvnrnd(mu,V,N);
s_mu=mean(r);
s_V=cov(r);
[PortRisk,PortReturn,PortWts]=frontcon(s_mu,s_V,15);
plot(PortRisk,PortReturn,'r-*');
NN=10;%重复抽样10次
[~,bootsam]=bootstrp(10,[],1:N);
A=zeros(15,3);
B=zeros(1,3);
C=zeros(3,3);
for i=1:NN
    nr=r(bootsam(:,i),:);
    n_mu=mean(nr);
    n_V=cov(nr);
    [PortRisk,PortReturn,PortWts]=frontcon(n_mu,n_V,15);
    A=A*(i-1)/i+1/i*PortWts;
    B=B*(i-1)/i+1/i*n_mu;
    C=C*(i-1)/i+1/i*n_V;
end
ER_resample=A*B';
for i=1:15
        Sigma_resample(i,:)=sqrt(A(i,:)*C*A(i,:)');
end
plot(Sigma_resample,ER_resample,'g-pentagram')
legend('真实前沿','样本前沿','平均抽样前沿',4)
```

(9) 组合投资模型的实际应用

接下来,我们考虑 ERC、MD 和 MV 组合在实际投资组合中的应用。考虑到国内市场普通投资者能够实际购买到的资产类别,我们选择以下 11 个 ETF 作为备选的资产类别:沪深 300ETF(510300)、中证 500ETF(510500)、中小板 ETF(159902)、创业板 ETF(159915)、标普 500ETF(513500)、纳指 ETF(513100)、恒生 ETF(513600)、H 股 ETF(510900)、黄金 ETF(518880)和德国 DAX30ETF(513030)。我们选取了 2010 年 6 月~

2016 年 9 月的月度数据,并保存在数据文件 world_index.csv,具体文件的格式如图 5.5 所示。各类资产月收益率的历史平均收益和波动性,以及资产收益之间的历史相关系数分别如图 5.6 和 5.7 所示。

	A	B	C	D	E	F	G	H	I	J	K	L	M
1	时间	沪深300	中证500	中小板	创业板	标普500	纳斯达克	恒生指数	恒生中国	黄金现货	德国DAX30	美原油连	国债指数
2	2010/6/30	2563.07	3664.464	4880.681	919.314	1030.71	2109.24	20128.99	11466.24	1242.5	5965.52	75.63	125.66
3	2010/7/30	2868.846	4191.13	5495.755	968.431	1101.59	2254.7	21029.81	11905	1180.5	6147.97	78.95	125.98
4	2010/8/31	2903.188	4589.289	6182.489	1025.57	1049.33	2114.03	20536.49	11402.9	1247.05	5925.22	71.92	126.62
21	2012/1/31	2464.26	3294.494	4188.037	648.681	1312.4	2813.84	20390.49	11299.05	1738.09	6458.91	98.28	131.78
22	2012/2/29	2634.143	3696.144	4690.789	735.336	1365.68	2966.88	21680.08	11826.76	1695.81	6856.08	106.91	132.03
23	2012/3/30	2454.899	3416.856	4413.17	678.519	1408.47	3091.57	20555.58	10640.16	1668.05	6946.83	102.93	132.46
74	2016/6/30	3153.921	6123.494	6892.73	2227.79	2098.86	4842.67	20794.37	8712.89	1322.54	9680.08	48.4	157.67
75	2016/7/29	3203.93	6202.892	6736.08	2122.412	2173.6	5162.13	21891.37	8958.97	1351.19	10337.5	41.38	158.44
76	2016/8/31	3327.794	6434.21	6961.141	2191.758	2170.95	5213.22	22976.88	9541.8	1308.68	10592.69	44.86	159.22
77	2016/9/30	3253.285	6328.086	6783.591	2149.901	2168.27	5312	23297.15	9581.93	1317.57	10511.02	48.05	159.73

图 5.5 数据文件 world_index.csv

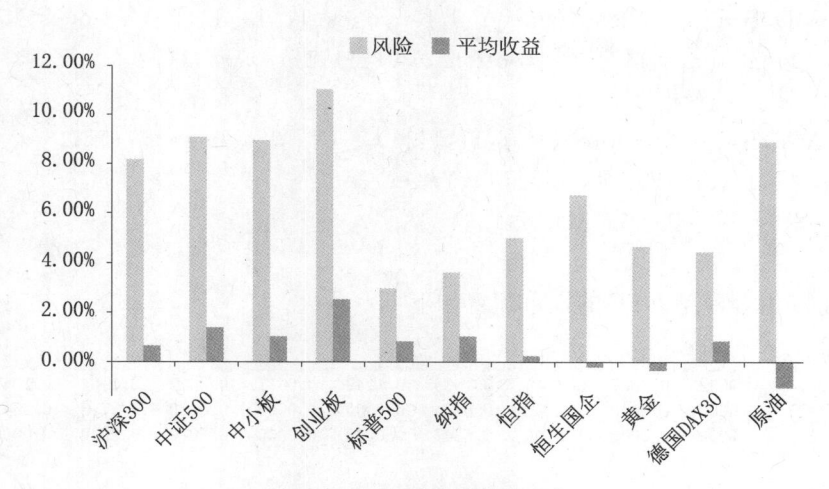

图 5.6 历史平均收益和风险

	沪深300	中证500	中小板	创业板	标普500	纳斯达克	恒生指数	恒生中国	黄金	德国DAX30	原油
沪深300	1										
中证500	0.818869	1									
中小板	0.696596	0.956111	1								
创业板	0.588215	0.874264	0.921568	1							
标普500指数	0.251748	0.314065	0.32058	0.307369	1						
纳斯达克综合指	0.245552	0.367806	0.382884	0.382458	0.931016	1					
恒生指数	0.545209	0.524162	0.448752	0.409771	0.58525	0.556727	1				
恒生中国企业指	0.75791	0.625899	0.507034	0.449528	0.487682	0.42931	0.898058	1			
黄金	-0.05028	-0.05167	-0.05685	-0.12688	-0.01623	-0.04483	0.149933	0.079851	1		
德国DAX30指数	0.279834	0.398415	0.439942	0.411594	0.707614	0.736479	0.522206	0.401998	-0.05944	1	
原油	0.030789	0.159677	0.140456	0.205138	0.242988	0.208228	0.339584	0.298931	0.198379	0.005333	1

图 5.7 历史相关系数

我们在 MATLAB 主窗口下输入：

```
clear
x=csvread('world_index.csv',1,1);%2010/6/30-2016/9/30 月度数据
r=price2ret(x,[],'periodic');
V=cov(r);
%ERC 资产配置模型
options=optimset('Algorithm','sqp');
[W,fval]=fmincon(@(x)my_erc_fun(x,V(1:11,1:11)),ones(11,1)/11,[],
[],[],[],zeros(11,1),[],'my_erc_noncon',options);
W_ERC=W./sum(W);
%MD 资产配置模型
options=optimset('Algorithm','active-set');
[W_MD,fval]=fmincon(@my_md_fun,ones(11,1)/11,[],[],ones(1,11),1,
zeros(11,1),ones(11,1),[],options,V(1:11,1:11));
%MV 资产配置模型
[W_MV,fval]=quadprog(V(1:11,1:11),[],[],[],ones(1,11),1,…
zeros(11,1),ones(11,1),ones(11,1)/11);
[W_ERC';W_MD';W_MV']
```

得到不同组合模型 ETF 的权重配置如下：

W_ERC	0.0670	0.0532	0.0567	0.0527	0.1385	0.1149	0.0811	0.0622	0.1904	0.1057	0.0776
W_MD	0.1233	0.0000	0.0000	0.1003	0.0174	0.0000	0.0000	0.0000	0.3716	0.2543	0.1332
W_MV	0.0302	0.0000	0.0000	0.0211	0.6547	0.0000	0.0000	0.0000	0.2940	0.0000	0.0000

5.3 无约束非线性函数最优化问题

无约束非线性函数的最优化问题在金融领域中非常普遍，比如：MLE 和 GMM 中的目标函数的优化问题就涉及无约束非线性函数的优化。对于非线性函数 $f(x)$ 的优化问题（x 为向量），MATLAB 提供了函数 fminsearch。该函数的调用格式如下：[x,fval]=fminsearch(fun,x0,options,P1,P2,…)

这里，在函数的输入项中 fun 为目标函数 $f(x)$ 的函数名，'filename' 或 @filename 均可以作为 fun 的输入，filename 是用户自定义的目标函数名称并保存在 MATLAB 自动搜索的路径之下；x0 为给定的初始值；options 为优化问题的参数选项，如选用

fminsearch 默认的选项,用户输入[]即可;P1,P2,⋯为目标函数 $f(x)$ 中的其他输入变量。

下面我们给出一个应用上述函数 fminsearch 的例子。在前面我们学习了使用非线性回归分析估计参数的方法。我们编写了自定义的函数 my_non_lin_regression 来进行非线性回归分析,但这里有一个前提,我们需要知道非线性函数的具体形式。如果我们不知道非线性函数的具体形式,则我们无法进行非线性回归分析中的估计参数。Box 和 Cox(1964)提出的 Box-Cox 变换方法,就是将自变量 x 或因变量 y 进行 Box-Cox 变换后,在进行线性回归。Box-Cox 变换方法实际上是将非线性回归近似地变成了线性回归。具体的 Box-Cox 变换定义如下:

$$x^{(\lambda)} = \frac{x^\lambda - 1}{\lambda}$$

即变量 x 经过 Box-Cox 变换后成了 $x^{(\lambda)}$,为确保 Box-Cox 变换对所有的 λ 都有定义,要求 $x > 0$。然后,将经 Box-Cox 变换后的变量进行线性回归分析。Box-Cox 变换使得我们避免了要知道非线性函数具体形式的麻烦,但 Box-Cox 变换引入了参数 λ。因此确定 λ 的取值是一个待解决的问题。

一般地,可以按照以下思路确定 Box-Cox 变换中参数 λ 的取值:在所有可能的 λ 取值范围中,选择一个最优的参数 λ^*,使得经过 Box-Cox 变换后的变量进行线性回归后得到的残差平方和最小。这样选择最优的参数 λ^* 的问题就是一个非线性函数的优化问题。

下面我们通过一个例子来分析上述问题。假定自变量 x 与因变量 y 之间存在以下真实关系:$y = 2 + x^2 \ln(x) + \varepsilon$,但实际上我们并不知道上述真实关系中非线性函数 $f(x) = x^2 \ln(x)$ 的具体形式,我们只观测到了 N 个观测值,(x_i, y_i), $i = 1, 2, \cdots, N$。如果我们知道自变量 x 与因变量 y 之间满足 $y = \alpha + x^\beta \ln(x) + \varepsilon$,则我们利用前面自定义的函数 my_non_lin_regression 就可以直接估计参数 α, β。然后根据回归结果,给定自变量 x 的一个观测值,就能对因变量 y 进行预测了。然而我们并不清楚自变量 x 与因变量 y 之间的非线性关系,这时,我们可以对自变量 x 观测值进行 Box-Cox 变换后,然后将因变量 y 与经 Box-Cox 变换后的自变量 $x^{(\lambda)}$ 进行线性回归。当然,我们先要确定最优的 Box-Cox 变换参数 λ^*。

我们在 MATLAB 的主窗口下输入:

```
clear
x=5*rand(300,1)+10;%generate observations for independent variable
y=2+(x.^2).*log(x)+5*randn(300,1);
%generate observations for dependent variable
```

```
lambda=fminsearch('my_optimization_ex01',0.2,[],y,x);
%find the optimal lambda for Box-Cox transform
newx=(x.^lambda-1)/lambda;
%change values of oberservations of independent variable under the optimal
%lambda for Box-Cox transform
%run linear regression after Box-Cox transform
[Coeff,Stats]=my_regress(y,newx,1);
h=figure;
set(h,'color','w');
plot(x,y,'.')
hold on
plot(x,Stats.y_hat,'r*')
xlabel('x')
legend('original observations','fitted values',2)
```

上面程序中的语句 lambda=fminsearch('my_optimization_ex01',0.2,[],y,x);给出了最优的 Box-Cox 变换参数 λ^* 为 2.329 0。图形输出如图 5.8 所示(λ^*=2.329 0 为手工输入)。

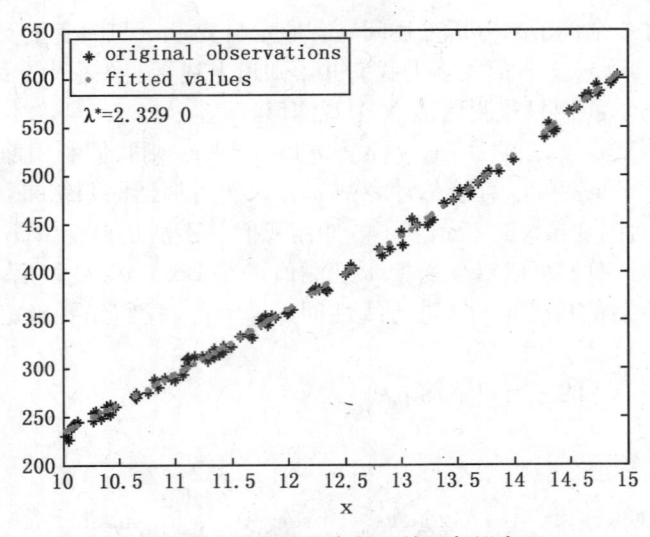

图 5.8　最优转换参数下的回归拟合

可见,在最优的 Box-Cox 变换参数 λ^* 下,线性回归的结果与观测值拟合结果是令人

满意的。在最优的 Box-Cox 变换参数 λ^* 下,线性回归的结果如下:
Coeff=
 −38.8866
  4.1619
Stats.t=
 −18.5981
 211.4132

因此,在最优的 Box-Cox 变换参数 λ^* 下,线性回归方程如下(括弧中为 t 统计量):

$$y = -38.8866 + 4.1619 x^{(\lambda^*)}$$
$$(-18.5981) \quad (211.4132)$$

但如果在任意给定的参数 λ 下,比如:$\lambda=20$,进行 Box-Cox 变换,线性回归的拟合结果就不太理想(如图 5.9 所示)。

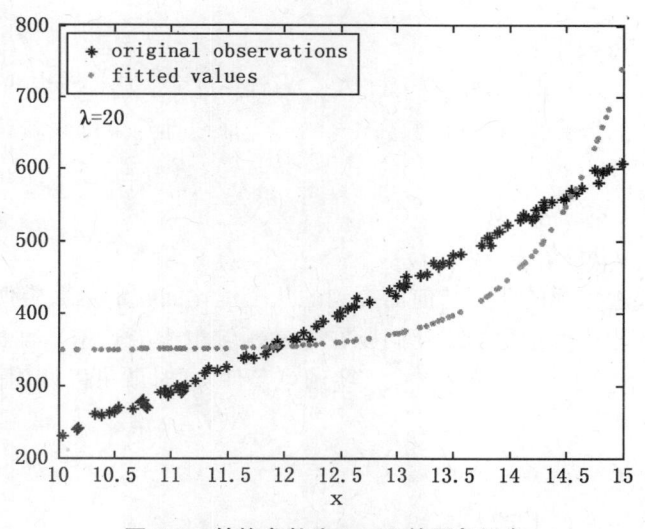

图 5.9 转换参数为 $\lambda=20$ 的回归拟合

上面的程序用到了的函数 my_optimization_ex01 为自定义的优化问题的目标函数,其内容如下:

```
function f=my_optimization_ex01(lambda,y,x)
newx=(x.^lambda−1)/lambda;
[Coeff,Stats]=my_regress(y,newx,1);
f=sum(Stats.residual.^2);
```

5.4 约束非线性函数最优化问题

具有约束条件的非线性函数的最优化问题,MATLAB 本身也提供了函数 fmincon,其调用格式如下:

[x,fval]=fmincon(fun,x0,A,b,Aeq,beq,lb,ub,nonlcon,options,P1,P2,...)

该函数用来求解以下形式的非线性函数最优化问题:

$$\min_x f(x)$$
$$\text{s.t.} \quad c(x) \leqslant 0$$
$$c_{eq}(x) = 0$$
$$Ax \leqslant b$$
$$A_{eq}x = b_{eq}$$
$$l \leqslant x \leqslant u$$

其中:f, x, b, l, u 均为列向量;A, A_{eq} 为矩阵;$c(x), c_{eq}(x)$ 为非线性函数。

这里输入项中的 fun 为目标函数名;nonlcon 为非线性约束函数名,其函数格式如下:

[c,ceq]=nonlcon(x)

如包含其他参数,则格式如下:

[c,ceq]=nonlcon(x,varargin);

其他输入项和输出项的含义与前面提到的几个优化问题的函数类似。

含约束条件的非线性函数的优化问题在金融领域也十分普遍。前面提到的 MLE 和 GMM 中的目标函数中的参数或许存在某些约束条件,这时就可以调用函数 fmincon。这里我们给出一个实例。

例 5.2 $\max\limits_{(x,y)} f = e^{-r}\cos(10r)$,其中:$r = \sqrt{x^2 + y^2}$,$-2 \leqslant x \leqslant 2$,$-2 \leqslant y \leqslant 2$。

在 MATLAB 主窗口下输入:

```
clear
[x,y]=meshgrid(-2:0.05:2);
r=sqrt(x.*x+y.*y);
z=exp(-r).*cos(10*r);
surf(x,y,z)%生成三维图形
xlabel('x')
ylabel('y')
```

输出图形如图 5.10 所示。

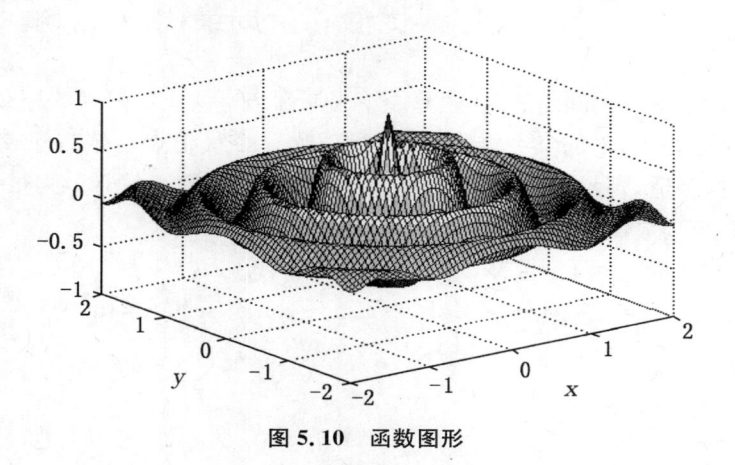

图 5.10　函数图形

由图 5.10 可见，这个函数是一个存在多个局部极值点的函数。在 MATLAB 主窗口下输入：

options＝optimset('largescale','off');%close large scale method
[x,fval]＝fmincon('my_optimization_ex_002',[0.01;0.01],[],[],[],[],[-2;-2],[2;2],[],options)

得到结果如下：
x＝
　　1.0e-006*
　　-0.1443
　　-0.1443
fval＝
　　-1.0000

该结果非常接近函数的最优解(0,0)和最优值 1(函数 fmincon 给出极小值，因此最优解为-1)。

上面程序中调用的函数 my_optimization_ex_002 形式如下：

```
function f=my_optimization_ex_002(x)
r=sqrt(x(1).*x(1)+x(2).*x(2));
f=-exp(-r).*cos(10*r);
```

5.5 局部最优值和全局最优值

前面介绍的求解优化问题的函数,只能给出局部最优值。如果函数存在多个极值点,则这些函数只能给出其中的某一个极值点,具体哪一个极值点要依赖于初始值的选取。如果初始值选择合适,则函数给出全局最优值。如果初始值选择不好,则很可能给出局部最优解,而不是全局最优解。

同样考虑上面给出例子。在 MATLAB 主窗口下输入:

options=optimset('largescale','off');%close large scale method
[x,fval]=fmincon('my_optimization_ex_002',[1;1],[],[],[],[],[−2;−2],[2;2],[],options)

得到结果如下:

x=

  0.8815

  0.8815

fval=

  −0.2860

给定初始点(1,1),计算结果收敛到了其中的一个局部最优值,而不是全局最优值。如果给定初始点(0.01,0.01),则计算结果收敛到全局最优值。

然而,我们需要的是全局最优值,为得到全局最优值,我们可以采用随机选取大量初始点的方法,然后在得到的极值中选择一个最优的结果。但这种方法在实际中很少管用。另一种方法就是在所有可能的初始点范围中,进行全局搜索。同样沿用上面的例子,考虑 $-0.05 \leqslant x \leqslant 0.05$,$-0.05 \leqslant y \leqslant 0.05$ 约束条件下的全局最优值。我们在 MATLAB 主窗口下输入:

```
clear
[x,y]=meshgrid(−0.05:0.01:0.05);
x=reshape(x,prod(size(x)),1);
y=reshape(y,prod(size(y)),1);
options=optimset('largescale','off');%close large scale method
best=inf;
for i=1:length(x)
[optx,fval]=fmincon('my_optimization_ex_002',[x(i);y(i)],[],[],[],[],[−2;−2],[2;2],[],options);
```

```
        if fval<best
            best=fval;
            optimal_x=optx;
        end
    end
```

最后我们得到：全局最优值为 best=−1；全局最优解为 optimal_x=(0,0)。

在所有可能的初始点范围中，进行全局搜索来寻找全局最优解的方法，在理论上是可行的。但在实际应用中存在缺陷，即当初始点范围非常大时，比如：x 为高维向量，则计算机的运算量将变得十分惊人。因此，当初始点范围非常大时该方法显得非常低效。

另外一个可行的方法是借助优秀的搜寻全局最优值的算法。比如：遗传算法，模拟退火算法等。这里我们仅讨论遗传算法的具体应用，关于遗传算法本身我们不做介绍。

Matlab 提供了基于遗传算法的函数 ga，我们可以使用 ga 搜寻全局最优值，然后将其作为函数 fminsearch 的初始值。继续上面的例子，在主窗口下输入：

[para0,fv]=ga(@my_optimization_ex_002,2)

由于 ga 是一种随机搜索，该函数给出的最优值每次也不一定一样，需要我们多次调用该函数进行搜索，一般我们选择比如 3 次搜索结果中最好的值，作为函数 fminsearch 的初始值。

我们在主窗口下得到 ga 函数以下的输出结果（在多次搜寻中，选择最好的结果）：

Optimization terminated: maximum number of generations exceeded.

para0=

    0.0014   −0.0036

fv=

   −0.9954

可见这一结果就比较接近于全局最优值−1 了。

为了得到更精确的解，我们再将 ga 得到的结果作为初始值输入 fmincon：

options=optimset('largescale','off');%close large scale method
[x,fval]=fmincon('my_optimization_ex_002',para0,[],[],[],[],[−2;−2],[2;2],[],options)

我们得到更精确的结果如下：

x=

   1.0e−006 *

$$-0.7540$$
$$-0.0333$$
fval=
$$-1.0000$$

需要提醒的是在很多情况下无约束的优化问题更容易处理,fminsearch 对最优解的搜索效率要高于 fmincon。因此,如果参数受到约束,我们可以将参数转换为无约束的参数,然后调用 fminsearch 搜寻最优解。下面我们给出几种常见的将有约束问题转化为无约束问题的技巧:

如果 C 为所要估计的参数,使得函数 $Y = F(C)$ 最小

(1) $C >= L$

令 $C = L + D^2$,则参数 D 是无约束的

(2) $C <= U$

令 $C = U - D^2$,则参数 D 是无约束的

(3) $L <= C <= U$

令 $C = L + (U - L) * (\sin(D) + 1)/2$,则参数 D 是无约束的

(4) $A * C = B$

通过将 C 的某个分量用其他分量表示,将 C 缩减成低一维的向量即可

(5) $A * C <= B$

在函数 Y 的定义中作如下规定:如果 $A * C > B$,则 $Y = M$,M 为一个非常大的数,否则,$Y = F(C)$

以上参数的转化并不是唯一的选择,还有其他各种转化方法,读者可以自行设置合理的参数转化方法。

另外,当我们对初始值的选择毫无概念时,也可以使用蒙特卡洛模拟的方法随机搜寻合适的参数初始值,我们可以编写以下函数:

```
function [para0,FV]=my_mc_initial_para(fun,lb,ub,number,K,varargin)
%find appropriate initial parameters for an minimal problem
%input:
%fun: object function to be minimized
%lb: lower boundary for parameters
%ub: upper boundary for parameters
%number: number of random numbers
%K: an integer measures the sparse degree of random numbers, larger K
%means more dense random numbers to be generated
%output:
```

```
%para0: initial parameters
%FV: value of the function at para0
FV=inf;
n=length(ub);
for i=1:number
random_number=(unidrnd(K,n,1)-1)/(K-1);
para=ub-(ub-lb). * random_number;
f=feval(fun,para,varargin{:});
if f<FV
    FV=f;
    para0=para;
end
end
```

继续上面的例子,我们在 MATLAB 主窗口下输入:

[para0,FV]＝my_mc_initial_para('optimization_ex_002',[－2;－2],[2;2], 10000,1000)

得到以下结果:

para0＝
　－0.0060
　　0.0180
FV＝
　－0.9635

由以上结果可以看出:随机搜索 10 000 次后得到的最好初始值为(－0.006 0,0.018 0),比较接近全局最优解。将该初始值作为函数 fmincon 的初始值,我们可以得到该优化问题的全局最优解。

5.6 优化问题的金融应用:信息交易模型的最优参数估计

下面我们通过一个在金融研究中的例子来充分演示金融问题中的优化问题如何借助 MATLAB 的强大计算功能得以应用。Easley、Hvidkjaer 和 O'Hara(2002),利用市场上的实际成交量信息,对基于公共信息的交易和基于私有信息的交易概率进行了估计[1]。

---

[1] Easley, David, Maureen O'Hara, and P. S. Srinivas, 2002, Is information risk a determinant of asset returns, Journal of Finance, 57,2185－2221.

O'Hara 等人将市场上的交易分为具有私人信息的交易订单与仅具有公众信息的交易订单,利用交易买卖双方的订单数量信息和订单服从泊松分布的假设建立了区分私有信息交易与公众信息交易的理论模型,并通过实际数据最大化相应的对数似然函数估计模型中基于私有信息交易的概率。O'Hara 等人的研究表明交易订单中隐含的私人信息对资产的收益有显著的影响,因此,信息交易的概率估计对金融实践也有重要的参考价值。

借鉴 Easley、Hvidkjaer 和 O'Hara(2002)的思想,我们利用成交量信息和买卖订单数量的对数服从正态分布的假设建立如下区分基于公共信息的交易和基于私有信息的交易模型。假定人们交易出于以下动机:流动性交易(比如:获得大量现金收入,出于资产配置的需要购入股票、需要大量现金应付某项支出而抛售股票、噪音交易等等)、基于公共信息的交易(比如:政府宣布降低印花税等利好消息,人们纷纷买入股票)、基于私人信息的交易(比如:基于朋友之间私下信息交流得到的可靠信息进行买入或卖出股票)。进一步,我们假设买单和卖单数量的对数服从正态分布,接下来的讨论,如果不做特别地说明买卖订单的数量均为对数化之后的数值。投资者之间在某个价位的成交量为 $V = \min\{B, S\}$,其中 B 表示在该价格下买单的数量,而 S 表示该价格下卖单的数量。如果交易双方都是基于流动性进行交易,则假定 $B \sim N(\mu, \sigma^2)$,$S \sim N(\mu, \sigma^2)$;如果买卖双方都是基于某个公共信息进行交易,如果该信息是利好消息,则假定 $B \sim N(\mu + \delta_{Pub}, \sigma^2)$,$S \sim N(\mu - \delta_{Pub}, \sigma^2)$,即如果公共信息是利好消息,则平均而言,投资者会增加买单数量 δ_{Pub} 而减少同样的卖单数量。如果该信息是坏消息,则假定 $B \sim N(\mu - \delta_{Pub}, \sigma^2)$,$S \sim N(\mu + \delta_{Pub}, \sigma^2)$,即如果公共信息是坏消息,则平均而言,投资者会增加卖单数量 δ_{Pub} 而减少同样数量的买单,显然我们这里假定了好消息和坏消息对买卖订单的影响大小平均而言是相同的;当有私人信息的交易者参与交易时,如果该私人信息为利好信息,则市场上买单平均增加 δ_{Pri},如果为利空信息,则市场上的卖单平均而言增加 δ_{Pri}。

为方便起见,我们定义 α 为产生私人信息的概率;β 为私人信息为利好的概率;γ 为产生公共信息的概率;ρ 为公共信息为利好的概率。实际的交易是各种可能性的综合,为清楚地说明这一综合情况,我们绘制以下图形(图 5.11)来说明。

图 5.11 清晰地说明了交易发生时交易双方在私有信息和公共信息方面所对应的 9 种不同的情形。图中也列出了买单和卖单的均值,我们假定所有情形下卖单和买单均服从标准差为 σ 的正态分布,不同情形下,卖单和买单分布的差别仅在于均值的不同。

下面我们讨论在卖单 S 和买单 B 服从正态分布的情形下成交量的概率密度函数。为方便,我们记 $B \sim N(\mu_1, \sigma_1^2)$,$S \sim N(\mu_2, \sigma_2^2)$,其对应的概率密度函数分布分别记为 $f_1(x)$ 和 $f_2(x)$;其对应的累计分布函数分别记为 $F_1(x)$ 和 $F_2(x)$。

记 $F_V(x, \mu_1, \sigma_1, \mu_2, \sigma_2)$ 为成交量 V 的累计概率分布函数,其中:$V = \min\{B, S\}$,则

图 5.11 中的树状图显示了交易双方的情景：

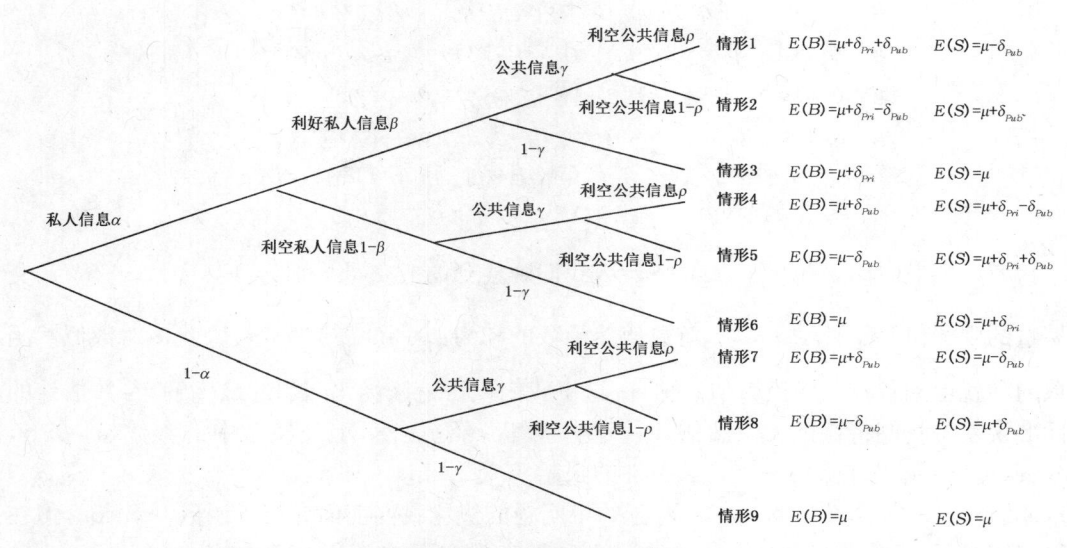

- 私人信息 α
  - 利好私人信息 β
    - 公共信息 γ
      - 利空公共信息 ρ → 情形1 $E(B)=\mu+\delta_{Pri}+\delta_{Pub}$ $E(S)=\mu-\delta_{Pub}$
      - 利空公共信息 1-ρ → 情形2 $E(B)=\mu+\delta_{Pri}-\delta_{Pub}$ $E(S)=\mu+\delta_{Pub}$
    - 1-γ → 情形3 $E(B)=\mu+\delta_{Pri}$ $E(S)=\mu$
  - 利空私人信息 1-β
    - 公共信息 γ
      - 利空公共信息 ρ → 情形4 $E(B)=\mu+\delta_{Pub}$ $E(S)=\mu+\delta_{Pri}-\delta_{Pub}$
      - 利空公共信息 1-ρ → 情形5 $E(B)=\mu-\delta_{Pub}$ $E(S)=\mu+\delta_{Pri}+\delta_{Pub}$
    - 1-γ → 情形6 $E(B)=\mu$ $E(S)=\mu+\delta_{Pri}$
- 1-α
  - 公共信息 γ
    - 利空公共信息 ρ → 情形7 $E(B)=\mu+\delta_{Pub}$ $E(S)=\mu-\delta_{Pub}$
    - 利空公共信息 1-ρ → 情形8 $E(B)=\mu-\delta_{Pub}$ $E(S)=\mu+\delta_{Pub}$
  - 1-γ → 情形9 $E(B)=\mu$ $E(S)=\mu$

图 5.11 交易双方交易情景

$$F_V(x,\mu_1,\sigma_1,\mu_2,\sigma_2) = 1-(1-F_1(x))(1-F_2(x))$$

进一步我们得到成交量 V 的概率密度函数 $f_V(x,\mu_1,\sigma_1,\mu_2,\sigma_2)$ 满足：

$$f_V(x,\mu_1,\sigma_1,\mu_2,\sigma_2) = (1-F_1(x))f_2(x)+(1-F_2(x))f_1(x)$$

基于上面的思想，我们编写函数 my_min_norm_pdf 来计算成交量 V 的概率密度函数 $f_V(x,\mu_1,\sigma_1,\mu_2,\sigma_2)$。

```
function f=my_min_norm_pdf(x,mu1,sigma1,mu2,sigma2)
f=(1-normcdf(x,mu1,sigma1)).*normpdf(x,mu2,sigma2)+(1-normcdf(x,mu2,sigma2)).*normpdf(x,mu1,sigma1);
```

根据图 5.11 所示的交易双方发生的情形，交易量 V 的似然函数为：

$$L(V) = \sum_{i=1}^{9} g_i$$

其中：

$$g_1 = \alpha\beta\gamma\rho\, f_V(V,\mu+\delta_{Pri}+\delta_{Pub},\sigma,\mu-\delta_{Pub},\sigma)$$
$$g_2 = \alpha\beta\gamma(1-\rho)\, f_V(V,\mu+\delta_{Pri}-\delta_{Pub},\sigma,\mu+\delta_{Pub},\sigma)$$
$$g_3 = \alpha\beta(1-\gamma)\, f_V(V,\mu+\delta_{Pri},\sigma,\mu,\sigma)$$

$$g_4 = \alpha(1-\beta)\gamma\rho \, f_V(V, \mu+\delta_{Pub}, \sigma, \mu-\delta_{Pub}+\delta_{Pri}, \sigma)$$
$$g_5 = \alpha(1-\beta)\gamma(1-\rho) \, f_V(V, \mu-\delta_{Pub}, \sigma, \mu+\delta_{Pub}+\delta_{Pri}, \sigma)$$
$$g_6 = \alpha(1-\beta)(1-\gamma) \, f_V(V, \mu, \sigma, \mu+\delta_{Pri}, \sigma)$$
$$g_7 = (1-\alpha)\gamma\rho \, f_V(V, \mu+\delta_{Pub}, \sigma, \mu-\delta_{Pub}, \sigma)$$
$$g_8 = (1-\alpha)\gamma(1-\rho) \, f_V(V, \mu-\delta_{Pub}, \sigma, \mu+\delta_{Pub}, \sigma)$$
$$g_9 = (1-\alpha)(1-\gamma) \, f_V(V, \mu, \sigma, \mu, \sigma)$$

考虑离散时间 $t=0,1,2,\cdots,T$，我们观察到的成交量分别为：$V_0, V_1, \cdots, V_T$。交易量的观测值 $V_0, V_1, \cdots, V_T$ 对数似然函数的和为：$\sum_{i=0}^{T}\ln[L(V_i)]$。最大化该对数似然函数的和就得到各参数的极大似然估计。这里我们仅讨论该优化问题的最优解，参数估计的标准误差等我们将在极大似然估计一章中详细介绍。显然，上述模型中的参数（α，β，γ，ρ，μ，δ_{Pri}，δ_{Pub}，σ）受到一定约束条件的限制：$0\leqslant\alpha\leqslant1$，$0\leqslant\beta\leqslant1$，$0\leqslant\gamma\leqslant1$，$0\leqslant\rho\leqslant1$，$\delta_{Pub}\geqslant0$，$\delta_{Pri}\geqslant0$ 以及 $\sigma\geqslant0$。对于约束问题的优化我们前面介绍了函数 fmincon，但在很多情况下，无约束优化函数 fminsearch 的搜索效率更好。因此，我们考虑将上述受到约束的参数转化为无约束参数的优化问题。具体地，我们可以利用标准正态分布的累计分布函数和绝对值函数对上述参数进行转化，详细地见以下目标函数 my_fun_min_norm：

```
function f=my_fun_min_norm(para,v)
alpha=para(1);beta=para(2);gamma=para(3);ruo=para(4);
mu=para(5);delta_pri=para(6);delta_pub=para(7);sigma=para(8);
alpha=normcdf(alpha);%转化为约束参数
beta=normcdf(beta);%转化为约束参数
gamma=normcdf(gamma);%转化为约束参数
ruo=normcdf(ruo);%转化为约束参数
delta_pri=abs(delta_pri);%转化为约束参数
delta_pub=abs(delta_pub);%转化为约束参数
f1=alpha*beta*gamma*ruo*my_min_norm_pdf(v,mu+delta_pri+…delta_
pub,sigma,mu-delta_pub,sigma);
f2=alpha*beta*gamma*(1-ruo)*my_min_norm_pdf(v,mu+…delta_pri-
delta_pub,sigma,mu+delta_pub,sigma);
f3=alpha*beta*(1-gamma)*my_min_norm_pdf(v,mu+delta_pri,sigma,…
mu,sigma);
f4=alpha*(1-beta)*gamma*ruo*my_min_norm_pdf(v,mu+delta_pub,…
sigma,mu-delta_pub+delta_pri,sigma);
```

```
f5=alpha*(1-beta)*gamma*(1-ruo)*my_min_norm_pdf(v,…mu-delta
_pub,sigma,mu+delta_pub+delta_pri,sigma);
f6=alpha*(1-beta)*(1-gamma)*my_min_norm_pdf(v,mu,sigma,…mu+
delta_pri,sigma);
f7=(1-alpha)*gamma*my_min_norm_pdf(v,mu+delta_pub,sigma,…mu-
delta_pub,sigma);
f8=(1-alpha)*(1-gamma)*my_min_norm_pdf(v,mu,sigma,mu,sigma);
f=f1+f2+f3+f4+f5+f6+f7+f8;
y=max(f,eps);%防止似然函数出现为0的情形
f=-sum(log(y));%对数似然函数之和之后取负值
```

上面的函数 my_fun_min_norm 定义了目标函数,注意我们将 g_7 和 g_8 进行了合并成为了函数中的 f7。最小化该函数就得到了参数的极大似然估计。下面我们以上证 180ETF2011/6/2 到 2011/12/27 每 5 分钟的成交量(以成交手数表示)数据为例对上述模型的参数进行估计。

首先我们读入成交量数据,在 MATLAB 中以 V 来表示,在 MATLAB 命令窗口下输入:

```
h=figure;
set(h,'color','w')
plot(V)
title('5-minute trading volume of 180ETF from 2011/6/2-2011/12/27')
```

得到图 5.12,图形给出了 2011 年 6 月 2 日到 2011 年 12 月 27 日上证 180ETF 的成交量变化情况。

在 MATLAB 命令窗口下继续输入:

```
f=my_relative_frequency(V,200);
```

得到成交量的相对频率如图 5.13 所示。上述命令调用了自编的函数 my_relative_frequency,该函数的具体内容如下:

```
function f=my_relative_frequency(x,n)
a=linspace(min(x),max(x),n);
f=hist(x,a)/length(x);
h=figure;
set(h,'color','w')
```

```
bar(a,f)
title('Relative frequency')
```

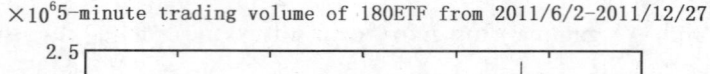

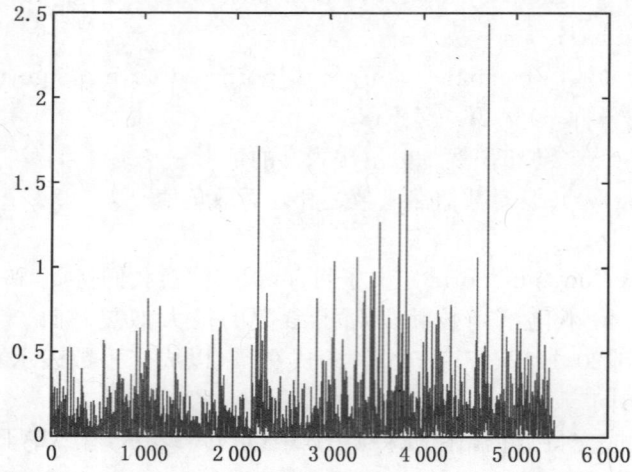

图 5.12　上证 180ETF5 分钟成交量(2011 年 6 月 2 日~2011 年 12 月 27 日)

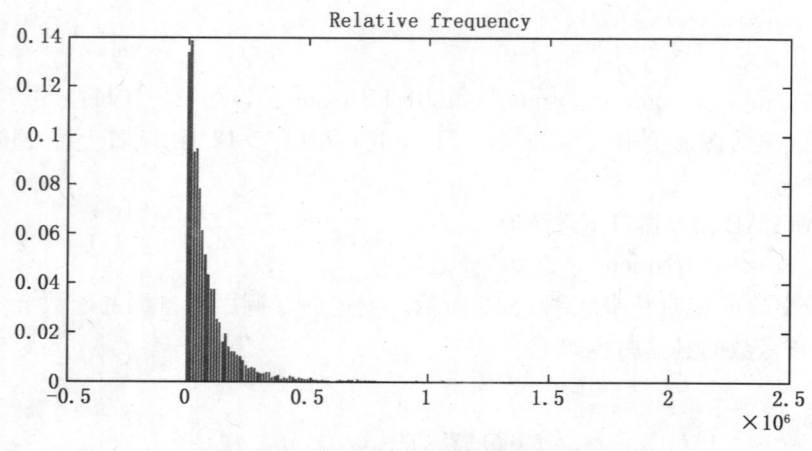

图 5.13　上证 180ETF 成交量相对频率

在 MATLAB 窗口中继续输入：
V(V==0)=[];%剔出成交量为 0 的数据,以避免对数函数自变量为 0 的情形
my_empirical_density1(log(V),200);
我们得到对数成交量的经验概率密度函数如图 5.14 所示。

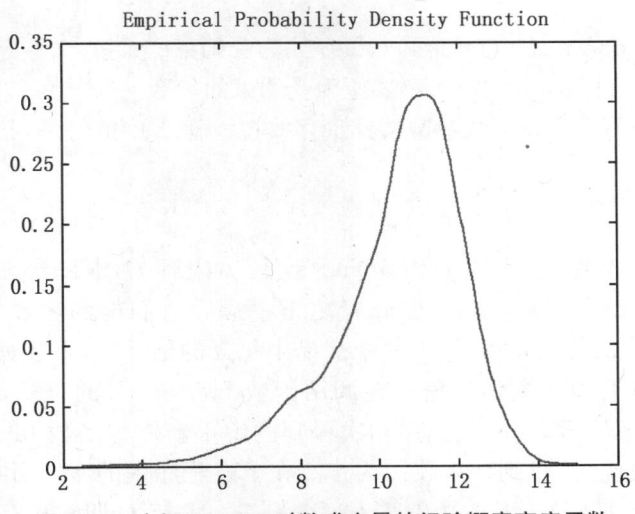

图 5.14 上证 180ETF 对数成交量的经验概率密度函数

函数 my_empirical_density1 为我们第 2 章介绍过的函数,用来产生平滑后的经验概率密度函数。

接下来我们用每天 48 个 5 分钟的成交量信息来估计每天交易中私有信息的概率 α、私有信息中为利好信息的概率 β、公共信息的概率 γ、公共信息为利好消息的概率 ρ。我们在 MATLAB 命令窗口下输入:

```
clear
x=csvread('ETF_180_5min.csv',1,1);%读取 csv 格式的数据
V=x(:,5);%获取成交量
n=length(V)/48;%计算交易的天数
nv=log(V);%计算成交量的对数
for i=1:n
X=nv(48*i-47:48*i);%每天的成交量
X(isinf(X))=[];%剔除成交量为 0 的对数
para0=[0;0;0;0;mean(X);mean(X)/4;mean(X)/2;std(X)];%设定初始值
[para,fval,exitflag]=fminsearch('my_fun_min_norm',para0,[],X);
%如果计算结果不收敛,则以得到的估计值作为初始值重新寻找最优解
while exitflag==0
    [para,fval,exitflag]=fminsearch('my_fun_min_norm',para,[],X);
```

```
        end
    para(1:4)=normcdf(para(1:4));%还原为受约束的参数
    para(6:7)=abs(para(6:7));%还原为受约束的参数
    T(:,i)=para;%将每天的参数估计量存放在矩阵T中的每一列
end
```

上证180ETF的数据ETF_180_5min.csv具体内容如图5.15所示。ETF_180_5min.csv存放在MATLAB自动搜索路径之下。最后我们得到参数在2011年6月2日到2011年12月27日期间共计113个交易中每天的估计值，上述命令中得到的矩阵T的每一列表示每天的参数估计值。在调用函数fminsearch的时候，在默认参数设置下，计算结果可能不收敛，这时我们用初次得到的解重新作为函数fminsearch初始值的输入项重新寻找最优解，直到结果收敛为止。在上述程序中的while语句就体现了这一做法。图5.16显示了2011年6月2日～2011年12月27日期间私有信息的概率α、图5.17显示了2011年6月2日～2011年12月27日期间私有信息中为利好信息的概率β、图5.18显示了2011年6月2日～2011年12月27日期间公共信息的概率γ、图5.19显示了2011年6月2日～2011年12月27日期间公共信息为利好消息的概率ρ、图5.20显示了2011年6月2日～2011年12月27日期间基于流动性交易的平均成交量μ。

	A	B	C	D	E	F	G
1	时间	开	高	低	收	量	额
2	2011/6/2 9:35	0.631	0.631	0.628	0.63	514045	32366128
3	2011/6/2 9:40	0.63	0.63	0.629	0.629	146822	9243584
4	2011/6/2 9:45	0.63	0.63	0.629	0.63	136998	8625830
5	2011/6/2 9:50	0.63	0.63	0.629	0.63	121925	7675241
6	2011/6/2 9:55	0.63	0.631	0.629	0.63	261114	16441355
7	2011/6/2 10:00	0.63	0.631	0.63	0.63	106153	6687724
8	2011/6/2 10:05	0.631	0.631	0.63	0.63	55793	3514993
9	2011/6/2 10:10	0.631	0.631	0.63	0.63	220236	13874798
10	2011/6/2 10:15	0.63	0.63	0.629	0.63	133330	8390593
11	2011/6/2 10:20	0.629	0.63	0.626	0.626	195642	12280049
12	2011/6/2 10:25	0.626	0.627	0.626	0.626	262741	16460538
13	2011/6/2 10:30	0.627	0.627	0.625	0.626	160478	10046660
14	2011/6/2 10:35	0.626	0.627	0.626	0.627	334645	20968144
15	2011/6/2 10:40	0.627	0.627	0.626	0.626	25671	1607098

图5.15 上证180ETF数据文件ETF_180_5min.csv

图 5.16　私有信息的概率

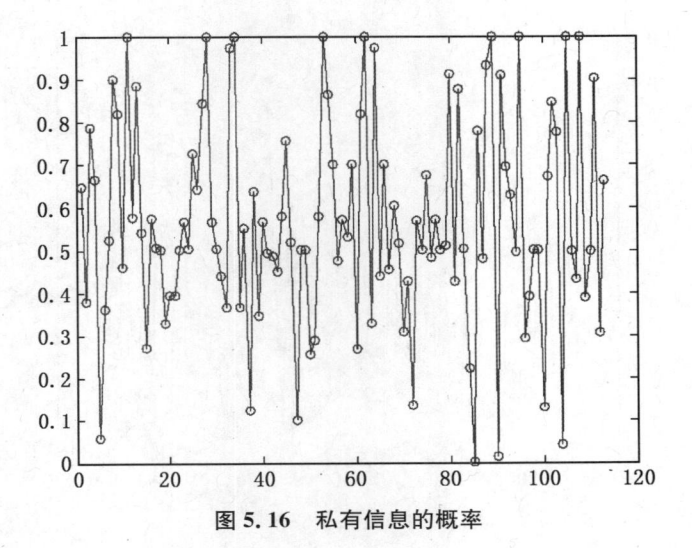

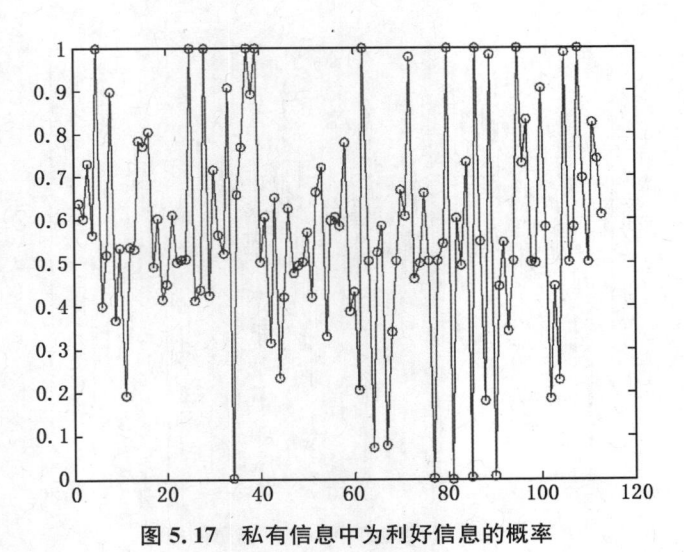

图 5.17　私有信息中为利好信息的概率

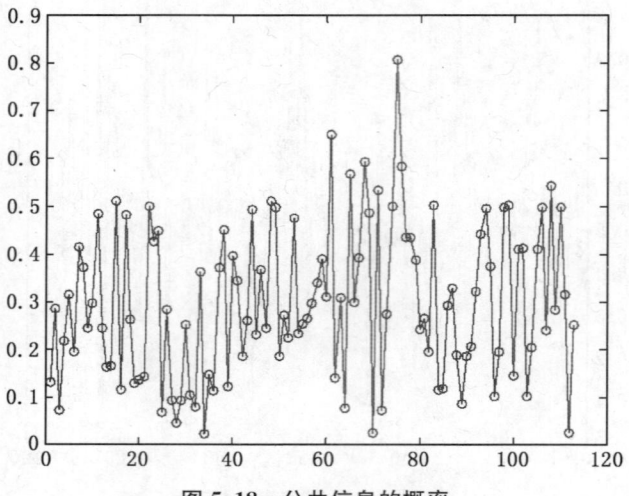

图 5.18 公共信息的概率

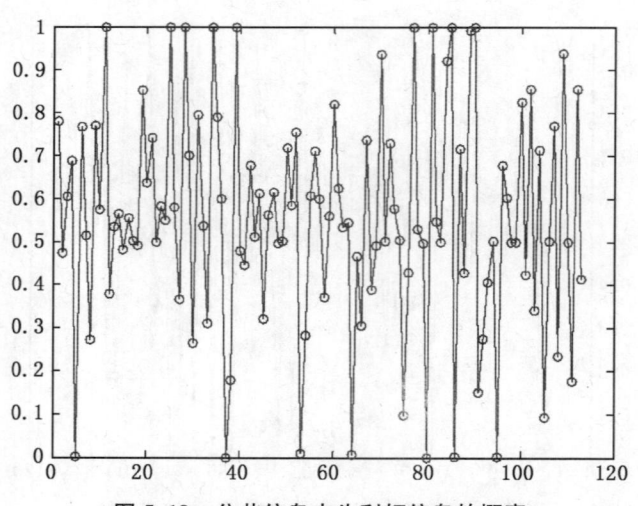

图 5.19 公共信息中为利好信息的概率

图 5.20 基于流动性交易的平均成交量

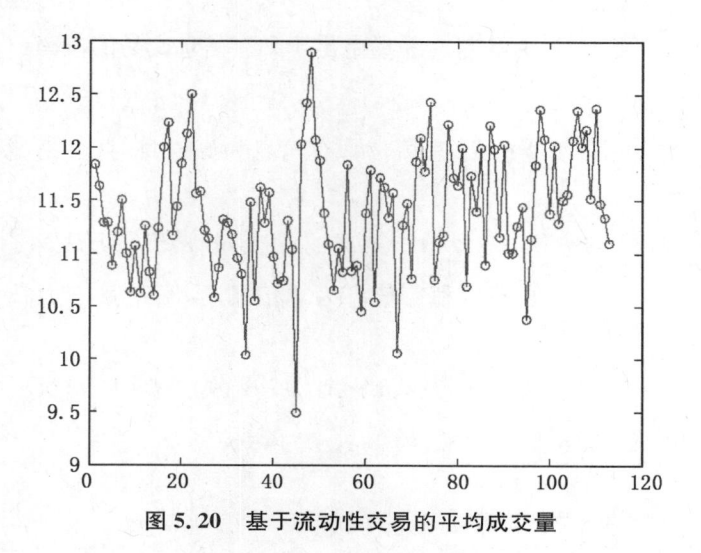

接下来我们利用以上估计出来的参数计算交易量中基于私人信息交易的平均比例等指标。回到图 5.11,交易双方的情形一共有 9 种情况,我们可以计算每种情形下成交量的平均值,分别以 $E_1, E_2 \cdots, E_9$ 来表示。

如果 $X \sim N(\mu_X, \sigma_X^2)$,$Y \sim N(\mu_Y, \sigma_Y^2)$ 并且 X 和 Y 相互独立,记 $Z = \min\{X, Y\}$,则可以证明

$$E[Z] = \mu_X + (\mu_Y - \mu_X) N\left[\frac{\mu_X - \mu_Y}{\sqrt{\sigma_X^2 + \sigma_Y^2}}\right] - \sqrt{\sigma_X^2 + \sigma_Y^2} n\left[\frac{\mu_Y - \mu_X}{\sqrt{\sigma_X^2 + \sigma_Y^2}}\right]$$

其中:$n(\cdot)$ 和 $N(\cdot)$ 分别表示标准正态分布的概率密度函数和累积分布函数。

因此,基于上面的公式我们可以分别得到 $E_1, E_2, \cdots, E_9$ 的解析解。我们编写函数 my_mean_min_norm 来计算两个相互独立的正态分布的随机变量最小值的平均值。

```
function f=my_mean_min_norm(mu_x,mu_y,sigma_x,sigma_y)
mu=mu_y-mu_x;
sigma=sqrt(sigma_x^2+sigma_y^2);
f=mu_x+mu*normcdf(-mu/sigma)-sigma*normpdf(mu/sigma);
```

进一步我们得到成交量的无条件均值为:

$$\begin{aligned} E(V) = & \alpha\beta\gamma\rho E_1 + \alpha\beta\gamma(1-\rho)E_2 + \alpha\beta(1-\gamma)E_3 + \alpha(1-\beta)\gamma\rho E_4 \\ & + \alpha(1-\beta)\gamma(1-\rho)E_5 + \alpha(1-\beta)(1-\gamma)E_6 + (1-\alpha)\gamma\rho E_7 \\ & + (1-\alpha)\gamma(1-\rho)E_8 + (1-\alpha)(1-\gamma)E_9 \end{aligned}$$

因此，我们用以下指标 I_0 来衡量交易量中出于私有信息交易的概率：

$$I_0 = 1 - [(1-\alpha)\gamma\rho E_7 + (1-\alpha)\gamma(1-\rho)E_8 + (1-\alpha)(1-\gamma)E_9]/E(V)$$

类似地，我们可以用以下指标 I_1 来衡量私有信息为好信息时，交易量中为私有信息交易的概率：

$$I_1 = [\alpha\beta\gamma\rho E_1 + \alpha\beta\gamma(1-\rho)E_2 + \alpha\beta(1-\gamma)E_3]/E(V)$$

我们可以用以下指标 I_2 来衡量私有信息为坏信息时，交易量中为私有信息交易的概率：

$$I_2 = [\alpha(1-\beta)\gamma\rho E_4 + \alpha(1-\beta)\gamma(1-\rho)E_5 + \alpha(1-\beta)(1-\gamma)E_6]/E(V)$$

基于以上思想，我们编写以下函数计算 I_0、I_1 和 I_2。

```
function [I0,I1,I2]=my_vol_prob(para)
alpha=para(1);beta=para(2);gamma=para(3);ruo=para(4);
mu=para(5);delta_pri=para(6);delta_pub=para(7);sigma=para(8);
E(1)=my_mean_min_norm(mu+delta_pri+delta_pub,…
mu-delta_pub,sigma,sigma);
E(2)=my_mean_min_norm(mu+delta_pri-delta_pub,…
mu+delta_pub,sigma,sigma);
E(3)=my_mean_min_norm(mu+delta_pri,mu,sigma,sigma);
E(4)=my_mean_min_norm(mu+delta_pub,…
mu-delta_pub+delta_pri,sigma,sigma);
E(5)=my_mean_min_norm(mu-delta_pub,mu+…
delta_pub+delta_pri,sigma,sigma);
E(6)=my_mean_min_norm(mu,mu+delta_pri,sigma,sigma);
E(7)=my_mean_min_norm(mu+delta_pub,mu-delta_pub,sigma,sigma);
E(8)=my_mean_min_norm(mu+delta_pub,mu-delta_pub,sigma,sigma);
E(9)=my_mean_min_norm(mu,mu,sigma,sigma);
EV(1)=alpha * beta * gamma * ruo * E(1);
EV(2)=alpha * beta * gamma * (1-ruo) * E(2);
EV(3)=alpha * beta * (1-gamma) * E(3);
EV(4)=alpha * (1-beta) * gamma * ruo * E(4);
EV(5)=alpha * (1-beta) * gamma * (1-ruo) * E(5);
EV(6)=alpha * (1-beta) * (1-gamma) * E(6);
EV(7)=(1-alpha) * gamma * ruo * E(7);
```

```
EV(8)=(1-alpha)*gamma*(1-ruo)*E(8);
EV(9)=(1-alpha)*(1-gamma)*E(9);
I0=1-sum(EV(7:9))/sum(EV);
I1=sum(EV(1:3))/sum(EV);
I2=sum(EV(4:6))/sum(EV);
```

在 MATLAB 命令窗口下输入以下命令,得到每天 I_0、I_1 和 I_2 的估计量,分别如图 5.21～5.23 所示:

```
for i=1:113
[I0(i),I1(i),I2(i)]=my_vol_prob(T(:,i));
end
h1=figure(1);
set(h1,'color','w')
plot(I0,'r-o')
h2=figure(2);
set(h2,'color','w')
plot(I1,'r-o')
h3=figure(3);
set(h3,'color','w')
plot(I2,'r-o')
```

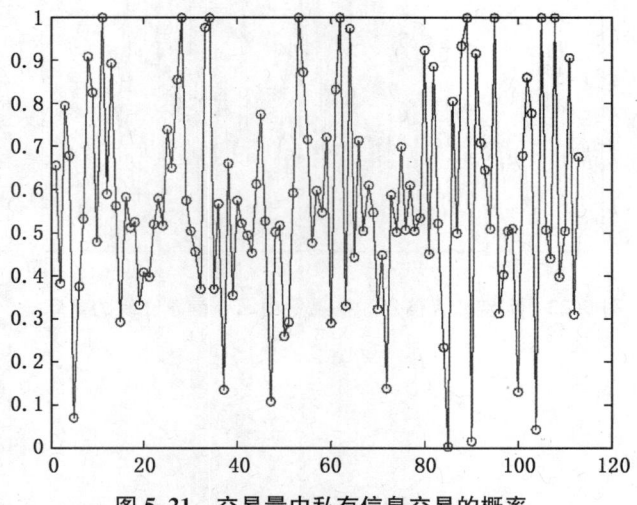

图 5.21 交易量中私有信息交易的概率

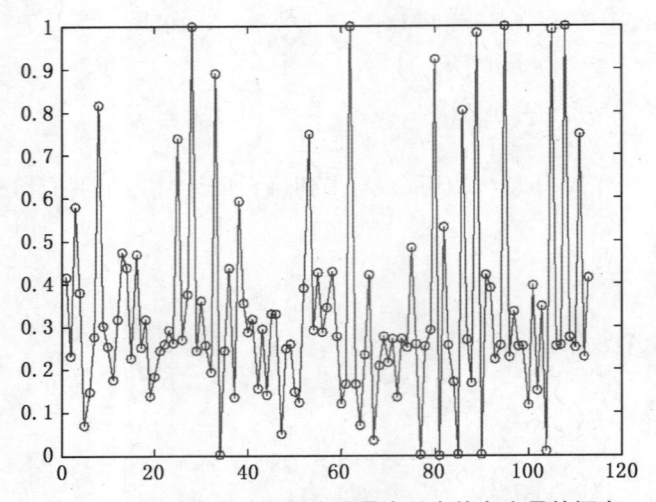

图 5.22 利好私人信息时交易量中私有信息交易的概率

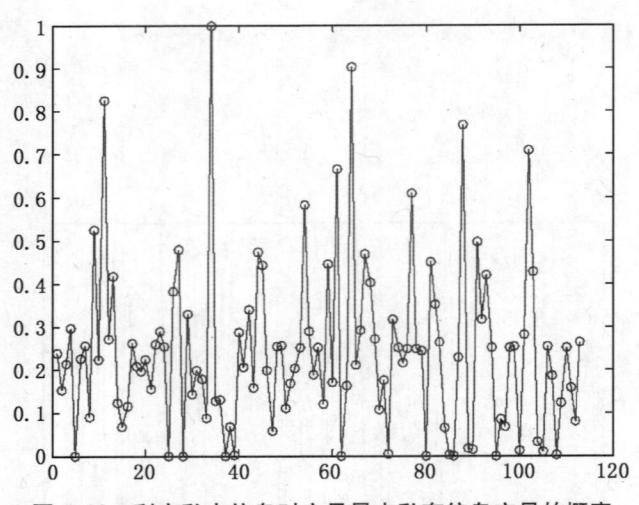

图 5.23 利空私人信息时交易量中私有信息交易的概率

接下来我们以所有 113 天的 5 分钟交易量数据来估计参数 (α, β, γ, ρ, μ, δ_{Pri}, δ_{Pub}, σ)，得到参数的估计为：

(0.730 3, 0.562 1, 0.156 7, 0.371 0, 11.469 6, 0.842 9, 3.858 0, 1.301 9)

从以上参数可以看出：私有信息发生的概率约为 73%，公共信息发生的概率约为 16%，其中利空的公共信息约为 63%。这说明信息不对称现象在这段时间是比较明显的，另外利空的公共信息在这段时间占主导。在得到参数估计后可以计算理论的概率密度函数，进一步可以比较理论概率密度函数与样本概率密度函数的差异，具体我们不再给出相应的 MATLAB 程序，这里仅用图形给出两者差异（见图 5.24）。从图 5.24 可以看出成交量的理论分布与经验分布是比较接近的。

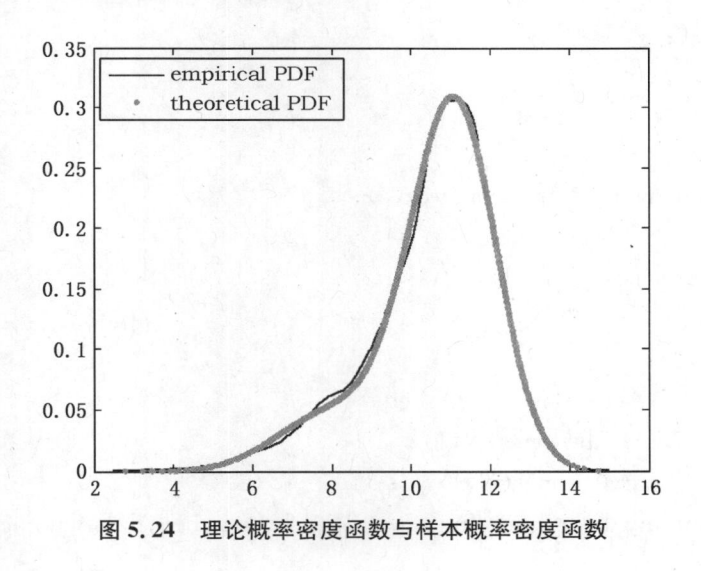

图 5.24 理论概率密度函数与样本概率密度函数

复习与思考题

1. 考虑线性回归模型：$Y = X\beta + \varepsilon$，试编写函数，用 fminsearch 估计参数 β。
2. 同样考虑线性回归模型：$Y = X\beta + \varepsilon$，但增加参数 β 的约束条件：$\beta > 0$，并且 $\beta'e = 1$，e 表示所有元素为 1 的列向量。试用 fmincon 估计参数 β。

参考答案

1.
主函数：

```
function b=my_beta_fmin(y,x,c)
if c==1
    x=[ones(size(x,1)),x];
end
b=fminsearch('my_beta_fmin_fun',zeros(size(x,1),1),[],y,x,c);
```
辅助函数:
```
function f=my_beta_fmin_fun(para,y,x,c)
if c==1
    x=[ones(size(x,1)),x];
end
para=para(:);
eta=y-x*para;
f=sum(eta.^2);
```
2.
```
function b=my_beta_fmincon(y,x,c)
if c==1
    x=[ones(size(x,1),1),x];
end
N=size(x,2);
A=[];b=[];Aeq=ones(N,1);beq=1;
lb=zeros(N,1); ub=ones(N,1);
nonlcon=[];para0=ones(N,1)/N;
b=fmincon('my_beta_fmin_fun', para0,A,b,Aeq,beq,lb,ub,nonlcon,[],…
y,x,c);
```
该函数也用到了辅助函数 my_beta_fmin_fun。

6 极大似然估计

本章主要讨论 MATLAB 在极大似然估计方法中的应用。极大似然估计方法在金融领域中的应用十分广泛。该方法利用已知的概率密度函数形式，构造对数似然函数，然后最大化该似然函数，从而求得概率密度函数中所含的参数估计量。比如：对 GARCH(1, 1)模型中的参数估计中，如果均值方程中的扰动项服从正态分布，则我们可以利用正态分布的概率密度函数对所含参数进行估计。具体地，我们介绍极大似然估计的基本原理，参数及其标准误差的估计，以及结合二元选择回归模型和 TOBIT 回归等实际例子给出具体在 MATLAB 中应用极大似然估计方法估计参数的示例。

6.1 极大似然估计基本原理

6.1.1 参数估计

下面以线性回归中系数的极大似然估计为例来说明极大似然估计基本原理。考虑以下线性回归模型：

$$Y = X\beta + \varepsilon$$
$$\varepsilon = Y - X\beta \sim N(0, \sigma^2)$$

则对于 X 和 Y 的每一对观测值 (X_i, Y_i)，这里，X_i 为行向量，其概率密度函数形式如下：

$$f(X_i, Y_i) = \frac{1}{\sqrt{2\pi\sigma^2}} \exp\left(-\frac{1}{2}\left(\frac{Y_i - X_i\beta}{\sigma}\right)^2\right)$$

给定 N 对相互独立的观测值 (X_i, Y_i), $i = 1, 2, \cdots, N$, 样本中所有观测值的总体概率密度函数 $L(\beta, \sigma)$ 为单个观测值概率密度函数的乘积, 即:

$$L(\beta, \sigma) = \prod_{i=1}^{N} \frac{1}{\sqrt{2\pi\sigma^2}} \exp\left(-\frac{1}{2}\left(\frac{Y_i - X_i\beta}{\sigma}\right)^2\right) \tag{6.1}$$

极大似然估计要给出参数(β, σ)的估计量使得式(6.1)最大。由于式(6.1)为乘积的形式, 直接对式(6.1)求解最优解, 比较麻烦并且不容易得到其最优解。因此, 通常采用似然函数对数和的形式来求解:

$$\text{Ln}L(\beta, \sigma) = \sum_{i=1}^{N}\left[\text{Ln}\left(\frac{1}{\sqrt{2\pi\sigma^2}}\right) - \frac{1}{2\sigma^2}(Y_i - X_i\beta)^2\right]$$

然后求解以下最优化问题:

$$\max_{(\beta, \sigma)} \text{Ln}L(\beta, \sigma) = \sum_{i=1}^{N}\left[\text{Ln}\left(\frac{1}{\sqrt{2\pi\sigma^2}}\right) - \frac{1}{2\sigma^2}(Y_i - X_i\beta)^2\right] \tag{6.2}$$

最后得到的参数(β, σ)的估计量与普通最小二乘法得到的结果一样。因此, 当普通最小二乘法回归方程中的残差服从正态分布时, 普通最小二乘估计与极大似然估计的结果是一样的。当然, 这里我们并不要求残差服从正态分布, 还可以假设残差服从其他形式的分布, 比如: t 分布等等。更一般地, 我们用 θ 表示需要估计的参数向量, 相应地对数似然函数为: $\text{Ln}L(\theta)$。

6.1.2 参数估计的标准误差

求解优化问题(6.2), 虽然给出了参数 θ 的估计量 $\hat{\theta}$, 但并没有给出估计的标准误差。如果对数似然函数 $\text{Ln}L(\theta)$ 在其估计量 $\hat{\theta}$ 处的二阶倒数的期望是已知的, 则极大似然估计量的渐进协方差矩阵$[I(\theta)]^{-1}$ 满足:

$$[I(\theta)]^{-1} = \left\{-E\left[\frac{\partial^2 \text{Ln}L(\theta)}{\partial\theta\partial\theta'}\right]\right\}^{-1} = \left\{E\left[\left(\frac{\partial \text{Ln}L(\theta)}{\partial\theta}\right)\left(\frac{\partial \text{Ln}L(\theta)}{\partial\theta'}\right)\right]\right\}^{-1} \tag{6.3}$$

通常情况下 $\text{Ln}L(\theta)$ 是一个非常复杂的非线性函数, 我们很难得到(6.3)式中期望值的解析解形式。因此, 根据式(6.3)来求解极大似然估计量的渐进协方差矩阵$[I(\theta)]^{-1}$的解析解形式很困难。其中一个方法就是利用下面的式(6.4)来估计$[I(\theta)]^{-1}$, 其中$[\hat{I}(\hat{\theta})]^{-1}$为$[I(\theta)]^{-1}$的估计。

$$[\hat{I}(\hat{\theta})]^{-1} = \left[\sum_{i=1}^{N} \hat{g}_i \hat{g}_i'\right]^{-1} \tag{6.4}$$

其中: $\hat{g}_i = \dfrac{\partial \text{Ln}[f(X_i, \hat{\theta})]}{\partial \hat{\theta}}$

$Ln[f(X_i, \theta)]$表示在观测值(X_i, Y_i)处的对数似然函数。

由于式(6.4)中的$Ln[f(X_i, \theta)]$在通常情况下仍然是一个复杂的非线性函数,求解$\hat{g}_i$的解析形式也非常困难。因此,我们通常以数值解形式(6.5)来近似$\hat{g}_i$。

$$\hat{g}_i \approx h_i = \frac{Ln[f(X_i, \hat{\theta}+\Delta\hat{\theta})] - Ln[f(X_i, \hat{\theta}-\Delta\hat{\theta})]}{2\Delta\hat{\theta}} \tag{6.5}$$

因此,极大似然估计量的渐进协方差矩阵估计量为$\left[\sum_{i=1}^{N} h_i h_i'\right]^{-1}$。

6.2 极大似然估计的 MATLAB 函数

基于以上极大似然估计的原理,我们可以编写以下 MATLAB 函数 my_mle 进行极大似然估计。

```
function [para,standard_deviation,fv]=my_mle(fun,para0,varargin)
%estimate parameters and standard errors when using maximum likelihood
%estimation (MLE)
%input
%fun: a function defined by users for calculating log probability density
%function (pdf) and negative sum of logarithm of pdf
%para0: given initial parameters
%varargin: other needed inputs required by fun
%output
%para: estimated parameters
%standard_deviation: standard deviations of estimated parameters
%fv: maximized likelihood function value
%%%%%%%%%%%
%example1: estimate mean and standard deviation by realizations of a
%random variable which is normally distributed
%function f=mynormpdfsum(x,num,y)
%yy=1/sqrt(2*pi)/x(2)*exp(-(y-x(1)).^2/2/x(2)^2);
%if num==1 %(note: it must be set to 1)
%f=log(yy);
%else f=-sum(log(yy));end
%%%%%%%%%%
```

```
%y=2+3*randn(5000,1);
%[para,standard_deviation]=my_mle('mynormpdfsum',[0;2],y)
%%%%%%%%%%
% example2：estimate coefficients in a linear regression
% clear
% x=randn(500,1);
% y=2+3*x+randn(500,1);
% [para,standard_deviation,fv]=my_mle('mynormpdfsum001',[1;2;3],y,x)
% %%%%%%%%%%
% function f=mynormpdfsum001(para,num,y,x)
% yy=1/sqrt(2*pi)/para(3)*exp(-(y-para(1)-para(2)*x).^2/2/para(3)^2);
% if num==1 %(note：it must be set to 1)
% f=log(yy);
% else f=-sum(log(yy));end
%%%%%%%%%%
para0=para0(:);
[para,fv]=fminsearch(fun,para0,[],2,varargin{:});
fv=-fv;
d= my_numerical_derivative(fun,para,1,varargin{:});
standard_deviation=sqrt(diag(pinv(d'*d)));
```

函数 my_mle 调用了函数 my_numerical_derivative，用数值方法来计算导数，其内容如下：

```
function f=my_numerical_derivative(fun,parameter,varargin)
%input：
%fun：the name of a function
%parameter：given parameter with respect to which first-order derivative
%is calculated
%varargin：other needed inputs required by fun
%output：
%f：numerical first order derivative of fun at parameter
```

```
    n=length(parameter);
    for i=1:n
        a=zeros(n,1);
        a(i)=max(parameter(i)*1e-6,1e-6);
        y1(:,i)=feval(fun,parameter+a,varargin{:});
        y2(:,i)=feval(fun,parameter-a,varargin{:});
        f(:,i)=(y1(:,i)-y2(:,i))/2/a(i);
    end
```

通常，我们面临的参数是受到约束条件限制的，这时候我们对上面的程序做以下修改：

```
function
[para,standard_deviation,fv]=my_con_mle(fun,para0,A,B,Aeq,Beq,lb,ub,nonlcon,varargin)
para0=para0(:);
options=optimset('LargeScale','off','TolFun',1e-005,'MaxFunEvals',1000);
[para,fv]=fmincon(fun,para0,A,B,Aeq,Beq,lb,ub,nonlcon,options,2,varargin{:});
fv=-fv;
d=my_numerical_derivative(fun,para,1,varargin{:});
standard_deviation=sqrt(diag(pinv(d'*d)));
```

下面我们给出一个例子。考虑一个随机变量 X，X 以 α 的概率取 X_1，X_1 服从均值为 μ_1，方差为 σ_1^2 的正态分布；以 $1-\alpha$ 的概率取 X_2，X_2 服从均值为 μ_2，方差为 σ_2^2 的正态分布。现假定观测到随机变量 X 的 2 000 个实现值，试估计参数 $\theta = (\alpha, \mu_1, \mu_2, \sigma_1, \sigma_2)'$。

我们得到单个观测值 x_i 的概率密度函数为：

$$f(x_i, \theta) = \alpha \frac{1}{\sqrt{2\pi\sigma_1^2}} \exp\left(-\frac{1}{2}\left(\frac{x_i-\mu_1}{\sigma_1}\right)^2\right) + (1-\alpha) \frac{1}{\sqrt{2\pi\sigma_2^2}} \exp\left(-\frac{1}{2}\left(\frac{x_i-\mu_2}{\sigma_2}\right)^2\right)$$

我们首先编写以下形式的函数 my_mle_ex_001：

```
function f=my_mle_ex_001(parameter,num,observations)
alpha=parameter(1);mean1=parameter(2);mean2=parameter(3);
std1=parameter(4);std2=parameter(5);
```

```
y=alpha*1/sqrt(2*pi)/std1*exp(-(observations-mean1).^2/2/std1^2)+…
    (1-alpha)*1/sqrt(2*pi)/std2*exp(-(observations-mean2).^2/2/std2^2);
if num==1
    f=log(y);
else
    f=-sum(log(y));
end
```

然后在 MATLAB 主窗口下输入：

```
clear
n=2000;% set number of observations
alpha=0.7;mean1=0;mean2=1;std1=1;std2=2;%set parameters
for i=1:n
rv=rand(1);
%generate normally distributed random variable with mean 0 and standard
%deviation 1 with probability 0.7.
if rv<=alpha
observations(i)=randn(1);
else
%generate normally distributed random variable with mean 1 and standard
%deviation 2 with probability 0.3.
observations(i)=normrnd(1,2);
end
end
observations=observations(:);
[para,standard_deviation]=my_mle('my_mle_ex_001',[0.5;0;0;1;1],
observations)
```

得到结果如下：
para=
    0.3038
    1.2578
   -0.0344

1.9639
0.9719
standard_deviation=
0.0446
0.1730
0.0421
0.0827
0.0420

即得到该随机变量以30.38%的概率为服从均值为1.257 8、标准差为1.963 9的正态分布;以69.62%的概率为服从均值为-0.034 4、标准差为0.971 9的正态分布。这个结果与我们设定的以30%的概率为服从均值为1、标准差为2的正态分布;以70%的概率为服从均值为0、标准差为1的正态分布比较接近。

下面我们再给出一个利用极大似然估计方法估计以下回归模型的例子:已知变量 X 和 Y 满足以下统计关系:

$$Y = a + bX + \varepsilon$$

其中:ε 为混合正态分布,即 ε 以 P 的概率服从均值为0、标准差为 σ_1 的正态分布,以 $1-P$ 的概率服从均值为0,标准差为 σ_2 的正态分布。假设我们现观测到 X 和 Y 的1 000个观测值,试利用极大似然估计方法估计参数$(a, b, \sigma_1, \sigma_2, P)$。我们在MATLAB主命令窗口下输入:

```
clear
K=1000;
x=2+3*randn(K,1);%产生自变量
sigma1=2;%设定标准差σ1
sigma2=3;%设定标准差σ2
P=0.7;
%设定产生均值为0,标准差为σ1的正态分布的概率为0.7,标准差为σ2的正态分布的概率为0.3
eta=my_mixed_norm_number(0,0,sigma1,sigma2,P,K);
%产生混合正态分布的随机数
y=1+4*x+eta;%产生符合统计关系的因变量,其中a=1,b=4
[b,stats]=my_regress(y,x,1);%利用普通回归产生初始参数值
para0=[b;stats.std_residual;stats.std_residual;0.5];%设定初始参数值
```

```
[para,standard_deviation,fv]=my_mle(@my_mle_ex002,para0,x,y);
%利用极大似然估计方法估计参数(a,b,σ₁,σ₂,P)
```

得到参数的估计结果为：

para=

 1.0286

 4.0020

 2.9911

 1.9396

 0.3035

相应的标准误差为：

standard_deviation=

 0.0848

 0.0244

 0.5353

 0.2480

 0.2970

注意这里的参数估计结果中 σ_1，σ_2 实际上是互换了位置，估计的结果为 0.297 的概率产生均值为 0，标准差为 2.991 的正态分布，这与我们事先的设定是一致的。上面的程序中还用到了自定义的函数 my_mixed_norm_number 用来产生混合正态分布，该函数的内容如下：

```
function f=my_mixed_norm_number(mu1,mu2,sigma1,sigma2,p,K)
%generate mixed normally distributed random numbers following N(mu1,
%sigma1^2) with probability p and
%N(mu2,sigma2^2) with probability 1-p
A=normrnd(mu1,sigma1,K,1);
B=normrnd(mu2,sigma2,K,1);
random_number=rand(K,1);
f(random_number<=p)=A(random_number<=p);
f(random_number>p)=B(random_number>p);
f=f(:);
```

上面的程序中还调用了辅助函数 my_mle_ex002，其内容如下：

```
function f=my_mle_ex002(para,num,x,y)
a=para(1);
b=para(2);
sigma1=para(3);
sigma2=para(4);
P=para(5);
eta=y-a-b*x;
pdf=P*normpdf(eta,0,sigma1)+(1-P)*normpdf(eta,0,sigma2);
pdf=max(pdf,eps);
if num==1
    f=log(pdf);
else
    f=-sum(log(pdf));
end
```

6.3 基于EM算法的混合正态分布参数估计

前面我们应用函数 my_mle 对混合正态分布的参数进行了估计,但有时候我们还是难以求得最优的参数。因为其似然函数的优化问题比较复杂,尤其当参数数量较多时,很难得到优化问题的解。这时我们可以使用计算效率非常高效的 EM(Expectation Maximization)算法。

考虑某随机变量 X,其存在 K 个隐含状态,在状态 $Z=j, j=1, 2, \cdots, K$ 发生时,其服从正态分布:$N(\mu_j, \sigma_j^2)$,状态 j 发生的概率记为 a_j,则随机变量 X 服从混合正态分布,其参数可以表示为:

$$\theta = (a_1, a_2, \cdots, a_K, \mu_1, \mu_2, \cdots, \mu_K, \sigma_1, \sigma_2, \cdots, \sigma_K).$$

假定现观测到随机变量 X 的 N 个观测值如下:

$$x_1, x_2, \cdots, x_N$$

则随机变量 X 的概率密度函数为:

$$\sum_{j=1}^{K} a_j f_j(x)$$

其中:$f_j(x)$ 表示正态分布 $N(\mu_j, \sigma_j^2)$ 的概率密度函数

则 θ 极大似然估计量就是求解以下优化问题：

$$\max_{\theta} \mathrm{Ln}(\theta) = \sum_{i=1}^{N} \ln\left(\sum_{j=1}^{K} a_j f_j(x_i)\right)$$

以上目标函数中的对数函数 $\ln(\cdot)$ 中存在求和的形式，当 K 比较大时，难以得到其最优解，而 EM 算法则能够较好地解决这一问题。当然，EM 算法也可能得到局部最优解。下面我们结合以上优化问题的求解对 EM 算法的基本原理做出说明。

定义：

$$Q_j(x_i) = \frac{a_j f_j(x_i)}{\sum_{j=1}^{K} a_j f_j(x_i)}, \ j = 1, 2, \cdots, K, \ i = 1, 2, \cdots, N$$

显然 $\sum_{j=1}^{K} Q_j(x_i) = 1$，$Q_j(x_i) \geqslant 0$，$Q_j(x_i)$ 可以理解为给定参数 θ 和观测值 x_i 的条件下，随机变量 X 处在状态 $Z=j$ 的条件概率。

利用 $\ln(\cdot)$ 函数为凹函数的性质得到：

$$\sum_{i=1}^{N} \ln\left(\sum_{j=1}^{K} a_j f_j(x_i)\right) = \sum_{i=1}^{N} \ln\left(\sum_{j=1}^{K} \frac{a_j f_j(x_i)}{Q_j(x_i)} Q_j(x_i)\right) \geqslant \sum_{i=1}^{N} \sum_{j=1}^{K} \ln\left(\frac{a_j f_j(x_i)}{Q_j(x_i)}\right) Q_j(x_i)$$

显然我们将求和的符号移到了 $\ln(\cdot)$ 函数的外面。

由于 $Q_j(x_i)$ 的特别设置，我们有：

$$\frac{a_j f_j(x_i)}{Q_j(x_i)} = \sum_{j=1}^{K} a_j f_j(x_i), \ \forall j$$

即 $\frac{a_j f_j(x_i)}{Q_j(x_i)}$ 是不随状态 j 变化的某一常数，前面的不等式实际上变成了等式。因此，最优化 $\sum_{i=1}^{N} \ln\left(\sum_{j=1}^{K} a_j f_j(x_i)\right)$ 与最优化 $\sum_{i=1}^{N} \sum_{j=1}^{K} \ln\left(\frac{a_j f_j(x_i)}{Q_j(x_i)}\right) Q_j(x_i)$ 是等价的。这样就巧妙地变化了目标函数。而最优化 $\sum_{i=1}^{N} \sum_{j=1}^{K} \ln\left(\frac{a_j f_j(x_i)}{Q_j(x_i)}\right) Q_j(x_i)$ 将变得容易很多。如果 $Q_j(x_i)$ 给定，将目标函数对参数求解一阶导数得到该问题的最优解为：

$$a_j = \frac{1}{N} \sum_{i=1}^{N} Q_j(x_i), \ j = 1, 2, \cdots, K$$

$$\mu_j = \frac{1}{Na_j} \sum_{i=1}^{N} Q_j(x_i) x_i, \ j = 1, 2, \cdots, K$$

$$\sigma_j = \sqrt{\frac{1}{Na_j} \sum_{i=1}^{N} NQ_j(x_i)(x_i - \mu_j)^2}, \ j = 1, 2, \cdots, K$$

但 $Q_j(x_i)$ 本身由参数 θ 决定，必须先给定参数 θ，才能给定 $Q_j(x_i)$。因此，EM 算法先给定一个初始参数 θ^1，然后定义 $Q_j^1(x_i)$，进而得到最优解 θ^2，然后基于新的参数 θ^2 又得到 $Q_j^2(x_i)$，不断反复这一过程，直到最优解不再有明显变化即得到混合正态分布的参数估计量。

基于以上原理我们编写以下 MATLAB 函数：

```
function para=my_em_mixed_norm(x,para0)
%EM 算法求解混合正态分布(K 个正态分布)的参数
%参见 MATLAB 自带估计函数 obj=gmdistribution.fit(x,k)
%x：数据
%para0：初始参数，[a1；a2；... ak；mu1；mu2；...；muk；sigma1；sigma2；...sigmak]
%para：参数的估计值
%曹志广,2017/1/22
%例子：
%clear
% x=my_mixed_norm_number(1,2,1,2,0.3,500);
% para0=[0.5,0.5,0.5,1,2,3];
% para=my_em_mixed_norm(x,para0)
x=x(:);
N=length(x);
para0=para0(:);
K=length(para0)/3;
X=repmat(x,1,K);
    for i=1:K
    Q(:,i)=normpdf(x,para0(K+i),para0(2*K+i))*para0(i);
end
Q=Q./repmat(sum(Q,2),1,K);
D_stop=1;
KK=0;
while D_stop>1e-6&&KK<1000
    para(1:K,1)=mean(Q)';%probabilities of K normal distributions
    para(K+1:2*K,1)=mean(Q.*X)'./mean(Q)';%means of K normal distributions
    B=repmat(para0(K+1:2*K)',N,1);
```

```
        A=(X-B).^2;
        para(2*K+1:3*K,1)=sqrt(mean(Q.*A)'./mean(Q)');
        %stds of K normal distributions
    for i=1:K
        Q(:,i)=normpdf(x,para(K+i),para(2*K+i))*para(i);
    end
    Q=Q./repmat(sum(Q,2),1,K);
    D_stop=para-para0;
    D_stop= norm(D_stop);
    para0=para;
    KK=KK+1;
    end
```

下面我们给出一个 $K=2$ 的混合正态分布的参数估计例子。例子中我们设定参数：

$$\theta = (a_1, a_2, \mu_1, \mu_2, \sigma_1, \sigma_2) = (0.3, 0.7, 1, 2, 1, 2)$$

我们在 MATLAB 主窗口下输入：

```
clear
x=my_mixed_norm_number(1,2,1,2,0.3,500);
%产生服从设定参数的混合正态分布样本
para0=[0.5,0.5,0.5,1,2,3];%设定迭代计算时参数的初始值
para=my_em_mixed_norm(x,para0)%调用 EM 算法估计参数
```

得到参数估计如下：

```
para =
    0.3616
    0.6384
    0.8476
    2.1346
    1.0776
    2.0967
```

将 EM 算法得到的参数估计量作为初始值，然后调用我们前面的极大似然估计函数 my_mle 中则进一步可以得到参数估计的标准误差等信息。MATLAB 自身也提供了 EM 算法估计混合正态分布参数的函数 gmdistribution.fit，其功能更加强大，读者可以参见该函数的帮助说明。

6.4 二元选择回归问题中的参数估计

在金融实证研究和应用中,我们有时候会遇到二元选择模型,比如:监管层根据某些变量来判定是否存在市场操纵等。这时,因变量只有 2 个取值,通常以 0 和 1 来表示。我们通常建立以下形式的回归模型:

$$Y = X\beta + \varepsilon \tag{6.6}$$

其中:$Y = 0, 1$,显然回归模型不能用 OLS 方法来进行估计,因为残差并不满足 OLS 估计方法的假设,残差的方差与 X 是相关的,另外,实际上回归模型的拟合值也不可能为 0 或 1。作为一个变通方法,通常建立以下回归模型:

$$\tilde{Y} = X\beta + e \tag{6.7}$$

当 $\tilde{Y} > 0$ 时,$Y = 1$,否则 $Y = 0$。因此,

$$P(Y = 1 \mid X, \beta) = P(\tilde{Y} > 0) = 1 - F(-X\beta)$$
$$P(Y = 0 \mid X, \beta) = P(\tilde{Y} \leqslant 0) = F(-X\beta)$$

其中:$F(\cdot)$ 为式(6.7)中残差的累积分布函数。理论上讲,$F(\cdot)$ 可以假设为任何连续的分布函数。通常我们假定残差 e 为标准正态分布,这时式(6.7)就是 probit 模型;如果假定残差 e 为 logistic 分布,即 $F(x) = e^x/(1+e^x)$,则式(6.7)就是 logit 模型。由于其他形式的二元选择模型在实际当中很少应用,这里我们也仅讨论 probit 模型和 logit 模型。

给定观测值 (Y_i, X_i),$i = 1, 2, \cdots, N$,其中 X_i 为行向量,其对数似然函数的和为:

$$\ln L = \sum_{i=1}^{N} Y_i \ln(1 - F(-X_i\beta)) + (1 - Y_i)\ln(F(-X_i\beta)) \tag{6.8}$$

最大化(6.8)就得到了模型中参数的极大似然估计。

基于以上思想,我们编写函数 my_binary_regress,利用极大似然估计方法进行二元选择回归模型的参数估计。

```
function [b,stats]=my_binary_regress(Y,X,type)
%perform probit or logit regression:
%Y=X*b+e,Y=0 or 1
para0=my_regress(Y,X,0);
[b,stdev]=my_mle('my_binary_fun',para0,Y,X,type);
stats.se=stdev;
```

```
            stats. t=b./stdev;
        N=length(Y);%number of observations
        P=sum(Y)/N;%proportion of ones in Y
        lnL0=N*(P*log(P)+(1-P)*log(1-P));
        lnL=my_binary_fun(b,2,Y,X,type);
        stats. R_sq=1-abs(lnL/lnL0);% McFadden pseudo-R2
```

上述函数中的 R^2 是 McFadden 伪 R^2，概念与普通回归分析中的 R^2 类似，但具体含义并不相同[①]。其具体计算如下：$R^2 = 1 - \ln L / \ln L_0$，其中 $\ln L$ 为似然估计的似然函数和的最优值，$\ln L_0 = N(P\log(P) + (1-P)\log(1-P))$，$N$ 为样本观测数量，P 为样本中因变量为 1 的比例。

函数 my_binary_regress 调用了函数 my_binary_fun，其具体内容如下：

```
function f=my_binary_fun(beta,num,Y,X,type)
%gives likelihood function
switch type
case 'probit'
    y=(Y==1).*(1-normcdf(-X*beta))+(Y==0).*normcdf(-X*
    beta);
case 'logit'
    y=(Y==1).*(1./(1+exp(-X*beta)))+(Y==0).*(exp(-X*beta)./
    (1+exp(-X*beta)));
otherwise
    error('type must be probit or logit')
end
y=max(y,eps);
if num==1
f=log(y);
else
f=-sum(log(y));
end
```

[①] 威廉.格林著,《经济计量分析》第 21 章,王明舰等译,中国社会科学出版社,1998。

接下来我们以《经济计量分析》(威廉·格林著,王明舰等译,中国社会科学出版社,1998)中第21章例21.1中的数据为例来说明以上函数的具体调用。该数据如表6.1所示。GPA、TUCE和PSI为自变量X,GRADE为因变量Y。

表6.1 数据(来源于《经济计量分析》)

序号	GPA	TUCE	PSI	GRADE	序号	GPA	TUCE	PSI	GRADE
1	2.66	20	0	0	17	2.75	25	0	0
2	2.89	22	0	0	18	2.83	19	0	0
3	3.28	24	0	0	19	3.12	23	1	0
4	2.92	12	0	0	20	3.16	25	1	1
5	4	21	0	1	21	2.06	22	1	0
6	2.86	17	0	0	22	3.62	28	1	1
7	2.76	17	0	0	23	2.89	14	1	0
8	2.87	21	0	0	24	3.51	26	1	0
9	3.03	25	0	0	25	3.54	24	1	1
10	3.92	29	0	1	26	2.83	27	1	1
11	2.63	20	0	0	27	3.39	17	1	1
12	3.32	23	0	0	28	2.67	24	1	0
13	3.57	23	0	0	29	3.65	21	1	1
14	3.26	25	0	0	30	4	23	1	1
15	3.53	26	0	0	31	3.1	21	1	0
16	2.74	19	0	0	32	2.39	19	1	1

假定我们在 MATLAB 中已经得到了数据 X 和 Y,然后我们在 MATLAB 命令窗口下继续输入:

[b,stats]=my_binary_regress(Y,X,'probit')

得到 probit 回归模型的参数估计结果为:

b=

−7.4523

1.6258

0.0517

1.4263

stats=

se:[4x1 double]

t:[4x1 double]

R_sq: 0.3775

继续输入 stats.t 得到系数的 t 统计量为:(−2.8097, 2.0484, 0.4875, 2.0497)

在 MATLAB 命令窗口下继续输入：
[b,stats]=my_binary_regress(Y,X,'logit')
得到 logbit 回归模型的参数估计结果为：
b=
　-13.0214
　　2.8261
　　0.0952
　　2.3787
stats=
　　se：[4x1 double]
　　 t：[4x1 double]
　R_sq：0.3740

继续输入 stats.t，得到系数的 t 统计量为：(-2.688 2, 2.057 9, 0.531 8, 1.959 0)。

6.5　受限因变量回归模型的参数估计

在金融研究和实践过程中的回归分析中，我们常常遇到因变量受到限制的情形。删失和截尾是最常见的两种因变量受到限制的情形。删失指的是这样的情形：观测到了个体 i 的观测值 (Y_i, X_i)，但由于 Y_i 受到一定条件限制，通常只能观测到一定范围内的值，超出这个范围，则只能观测到一个（或两个）同样的值。比如：我们研究上市公司重组事件与股票收益之间的关系，选取了多家上市公司在重组宣布日的收益作为因变量，而公司的规模、市场组合等因素作为自变量。但由于受到我国股票市场涨跌幅 10% 的限制，股票收益只能限制在 ±10% 之间，对于可能大幅上涨或下跌的收益（超过涨跌幅），我们只能观察到 10% 或 -10%，而并不能看到其真正的收益率，这里真正的收益率可以理解为：如果没有涨跌幅限制我们能够观察到的收益率。而截尾与删失不同，它指的是这样一种情形：对于因变量数值超出临界值（通常为一个临界值，有时也可以是两个临界值）范围的个体，我们都不能观测到，即我们所能观测到的样本 (Y_i, X_i)，其因变量都是在临界范围以内的个体。比如：我们要调查和研究居民收入和居民受教育程度之间的关系，我们以居民收入为因变量，而受教育程度和其他控制变量（比如：父母教育水平等等）为自变量。但由于受到调查对象的限制，通常我们只能获得收入在某一个范围内的个体情况，比如：月收入在 1 000～20 000 之间的个体，而月收入在 1 000 以下或 20 000 以上的个体数据我们无法获得。

对于因变量发生删失和截尾情形的回归分析，我们不能使用普通最小二乘回归来估计参数，我们通常可以用极大似然估计方法来进行参数估计。下面我们分别介绍删失情形下的 TOBIT 回归模型和截尾情形下的截尾回归模型中的参数估计。

6.5.1 TOBIT 回归模型中的参数估计

我们考察回归模型(6.6),但这里我们假定因变量受到删失限制,因此也不能用 OLS 来估计参数。类似地,我们采用以下回归模型:

$$\tilde{Y} = X\beta + e \tag{6.9}$$

其中:

$$Y = \begin{cases} L, & \text{如果 } \tilde{Y} \leqslant L \\ \tilde{Y}, & \text{如果 } L < \tilde{Y} < U \\ U, & \text{如果 } \tilde{Y} \geqslant U \end{cases}$$

L 和 U 是因变量的下和上边界,因变量限制在区间 $[L, U]$。在假定 $e \sim N(0, \sigma^2)$ 的前提条件下,基于观测样本 (Y_i, X_i), $i=1, 2, \cdots, N$ 的对数似然函数的和为:

$$\ln L = \sum_{Y_i = L} F\left(\frac{L - X_i\beta}{\sigma}\right) + \sum_{Y_i = U} F\left(\frac{X_i\beta - U}{\sigma}\right) + \sum_{L < Y_i < U} f((Y_i - X_i\beta)/\sigma)/\sigma \tag{6.10}$$

其中:$F(\cdot)$ 表示标准正态分布的分布函数,$f(\cdot)$ 表示标准正态分布的概率密度函数。最大化以上似然函数式(6.10),就得到参数 (β, σ) 的极大似然估计量。

基于以上思想,我们编写函数 my_tobit_regress:

```
function [para,stats]=my_tobit_regress(Y,X,L,U)
%perform tobit regression:
%Y=X*b+e, where L<=Y<=U, e is normally distributed,N(0,sigma^2)
K=size(X,2);
[para0,stats0]=my_regress(Y,X,0);
para0(K+1)=stats0.std_residual;
[para,stdev]=my_mle('my_tobit_fun',para0,Y,X,L,U);
stats.se=stdev;
stats.t=para./stdev;
residuals=Y-X*para(1:K);
stats.R_sq=1-var(residuals)/var(Y);
```

上面函数中用到了辅助函数 my_tobit_fun,该函数定义了对数似然函数的和,其具体内容如下:

```
function f=my_tobit_fun(para,num,Y,X,L,U)
%give likelihood function for TOBIT regression:
%Y=X*b+e, where L<=Y<=U
K=size(X,2);
beta=para(1:K);
sigma=para(K+1);
y_L=normcdf((L-X*beta)/sigma);
y_U=normcdf((X*beta-U)/sigma);
y_LU=normpdf((Y-X*beta)/sigma)/sigma;
y=(Y==L).*y_L+(L<Y&Y<U).*y_LU+(Y==U).*y_U;
y=max(y,eps);
if num==1
    f=log(y);
else
    f=-sum(log(y));
end
```

接下来我们通过生成的数据为例来说明函数 my_tobit_regress 的调用方法。我们在 MATLAB 主窗口下输入：

```
clear
N=300;
X=randn(N,2);
X=[ones(N,1),X];
beta=[1;2;3]; %设定参数
Y=X*beta+randn(N,1);%生成统计模型
L=-5;%设置因变量左边界
U=5;%设置因变量右边界
Y(Y>=U)=U;%生成右删失因变量
Y(Y<=L)=L;%生成左删失因变量
[para,stats]=my_tobit_regress(Y,X,L,U)%TOBIT 回归
```

得到结果如下：
para=

　　　　1.0168
　　　　2.0808
　　　　2.9319
　　　　1.0511
stats=
　　　　se：[4x1 double]
　　　　t：[4x1 double]
　　　　R_sq：0.8211
继续输入 stats.t，得到相应参数估计的 t 统计量如下：
ans=
　　　　15.5597
　　　　28.3089
　　　　36.9585
　　　　19.9000

函数 my_tobit_regress 的参数估计输出项 para 中前面除最后一个分量外的分量为 TOBIT 回归模型(6.9)中 β 的估计，而最后一个分量为残差的标准误差 σ 的估计。因此，参数 β 的极大似然估计量为(1.016 8，2.080 8，2.931 9)，参数 σ 的极大似然估计量为 1.051 1，β 和 σ 的估计值与参数的真实值[1;2;3;1]比较接近，并且 t 统计量在通常显著水平下均显著。函数中我们使用了 OLS 的参数估计作为最大化目标函数的初始值。

接下来我们在 MATLAB 主窗口下继续输入：
b=my_regress(Y,X,0)%OLS 回归
b=
　　　　0.8421
　　　　1.7076
　　　　2.4303

由以上结果可以看出，估计结果与真实值相差较远，这也验证了普通最小二乘法并不适合用来估计 TOBIT 回归模型。

如果因变量只是右删失，则我们只要将右边界 U 设为临界值，并将左边界 L 设为 −inf 即可；如果因变量只是左删失，则我们只要将左边界 L 设为临界值，并将右边界 U 设为 inf 即可。

下面的程序给出右删失因变量的 TOBIT 回归估计：

```
clear
N=300；
X=randn(N,2)；
```

```
X=[ones(N,1),X];
beta=[1;2;3];%设定参数
Y=X*beta+randn(N,1);
L=-inf;U=5;
Y(Y>=U)=U;
Y(Y<=L)=L;
[para,stats]=my_tobit_regress(Y,X,L,U)
```

得到结果如下：
para=
  1.0529
  1.9861
  3.1227
  0.9931
stats=
  se: [4x1 double]
  t: [4x1 double]
  R_sq: 0.8532

6.5.2 截尾回归模型中的参数估计

我们考察以下截尾回归模型：

$$Y = X\beta + \varepsilon \tag{6.11}$$

其中：$L \leqslant Y \leqslant U$，即不能观测到因变量在区间$[L, U]$之外的样本。

对于上述形式的截尾回归模型，我们通常也用最大似然估计方法来进行参数估计。对于观测值(Y_i, X_i)，$i = 1, 2, \cdots, N$，其对应的概率密度函数为：

$$g(Y_i \mid X_i, \beta, \sigma) = \frac{f\left(\frac{Y_i - X_i\beta}{\sigma}\right)/\sigma}{F\left(\frac{U - X_i\beta}{\sigma}\right) - F\left(\frac{L - X_i\beta}{\sigma}\right)} \tag{6.12}$$

其中：$F(\cdot)$表示标准正态分布的分布函数，$f(\cdot)$表示标准正态分布的概率密度函数。观测值对数似然函数的和为：

$$\ln L = \sum_{i=1}^{N} \{\ln[f((Y_i - X_i\beta)/\sigma)] - \ln(\sigma) - \ln[F((U - X_i\beta)/\sigma) - F((L - X_i\beta)/\sigma)]\}$$

最大化以上对数似然函数的和得到截尾回归模型的参数估计。基于以上似然函数，我们编写以下函数 my_truncated_regress 进行截尾回归模型的参数估计。

```
function [para,stats]=my_truncated_regress(Y,X,L,U)
%perform truncated regression:
%Y=X*b+e, where individuals with dependent variable Y
%out of the scope L<=Y<=U can not be observed
K=size(X,2);
[para0,stats0]=my_regress(Y,X,0);
para0(K+1)=stats0.std_residual;
[para,stdev]=my_mle('my_truncated_fun',para0,Y,X,L,U);
stats.se=stdev;
stats.t=para./stdev;
residuals=Y-X*para(1:K);
stats.R_sq=1-var(residuals)/var(Y);
```

上面函数中用到了辅助函数 my_tructed_fun，该函数定义了对数似然函数的和，其具体内容如下：

```
function f=my_truncated_fun(para,num,Y,X,L,U)
%give likelihood function for truncated regression:
%Y=X*b+e, where individuals with dependent variable Y
%out of the scope L<=Y<=U can not be observed
K=size(X,2);
beta=para(1:K);
sigma=para(K+1);
A=normcdf((U-X*beta)/sigma);
B=normcdf((L-X*beta)/sigma);
y=normpdf((Y-X*beta)/sigma)/sigma./(A-B);
y=max(y,eps);
if num==1
f=log(y);
else
f=-sum(log(y));
end
```

与函数 my_tobit_regress 类似,函数 y_truncated_regress 的参数估计输出项 para 中前面除最后一个分量外的分量为截尾回归模型(6.11)中 β 的估计,而最后一个分量为残差的标准误差 σ 的估计。接下来我们通过生成的数据为例来说明函数 my_truncated_regress 的调用方法。我们在 MATLAB 主窗口下输入:

```
clear
N=300;
X=randn(N,2);
X=[ones(N,1),X];
beta=[1;2;3];
Y=X*beta+randn(N,1);%生成回归统计模型
L=-5;%设置左边界
U=5;%设置右边界
[a,b]=find(Y>U|Y<L);
Y(a)=[];%将超出[L,U]之外的因变量删除
X(a,:)=[];%将因变量超出[L,U]之外所对应的自变量删除
[para,stats]=my_truncated_regress(Y,X,L,U)%进行截尾回归的参数估计
```

得到结果如下:
para=
    0.9979
    2.0636
    3.1390
    1.0174
stats=
    se:[4x1 double]
    t:[4x1 double]
    R_sq:0.8439

继续输入 stats.t,得到相应参数估计的 t 统计量如下:
ans=
    13.3271
    21.9990
    27.0757
    20.5381

同样函数 my_truncated_regress 既可以处理左截尾也可以处理右截尾的情形。对于

左截尾的情形,只要将左边界 L 设为某个临界值,将右边界 U 设为 inf 即可;对于右截尾的情形,只要将右边界 U 设为某个临界值,将左边界 L 设为-inf 即可。下面给出处理左截尾情形的例子。我们在 MATLAB 主窗口下输入:

```
clear
N=300;
X=randn(N,2);
X=[ones(N,1),X];
beta=[1;2;3];
Y=X*beta+randn(N,1);%生成回归统计模型
L=-5;%设置左边界
U=inf;%设置右边界
[a,b]=find(Y<L);
Y(a)=[];%将超出[L,U]之外的因变量删除
X(a,:)=[];%将因变量超出[L,U]之外所对应的自变量删除
[para,stats]=my_truncated_regress(Y,X,L,U)%进行截尾回归的参数估计
```

得到结果如下:
para=
    0.8623
    2.0939
    3.0356
    0.9866
stats=
    se：[4x1 double]
    t：[4x1 double]
    R_sq：0.9157

6.6 上证综合指数收益率广义双曲线分布的极大似然估计[①]

    金融资产收益率的分布,对金融资产投资、风险管理等具有重要意义,吸引了众多学者研究这个问题。现实金融数据的分布通常表现为厚尾性和不对称性,因此用正态分布拟合实际金融数据的分布有很大的局限性,比如在 VAR 的计算中,由于金融数据分布的

---

① 曹志广、王安兴、杨军敏,2005,股票收益率非正态性的蒙特卡罗模拟检验,财经研究,31,34—41。

厚尾性,在正态分布的假设条件下计算 VAR 会带来较大的误差。为此许多学者开始寻求更为合理的分布假设。

Mandelbrot 提出了用稳定分布代替金融数据正态分布的假设,但稳定分布的尾部通常比实际分布要更厚。因此,又有许多学者开始转向广义双曲线分布(Generalized Hyperbolic Distribution)。1977 年 Barndorff-Nielsen 提出了广义双曲线分布,Eberlein 和 Keller(1995)则首先将其应用到了金融领域,由于广义双曲线分布的尾部比稳定分布的尾部要"薄",因此广义双曲线分布在金融领域中得到了迅速发展。

广义双曲线分布的概率密度函数定义如下:

$$GH(x,\lambda,\alpha,\beta,\delta,\mu) = g(\lambda,\alpha,\beta,\delta,\mu)(\delta^2 + (x-\mu)^2)^{\lambda/2-0.25} K_{\lambda-0.5}(\alpha\sqrt{\delta^2+(x-\mu)^2})e^{\beta(x-\mu)}$$

其中:$K_\lambda(.)$ 为调整后的第二类 Bessel 函数。

$$g(\lambda,\alpha,\beta,\delta,\mu) = \frac{(\alpha^2-\beta^2)^{\lambda/2}}{\sqrt{2\pi}\alpha^{(\lambda-0.5)}\delta^\lambda K_\lambda(\delta\sqrt{\alpha^2-\beta^2})}$$

当 $\lambda > 0$ 时,$\delta \geq 0$,$|\beta| < \alpha$;当 $\lambda = 0$ 时,$\delta > 0$,$|\beta| < \alpha$;当 $\lambda < 0$ 时,$\delta > 0$,$|\beta| \leq \alpha$。

广义双曲线分布可以派生出以下两个分布:正态逆高斯分布(当 $\lambda = -0.5$)和双曲线分布(当 $\lambda = 1$)。

下面以 1990 年 12 月 20 日—2005 年 12 月 31 日的上证综指日对数收益率为例进行了广义双曲线分布的参数估计。

假定我们在 MATLAB 主窗口下已经得到上证综指日对数收益率 y,则在 MATLAB 主窗口下输入:

[para,std_dev]=my_mle('gh_log_fun',[−1;25;1;0.0005;0.02],y)

得到结果如下:

para=
   −0.8206
   8.1582
   0.7939
   0.0001
   0.0134
std_dev=
   0.0674
   2.0768
   0.8736
   0.0003

0.0008

函数 gh_log_fun 的具体形式如下：

```
function f=gh_log_fun(x,num,y)
lambda=x(1);alpha=x(2);beta=x(3);mu=x(4);delta=x(5);
a=(alpha^2-beta^2)^(lambda/2);
b=sqrt(2*pi)*alpha.^(lambda-0.5)*delta^(lambda);
c=besselk(lambda,delta*sqrt(alpha^2-beta^2));
g=a/(b*c);
a1=(delta^2+(y-mu).^2).^(lambda/2-0.25);
b1=besselk(lambda-0.5,alpha*sqrt(delta^2+(y-mu).^2));
c1=exp(beta*(y-mu));
y=g*a1.*b1.*c1;
if num==1
f=log(y);
else
f=-sum(log(y));
end
```

然后在 MATLAB 主窗口下输入：

```
[x,density]=my_empirical_density(y,200);
[xx,pdf]=gh_pdf(para,y);
h=figure;
set(h,'color','w')
plot(xx,pdf,'r-')
hold on
plot(x,density,'b:')
legend('generalized hyperbolic pdf','sample pdf',1)
```

以上结果得到上证综合指数样本概率密度函数与基于广义双曲线分布的概率密度函数的图形比较。由图 6.1 可以看出：广义双曲线很好地拟合了样本的经验分布。

上面程序中用到的函数 gh_pdf 为广义双曲线分布的概率密度函数，其具体内容如下：

```
function [xx,pdf]=gh_pdf(x,y)
xx=sort(y);
```

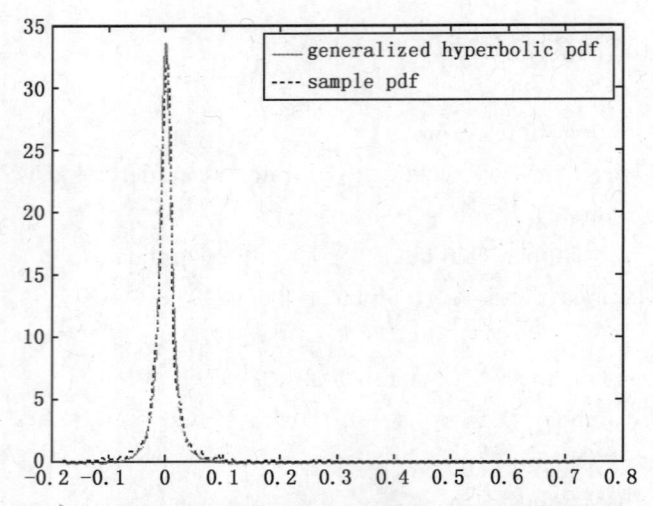

图 6.1　样本概率密度函数与广义双曲线分布的概率密度函数

```
lambda=x(1);alpha=x(2);beta=x(3);mu=x(4);delta=x(5);
a=(alpha^2-beta^2)^(lambda/2);
b=sqrt(2*pi)*alpha.^(lambda-0.5)*delta^(lambda);
c=besselk(lambda,delta*sqrt(alpha.^2-beta^2));
g=a/(b*c);
a1=(delta^2+(xx-mu).^2).^(lambda/2-0.25);
b1=besselk(lambda-0.5,alpha*sqrt(delta^2+(xx-mu).^2));
c1=exp(beta*(xx-mu));
pdf=g*a1.*b1.*c1;
```

在实际使用极大似然估计的过程中,参数的初始值设置是很重要的。值得提醒的是合适的初始值是很难找到的,Matlab7.0 版本提供了基于遗传算法的函数 ga,我们可以使用 ga 搜寻全局最优值,然后将其作为函数 fminsearch 的初始值。首先我们编写目标函数 ga_fun_001 如下:

```
function f=ga_fun_001(x)
global r
lambda=x(1);alpha=x(2);beta=x(3);mu=x(4);delta=x(5);
a=(alpha^2-beta^2)^(lambda/2);
b=sqrt(2*pi)*alpha.^(lambda-0.5)*delta^(lambda);
```

```
c=besselk(lambda,delta*sqrt(alpha.^2-beta^2));
g=a/(b*c);
a1=(delta^2+(r-mu).^2).^(lambda/2-0.25);
b1=besselk(lambda-0.5,alpha*sqrt(delta^2+(r-mu).^2));
c1=exp(beta*(r-mu));
y=g*a1.*b1.*c1;
f=-sum(log(y));
```

假定我们在 MATLAB 主窗口下已经得到上证综指指数 p,则在 MATLAB 主窗口下输入以下程序得到参数的极大似然估计:

```
global r
r=price2ret(p);
[para0,fv]=ga(@ga_fun_001,5);
[para,standard_deviation]=my_mle('gh_log_fun',para0',r);
```

接下来,我们讨论假定上证综合指数日收益率分布为正态逆高斯分布时,参数的极大似然估计。继续使用与前面相同的上证综合指数的数据,我们在 MATLAB 命令窗口下输入:

```
clear
x=xlsread('shindex');%读入数据,第一列为日期,第二列为日收盘价
y=price2ret(x(:,2));%将收盘价转化为日收益率
[para,std_dev]=my_mle('nig_log_fun',[40,-1.17,0.0006,0.012],y);
[x,density]=my_empirical_density(y,200);
[xx,pdf]=nig_pdf(para,y);%计算正态逆高斯分布的概率密度
h=figure;
set(h,'color','w')
plot(xx,pdf,'r-')
hold on
plot(x,density,'b:')
plot(x,normpdf(x,mean(y),std(y)),'k-')
legend('NIG pdf','sample pdf','normal pdf',1)
```

上面的程序运行后得到图形输出如图 6.2 所示。图中比较了样本概率密度函数、正态逆高斯分布(NIG)概率密度函数和正态分布概率密度函数的差异。可以看得出:正态

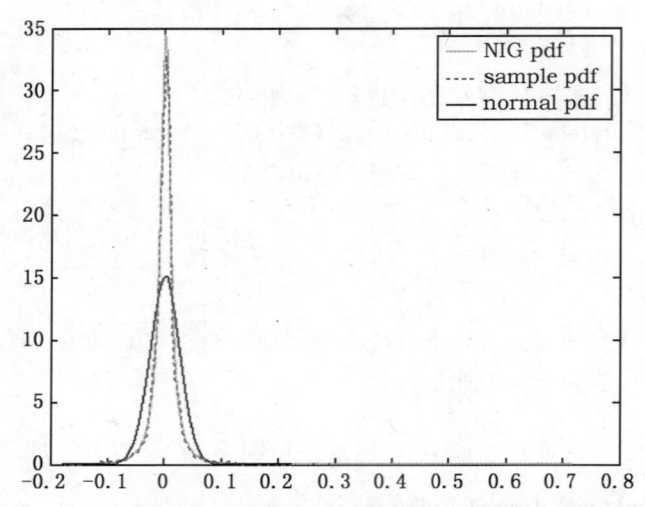

图 6.2 样本概率密度函数与正态逆高斯分布的概率密度函数

逆高斯的分布与实际数据的拟合还是比较好的。

前面程序中用到的函数 nig_log_fun 和 nig_pdf,具体内容分别如下:

```
function f=nig_log_fun(x,num,y)
lambda=-0.5;alpha=x(1);beta=x(2);mu=x(3);delta=x(4);
a=(alpha^2-beta^2)^(lambda/2);
b=sqrt(2*pi)*alpha.^(lambda-0.5)*delta^(lambda);
c=besselk(lambda,delta*sqrt(alpha.^2-beta^2));
g=a/(b*c);
a1=(delta^2+(y-mu).^2).^(lambda/2-0.25);
b1=besselk(lambda-0.5,alpha*sqrt(delta^2+(y-mu).^2));
c1=exp(beta*(y-mu));
y=g*a1.*b1.*c1;
if num==1
f=log(y);
else
f=-sum(log(y));
end
```

```
function [xx,pdf]=nig_pdf(x,y)
xx=sort(y);
lambda=-0.5;alpha=x(1);beta=x(2);mu=x(3);delta=x(4);
a=(alpha^2-beta^2)^(lambda/2);
b=sqrt(2*pi)*alpha.^(lambda-0.5)*delta^(lambda);
c=besselk(lambda,delta*sqrt(alpha.^2-beta^2));
g=a/(b*c);
a1=(delta^2+(xx-mu).^2).^(lambda/2-0.25);
b1=besselk(lambda-0.5,alpha*sqrt(delta^2+(xx-mu).^2));
c1=exp(beta*(xx-mu));
pdf=g*a1.*b1.*c1;
```

表 6.2 给出了 1997 年 1 月 2 日—2003 年 9 月 19 日期间共 1616 个交易日的上证综指日对数收益率广义双曲线分布，正态逆高斯分布和双曲线分布的参数估计。

表 6.2　　　　　　　　　　参数估计结果

分布类型	λ	α	β	δ	μ
广义双曲线分布	-0.9899	26.9363	-1.1789	0.0148	0.0006
正态逆高斯分布	-0.5000	44.0234	-1.3787	0.0121	0.0006
双曲线分布	1.0000	96.3572	-2.2519	0.0023	0.0008

图 6.3 则给出了正态分布、广义双曲线分布、正态逆高斯分布和双曲线分布与样本概率密度的差异。这里我们略去了相应的 MATLAB 程序，直接给出结果。

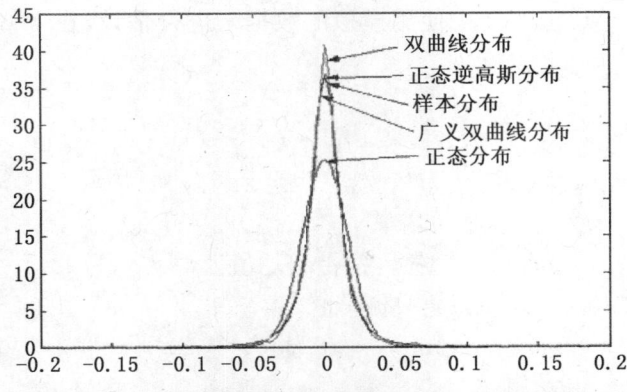

图 6.3　样本概率密度函数与几种理论分布的概率密度函数

6.7 MP 模型的极大似然估计

在金融分析中的优化问题一章中我们介绍了 MP 模型估计资产期望收益和协方差矩阵的方法,进而将估计结果应用于资产的配置。这里给出一个例子介绍我们如何应用极大似然方法来估计资产的期望收益和协方差矩阵。我们首先假定 CAPM 是刻画资产收益的基准模型,但遗漏了一个变量 Z,并与市场收益不相关。具体地,资产 i 的收益满足以下统计模型:

$$r_i = \beta_i r_m + \gamma_i Z + \varepsilon_i, \ i = 1, 2, \cdots, N$$

其中:资产的收益 r 和市场组合收益 r_m 都是扣除了无风险利率之后的收益。

但由于遗漏了变量 Z,因此,实际使用的定价模型为:

$$r_i = \alpha_i + \beta_i r_m + e, \ i = 1, 2, \cdots, N$$

定义 $\alpha = (\alpha_1, \alpha_2, \cdots, \alpha_N)'$,$\beta = (\beta_1, \beta_2, \cdots, \beta_N)'$,$\gamma = (\gamma_1, \gamma_2, \cdots, \gamma_N)'$,则 α 衡量了 N 个资产定价的偏差,并且

$$\alpha = \gamma E(Z)$$
$$\mathrm{Var}(e) = \gamma \gamma' \mathrm{Var}(Z) + \sigma^2 I$$

假定 N 个资产的收益服从联合正态分布,则可以通过极大似然估计方法利用已经观测到的 T 个观测值向量估计参数 $(\alpha, \beta, \sigma^2, S^2)$。进一步,资产收益的期望收益和协方差矩阵估计分别为:

$$\mu^{MP} = \alpha + \beta E(r_m)$$
$$V^{MP} = \frac{\alpha \alpha'}{S^2} + \beta \beta' * \mathrm{Var}(r_m) + \sigma^2 I$$

具体地,我们在 MATLAB 中使用模拟的数据来进行估计,在 MATLAB 主窗口下输入:

```
clear
r_m=randn(500,1);%产生市场收益(假定无风险利率为0)
beta=[1;1.1;1.2];%生成贝塔值
Z=1+randn(500,1);%产生遗漏变量 Z(均值为1,方差为1)
gamma=[0.2;0.4;0.5];%生成伽马值
r_stock=r_m*beta'+Z*gamma'+randn(500,3);%产生3个资产的收益
[m,n]=size(r_stock);
```

```
for i=1:n
b(:,i)=regress(r_stock(:,i),[ones(m,1),r_m]);
end
para0=[b(1,:)';b(2,:)';0;0];%确定参数的初始值
[para,std]=my_mle('my_mvn_mle_fun',para0,r_stock,r_m);%估计参数
alpha=para(1:n);alpha=alpha(:);
beta=para(n+1:2*n);beta=beta(:);
sigma_sq=exp(para(2*n+1));%还原参数值
S_sq=exp(para(2*n+2));%还原参数值
mu=alpha+beta*mean(r_m);%资产期望收益的估计值
cov_matrix=alpha*alpha'/S_sq+beta*beta'*var(r_m)+sigma_sq*eye(n);
%资产收益协方差矩阵的估计值
```

在模型设置中,我们设定的真实参数为:

$$\alpha = (0.2, 0.4, 0.5)', \beta = (1, 1.1, 1.2)', \sigma^2 = 1, S^2 = 1$$

我们使用金融分析中的优化问题一章中介绍的技巧,将有约束的参数估计转化为了无约束的参数估计。估计的参数分别如下:

alpha =
    0.1828
    0.3527
    0.5200
beta =
    0.9660
    1.1386
    1.2498
sigma_sq =
    0.9947
S_sq =
    0.8266

进一步得到资产收益的期望收益和协方差矩阵估计分别为:

mu =
    0.2018
    0.3751
    0.5446

```
cov_matrix =
    1.9376    1.1415    1.2824
    1.1415    2.3987    1.5978
    1.2824    1.5978    2.8323
```

以上程序中用到的辅助函数 my_mvn_mle_fun 如下：

```
function f=my_mvn_mle_fun(para,num,r_stock,r_m)
[m,n]=size(r_stock);
alpha=para(1:n);alpha=alpha(:);
beta=para(n+1:2*n);beta=beta(:);
sigma_sq=exp(para(2*n+1));%确保方差为正
S_sq=exp(para(2*n+2));%确保夏普比率的平方为正
mu=zeros(1,n);
sigma=alpha*alpha'/S_sq+sigma_sq*eye(n);
x=r_stock-ones(m,1)*alpha'-r_m*beta';
y=max(mvnpdf(x,mu,sigma),eps);
if num==1
    f=log(y);
else
    f=-sum(log(y));
end
```

复习与思考题

1. 考虑线性回归模型：$Y=X\beta+\varepsilon$，假定 $\varepsilon \sim N(0,\sigma^2)$，但增加参数 β 的约束条件：$\beta \geq 0$，并且 $\beta'e=1$，e 表示所有元素为 1 的列向量。试用极大似然估计方法估计参数 β 以及残差的标准差 σ。

2. 假定股票市场呈现三种状态：震荡、上涨和下跌，相应的概率分别为 α_1，α_2 和 $1-\alpha_1-\alpha_2$；在震荡状态下，股票收益服从均值为 0、标准差为 σ_0 的正态分布；在上涨状态下，股票收益服从均值为 μ_1、标准差为 σ_1 的正态分布；在下跌状态下，股票收益服从均值为 μ_2、标准差为 σ_2 的正态分布。试利用上证综合指数的历史数据和极大似然估计方法，估计以上模型的参数 $(\alpha_1, \alpha_2, \mu_1, \mu_2, \sigma_0, \sigma_1, \sigma_2)$，并给出相应的 t 统计量。

参考答案

1. 提示：使用文中的函数 my_con_mle。
2. 参考文中混合正态分布的例子。

7 广义矩估计

本章介绍广义矩估计(Generalized Method of Moments，GMM)在金融领域中的应用。GMM 在金融研究和应用中有十分重要的应用,在许多实证分析中都需要用到GMM。比如:在经典普通最小二乘法的线性回归分析中,我们要求干扰项不存在自相关和异方差,并且回归的自变量与干扰项不相关。如果违反了上述条件之一,我们就需要采取补救措施。比如:当自变量与残差相关时,我们可以利用工具变量,采用 GMM 就可以方便地直接进行参数估计。实际上我们前面介绍的 OLS、极大似然估计等方法都可以看成是 GMM。当然,由于 GMM 给出的是一致估计量,因此 GMM 适用于大样本的参数估计。本章在对 GMM 的基本原理进行阐述的基础上给出了相应的 MATLAB 函数,并通过线性回归模型和常用的利率模型对 GMM 的具体应用给出了示例。

7.1 广义矩估计的基本原理

为对广义矩估计的基本原理做一个简单了解,我们看一个简单例子。我们经常用随机样本的均值(样本统计量)来估计总体的均值,这实际上可以看成广义矩估计。令总体的均值为 μ,方差为 σ^2。由于样本的均值为一样本统计量,其本身也为随机变量 $\overline{X}$,其均值和方差满足: $E(\overline{X}) = \mu$, $\mathrm{Var}(\overline{X}) = \frac{1}{n}\sigma^2$,因此随着样本容量 N 增加,样本的均值 $\overline{X}$ 一致收敛于总体的均值 μ。我们用 $\overline{x} = \frac{1}{n}\sum_{i=1}^{n} x_i$ 来估计 μ,这实际上用到了总体的矩条件: $E(X) = \mu$,其对应的样本矩条件为:

$$m_1 = \frac{1}{n}\sum_{i=1}^{n} x_i - \hat{\mu} \tag{7.1}$$

这里 m_1 也是一个样本统计量。如果只有一个待估计的参数,则一个样本矩条件就可以给出参数的估计量,令 $m_1 = 0$,即可得到参数 μ 的估计量 $\hat{\mu}$ 为 $\frac{1}{n}\sum_{i=1}^{n} x_i$。当然 σ 的估计量可以用以下样本矩条件估计:

$$m_2 = \frac{1}{n}\sum_{i=1}^{n}(x_i - \hat{\mu})^2 - \hat{\sigma}^2 \tag{7.2}$$

同时使用以上两个样本矩条件,正好可以得到均值和标准差的估计量 $(\hat{\mu}, \hat{\sigma})$。如果总体是服从正态分布的,则理论上而言,偏度为 0,因此,我们还可以利用样本的三阶样本矩条件来估计参数 (μ, σ):

$$m_3 = \frac{1}{n}\sum_{i=1}^{n}((x_i - \hat{\mu})/\hat{\sigma})^3 = 0 \tag{7.3}$$

这样我们可以利用样本矩条件式(7.1)和式(7.3)来估计参数 (μ, σ),当然也可以利用样本矩条件(7.2)和(7.3)来估计。当然我们还可以同时利用样本矩条件式(7.1)、式(7.2)和式(7.3)来估计参数。一般地,如果有 K 个待估计的参数,则需要 $L \geqslant K$ 个矩条件才能估计参数。广义矩估计的基本原理就是将上述问题一般化。具体的,在随机抽样中,样本统计量将依概率收敛到某个常数,而这个常数又是待估参数的函数。因此,为了估计 K 个参数,我们至少需要 K 个样本统计量(这里我们使用样本矩条件)。

记待估计的参数为 θ,其估计量记为 $\hat{\theta}$,L 个样本矩条件构成的向量为:

$$m(\hat{\theta}) = (m_1(\hat{\theta}), m_2(\hat{\theta}), \cdots, m_L(\hat{\theta}))'$$

其中:

$$m_i(\hat{\theta}) = \frac{1}{T}\sum_{j=1}^{T}m_{i,j}(\hat{\theta}),\ i = 1, 2, \cdots, L,\ j = 1, 2, \cdots, T$$

T 为观测样本的个数。以前面用 T 个 X 的观测值 $x_1, x_2, \cdots, x_T$ 来估计 X 的均值和标准差为例,样本矩条件为:

$$m(\hat{\theta}) = (m_1(\hat{\theta}), m_2(\hat{\theta}))'$$

其中:

$$\hat{\theta} = (\hat{\mu}, \hat{\sigma})$$

$$m_1(\hat{\theta}) = \frac{1}{T}\sum_{j=1}^{T}m_{1,j}(\hat{\theta})$$

$$m_{1,j}(\hat{\theta}) = x_j - \hat{\mu},\ j = 1, 2, \cdots, T$$

$$m_2(\hat{\theta}) = \frac{1}{T}\sum_{j=1}^{T}m_{2,j}(\hat{\theta})$$

$$m_{2,j}(\hat{\theta}) = (x_j - \hat{\mu})^2 - \hat{\sigma}^2, \ j = 1, 2, \cdots, T$$

一般地，我们经常用 GMM 估计以下模型中的参数：

$$Y = f(X, \theta) + \varepsilon \tag{7.4}$$

其中 Y 为因变量，X 为自变量。GMM 并不要求 $E(X'\varepsilon) = 0$，但要求残差与工具变量 Z 之间是不相关的，具体地，GMM 要求 $E(Z'\varepsilon) = 0$。因此，我们可以将 $E(Z'\varepsilon) = 0$ 作为矩条件来进一步估计参数。

假定观测值数量为 T，因变量观测值为 T 行一列的矩阵，自变量 X 的观测值为 T 行 M 列的矩阵，工具变量的观测值为 T 行 L 列的矩阵，显然这里要求 $L \geqslant K$，即工具变量的个数要不低于参数的个数。其中：K 为参数 θ 中分量的个数。我们利用 $E(Z'\varepsilon) = 0$ 为矩条件来建立样本矩条件，则有 L 个样本矩条件来估计 K 个参数。

记样本残差 $e = Y - f(X, \hat{\theta})$，则样本矩条件向量可以写成：

$$m(\hat{\theta}) = \frac{1}{T} \sum_{j=1}^{T} z_j' e_j = \frac{1}{T} Z'e$$

z_j 表示工具变量矩阵 Z 的第 j 行，e_j 表示残差矩阵的第 j 行。记 $\tilde{m}_j(\hat{\theta}) = z_j' e_j$，$j = 1, 2, \cdots, T$，则 $m(\hat{\theta}) = \frac{1}{T} \sum_{j=1}^{T} \tilde{m}_j(\hat{\theta})$。更一般地，我们可以将其表示为 $\tilde{m}_j(\hat{\theta}) = e_j \otimes z_j$，其中 $\otimes$ 表示克罗内克积（Kroneker product）。

下面我们以线性回归为例来进一步说明如何表示样本矩条件[①]。考虑以下一元线性回归模型：

$$y = \alpha + \beta x + \varepsilon$$

假定观测值 (x_j, y_j) 为：$(0, 1), (1, 3), (2, 5)$，因此，样本残差为

$$e_j = y_j - (\alpha + \beta x_j), \ j = 1, 2, 3$$

即 $e_1 = 1 - \alpha$，$e_2 = 3 - (\alpha + \beta)$，$e_3 = 5 - (\alpha + 2\beta)$，$e = (e_1, e_2, e_3)'$

工具变量可以选择为 $z_j = [1, x_j]$，$j = 1, 2, 3$

样本矩条件向量为：

$$m(\hat{\theta}) = \frac{1}{3} \sum_{j=1}^{3} \begin{bmatrix} 1 \\ x_j \end{bmatrix} e_j = \frac{1}{3} \sum_{j=1}^{3} \begin{bmatrix} e_j \\ x_j e_j \end{bmatrix} = \begin{pmatrix} 3 - \alpha - \beta \\ 13/3 - \alpha - 5/3\beta \end{pmatrix}$$

令样本矩条件为 0 得到参数的估计：$\alpha = 1$，$\beta = 2$

[①] Michael T. Cliff, 2003, GMM and MINZ Program Libraries for Matlab, handbook, 与此相关的 GMM 软件包可在以下网址下载：http://www.mgmt.purdue.edu/faculty/mcliff/progs.html。

由于 $\tilde{m}_j(\hat{\theta}) = e_j \otimes z_j = e_j \otimes [1, x_j]$，因此，

$$\tilde{m}_1(\hat{\theta}) = (1-\alpha, 0)$$
$$\tilde{m}_2(\hat{\theta}) = (3-\alpha-\beta, 3-\alpha-\beta)$$
$$\tilde{m}_3(\hat{\theta}) = (5-\alpha-2\beta, 10-2\alpha-4\beta)$$

记 $\tilde{m}(\hat{\theta}) = \begin{pmatrix} \tilde{m}_1(\hat{\theta}) \\ \tilde{m}_2(\hat{\theta}) \\ \tilde{m}_3(\hat{\theta}) \end{pmatrix} = \begin{pmatrix} 1-\alpha & 0 \\ 3-\alpha-\beta & 3-\alpha-\beta \\ 5-\alpha-2\beta & 10-2\alpha-4\beta \end{pmatrix}$

因此，$\tilde{m}(\hat{\theta})$ 中每一列的平均值就对应了样本矩条件 $m(\hat{\theta})$。

7.2 广义矩估计的参数估计

7.2.1 参数估计

如果参数的个数与矩条件个数一样多，则模型"恰好识别"，如果矩条件的个数 L 超过参数的个数 K，则模型"过度识别"，不可能找到合适的参数使得所有矩条件都严格等于 0。此时，对于参数的估计可以通过最小化以下函数得到参数的估计值：

$$G(\hat{\theta}) = m(\hat{\theta})'Wm(\hat{\theta}) \tag{7.5}$$

这里 W 是权重矩阵，用来权衡不同矩条件的相对重要性，而最优的权重 W 是依赖于最优的参数值的，然而最优的参数值正是我们要求的，现在我们并不知道。因此在实际中是这样处理的：

第一步设定权重矩阵为单位矩阵：$W_0 = I$

第二步求解以下优化问题：$\hat{\theta}_1 = \arg\min m(\hat{\theta})' W_0 m(\hat{\theta})$

第三步得到调整后的权重矩阵 $W_1 = f(\hat{\theta}_1)$

第四步使用调整后的权重重复第二步和第三步直到权重矩阵收敛

接下来我们讨论权重的调整函数 $W = f(\hat{\theta})$，这里我们仅介绍 Hansen(1982) 的方法[①]。Hansen 认为权重应该设为 $W = S^{-1}$，S 被称为谱密度矩阵，其估计量 $\hat{S}$ 可以通过以下方式进行（考虑了残差的异方差和自相关）：

$$\hat{S} = \hat{S}_0 + \sum_{j=1}^{J} q_j (\hat{S}_j + \hat{S}_j')$$

---

① Hansen, L., 1982, Large sample properties of generalized method of moments estimators, Econometrica, 50, 1029-1054.

$$\hat{S}_j = \frac{1}{T}\sum_{t=j+1}^{T} \widetilde{m}_t(\hat{\theta})' \widetilde{m}_{t-j}(\hat{\theta})$$

$$q_j = 1 - j/(J+1)$$

J 为残差自相关的滞后阶数,在实际应用中通常可以取为$[T^{1/3}]$,$[\ ]$表示取整。

7.2.2 参数估计的标准误差

在得到参数的估计量 $\hat{\theta}$ 后,接下来的问题就是参数估计的标准误,在大样本条件下 $\hat{\theta}$ 渐进服从均值为 θ 的正态分布,其渐进协方差矩阵为 $[M'S^{-1}M]^{-1}/T$,其中 $M = \frac{\partial m(\hat{\theta})}{\partial \hat{\theta}}$,在实际应用中 M 通常使用数值方法得到(具体参见极大似然估计的相关内容),S^{-1} 就是估计参数时的最优权重矩阵。将 $[M'S^{-1}M]^{-1}/T$ 的对角线元素开根号就得到参数估计的标准误。

7.2.3 样本矩条件的检验

如果样本矩条件的个数 L 超过参数的个数 K,则一般情形下,不可能所有矩条件都严格等于0。但如果矩条件理论上都成立,则所有样本矩条件应该不会偏离0太远。通常我们可以构造统计量 $G(\hat{\theta}) * T$,其中:$\hat{\theta}$ 为最后得到的参数估计。该统计量服从自由度为 $L-K$ 的 χ^2 分布。在一定显著水平下,如果该统计量大于相应的临界值,则说明样本矩条件的约束可能存在问题。

7.3 广义矩估计的MATLAB函数

基于以上原理,我们编写以下函数 my_gmm,使用 GMM 对模型(7.4)中没有约束的参数进行估计。如果参数受到约束,则可以使用我们前面在第六章介绍的方法,在定义样本矩条件函数时将受到约束条件限制的参数转化为无约束条件的参数即可。

```
function [para,stats]=my_gmm(moment,para0,Y,X,Z,number,L)
%This program is for GMM estimation base on the following model
%Y=f(X,parameter)+e
%input:
%moment: moment conditions function defined by users
%para0:initial values for estimated parameters
%Y: data for dependent variable
```

```
%X: data for independent variables
%Z: data for instrument variables
% number: maximum convergence number when choosing optimal weighting matrix
%L: number of moment conditions
%output:
%para: estimated parameters
%stats: a structure variable, its fields represent as follows:
%std: standard errors for estimated parameters
%t_stat: T statistics for each estimated parameter
%V: covariance matrix for estimated parameters
%it: number of iterations
%%chi_stat: chi2 statistic for over-identifying test, null hypothesis
%is moment conditions are feasible
%p: P value for chi2 statistics
%%%%%%%%%%%%%%%%%%%%%%%%%%%%%%main function
nlag=round(size(Y,1)^(1/3));
W(:,:,1)=eye(L);
[para(:,1),fv(:,1)]=fminsearch(moment,para0,[],1,Y,X,Z,W(:,:,1));
% update weight matrix and find optimal solution
for i=2:number
mom=feval(moment,para(:,i-1),2,Y,X,Z,W(:,:,i-1));
W(:,:,i)=my_gmm_weight(mom,nlag);
[para(:,i),fv(i)]=fminsearch(moment,para(:,i-1),[],1,Y,X,Z,W(:,:,i));
if abs(fv(i)-fv(i-1))/abs(fv(:,i-1))<1e-4|fv(i)<=1e-10
break
end
end
it=i;
if it==number
error('number of iteration exceeds defined maximum number')
else
para=para(:,it);% optimal parameter
f0=feval(moment,para,3,Y,X,Z,W(:,:,it));
```

```matlab
% moment conditions at optimal estimates
% find covariance matrix of the estimates by numerical method
for j=1:length(para)
a=zeros(length(para),1);
eps=max(para(j)*1e-6,1e-5);
a(j)=eps;
M(:,j)=(feval(moment,para+a,3,Y,X,Z,W(:,:,it))-f0)/eps;
end
end
%%%%%%%%
stats.V=pinv(M'*W(:,:,it)*M)/size(Y,1);
stats.std=sqrt(diag(stats.V));
stats.t_stat=para./(stats.std);
stats.chi_stat=size(Y,1)*fv(it);
if L>length(para0)
stats.p=1-chi2cdf(stats.Chi_stat,L-length(para0));
else
stats.p=nan;
end
stats.it=it;
%%%%%%%%%%%%%%%%%%%%%%%%%%
%auxiliary function to find the weight matrix using Newey and West method
function W=my_gmm_weight(mom,nlag)
q=size(mom,2);T=size(mom,1);
a2=zeros(q,q);a3=zeros(q,q);
for j=1:nlag
a1=zeros(q,q);
for i=j+1:T
a1=mom(i,:)'*mom(i-j,:)+a1;
end
S(:,:,j)=a1/T;
a2=(1-j/(nlag+1))*S(:,:,j)+a2;
a3=(1-j/(nlag+1))*S(:,:,j)'+a3;
end
```

```
b1=zeros(q,q);
for i=1:T
b1=mom(i,:)' * mom(i,:)+b1;
end
if nlag==0
newS=b1/T;
else
newS=a2+a3+b1/T;
end
W=pinv(newS);
```

函数 my_gmm 的调用格式如下：[para,stats]=my_gmm(moment,para0,Y,X,Z,number,L)

其中：moment 为用户定义的函数，该函数定义了矩条件；para0 为参数的初始值；Y，X 和 Z 分别为因变量、自变量和工具变量数据；number 为寻找最优权重 W 时的最大迭代次数；L 为矩条件的个数；输出项 para 为参数的 GMM 估计量；stats 为结构性变量，其下面的属性 V、std、t_stat、chi_stat、p 和 it 分别表示参数估计的协方差矩阵、参数估计的 t 统计量、矩条件约束检验的 χ^2 统计量、χ^2 统计量所对应的 P 值和寻找最优权重 W 时实际的迭代次数。

7.4 广义矩估计的应用

7.4.1 线性回归模型的 GMM 估计

下面我们给出 GMM 应用的一个简单例子，考虑用 GMM 估计以下形式的一元回归模型中的参数(α, β)：

$$Y = \alpha + \beta X + \varepsilon$$

我们利用以下两个矩条件来进行广义矩估计：

$$E(\varepsilon) = E(Y - \alpha - \beta X) = 0$$
$$E(X\varepsilon) = E[X(Y - \alpha - \beta X)] = 0$$

在 MATLAB 主窗口下输入：

```
clear
```

```
kk=1000;
X=randn(kk,1);
Y=1+2*X+randn(kk,1)/3;%生成一元线性统计回归模型
Z=[ones(kk,1),X];%定义工具变量
number=100;%定义最大迭代次数为100
para0=[0;1];%设定参数的初始值
[para,Stats]=my_gmm('my_linearmodel01',para0,Y,X,Z,number,2);
```

得到:
para=
    1.0144
    1.9802
Stats.t_stat=
    87.3992
    178.1722

估计的结果与参数的真实值(1,2)非常接近。上面的程序用到自定义的矩条件函数my_linearmodel01,其具体内容为:

```
function f=my_linearmodel01(para,num,Y,X,Z,W)
[T,q]=size(Y);
alpha=para(1);
beta=para(2);
eta=[Y-(alpha+beta*X)];
for i=1:T
m_t(i,:)=kron(eta(i,:),Z(i,:));
end
m=mean(m_t)';
obj=m'*W*m;
if num==1
f=obj;
elseif num==2
f=m_t;
elseif num==3
f=m;
```

```
end
```

注意:函数 my_linearmodel01 中输入项 num 控制了函数的输出,函数中关于这一部分程序(以黑斜体表示)是固定的结构,与主函数 my_gmm 相对应,读者不要随意更改。

为了与 OLS 进行比较,我们在 Matlab 主窗口下输入:

[b, stats]=my_mregress(Y, X, 1);

OLS 估计得到的参数估计为(1.014 3, 1.980 2),t 统计量为 93.304 和 171.95,这与 GMM 得到的结果非常一致。

如果我们将残差的标准差 σ 也作为参数来估计,则我们增加一个新的矩条件:

$$E(\varepsilon^2) - \sigma^2 = E[(Y - \alpha - \beta X)^2] - \sigma^2 = 0$$

这样我们利用 3 个矩条件来估计三个参数,我们将函数 my_linearmodel01 略作以下修改,将 σ^2 而不是 σ 作为第三个参数,并且另存为文件 my_linearmodel02:

```
function f=my_linearmodel02(para,num,Y,X,Z,W)
[T,q]=size(Y);
alpha=para(1);
beta=para(2);
sigma_sq=para(3);
eta=[Y-(alpha+beta*X)];
for i=1:T
m_t(i,:)=kron(eta(i,:),Z(i,:));
end
m_t=[m_t,eta.^2-sigma_sq];
m=mean(m_t)';
obj=m'*W*m;
if num==1
f=obj;
elseif num==2
f=m_t;
elseif num==3
f=m;
end
```

然后,我们继续沿用前面的数据,在 MATLAB 命令窗口下输入:

[para,stats]=my_gmm('my_linearmodel02',[0;1;2],Y,X,Z,100,3);

得到参数估计和相应的 t 统计量分别为：

para=

    1.0122

    1.9969

    0.1107

Stats.t_stat=

    86.2702

    221.4262

    23.1032

方差估计的结果为 0.1107，开根号后得到标准差 σ 的估计量为 0.3327，这与残差真实的标准差 1/3 非常接近，对参数(α, β)的估计为(1.0122, 1.9969)，与真实参数值(1, 2)也非常接近。

当然，我们还可以再增加一个矩条件来估计参数(α, β, σ^2)：

$$E(\varepsilon^3) = E[(Y - \alpha - \beta X)^3] = 0$$

上面的矩条件与正态分布随机变量的偏度为 0 是相对应的，我们将函数 my_linearmodel02 略作以下修改，并且另存为文件 my_linearmodel03：

```
function f=my_linearmodel03(para,num,Y,X,Z,W)
[T,q]=size(Y);
alpha=para(1);
beta=para(2);
sigma_sq=para(3);
eta=[Y-(alpha+beta*X)];
for i=1:T
m_t(i,:)=kron(eta(i,:),Z(i,:));
end
m_t=[m_t,eta.^2-sigma_sq,eta.^3];
m=mean(m_t)';
obj=m'*W*m;
if num==1
f=obj;
elseif num==2
```

```
    f=m_t;
elseif num==3
    f=m;
end
```

然后,我们继续沿用前面的数据,在 MATLAB 命令窗口下输入:
[para,stats]=my_gmm('my_linearmodel03',[0;1;2],Y,X,Z,100,4);
得到参数估计和相应的 t 统计量分别为:
para=
　　1.0104
　　1.9973
　　0.1070
Stats.t_stat=
　　88.4796
　　227.3682
　　24.0097
stats.chi_stat=
　　2.1580
stats.p=
0.1418

参数估计的结果与前面的估计类似,这里我们用 4 个矩条件来估计 3 个参数,因此存在不当矩条件的可能,矩条件约束检验的 χ^2 统计量为 2.158,相应的 P 值为 0.1418,因此在通常的显著水平下,我们不能拒绝所用的 4 个矩条件是合适的原假设。

在使用 GMM 估计参数时,矩条件的选择是多种多样的,比如上面线性回归的例子,我们还可以利用以下 4 个矩条件估计参数 $(\alpha, \beta, \sigma^2)$:

$$E(\varepsilon) = E(Y - \alpha - \beta X) = 0$$
$$E(X\varepsilon) = E[X(Y - \alpha - \beta X)] = 0$$
$$E(\varepsilon^2) - \sigma^2 = E[(Y - \alpha - \beta X)^2] - \sigma^2 = 0$$
$$E[X((Y - \alpha - \beta X)^2 - \sigma^2)] = 0$$

基于以上分析,我们定义以下矩条件函数 my_linearmodel04:

```
function f=my_linearmodel04(para,num,Y,X,Z,W)
[T,q]=size(Y);
alpha=para(1);
```

7 广义矩估计

```
beta=para(2);
sigma_sq=para(3);
eta=[Y-(alpha+beta*X)];
eta=[eta,eta.^2-sigma_sq];
for i=1:T
m_t(i,:)=kron(eta(i,:),Z(i,:));
end
m=mean(m_t)';
obj=m'*W*m;
if num==1
f=obj;
elseif num==2
f=m_t;
elseif num==3
f=m;
end
```

然后,我们继续沿用前面的数据,在 MATLAB 命令窗口下输入:

[para,stats]=my_gmm('my_linearmodel04',[0;1;2],Y,X,Z,100,4);

得到参数估计等结果分别为:

para=
    1.0122
    1.9970
    0.1107
Stats.t_stat=
    88.1566
    227.1560
    21.6950
stats.chi_stat=
0.0185
stats.p=
0.8919

从结果来看:矩条件约束检验的 χ^2 统计量为 0.018 5,相应的 P 值为 0.891 9,因此在通常的显著水平下,我们仍然不能拒绝所用的 4 个矩条件是合适的原假设。

7.4.2 利率模型参数的 GMM 估计

在利率衍生品定价和利率套期保值的研究和实践过程中,我们经常假定利率的变动服从某些随机过程,大部分常用的连续时间下的利率模型可以归结为以下统一模型[①]:

$$dr = (\alpha + \beta r)dt + \sigma r^{\gamma} dZ \tag{7.6}$$

其中:r 为利率,$dZ = \varepsilon \sqrt{dt}$,为布朗运动,$\varepsilon$ 服从标准正态分布。

如果对式(7.6)中的参数($\alpha, \beta, \sigma, \gamma$)作某些限制,则模型(7.6)衍生出以下常见的几种连续时间下的利率模型:

Merton 模型:$\beta = 0, \gamma = 0, dr = \alpha dt + \sigma dZ$

Vasicek 模型:$\gamma = 0, dr = (\alpha + \beta r)dt + \sigma dZ$

CIR SR 模型:$\gamma = 0.5, dr = (\alpha + \beta r)dt + \sigma r^{0.5} dZ$

Dothan 模型:$\alpha = \beta = 0, \gamma = 1, dr = \sigma r dZ$

GBM 模型:$\alpha = 0, \gamma = 1, dr = \beta r dt + \sigma r dZ$

Brennan-Schwartz 模型:$\gamma = 1, dr = (\alpha + \beta r)dt + \sigma r dZ$

CIR VR 模型:$\alpha = \beta = 0, \gamma = 1.5, dr = \sigma r^{1.5} dZ$

CEV 模型:$\alpha = 0, dr = \beta r dt + \sigma r^{\gamma} dZ$

通常我们将模型(7.6)进行离散化处理后进行参数估计。即用以下离散化模型(7.7)代替(7.6)进行参数估计:

$$r_t - r_{t-1} = (\alpha + \beta r_{t-1}) + \sigma r_{t-1}^{\gamma} \varepsilon_t \tag{7.7}$$

定义:$\sigma r_{t-1}^{\gamma} \varepsilon_t = \varsigma_t$,则 $E(\varsigma_t) = 0, E(\varsigma_t^2) = \sigma^2 r_{t-1}^{2\gamma}$。

我们可以利用上面两个矩条件进行 GMM 估计,关于工具变量,我们可以选择 $z_t = [1, r_{t-1}]$ 作为工具变量。基于以上思想,同时利用工具变量构造的另外 2 个矩条件,我们得到以下 4 个矩条件:

$$m(\hat{\theta}) = \begin{bmatrix} E(\varsigma_t) \\ E(\varsigma_t r_{t-1}) \\ E[\varsigma_t^2 - \sigma^2 r_{t-1}^{2\gamma}] \\ E[(\varsigma_t^2 - \sigma^2 r_{t-1}^{2\gamma}) r_{t-1}] \end{bmatrix}$$

模型(7.7)中有 4 个参数,4 个矩条件正好可以用来进行满足 GMM 估计要求的最低数量的矩条件个数。调用函数 my_gmm 估计时,我们做以下设置:因变量 $Y = r_t - r_{t-1}$,自变量 $X = r_{t-1}$,工具变量 $Z = [1, X]$。

[①] Chan, K. C., G. Andrew Karolyi, Francis Longsta, and Anthony Sanders, 1992, An empirical comparison of alternative models of the short-term interest rate, Journal of Finance, 47, 1209-1227.

下面我们利用 MATLAB 生成满足模型(7.7)的利率的随机序列,我们对参数不加任何限制,然后利用 GMM 对生成的利率序列使用 GMM 估计方法估计模型(7.7)中的参数($\alpha, \beta, \sigma^2, \gamma$)。注意:这里我们将 σ^2 看成了其中一个参数。通过对模拟数据的参数估计,我们可以比较 GMM 参数的估计量与参数真实值的差别。我们首先编写函数 my_interest_model 定义模型(7.7)的矩条件:

```
function f=my_interest_model(para,num,Y,X,Z,W)
[T,q]=size(Y);
alpha=para(1);
beta=para(2);
sigsq=para(3);
gamma=para(4);
eta=[Y-(alpha+beta*X),(Y-(alpha+beta*X)).^2-sigsq*X.^
    (2.^gamma)];
for i=1:T
    m_t(i,:)=kron(eta(i,:),Z(i,:));
end
m=mean(m_t)';
obj=m'*W*m;
if num==1
    f=obj;
elseif num==2
    f=m_t;
elseif num==3
    f=m;
end
```

然后,我们在 MATLAB 命令窗口下生成利率时间序列 r_t、差分后的利率变化序列(因变量)Y,自变量序列 X,以及由 1 和 X 构成的工具变量 Z。我们在 MATLAB 命令窗口下输入:

```
clear
x(1)=0.01;%设定初始利率
%设定模型(7.7)的参数值
alpha=0.4;
```

```
beta=-0.1;
sigmasq=0.1;
gamma=0.6;
%%%%%%%%%%%%%%%%
dt=1;
t=1:dt:500;
%生成利率序列r_t
for i=1:length(t)
x(i+1)=x(i)+(alpha+beta*x(i))*dt+sqrt(sigmasq)*x(i)^(gamma)*…
randn(1)*sqrt(dt);
end
%%%%%%%%%%%
Y=diff(x)';%利率差分序列 Y=r_t-r_{t-1}
X=x(1:end-1)';%自变量序列 X=r_{t-1}
Z=[ones(length(Y),1),X];%工具变量 Z=[1,X]
```

在生成数据后，我们继续在 MATLAB 命令窗口下输入：

```
para0=[0.5;-0.2;0.2;1];%设定参数的初始值
number=20;%设定最大迭代次数
moment='my_interest_model';
L=4;%矩条件个数
[para,stats]=my_gmm(moment,para0,Y,X,Z,number,L)%进行 GMM 估计
```

得到的结果如下：
para=
    0.3955
   -0.0973
    0.0736
    0.7245
stats=
    V：[4x4 double]
    std：[4x1 double]
    t_stat：[4x1 double]

chi_stat: 3.3158e−007

p: NaN

it: 3

输入 stats.t_stat 得到相应的 t 统计量为：

3.9658

−3.3772

3.7704

8.2770

参数的 GMM 估计为(0.3955，−0.0973，0.0736，0.7245)，这与参数的真实值(0.4，−0.1，0.1，0.6)比较接近。相应的 t 统计量也表明这些估计量在通常显著水平下显著不同于 0。从输出结果来看，迭代次数为 3，这表明选择最优权重时的迭代次数为 3 次。

接下来，我们以我国银行间拆借利率数据利率观测序列应用 GMM 对模型(7.6)中的参数进行估计，另外，我们还可以对参数受到限制的 Merton 模型、Vasicek 模型等 8 种模型中的参数也使用 GMM 估计方法进行估计。

我们选取 2009/6/8—2012/1/6 期间 30 天期拆借利率的日数据(包含了 540 天的拆借利率数据，如图 7.1 所示)，利率的数值已经去掉了％号，比如：利率为 3％，则以 3 来表示。首先我们假定利率变动服从模型(7.6)，即参数(α，β，σ^2，γ)不受约束。

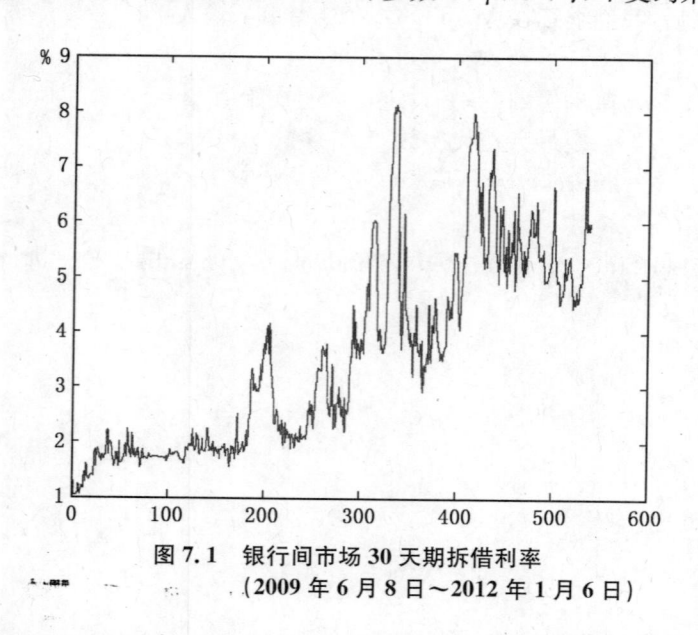

图 7.1　银行间市场 30 天期拆借利率
(2009 年 6 月 8 日～2012 年 1 月 6 日)

假定我们已经在 MATLAB 中得到了收益率序列 r，然后我们在 MATLAB 命令窗口下继续输入：

```
Y=diff(r);%利率差分序列 Y=r_t−r_{t−1}
X=r(1:end−1);%自变量序列 X=r_{t−1}
Z=[ones(length(Y),1),X];%工具变量 Z=[1,X]
para0=[0.08;−0.05;0.2;1];%设定参数的初始值
number=20;%设定最大迭代次数
moment='my_interest_model';
L=4;%矩条件个数
[para,stats]=my_gmm(moment,para0,Y,X,Z,number,L)%进行 GMM 估计
```

得到的结果如下：
para=
  0.0978
  −0.0254
  0.0121
  0.9489
stats=
 V：[4x4 double]
 std：[4x1 double]
 t_stat：[4x1 double]
 chi_stat：1.1293e−007
 p：NaN
 it：5

得到相应的 t 统计量为：
  2.8440
  −2.0773
  2.0233
  5.1739

因此，我们得到模型(7.6)的参数估计为(0.0978，−0.0254，0.0121，0.9489)，对应的 t 统计量为(2.8440，−2.0773，2.0233，5.1739)。

接下来，我们假定利率服从 Merton 模型，即限定 $\beta=0$，$\gamma=0$ 的情形下估计参数(α，σ^2)。我们将函数 my_interest_model 略作以下修改，并将其另存为文件 my_interest_model01：

```
function f=my_interest_model01(para,num,Y,X,Z,W)
```

```
[T,q]=size(Y);
alpha=para(1);
beta=0;
sigsq=para(2);
gamma=0;
eta=[Y-(alpha+beta*X),(Y-(alpha+beta*X)).^2-...
sigsq*X.^(2*gamma)];
for i=1:T
    m_t(i,:)=kron(eta(i,:),Z(i,:));
end
m=mean(m_t)';
obj=m'*W*m;
if num==1
    f=obj;
elseif num==2
    f=m_t;
elseif num==3
    f=m;
end
```

然后在前面运行结果的基础上,在 MATLAB 窗口继续输入:

[para,stats]=my_gmm('my_interest_model01',[0.08;0.2],Y,X,Z,number,L)

得到结果如下:

para=
　　0.0216
　　0.0836
stats=
　　V: [2x2 double]
　　std: [2x1 double]
　　t_stat: [2x1 double]
　　chi_stat: 7.2517
　　p: 0.0266
　　it: 7

相应的 t 统计量为:

2.5226
6.2691

参数 (α, σ^2) 的估计量为 $(0.0216, 0.0836)$，但矩条件约束检验的 χ^2 统计量为 7.25，且在 5% 显著水平下拒绝矩条件合适的原假设。因此，用 Merton 模型来刻画我国这一时期的利率运动是不合适的。类似地，我们也可以假设利率服从 Vasicek 模型等，只需要将函数 my_interest_model 做相应的修改就可以了。对于 Vasicek 等其他模型的参数估计和矩条件约束检验，其 MATLAB 程序与前面非常类似，我们这里不再赘述。

复习与思考题

1. 假定沪深 300 指数的月收益可以用以下随机过程来刻画：

$$dr = (\alpha + \beta r)dt + \sigma r^\gamma dZ$$

其中 r 为收益，$dZ = \varepsilon\sqrt{dt}$，为布朗运动，$\varepsilon$ 服从标准正态分布。试收集相关历史数据，并用 GMM 估计参数 $(\alpha, \beta, \sigma^2, \gamma)$，并预计沪深 300 指数下月的收益。

2. 假定 30 天期银行间拆借利率服从 CEV 模型，试选取最近一年 30 天期 SHIBOR 数据用 GMM 估计模型的参数。

参考答案

1. 获取沪深 300 指数月度历史数据，并保存为数据文件：hushen300_index.csv，存放在 MATLAB 的搜索路径之下，然后在 MATLAB 主窗口输入：

```
clear
x=csvread('hushen300_index.csv',1,1);
%读入 2010/6/30—2016/9/30 沪深 300 指数月度收盘数据
r=price2ret(x);%计算沪深 300 指数收益率序列
Y=diff(r);
X=r(1:end-1);
Z=[ones(length(Y),1),X];%工具变量 Z=[1,X]
para0=[0.5;-0.2;0.2;1];%设定参数的初始值
number=20;%设定最大迭代次数
moment='my_interest_model';
L=4;%矩条件个数
[para,stats]=my_gmm(moment,para0,Y,X,Z,number,L)%进行 GMM 估计
r_next_month=r(end)+para(1)+para(2)*r(end);
```

sigma_next_month=sqrt(para(3)) * abs(r(end))^para(4);

r_next_interval=norminv([0.05,0.95],r_next_month,sigma_next_month);

r_hat=X+para(1)+para(2)*X;

r_realized=r(2:end);

输出结果如下：

para =

0.0022

−0.8574

0.4935

0.8461

stats.t_stat=

0.2933

−8.1182

44.2139

35.3677

已知当前月的收益率为−0.022 6,预期下月沪深300指数的收益率为：

r_next_month =−0.0011

2. 略

8 波动率的估计

波动率的估计在金融实证研究和实践中经常碰到。波动率的估计方法多种多样，最简单的方法就是用历史数据的标准差来估计，其他常见的模型有：随机波动率模型、移动平均模型、指数加权移动平均模型、ARCH 模型、GARCH 及其衍生模型、GARCHSK 模型、ARFIMA 模型等。另外，高频数据也常用来估计资产收益的波动率。本章主要介绍在 MATLAB 中的环境下应用移动平均模型、指数加权移动平均模型、ARCH 模型、GARCH 及其衍生模型、GARCHSK 模型来估计波动率。

8.1 历史波动率

假定我们面临的价格观测值为：$p_0, p_1, \cdots, p_T$，其相应的收益率为：$r_1, r_2, \cdots, r_T$，则基于收益率样本的标准差为：

$$\sigma = \sqrt{\sum_{i=1}^{T}(r_i - \mu)^2/(T-1)}$$

其中：$\mu = \sum_{i=1}^{T} r_i/T$

波动性的大小显然是跟时间长度有关系的，上式中的收益率如果是日收益，则得到的是每天的波动率的大小，如果要得到年化的波动率，则需要乘以 $\sqrt{252}$。这样处理的前提是每天的收益是不相关，且方差相同。非交易日是不会影响价格的波动的，一年的交易日大约在 252 天左右，因此，日波动率年化需要乘以 $\sqrt{252}$。

在实际应用中我们经常使用比较长的历史数据的标准差来作为资产的长期波动率的估计。对于资产短期波动性的估计，比如：当天的波动率估计，我们可以通过当天的已实

现波动率来估计，比如：5 分钟收益率的波动率来估计假定当天有 T 个 5 分钟收益率，即

$$\sigma = \sqrt{\sum_{i=1}^{T} r_i^2}$$

其中：r_i 为当天 5 分钟的收益率。

下面我们以 2015 年 5 月—2016 年 11 月上证综合指数的 5 分钟收盘价格为例，计算其每天的已实现波动率。数据文件 my_five_min_sh.csv 如图 8.1 所示，数据中的第一列为时间（已经转化为数值）。计算得出的每天已实现波动率如图 8.2 所示。相应的

	A	B	C	D	E
1	'000001'	上证指数	5分钟		
2	日期	开盘	最高	最低	收盘
3	42146.40	4584.98	4605.72	4584.98	4595.23
4	42146.40	4583.56	4588.73	4578.78	4588.42
5	42146.41	4588.99	4590.89	4577.12	4577.12
6	42146.41	4576.69	4576.69	4563.29	4571.59
7	42146.41	4572.37	4597.84	4572.37	4597.68
8	42146.42	4597.59	4605.87	4597.59	4599.54
9	42146.42	4599.53	4599.53	4579.69	4581.35
10	42146.42	4579.52	4594.76	4579.52	4594.76
11	42146.43	4595.22	4598.95	4594.11	4594.62
12	42146.43	4594.58	4606.54	4594.02	4605.34
13	42146.43	4605.19	4605.45	4594.49	4594.49
14	42146.44	4594.53	4595.06	4568.68	4568.68
15	42146.44	4568.76	4570.61	4565.64	4570.2
16	42146.44	4571.45	4586.15	4570.75	4585.5
17	42146.45	4585.08	4586.11	4577.34	4580.57
18	42146.45	4580.2	4597.65	4580.04	4597.65
19	42146.45	4597.29	4603.3	4597.29	4601.33
20	42146.46	4600.92	4601.46	4597.44	4597.89
21	42146.46	4599.67	4616.39	4599.57	4616.39
22	42146.47	4616.51	4617.28	4597.04	4597.04

图 8.1　数据文档 my_five_min_sh.csv

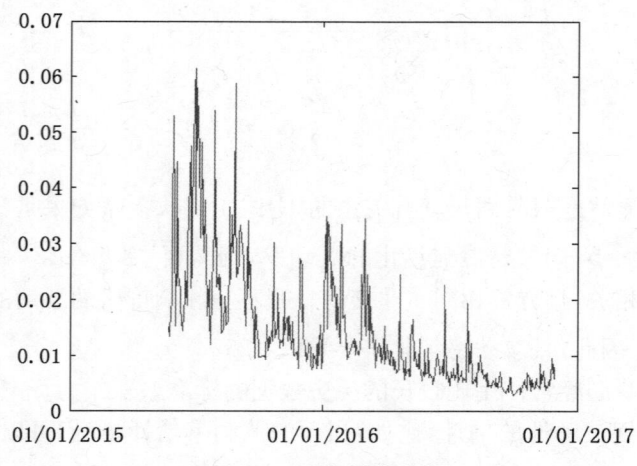

图 8.2　已实现波动率

MATLAB 代码如下：

```
clear
x=csvread('my_five_min_sh.csv',2,0);
p=x(:,5);%5 分钟收盘价序列
t=x(:,1);%5 分钟时间序列(Excel)
for i=1:length(p)/48
id=(i-1)*48+1:i*48;
r=price2ret(p(id));
sigma(i)=sqrt(sum(r.^2));
end
tt=x2mdate(t);
ttt=tt(48:48:end);
h=figure;
set(h,'color','w')
plot(ttt,sigma')
datetick('x',23)
```

历史波动率的估计还可以通过其衍生品所隐含的波动率来估计。比如：利用期权价格的隐含波动率来估计。

8.2 移动平均模型

移动平均模型使用过去 M 天的收益率的历史波动率来动态地估计下一天的波动率，即

$$\sigma_t = \sqrt{\sum_{i=0}^{M-1}(r_{t-i}-\mu_t)^2/(M-1)}, 其中：\mu_t = \sum_{i=0}^{M-1} r_{t-i}/M$$

通常 M 可以取值为 20、40、60 等。

下面我们编写以下函数 my_sigma_ma 来动态地估计收益率的波动性：

```
function sigma=my_sigma_ma(r,M)
n=length(r);
sigma(1:M-1)=nan;
for i=M:n
    sigma(i)=std(r(i-M+1:i));
```

```
end
sigma=sigma(:);
```

下面我们对 1990 年 12 月 19 日到 2008 年 2 月 13 日上证综合指数的收益率用 20 天移动平均模型来动态地估计下一天的波动率。我们在 MATLAB 命令窗口下输入：

```
clear
M=20;
x=xlsread('shindex');%读入上证综合指数 Excel 数据文件 shindex.xls,第一
%列为日期,第二列为价格
x1=x2mdate(x(:,1));%将 Excel 日期转化为 MATLAB 日期
x2=x(:,2);%取价格序列
r=price2ret(x2);%计算收益率
sigma=my_sigma_ma(r,M);%计算 20 天移动波动率
h=figure;
set(h,'color','w')
plot(x1(2:end),sigma)
datetick('x',23);
legend('20-day moving average model',1)
xlabel('Date')
ylabel('Volatility')
title('Volatility of Daily returns on Shanghai Composite')
```

图形输出结果如图 8.3 所示。

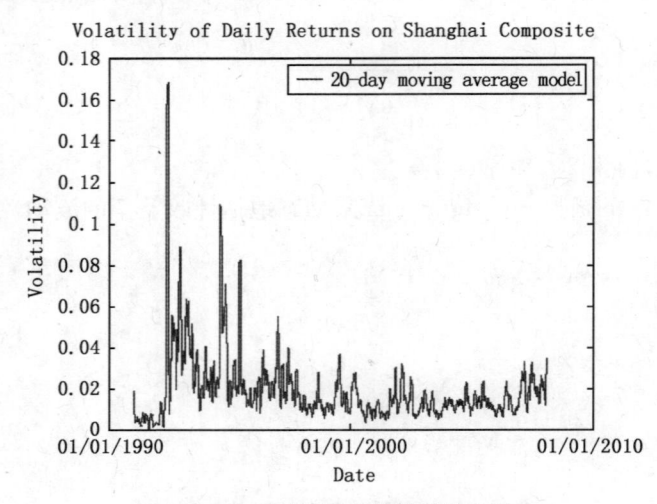

图 8.3　20 天移动平均模型估计波动率

8.3 指数加权平均模型

指数加权移动平均模型使用过去 M 天的收益率来动态地估计波动率,并且越靠近现在的收益率的权重要大于远离现在的收益率的权重,权重按照指数逐渐减少,即

$$\sigma_t = \sqrt{(1-\lambda)\sum_{i=0}^{M-1}(r_{t-i}-\mu_t)^2\lambda^i}, \text{其中}: \mu_t = \sum_{i=0}^{M-1} r_{t-i}/M$$

对 λ 的取值通常根据经验确定。一般对于日收益率设定 $\lambda = 0.94$,对于月收益率设定 $\lambda = 0.97$。

如果收益率的均值非常小,比如:资产的日收益,则我们还可以使用以下更简化的 EWMA 模型:

$$\sigma_t^2 = \lambda \sigma_{t-1}^2 + (1-\lambda) r_t^2$$

下面我们编写以下函数 my_sigma_ewma 来动态地估计收益率的波动性:

```
function sigma=my_sigma_ewma(r,M,lambda)
n=length(r);
sigma(1:M-1)=nan;
w=(1-lambda)*lambda.^(M-1:-1:0);
for i=M:n
    mu=mean(r(i-M+1:i));
    a=(r(i-M+1:i)-mu).^2;
    sigma(i)=sqrt(w*a);
end
sigma=sigma(:);
```

同样下面我们对 1990 年 12 月 19 日到 2008 年 2 月 13 日上证综合指数的收益率用 20 天指数加权移动平均模型来动态地估计波动率。我们在 MATLAB 命令窗口下输入:

```
x=xlsread('shindex');%读入上证综合指数 Excel 数据文件 shindex.xls,第一
%列为日期,第二列为价格
x1=x2mdate(x(:,1));%将 Excel 日期转化为 MATLAB 日期
x2=x(:,2);%取价格序列
r=price2ret(x2);%计算收益率
lambda=0.94;
sigma=my_sigma_ewma(r,M,lambda);%计算 20 天移动波动率
h=figure;
```

```
set(h,'color','w')
plot(x1(2:end),sigma)
datetick('x',23);
xlabel('Date')
ylabel('Volatility')
legend('20-day EWMA',1)
title('Volatility of Daily Returns on Shanghai Composite')
```

图形输出结果如图 8.4 所示。

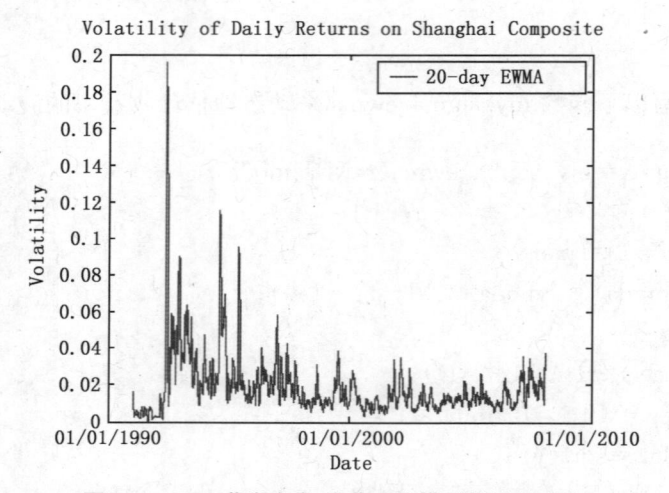

图 8.4 20 天指数加权移动平均模型估计波动率

8.4 ARCH 模型

ARCH(m)模型的表述如下：

收益率过程：$r_t = \sum_{i=1}^{R}\beta_i r_{t-i} + \sum_{j=1}^{A}\gamma_j \varepsilon_{t-j} + \sum_{z=1}^{B}\lambda_z X_z + \varepsilon_t$

条件方差过程：$\sigma_t^2 = K + \alpha_1 \varepsilon_{t-1}^2 + \alpha_2 \varepsilon_{t-2}^2 + \cdots + \alpha_m \varepsilon_{t-m}^2$

其中：X_z 表示其他影响收益的变量。

下面我们应用 ARCH(5)模型对上证综合指数的波动性做出估计，我们调用 MATLAB 的内部函数 garchfit，该函数的详细说明可参见 MATLAB 的 Help 文档。具体地，我们用下式来描述收益率过程：

$$r_t = c + \lambda r_{t-1} + \gamma \varepsilon_{t-1} + \varepsilon_t$$

我们选择条件方差中 ARCH 项的滞后阶数为 5，即
$$\sigma_t^2 = K + \alpha_1 \varepsilon_{t-1}^2 + \alpha_2 \varepsilon_{t-2}^2 + \cdots + \alpha_5 \varepsilon_{t-5}^2$$
我们应用前面同样的数据，在 MATLAB 命令窗口下输入：

```
clear
x=xlsread('shindex');
x1=x2mdate(x(:,1));
x2=x(:,2);
r=price2ret(x2);
date=x1(2:end);
spec = garchset('R',1,'M',1,'P',0,'Q',5);%设定模型参数
[Coeff, Errors, LLF, Innovations, Sigma, Summary]=garchfit(spec,r);
h=figure;
set(h,'color','w')
plot(date,Sigma)
datetick('x',23)
xlabel('Date')
ylabel('Volatility')
legend('ARCH(5) model',1)
title('Volatility of Daily Returns on Shanghai Composite')
```

每天的波动率估计如图 8.5 所示。根据条件方差方程中的估计系数和历史的残差数

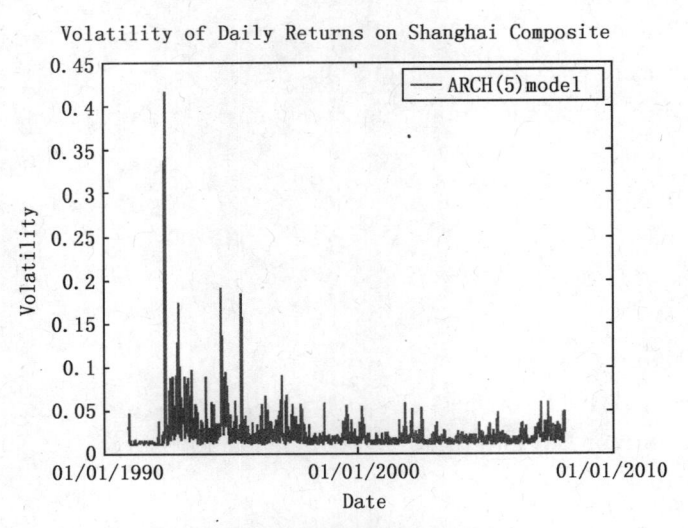

图 8.5 ARCH(5)模型估计波动率

据可以估计下一天的方差。由于这一预测过程与下面介绍的 GARCH 非常类似，我们将在 GARCH 模型中详细讨论波动率的预测。

8.5 GARCH 模型

GARCH(P,Q)模型的表述如下：

收益率过程：
$$r_t = \sum_{i=1}^{R} \beta_i r_{t-i} + \sum_{j=1}^{A} \gamma_j \varepsilon_{t-j} + \sum_{z=1}^{B} \lambda_z X_z + \varepsilon_t$$

条件方差过程：
$$\sigma_t^2 = K + \sum_{i=1}^{P} \beta_i \sigma_{t-i}^2 + \sum_{i=1}^{Q} \alpha_i \varepsilon_{t-i}^2$$

最常用的 GARCH 模型就是 GARCH(1,1)模型，下面我们应用 GARCH(1,1)模型对上证综合指数的波动率进行估计，具体地，我们用下式来描述收益率过程：

$$r_t = c + \lambda r_{t-1} + \gamma \varepsilon_{t-1} + \varepsilon_t$$

条件方差过程为：
$$\sigma_t^2 = K + \beta \sigma_{t-1}^2 + \alpha \varepsilon_{t-1}^2$$

我们应用 1998 年 12 月 10 日到 2010 年 3 月 18 日上证综合指数的数据 x（第一列为 Excel 格式的日期型数字，第二列为上证综合指数的是收盘价），在 MATLAB 命令窗口下输入：

```
x1=x2mdate(x(:,1));
x2=x(:,2);
r=price2ret(x2);
date=x1(2:end);
spec= garchset('R',1,'M',1,'P',1,'Q',1);
[Coeff,Errors,LLF,Innovations,Sigma,Summary]=garchfit(spec,r);
h=figure;
set(h,'color','w')
plot(date,Sigma)
datetick('x',23)
xlabel('Date')
ylabel('Volatility')
legend('GARCH(1,1) model',1)
title('Volatility of Daily Returns on Shanghai Composite')
```

得到参数估计结果如下：
Coeff=
     Comment: [1x41 char]
    Distribution: 'Gaussian'
       R: 1
       M: 1
       C: 6.2798e−004
      AR: −0.7572
      MA: 0.7864
   VarianceModel: 'GARCH'
       P: 1
       Q: 1
       K: 4.1126e−006
     GARCH: 0.8861
      ARCH: 0.1062

即收益率和条件方差方程分别为：

$$r_t = 6.2798e-004 - 0.75726 r_{t-1} + 0.7864 \varepsilon_{t-1} + \varepsilon_t$$

$$\sigma_t^2 = 4.1126e-006 + 0.8861 \sigma_{t-1}^2 + 0.1062 \varepsilon_{t-1}^2$$

函数 garchfit 的输出 Sigma 给出了每天波动率的估计序列(如图 8.6)；Innovations 给出了每天收益残差的估计序列(见图 8.7)；Errors 则给出了参数估计的标准误差等信息。

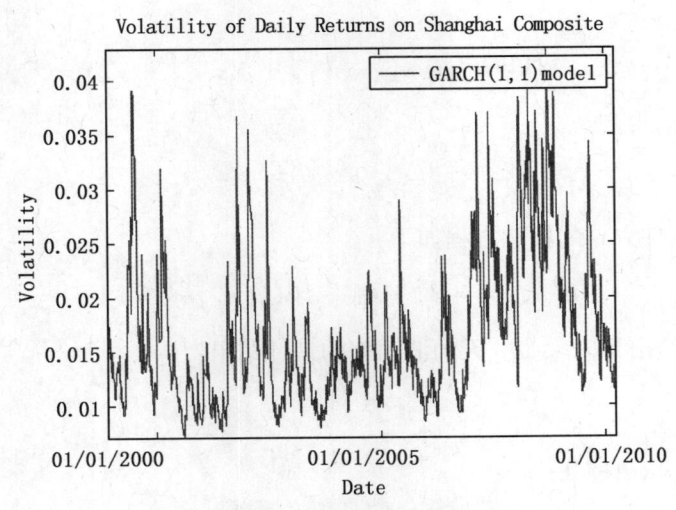

图 8.6 GARCH(1,1)模型估计的波动率序列

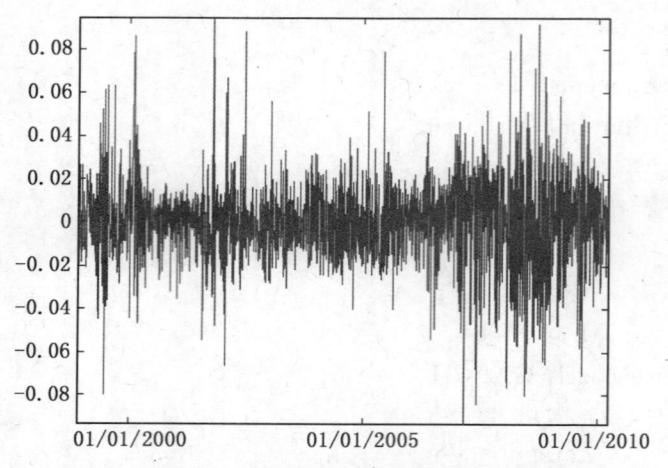

图 8.7　GARCH(1, 1)模型估计的收益率残差序列

前面我们根据 $0 \sim T$ 天的日数据估计出了 GARCH(1, 1)模型的参数,以及 $0 \sim T$ 天收益率的残差和波动率序列。接下来我们讨论 $T+t$ 天的波动率预测问题。

条件方差过程也可以写成如下形式:

$$\sigma_t^2 = (1-\alpha-\beta)V_L + \beta\sigma_{t-1}^2 + \alpha\varepsilon_{t-1}^2$$

其中:$V_L = K/(1-\alpha-\beta)$ 表示长期平均方差。

因此,

$$\sigma_T^2 - V_L = \alpha(\varepsilon_{T-1}^2 - V_L) + \beta(\sigma_{T-1}^2 - V_L)$$

进一步得到:

$$\sigma_{T+t}^2 - V_L = \alpha(\varepsilon_{T+t-1}^2 - V_L) + \beta(\sigma_{T+t-1}^2 - V_L)$$

两边取期望后得到:

$$E[\sigma_{T+t}^2] - V_L = (\alpha+\beta)(E[\sigma_{T+t-1}^2] - V_L)$$

因此,未来条件方差的预测方程如下:

$$E[\sigma_{T+t}^2] = V_L + (\alpha+\beta)^t(E[\sigma_T^2] - V_L)$$

下面的程序给出了未来 100 天的波动率的估计结果:

```
t=1:100;
alpha=Coeff.ARCH;
```

```
beta=Coeff.GARCH;
K=Coeff.K;
VL=K/(1-alpha-beta);
pred_sigma=sqrt(VL+(alpha+beta).^t.*(Sigma(end)^2-VL));
h=figure;
set(h,'color','w')
plot(pred_sigma,'r-o')
hold on
plot(sqrt(VL)*ones(1,100),':')
```

从图 8.8 可以看出:随着时间的推移,预测的波动率逐渐向长期波动率 V_L 靠拢。

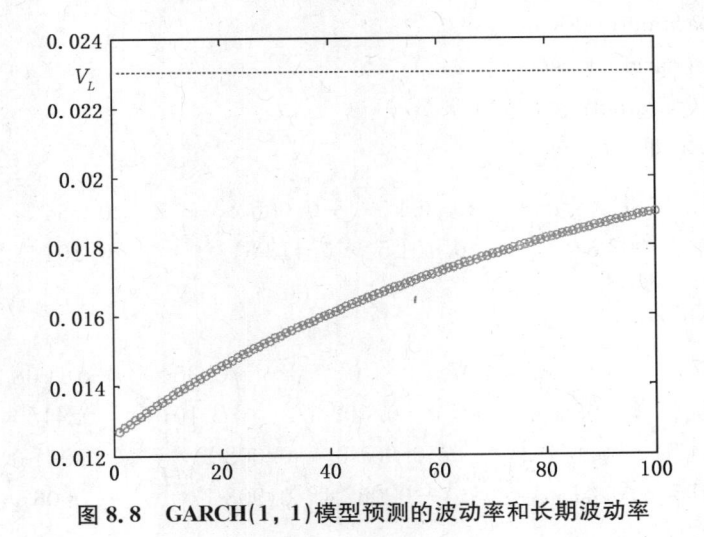

图 8.8 GARCH(1,1)模型预测的波动率和长期波动率

8.6 多元 GARCH 模型

多元 GARCH 模型在套期保值等方面有着广泛的用途,这里我们仅介绍 BEKK 模型。特别地,我们考虑以下模型:

$$r_t = \Xi_t$$
$$H_t = CC' + A\Xi_{t-1}\Xi'_{t-1}A + BH_{t-1}B'$$
$$\Xi_t \mid \Psi_{t-1} \sim N(0, H_t)$$

其中:

H 为 $n\times n$ 方差-协方差矩阵

$$\Xi_t=(\varepsilon_{1t},\varepsilon_{2t},\cdots,\varepsilon_{nt})'$$

A 和 B 为 $n\times n$ 矩阵

下面我们从上海股票市场任取了 2 只股票 2 681 天的日收益数据,以 r 表示(2 681 行 2 列的矩阵),然后调用 Kevin Sheppard 编写的函数 full_bekk_mvgarch,相关函数及辅助函数可以从以下网址下载:

http://www.kevinsheppard.com/wiki/UCSD_GARCH

我们以 BEKK(1,1)模型描述方差-协方差矩阵变动过程。

在 MATLAB 主窗口下输入:

[parameters, loglikelihood, Ht, likelihoods, stdresid, stderrors, AA, BB, scores]
=full_bekk_mvgarch(r,1,1);
C=ivech(parameters(1:3));
A=reshape(parameters(4:7),2,2);
B=reshape(parameters(8:11),2,2);

参数估计结果如下:

$$C=\begin{pmatrix}0.0075 & 0\\ 0.0074 & 0.0033\end{pmatrix},\ A=\begin{pmatrix}0.3645 & -0.0082\\ 0.1015 & 0.4188\end{pmatrix},\ B=\begin{pmatrix}0.3645 & -0.0082\\ 0.1015 & 0.4188\end{pmatrix}$$

因此,我们得到:

$$H_t=\begin{pmatrix}0.0075 & 0\\ 0.0074 & 0.0033\end{pmatrix}\begin{pmatrix}0.0075 & 0\\ 0.0074 & 0.0033\end{pmatrix}'+\begin{pmatrix}0.3645 & -0.0082\\ 0.1015 & 0.4188\end{pmatrix}\Xi_{t-1}\Xi'_{t-1}$$
$$\begin{pmatrix}0.3645 & -0.0082\\ 0.1015 & 0.4188\end{pmatrix}'+\begin{pmatrix}0.9010 & 0.0032\\ -0.0674 & 0.9031\end{pmatrix}H_{t-1}\begin{pmatrix}0.9010 & 0.0032\\ -0.0674 & 0.9031\end{pmatrix}'$$

如果假定矩阵 A 和 B 为对角阵,则模型简化为对角 BEKK 模型(Diagonal BEKK),沿用上面的数据 r,调用 Kevin Sheppard 编写的函数 diagonal_bekk_mvgarch(可以从 http://www.kevinsheppard.com/wiki/UCSD_GARCH 下载)。

我们在 Matlab 主窗口下输入:

[parameters, loglikelihood, Ht, likelihoods, stdresid, stderrors, AA, BB, scores]=
diagonal_bekk_mvgarch(r,1,1);
C=ivech(parameters(1:3));
A=reshape(parameters(4:7),2,2);
B=reshape(parameters(8:11),2,2);
T_statistics=parameters./sqrt(diag(inv(scores'*scores)));

我们得到参数估计的 T 统计量为：
T_statistics＝
(23.8626,21.3082,9.5560,49.4094,54.1336,274.3496,181.2446)′
参数估计结果如下：

$$H_t = \begin{pmatrix} 0.0063 & 0 \\ 0.0053 & 0.0053 \end{pmatrix} \begin{pmatrix} 0.0063 & 0 \\ 0.0053 & 0.0053 \end{pmatrix}' + \begin{pmatrix} 0.3242 & 0 \\ 0 & 0.4863 \end{pmatrix} \Xi_{t-1}$$

$$\Xi'_{t-1} \begin{pmatrix} 0.3242 & 0 \\ 0 & 0.4863 \end{pmatrix}' + \begin{pmatrix} 0.9258 & 0 \\ 0 & 0.8725 \end{pmatrix} H_{t-1} \begin{pmatrix} 0.9258 & 0 \\ 0 & 0.8725 \end{pmatrix}$$

基于对角 BEKK 模型的估计结果，我们得到资产 1(r 中的第一列)和资产 2(r 中的第二列)的条件标准差以及它们之间的条件协方差估计随时间变化情况如图 8.9—8.11 所示。

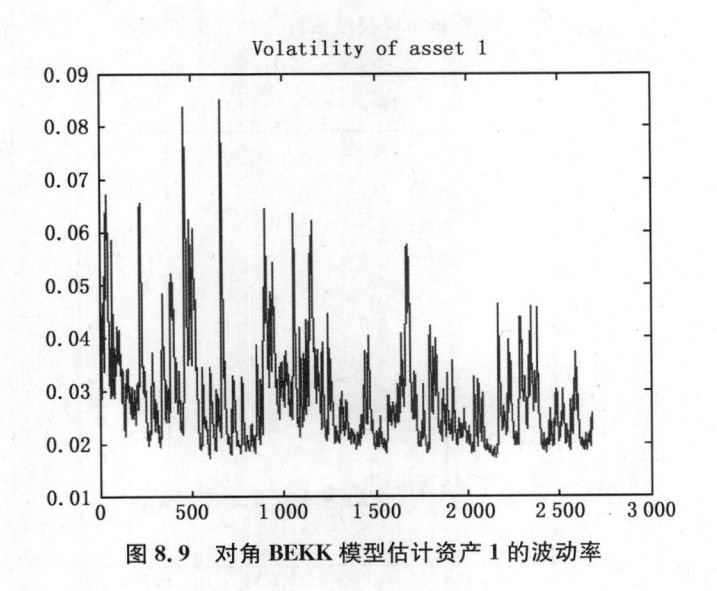

图 8.9　对角 BEKK 模型估计资产 1 的波动率

如果我们利用两资产间的正相关性，构建以下套期保值组合：资产 1 的多头和资产 2 的空头，则最小化组合收益波动性（以方差来衡量）对应的最佳套期保值比率 $R_t = \dfrac{\text{cov}_t(r_1, r_2)}{\text{var}_t(r_2)}$，仍以上面的数据 r 为例，第一列表示资产 1 的收益，第二列表示资产 2 的收益，则最佳套期保值比率依赖于预则的方差-协方差矩阵 H_t。根据对角 BEKK 模型的参数估计我们得到下一期 H_t 的预测值为：

$$H_t = \begin{pmatrix} 0.5438 \times 10^{-3} & 0.1655 \times 10^{-3} \\ 0.1655 \times 10^{-3} & 0.4968 \times 10^{-3} \end{pmatrix}$$

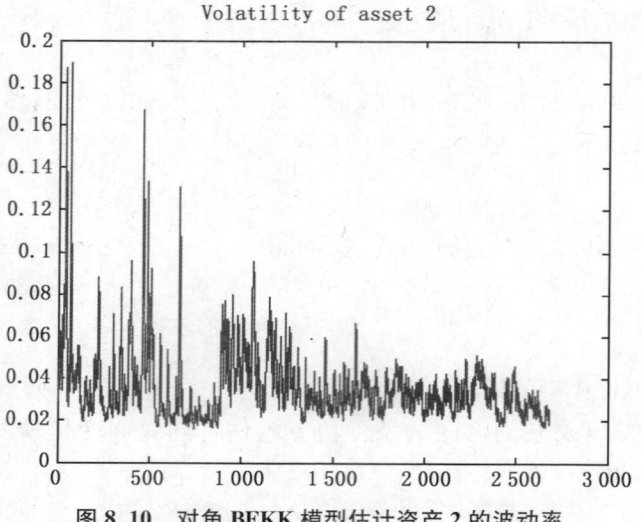

图 8.10 对角 BEKK 模型估计资产 2 的波动率

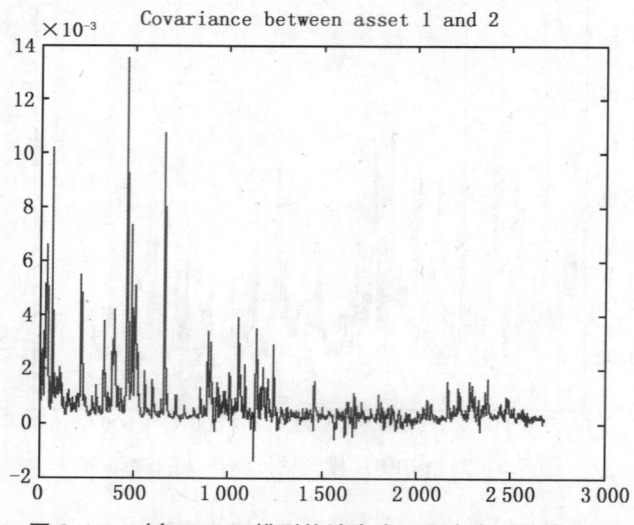

图 8.11 对角 BEKK 模型估计资产 1 和资产 2 的协方差

因此，最佳套期保值比率 $R_t = \dfrac{\text{cov}_t(r_1, r_2)}{\text{var}_t(r_2)} = \dfrac{0.1655}{0.4968} = 0.3332$

8.7 GARCHSK 模型

GARCHSK 模型借鉴了 GARCH 模型的基本思想，类似地引入了条件偏度和条件峰度。

因此，GARCHSK 不仅可以用来估计条件方差，还可以用来估计条件偏度和条件峰度。

8.7.1 基于 Gram-Charlier 级数展开式的概率密度函数

金融资产的收益率经常表现出尖峰厚尾的性质，我们基于 Gram-Charlier 级数展开式，利用偏度和峰度对标准化后的变量的概率密度函数作以下近似：

$$f(z) = \phi(z)\left[1 + \frac{S(z^3-3z)}{6} + \frac{K-3}{24}(z^4-6z^2+3)\right]$$

其中：

$\phi(z)$ 为标准正态分布的概率密度函数

z 为标准化后的变量，即 $z = \dfrac{x-\mu}{\sigma}$

S 为偏度

K 为峰度

由于上式在某些条件下可能为负，因此为了保证上式为概率密度函数，可以将上式作以下修正[①]：

$$f(z) = \frac{\phi(z)\left[1+\frac{S(z^3-3z)}{6}+\frac{K-3}{24}(z^4-6z^2+3)\right]^2}{1+S^2/6+(K-3)^2/24}$$

以下程序给出了没有经过修正和经过修正后的概率密度的差异（这里我们设定 $S=-2$ 和 $K=6$）：

```
clear
x=-3:0.1:5;
s=-2;
k=6;
phi=1+s./6.*(x.^3-3*x)+(k-3)./24.*(x.^4-6*x.^2+3);
g=1+s.^2/6+(k-3).^2./24;
f1=normpdf(x,0,1).*phi;
f2=normpdf(x,0,1).*phi.^2./g;
h=figure;
set(h,'color','w')
```

[①] León Ángel, Gonzalo Rubio and Gregorio Serna, 2004, Autoregressive Conditional Volatility, Skewness and Kurtosis, Working paper.

```
plot(x,f1,'b—o')
hold on
plot(x,f2,'r—*')
legend('PDF','Modified PDF')
```

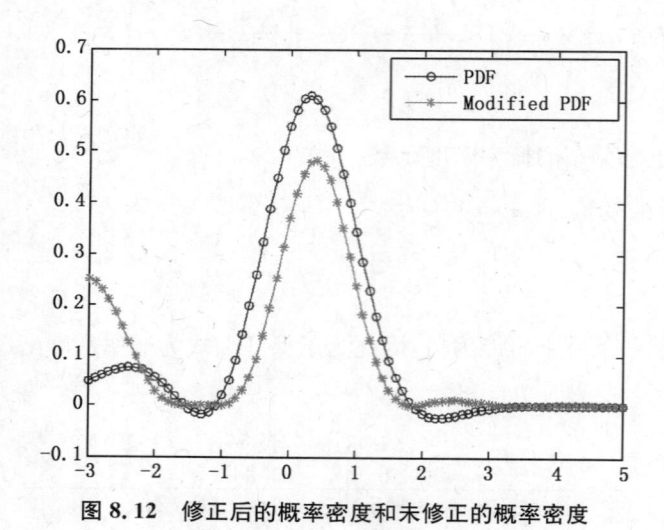

图 8.12　修正后的概率密度和未修正的概率密度

8.7.2　GARCHSK 模型

GARCHSK 模型的表述如下：
收益率过程：

$$r_t = E_{t-1}(r_t) + \varepsilon_t, \ \eta_t = \varepsilon_t/\sigma_t$$

条件方差：

$$\sigma_t^2 = \alpha_0 + \sum_{i=1}^{p_0} \beta_{0i}\sigma_{t-i}^2 + \sum_{i=1}^{q_0} \gamma_{0i}\varepsilon_{t-i}^2$$

条件偏度：

$$S_t = \alpha_1 + \sum_{i=1}^{p_1} \beta_{1i}S_{t-i} + \sum_{i=1}^{q_1} \gamma_{1i}\eta_{t-i}^3$$

条件峰度：

$$K_t = \alpha_2 + \sum_{i=1}^{p_2} \beta_{2i} K_{t-i} + \sum_{i=1}^{q_2} \gamma_{2i} \eta_{t-i}^4$$

收益过程中残差分布的概率密度函数假定可以用上面基于 Gram-Charlier 级数展开式概率密度函数来近似表示，则利用上述的概率密度函数并使用极大似然估计对 GARCHSK 模型中的参数做出估计。

8.7.3 上证综合指数的 GARCHSK 模型的参数估计

下面我们应用 GARCHSK 模型对 2007 年 4 月 10 日～2008 年 11 月 26 日的上证综指日收益率进行估计。具体地，我们设定模型参数如下：

收益率过程：

$$r_t = C + \varepsilon_t, \quad \eta_t = \varepsilon_t / \sigma_t$$

条件方差：

$$\sigma_t^2 = \alpha_0 + \beta_0 \sigma_{t-1}^2 + \gamma_0 \varepsilon_{t-1}^2$$

条件偏度：

$$S_t = \alpha_1 + \beta_1 S_{t-1} + \gamma_1 \eta_{t-1}^3$$

条件峰度：

$$K_t = \alpha_2 + \beta_2 K_{t-1} + \gamma_2 \eta_{t-1}^4$$

为确保条件方差、条件偏度和条件峰度是非扩散的，我们对参数施加以下约束：

$\alpha_0 \geqslant 0, \ 0 < \beta_0 < 1, \ 0 < \gamma_0 < 1, \ -1 < \beta_1 < 1, \ -1 < \gamma_1 < 1, \ \alpha_2 \geqslant 0, \ 0 < \beta_2 < 1, \ 0 < \gamma_2 < 1, \ \beta_0 + \gamma_0 < 1, \ -1 < \beta_1 + \gamma_1 < 1, \ \beta_2 + \gamma_2 < 1$

我们在 MATLAB 运行环境下得到收益率 r 后，在 MATLAB 窗口下继续输入：

```
[Coeff,Errors,LLF,Innovations,Sigma,Summary]= garchfit(r);
para0=[Coeff. K;Coeff. GARCH;Coeff. ARCH;0. 1 * skewness(r);…
Coeff. GARCH; Coeff. ARCH; 0. 2 * kurtosis (r); Coeff. GARCH; Coeff.
ARCH];
％上面的程序用来得到合适的参数初始值
```

```
[para,stdev,fv]=my_garchsk(r,para0);
[f,sigma,skew,kurt]=my_garchsk_dendity(para,1,r);
h=figure(1);
set(h,'color','w');
plot(sigma);
h=figure(2);
set(h,'color','w');
plot(skew);
h=figure(3);
set(h,'color','w');
plot(kurt);
```

得到估计结果如下：

$(\alpha_0, \beta_0, \gamma_0, \alpha_1, \beta_1, \gamma_1, \alpha_2, \beta_2, \gamma_2) =$
[1.9186e−005, 0.874, 0.062887, −0.36769, 0.10901, 0.017707, 0.49882, 0.76179, 0.008996]

T 统计量分别为：

[2.2725, 29.041, 4.6139, −2.3277, 0.33313, 2.7074, 2.1491, 7.2468, 2.2888]

条件波动率、偏度和峰度估计分别如图 8.13～8.15 所示。

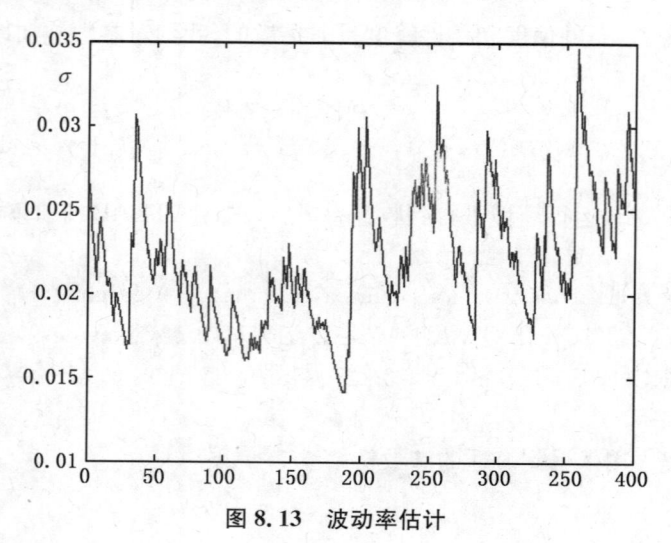

图 8.13 波动率估计

图 8.14 偏度估计

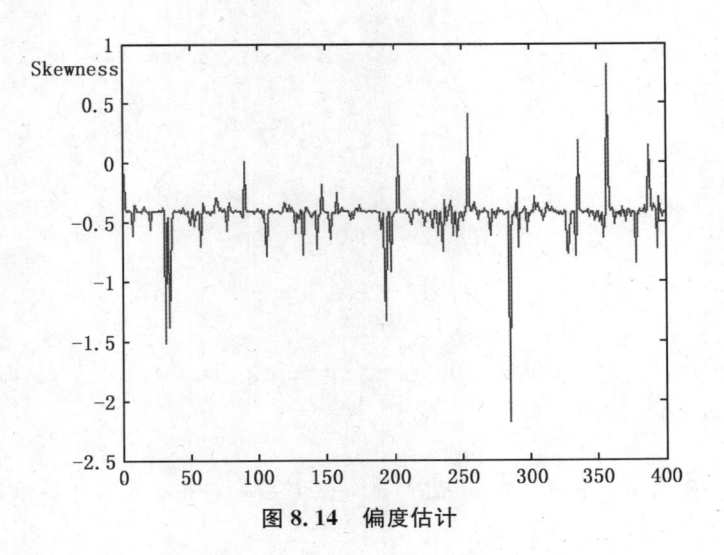

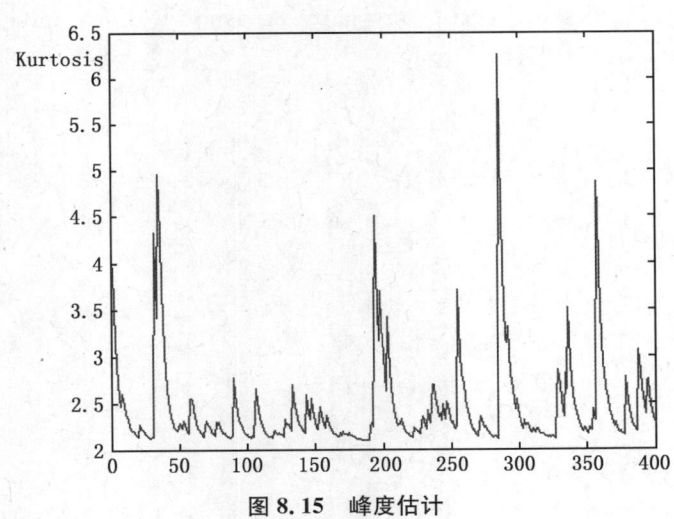

图 8.15 峰度估计

估计上面 GARCHSK 模型参数的 Matlab 程序如下：

```
function [para,stdev,fv]=my_garchsk (r,para0)
Aeq=[];
Beq=[];
A=zeros(4,9);
A(1,2:3)=1;
A(2,8:9)=1;
```

```
A(3,5:6)=1;
A(4,5:6)=-1;
A(2:4,:)=[];
B=ones(1,1);
lb=[0;0;0;-10;-1;-1;0;0;0];
ub=[var(r);1;1;10;1;1;10;1;1];
nonlcon=[];
[para,stdev,fv]=my_con_mle(@my_garchsk_dendity,para0,A,B,Aeq,Beq,
lb,ub,nonlcon,r);
```

调用的辅助函数 my_garchsk_dendity 和 my_Gram_Charlier_pdf 分别如下：

```
function [f,sigma,skew,kurt]=my_garchsk_dendity(para,num,r)
%estimate GARCHSK(1,1,1)
%rt=et
%sigma^2=a0+a1*sigma_1^2+a2*e_1^2
%skew=b0+b1*skew_1+b2*e_1^3/sigma_1^3
%kurt=c0+c1*kurt_1+c2*e_1^4/sigma_1^4
r=r(:);
a0=para(1);a1=para(2);a2=para(3);
b0=para(4);b1=para(5);b2=para(6);
c0=para(7);c1=para(8);c2=para(9);
sigma(1)=std(r);
skew(1)=skewness(r);
kurt(1)=kurtosis(r);
eta=r;
for i=2:length(r)
    sigma(i,1)=sqrt(a0+a1*sigma(i-1)^2+a2*eta(i-1)^2);
    skew(i,1)=b0+b1*skew(i-1)+b2*eta(i-1)^3/sigma(i-1)^3;
    kurt(i,1)=c0+c1*kurt(i-1)+c2*eta(i-1)^4/sigma(i-1)^4;
end
enta=eta./sigma;
y=max(my_Gram_Charlier_pdf(enta,skew,kurt)./sigma,eps);
if num==1
```

```
        f=log(y);
    else
        f=-sum(log(y));
    end
    function f=my_Gram_Charlier_pdf(x,s,k)
    %x is a standardized return vector,i.e.,x=(r-mu)/sigma
    phi=1+s./6.*(x.^3-3*x)+(k-3)./24.*(x.^4-6*x.^2+3);
    g=1+s.^2/6+(k-3).^2./24;
    %f=normpdf(x,0,1).*phi;
    f=normpdf(x,0,1).*phi.^2./g;
    f(f<realmin)=realmin;
```

同样应用上面的程序得到 2003 年 2 月 24 日～2007 年 4 月 10 日的上证综指估计结果如下：

$$(\alpha_0,\beta_0,\gamma_0,\alpha_1,\beta_1,\gamma_1,\alpha_2,\beta_2,\gamma_2)=$$
$$[0.0000, 0.5771, 0.0519, -0.4123, 0.6730, 0.0008, 1.2242,$$
$$0.4287, 0.0012]$$

T 统计量分别为：

$$[107.12, 144.43, 43.41, -2.0968, 4.3302, 2.6814, 5.6846, 4.3867,$$
$$3.9555]$$

条件波动率、偏度和峰度估计分别如图 8.16—8.18 所示。

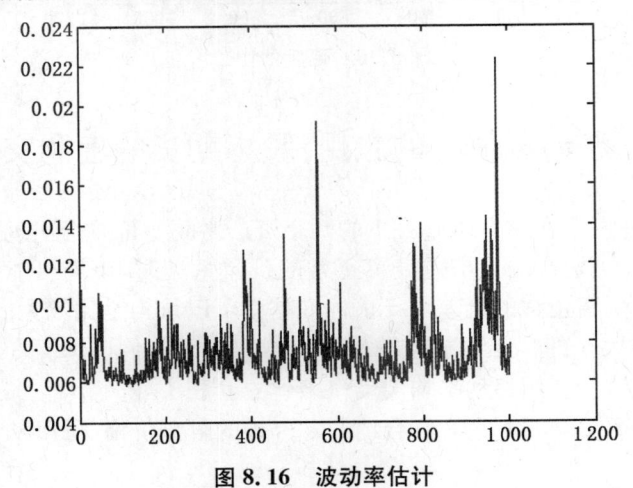

图 8.16 波动率估计

图 8.17 偏度估计

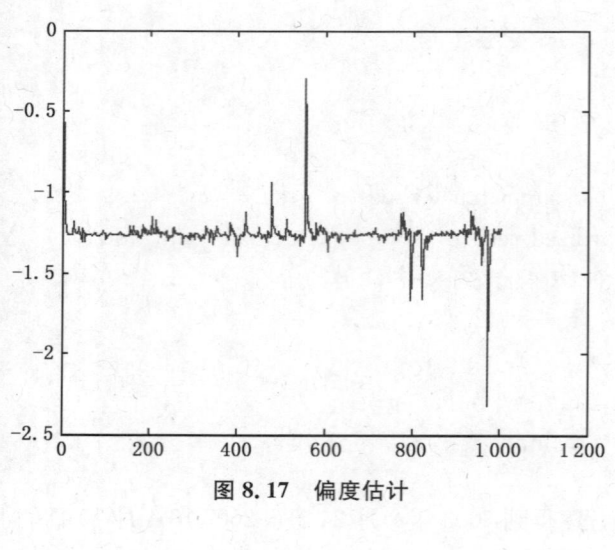

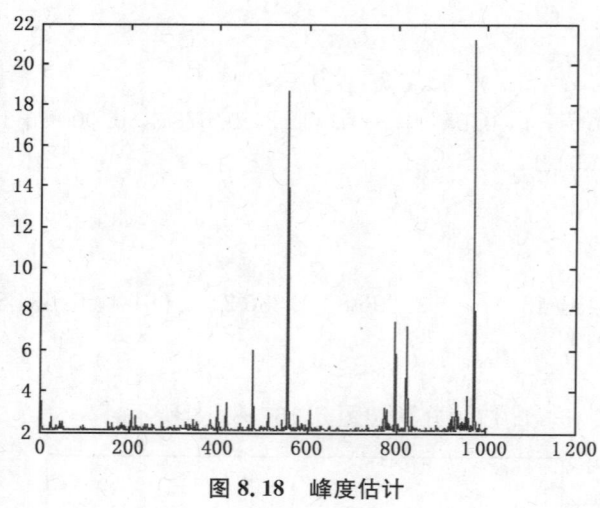

图 8.18 峰度估计

8.8 波动率估计的应用：股指期货的套利交易

典型的套利交易发生在具有协整关系的两个资产之间。价差会出现均值回复的特征是套利交易的基础。当资产的价格差偏离正常的价差太远时，市场可能引发相应的套利行为。一般情形下，偏离正常的价差 1.5 倍标准差就可以认为是比较大的偏离了，当然不同的市场，偏离程度大小的标准可能会非常不一样。下面我们以沪深 300 股指期货合约间的跨期套利为例，讨论利用移动平均波动率来建立套利头寸。

具体地，我们以 IF1209 和 IF1210 合约的 5 分钟的收盘价格(可以从大智慧软件中免费获取)为测试窗口来说明股指期货的跨期套利(数据文件 if1210_09_5_min.csv 如图 8.19 所示)。

	A	B	C
1		IF1209	IF1210
2	日期	收盘	收盘
3	2012-8-20 9:20	2310.2	2321.8
4	2012-8-20 9:25	2308.2	2320.2
5	2012-8-20 9:30	2305.4	2317
6	2012-8-20 9:35	2300.2	2312.6
7	2012-8-20 9:40	2302.4	2313.8
8	2012-8-20 9:45	2301.6	2314.4
9	2012-8-20 9:50	2301	2312.8
10	2012-8-20 9:55	2302.6	2314.4
11	2012-8-20 10:00	2299.6	2311
12	2012-8-20 10:05	2301.4	2313
13	2012-8-20 10:10	2302	2313.8
14	2012-8-20 10:15	2300.8	2312.4

图 8.19 数据文件 if1210_09_5_min.csv

从理论上讲,期货价格 F 和现货价格 S 存在以下关系:$F = Se^{rT}$,其中 r 为无风险利率,当然无风险利率也是随时间变化的。

因此,$\ln F = \ln S + rT$。

记 IF1209 合约的价格为 F_1,到期期限为 T_1,记 IF1210 合约的价格为 F_2,到期期限为 T_2,因此,

$$\ln F_1 = \ln S + rT_1$$
$$\ln F_2 = \ln S + rT_2$$

进一步得到:

$$\ln F_2 - \ln F_1 = r(T_2 - T_1) = r/12$$

期货价格取对数后的价差理论上应该在 $r/12$ 左右(注意:在实际市场上,这一点未必成立,可能存在其他因素使得价差明显偏离这一理论值),图 8.20 是 2012 年 8 月 20 日~2012 年 8 月 31 日 5 分钟的 IF1209 和 IF1210 合约的对数价差 $\ln F_2 - \ln F_1$。

沪深 300 股指期货每个交易日有 54 个 5 分钟的收盘价格数据。我们的套利交易根据每 5 分钟的收盘价格来确定。我们设定移动平均的长度为 50,与每天 54 个 5 分钟数据接近,这样也能比较快地反映市场无风险利率的变化。同时我们将 $\ln F_2 - \ln F_1$ 偏离 1.5 倍标准差作为建立套利头寸的标准,即当期货价格取对数后的价差 $\ln F_2 - \ln F_1$ 超过对数后价差的移动平均值的 1.5 倍标准差时,我们建立以下套利头寸:做空 IF1210 合约,做多 IF1209 合约,为方便起见,我们将这种套利头寸称为套利头寸+1;当期货价格取对数后的价差 $\ln F_2 - \ln F_1$ 低于对数后价差的移动平均值的 1.5 倍标准差时,我们建立以下

图 8.20　IF1209 和 IF1210 合约的对数价差

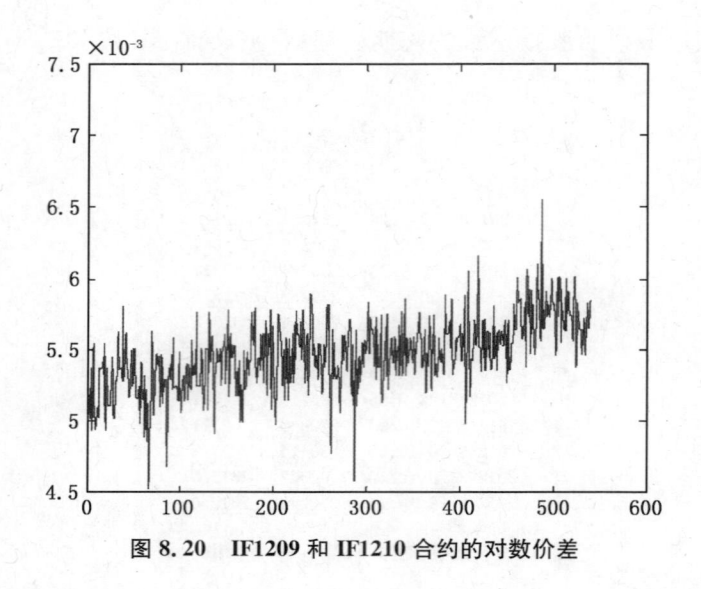

套利头寸：做空 IF1209 合约，做多 IF1210 合约，为方便起见，我们将这种套利头寸称为套利头寸－1。我们采用以下平仓策略：对于套利头寸＋1，我们在期货价格取对数后的价差 $\ln F_2 - \ln F_1$ 低于对数后价差的移动平均值的 1.5 倍标准差时平仓，并且同时开设新的套利头寸－1；对于套利头寸－1，我们在期货价格取对数后的价差 $\ln F_2 - \ln F_1$ 超过对数后价差的移动平均值的 1.5 倍标准差时平仓，并且同时开设新的套利头寸＋1。这里我们设定的头寸规模为 1 手多头和 1 手空头。

图 8.21 给出了期货价格取对数后的价差的移动平均波动率。图 8.22 则给出了期货

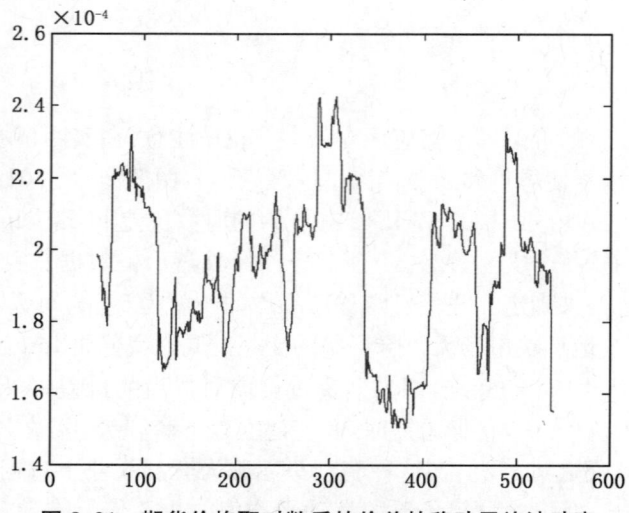

图 8.21　期货价格取对数后的价差的移动平均波动率

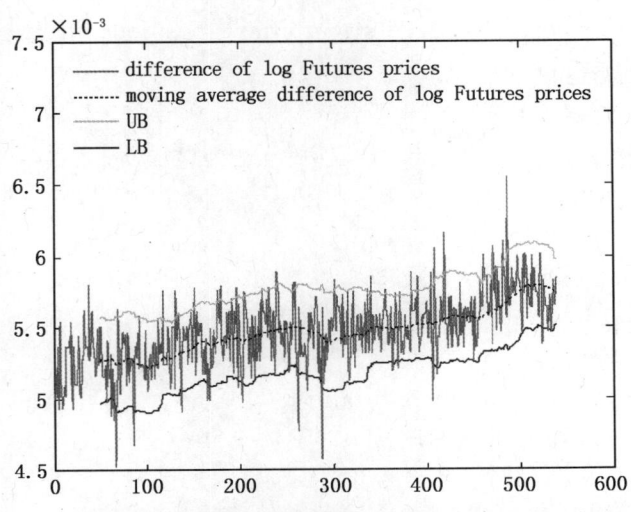

图 8.22 期货价格取对数后价差的移动平均价差和上下套利边界

价格取对数后的价差的移动平均价差和建立套利头寸的临界边界 UB(上边界)和 LB(下边界)。

另外,我们设定保证金比例为 20%,这高于交易所所规定的比例。设定交易成本为万分之 0.5,且双向收费。这与当下大部分的期货公司的佣金比例是一致的。在测试数据的最后收盘 5 分钟,我们将所有头寸全部平仓。最后我们要指出:这里并没有考虑交易本身所产生的冲击成本问题,这个问题在实际交易中有可能是一个非常重要的问题,冲击成本将显著地影响套利的利润。

基于以上套利策略我们在 MATLAB 主命令窗口输入:

```
clear
x=csvread('if1210_09_5_min.csv',2,1);%read data
IF_A=x(:,1);%price of IF1210
IF_B=x(:,2);%price of IF1209
diff_log_price=log(IF_B./IF_A);
diff_price=IF_B-IF_A;
M=50;%set length of moving average
K=1.5;
% set times of standard deviation to determine upper and lower boundaries
N=length(IF_A);
%gives long and short position
```

```
[position,ma,sigma,UB,LB]=my_arbitrage_position(diff_log_price,M,K);
%calculate trading costs
commission=5e-5;
cost=abs(position).*(IF_A+IF_B)*300*commission*2;
id=find(position~=0);
cost(id(1))=cost(id(1))/2;
cost(id(end))=cost(id(end))/2;
%%%%%%%%%%%%%%%%%%%%%%%%%%
%calculate margin
margin_ratio=0.2;%set margin ratio
margin=abs(position).*(IF_A+IF_B)*300*margin_ratio;
%%%%%%%%%%%%%%%%%%%%%%%%%%
gain=my_gain_arbitrage(diff_price,position);
%calculate gains for each 5 minute
profit=cumsum(gain-cost);%calculate profits
h=figure;
set(h,'color','w')
plot(profit)
hold on
C1=abs(position).*profit;
C1(position~=-1)=nan;
C2=abs(position).*profit;
C2(position~=1)=nan;
plot(C1,'ro')
plot(C2,'kpentagram')
legend('profit','Long IF1210 and Short IF1209','Long IF1209 and Short IF1210',2)
```

上面的程序中用到的辅助函数 my_arbitrage_position 和 my_gain_arbitrage 内容如下：

```
function [position,ma,sigma,UB,LB]=my_arbitrage_position(p,M,K)
%gives long and short position for arbitrage between asset A and B
%input:
```

```
%p is supposed to be mean-revert, usually is set as log(P_B)-log(P_A)
%M is window length for the moving average
%K is times of standard deviation to determine upper and lower boundaries
%output:
%position=1 means short B and long A;position=-1 means short A and %long B
%position=0 means hold previous position;initial position is holding cash only
%ma is moving average p
%sigma is moving average volatility
%UB is upper boundary
%LB is lower boundary
N=length(p);
sigma=my_sigma_ma(p,M);
ma=ones(N,1)*nan;
for i=M:N
    ma(i)=mean(p(i-M+1:i));
end
UB=ma+K*sigma;
LB=ma-K*sigma;
signal=zeros(N,1);
signal(p>UB)=1;
signal(p<LB)=-1;
position=zeros(N,1);
a=max(find(signal~=0));
position(N)=-signal(a);
b=min(find(signal~=0));
position(b)=signal(b);
while b<N
    signal(1:b)=0;
    b=min(find(signal==-position(b)));
    position(b)=signal(b);
end
function gain=my_gain_arbitrage(diff_price,position)
```

```
%compute gain at each settlement time on arbitrage between asset A and B
without trading cost
%settlement time is set as the time interval asset prices
%diff_price=P_B-P_A;
%position=1 means short B and long A
%position=-1 means short A and long B
%position=0 means hold previous position
%initial position is holding cash only
N=length(diff_price);
gain=zeros(N,1);
id=find(position~=0);
L=length(id);
for i=1:L-1
    B=id(i):id(i+1);
    gain(id(i)+1:id(i+1))=diff(diff_price(B))*position(B(end))*300;
end
```

我们得到 2012 年 8 月 20 日～2012 年 8 月 31 期间,基于 5 分钟收盘价格的套利收益情况如图 8.23 所示。在 MATLAB 命令窗口中输入:profit(end)/max(margin),得到期间的收益率为 3.82%。

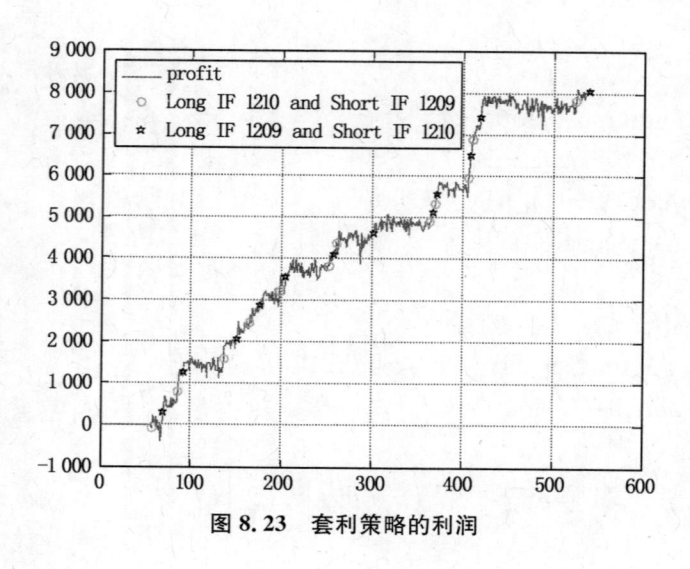

图 8.23 套利策略的利润

复习与思考题

1. 假定沪深 300 指数的日收益可以用以下 GARCH 模型来刻画：

$$r_t = c + \lambda r_{t-1} + \gamma \epsilon_{t-1} + \epsilon_t$$
$$\sigma_t^2 = K + \beta \sigma_{t-1}^2 + \alpha \epsilon_{t-1}^2$$

试编写相关代码，计算下一天股价上涨的概率是多少？

2. 比较 EWMA 模型和 GARCH 模型预测波动性的表现，如果用当天 5 分钟收益率的平方和开根号后的值作为当天波动率的真实值的衡量，则预测的波动性与真实值的偏差就衡量 EWMA 模型和 GARCH 模型预测波动性的能力差异，试利用上证综合指数的日数据为检验样本，对 EWMA 模型和 GARCH 模型预测波动性的能力差异进行实证分析。

参考答案

1. 获取沪深 300 指数近一年的历史日收盘数据，并保存为数据文件：hushen300_index.csv，存放在 MATLAB 的搜索路径之下，然后在 MATLAB 主窗口输入：

```
clear
x=csvread('hushen300_index.csv',1,1);
%读入 2010/6/30—2016/9/30 沪深 300 指数日收盘数据
r=price2ret(x);%计算沪深 300 指数收益率序列
spec=garchset('R',1,'M',1,'P',1,'Q',1);
coeff=garchfit(spec,r);
[sigma_predicted,mean_predicted]=garchpred(coeff,r,1);
prob_up=1-normcdf(0,mean_predicted,sigma_predicted);
%计算下一天股价上涨的概率
```

2. 略

9 风险价值和条件风险价值的估计

风险价值(VaR)和条件风险价值(CVaR)是金融机构常用的衡量风险的指标之一,本章主要介绍 Cornish-Fisher 展开式法、正态分布法、蒙特卡罗模拟法、历史模拟法和应用极值理论计算 VaR 和 CVaR 的方法。也使用实际数据比较了将风险指标替换为 VaR 或 CVaR 后,马柯维茨所描述的前沿组合与新的前沿组合的差异。

9.1 VaR 和 CVaR 的定义

VaR 是一定置信水平 α(比如:99%),投资组合面临的最大损失,具体地,我们用收益率分布的 $1-\alpha$ 百分位数来定义 VaR:

$$\text{VaR}(\alpha) = -F_r^{-1}(1-\alpha)$$

其中:$F_r(\cdot)$ 为组合收益率的累积分布函数。

上面的定义是从收益分布的左尾定义 VaR。有时候,我们需要从收益分布的右尾定义 VaR:

$$\text{VaR}(\alpha) = F_r^{-1}(\alpha)$$

由于 VaR 不具有次可加性,即组合的 VaR 可能超过组合中各资产的加权平均 VaR,因此,具有次可加性特点的 CVaR 常常被用来衡量组合的风险。CVaR 衡量了一定置信水平 α 下发生损失超过 VaR 时的平均损失。具体地,其定义如下:

$$\text{CVaR}(\alpha) = -E[r \mid r \leqslant -\text{VaR}] = -\frac{\int_{-\infty}^{-\text{VaR}} z f_r(z) \mathrm{d}z}{F_r(-\text{VaR})} = -\frac{\int_{-\infty}^{-\text{VaR}} z f_r(z) \mathrm{d}z}{1-\alpha}$$

同样可以从右尾角度来定义 CVaR：

$$\text{CVaR}(\alpha) = \frac{\int_{\text{VaR}}^{\infty} z f_r(z) \mathrm{d}z}{1-\alpha}$$

其中：$f_r(\cdot)$ 为组合收益率的概率密度函数。

9.2 基于 Cornish-Fisher 展开式的 VaR 和 CVaR[①]

Cornish-Fisher 展开式将标准化之后的组合收益 r^* $\left(r^* = \dfrac{r-\mu_p}{\sigma_p}\right)$ 的百分位数 α 近似表示 q 为：

$$q = c(\alpha) + \frac{1}{6}[c(\alpha)^2 - 1]s_p + \frac{1}{24}[c(\alpha)^3 - 3c(\alpha)](k_p - 3) - \frac{1}{36}[2c(\alpha)^3 - 5c(\alpha)]s_p^2$$

其中：

μ_p 为组合收益的均值，σ_p 为组合收益的标准差，$c(\alpha)$ 为标准正态分布 α 百分位数，s_p 为组合收益的偏度，k_p 为组合收益的峰度。

对于正态分布而言，其偏度为 0，峰度为 3，因此，$q = c(\alpha)$。而对于非正态分布，其偏度和峰度分别偏离 0 和 3，$q \neq c(\alpha)$。

因此，组合收益 r 的百分位数 α 近似为：$\mu_p + \sigma_p q$，相应地，置信水平 $1-\alpha$ 的 VaR 为：

$$\text{VaR}(1-\alpha) = -(\mu_p + \sigma_p q)$$

置信水平 $1-\alpha$ 的 CVaR 为：

$\text{CVaR}(1-\alpha) =$
$-\sigma_p \left[M_1 + \dfrac{1}{6}(M_2 - 1)s_p + \dfrac{1}{24}(M_3 - 3M_1)(k_p - 3) - \dfrac{1}{36}(2M_3 - 5M_1)s_p^2 \right] - \mu_p$

其中：

$$M_i = \frac{1}{\alpha} \int_{-\infty}^{c(\alpha)} x^i f(x) \mathrm{d}x, \ i = 1, 2, 3$$

其中：$f(\cdot)$ 为标准正态分布的概率密度函数。

9.3 基于正态分布的 VaR 和 CVaR

许多金融模型都是建立在收益率服从正态分布的假设基础之上，在实践中正态分布

[①] Cao, Z, Harris, RDF and Shen, J, 2010, Hedging and Value at Risk：A Semi-Parametric Approach, Journal of Futures Markets, 30：780 – 794.

也常常作为分析问题的参考基准。如果收益率服从正态分布,则相应的 VaR 和 CVaR 计算如下:

$$\text{VaR}(1-\alpha) = -[\mu_p + \sigma_p c(\alpha)]$$
$$\text{CVaR}(1-\alpha) = -[\mu_p - \sigma_p f(c(\alpha))/\alpha]$$

9.4 基于蒙特卡罗模拟的 VaR 和 CVaR

很多时候应用蒙特卡罗模拟方法计算 VaR 和 CVaR 能够大大降低计算的难度。我们以期权的 VaR 和 CVaR 为例来简单说明。记期权的价格为 P,股票的价格为 S,$\delta = \frac{\partial P}{\partial S}$,则如果保留泰勒展开式的第一项得到:

$$\Delta P \approx \delta \Delta S$$

进一步得到:

$$\frac{\Delta P}{P} \approx \frac{S}{P}\delta \frac{\Delta S}{S}$$

如果 $\frac{\Delta S}{S} \sim N(0, \sigma^2)$

则期权的 VaR 为:

$$\text{VaR}(1-\alpha) = -\frac{S}{P}\delta\sigma c(\alpha)$$
$$\text{CVaR}(1-\alpha) = \frac{S}{P}\delta\sigma f(c(\alpha))/\alpha]$$

其中:$c(\alpha)$ 为标准正态分布 α 百分位数

如果保留泰勒展开式的前两项,则我们得到:

$$\Delta P \approx \delta \Delta S + \frac{1}{2}\gamma(\Delta S)^2$$

其中:$\gamma = \frac{\partial^2 P}{\partial S^2}$

进一步得到:

$$\frac{\Delta P}{P} \approx \frac{S}{P}\delta \frac{\Delta S}{S} + \frac{1}{2}\frac{S^2}{P}\gamma\left(\frac{\Delta S}{S}\right)^2$$

由正态分布的性质得到①:

$$E\left[\frac{\Delta P}{P}\right] = \frac{1}{2}\frac{S^2}{P}\gamma\sigma^2$$

$$E\left[\left(\frac{\Delta P}{P}\right)^2\right] = \frac{S^2}{P^2}\delta^2\sigma^2 + \frac{3}{4}\frac{S^4}{P^2}\gamma^2\sigma^4$$

$$E\left[\left(\frac{\Delta P}{P}\right)^3\right] = \frac{4.5S^4}{P^3}\delta^2\sigma^4 + 1.875\frac{S^6}{P^3}\gamma^3\sigma^6$$

$$E\left[\left(\frac{\Delta P}{P}\right)^4\right] = \frac{3S^4}{P^4}\delta^4\sigma^4 + 6.5625\frac{S^8}{P^4}\gamma^4\sigma^8 + 22.5\frac{S^6}{P^4}\sigma^6\delta^2\gamma^2$$

因此,

$\frac{\Delta P}{P}$ 的均值为 $\mu_0 = \frac{1}{2}\frac{S^2}{P}\gamma\sigma^2$

$\frac{\Delta P}{P}$ 的标准差为 $\sigma_0 = \sqrt{\frac{S^2}{P^2}\delta^2\sigma^2 + \frac{1}{2}\frac{S^4}{P^2}\gamma^2\sigma^4}$

$\frac{\Delta P}{P}$ 的偏度为 $s_0 = \left(E\left[\left(\frac{\Delta P}{P}\right)^3\right] - 3\mu_0 E\left[\left(\frac{\Delta P}{P}\right)^2\right] + 2M_0^3\right)/S_0^3$

$\frac{\Delta P}{P}$ 的峰度为 $k_0 = \left(E\left[\left(\frac{\Delta P}{P}\right)^4\right] - 4\mu_0 E\left[\left(\frac{\Delta P}{P}\right)^3\right] + 6\mu_0^2 E\left[\left(\frac{\Delta P}{P}\right)^2\right] - 3M_0^4\right)/S_0^4$

则由 Cornish-Fisher 展开式可近似得到置信水平 $1-\alpha$ 的 VaR 为:

$$\text{VaR}(1-\alpha) = -(\mu_0 + S_0 q)$$

其中,

$$q = c(\alpha) + \frac{1}{6}[c(\alpha)^2 - 1]s_0 + \frac{1}{24}[c(\alpha)^3 - 3c(\alpha)](k_0 - 3) - \frac{1}{36}[2c(\alpha)^3 - 5c(\alpha)]S_0^2$$

类似地,还可以利用 $\frac{\Delta P}{P}$ 的均值、标准差、偏度和峰度计算 CVaR。

以上计算 VaR 的方法比较复杂,我们还可以利用蒙特卡罗模拟方法计算 VaR 和 CVaR:

(1) 产生 N 个均值为 0,方差为 σ^2 的正态分布随机数 $y_1, y_2, \cdots, y_N$。

(2) 计算 $Y_i = \frac{S}{P}\delta y_i + \frac{1}{2}\frac{S^2}{P}\gamma(y_i)^2$, $i = 1, 2, \cdots, N$。

(3) 计算 Y_i, $i = 1, 2, \cdots, N$ 的 α 百分位数,取其负值后即得到期权置信水平 $1-\alpha$ 的 VaR 值。然后计算 Y_i 小于 $-$VaR 的值的平均值,取其负值后得到期权置信水平 $1-\alpha$ 的 CVaR 值。

---

① 如果 $x \sim N(0, \sigma^2)$,则当 n 为偶数时, $E(x^n) = \sigma^n 2^{n/2}\frac{1}{\sqrt{\pi}}\Gamma\left(\frac{n+1}{2}\right)$,当 n 为奇数时, $E(x^n) = 0$。

9.5 基于历史模拟的 VaR 和 CVaR

基于历史模拟的方法来计算 VaR 和 CVaR,就是用组合收益率的历史观测值经验分布的分位数来计算 VaR 和 CVaR。下面给出基于历史模拟、正态分布和 Cornish-Fisher 展开式计算 VaR 和 CVaR 的 Matlab 函数。

```
function [VaR,CVaR]=my_var_cvar(r,alpha,method)
n=length(r);
mu=mean(r);
sigma=std(r);
switch method
case 'hs'
VaR=-prctile(r,alpha*100);
CVaR=-(mean(r(r<=-VaR)));
case 'norm'
q_alpha=norminv(alpha,mu,sigma);
VaR=-(q_alpha);
CVaR=-(mu-sigma*normpdf((q_alpha-mu)/sigma,0,1)/alpha);
case 'cf'
nr=(r-mu)/sigma;
s=skewness(nr);
k=kurtosis(nr)-3;
q=norminv(alpha);
VaR=-(mu+sigma*(q+1/6*(q^2-1)*s+1/24*(q^3-3*q)*…
    k-1/36*(2*q^3-5*q)*s^2));
syms x
m1=double(int(x*1/sqrt(2*pi)*exp(-x^2/2),-inf,q))/alpha;
m2=double(int(x^2*1/sqrt(2*pi)*exp(-x^2/2),-inf,q))/alpha;
m3=double(int(x^3*1/sqrt(2*pi)*exp(-x^2/2),-inf,q))/alpha;
CVaR=-(mu+sigma*(m1+1/6*(m2-1)*s+1/24*(m3-3*m1)*…
    k-1/36*(2*m3-5*m1)*s^2));
end
```

下面以 1997 年 1 月 2 日～2008 年 2 月 13 日期间上证综合指数的日收益为例,计算其 99%VaR 和 CVaR。数据如图 9.1 所示，第一列为日期，第二列为上证综合指数的收盘价。文件名为'shindex.xls'。

	A	B	C	D	E	F
1	1997-1-2	919.44				
2	1997-1-3	899.61				
3	1997-1-6	876.5				
4	1997-1-7	898.17				
5	1997-1-8	896.41				
6	1997-1-9	906.98				
7	1997-1-10	918.4				
8	1997-1-13	929.52				
9	1997-1-14	907.85				
10	1997-1-15	916.72				
11	1997-1-16	915.01				
12	1997-1-17	919.85				
13	1997-1-20	933.28				
14	1997-1-21	929.11				
15	1997-1-22	942.44				
16	1997-1-23	945.8				
17	1997-1-24	953.92				
18	1997-1-27	959.06				
19	1997-1-28	956.31				
20	1997-1-29	962.1				
21	1997-1-30	960.17				
22	1997-1-31	964.74				

图 9.1 Excel 数据文件 shindex.xls

我们用最近 1 000 天的历史数据窗口滚动地计算上证综合指数日收益的 99%VaR 和 CVaR，我们在 MATLAB 命令窗口下输入：

```
clear
x=xlsread('shindex');
x(:,1)=x2mdate(x(:,1));
x(1:1526,:)=[];
p=x(:,2);
date=x(:,1);
r=price2ret(p);
M=1000;
alpha=0.01;
ndate=date(2+M:end);
```

```
method='hs';
for i=1:length(r)-M
    a=r(i:i+M);
    [VaR1(i),CVaR1(i)]=my_var_cvar(a,alpha,method);
end
method='norm';
for i=1:length(r)-M
    a=r(i:i+M);
    [VaR2(i),CVaR2(i)]=my_var_cvar(a,alpha,method);
end
method='cf';
for i=1:length(r)-M
    a=r(i:i+M);
    [VaR3(i),CVaR3(i)]=my_var_cvar(a,alpha,method);
end
h=figure(1);
set(h,'color','w')
plot(ndate,VaR1','r-*')
hold on
plot(ndate,VaR2','b-*')
plot(ndate,VaR3','m-*')
datetick('x',23)
legend('99%VaR-HS','99%VaR-NORM','99%VaR-CF',2)
h=figure(2);
set(h,'color','w')
plot(ndate,CVaR1','r-*')
hold on
plot(ndate,CVaR2','b-*')
plot(ndate,CVaR3','m-*')
datetick('x',23)
legend('99%CVaR-HS','99%CVaR-NORM','99%CVaR-CF',2)
```

99%VaR 和 CvaR 的估计分别如图 9.2 和 9.3 所示。

图 9.2　99%VaR

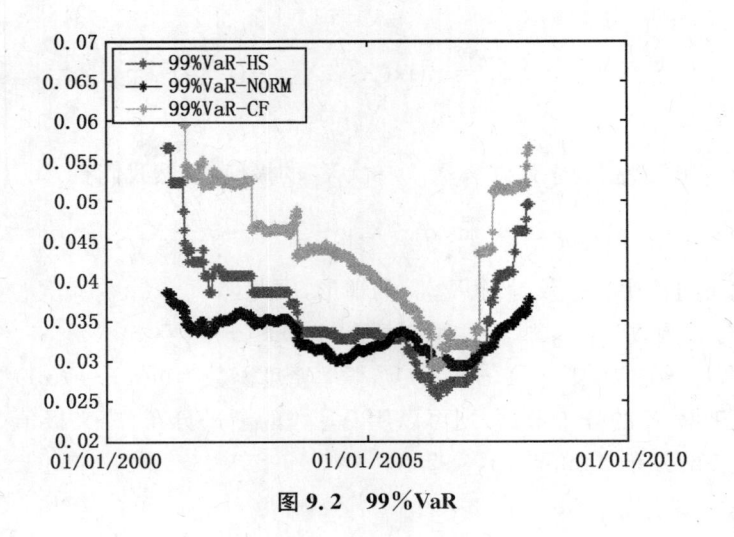

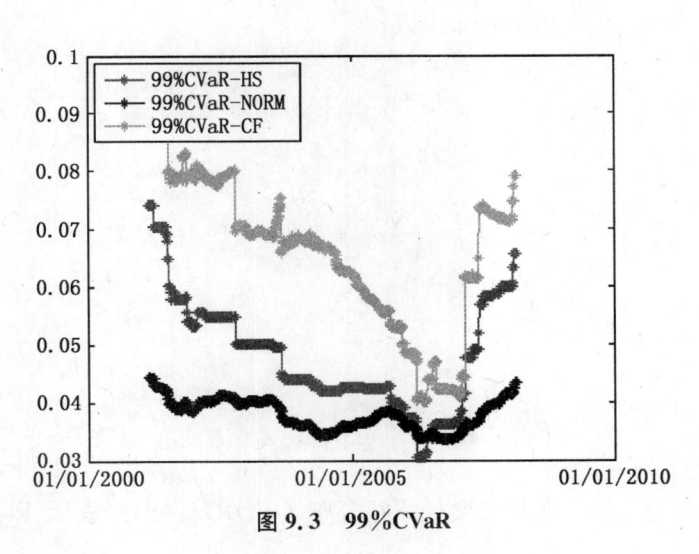

图 9.3　99%CVaR

9.6　极值理论与 VaR 和 CVaR

9.6.1　极值理论

考虑随机变量 X，其概率密度函数和累积分布函数分别为 $f(x)$ 和 $F(x)$，$X_1, X_2, \cdots, X_n$ 为独立同分布的随机变量序列。

定义

$$X_{\max, n} = \max(X_1, X_2, \cdots, X_n)$$
$$X_{\min, n} = \min(X_1, X_2, \cdots, X_n)$$

则称 $X_{\max, n}$ 和 $X_{\min, n}$ 为序列 $X_1, X_2, \cdots, X_n$ 的极值，显然我们有

$$X_{\min, n} = -\max(-X_1, -X_2, \cdots, -X_n)$$

我们在以下讨论中极值仅针对 $X_{\max, n}$ 的情形，因此，

$X_{\max, n}$ 的分布函数为：$F(x)^n$，概率密度函数为 $nF(x)^{n-1}f(x)$

$X_{\min, n}$ 的分布函数为：$1-(1-F(x))^n$，概率密度函数为 $n(1-F(x))^{n-1}f(x)$

如果随机变量 X 的分布未知，则可以用 $X_{\max, n}$ 的渐进分布，广义极值（GEV）分布来近似表示 $X_{\max, n}$ 的分布（Jenkinson, 1955）。

具体地，$X_{\max, n} \xrightarrow{d} H_{\max}(X_{\max, n})$

其中：$H_{\max}(\cdot)$ 为广义极值分布函数，

$$H_{\max}(X_{\max, n}, \xi_{\max, n}, \mu_{\max, n}, \sigma_{\max, n}) = \exp\left\{-\left[1+\xi_{\max, n}\left(\frac{X_{\max, n}-\mu_{\max, n}}{\sigma_{\max, n}}\right)\right]^{-1/\xi_{\max, n}}\right\}$$

其中：

$$1+\xi_{\max, n}\left(\frac{X_{\max, n}-\mu_{\max, n}}{\sigma_{\max, n}}\right) \geqslant 0$$

相应地其概率密度函数为：

$$h_{\max}(X_{\max, n}, \xi_{\max, n}, \mu_{\max, n}, \sigma_{\max, n}) =$$
$$\frac{1}{\sigma_{\max, n}}\left[1+\xi_{\max, n}\left(\frac{X_{\max, n}-\mu_{\max, n}}{\sigma_{\max, n}}\right)\right]^{\frac{-1}{\xi_{\max, n}}-1}\exp\left\{-\left[1+\xi_{\max, n}\left(\frac{X_{\max, n}-\mu_{\max, n}}{\sigma_{\max, n}}\right)\right]^{-1/\xi_{\max, n}}\right\}$$

$X_{\max, n}$ 的渐近分布还可以用广义帕累托分布（GPD）$G_{\max}(x)$ 来表示（Pickands, 1975）

$$G_{\max}(x) = 1 + \ln(H_{\max}(x))$$

即

$$G_{\max}(X_{\max, n}, \xi_{\max, n}, \mu_{\max, n}, \sigma_{\max, n}) = 1 - \left[1+\xi_{\max, n}\left(\frac{X_{\max, n}-\mu_{\max, n}}{\sigma_{\max, n}}\right)\right]^{-1/\xi_{\max, n}}$$

相应地，其概率密度函数为：

$$g_{\max}(X_{\max, n}, \xi_{\max, n}, \mu_{\max, n}, \sigma_{\max, n}) = \frac{1}{\sigma_{\max, n}}\left[1+\xi_{\max, n}\left(\frac{X_{\max, n}-\mu_{\max, n}}{\sigma_{\max, n}}\right)\right]^{\frac{-1}{\xi_{\max, n}}-1}$$

9.6.2 渐近分布的参数估计方法

(1) 非线性回归方法

Gumbel(1958)提出了使用非线性回归方法估计广义极值分布和广义帕累托分布中的参数。

已知 $X_{\max,n}$ 的 N 个观测值：$X_{\max}^1$，$X_{\max}^2$，$\cdots$，$X_{\max}^N$，其顺序统计量序列为 $\widetilde{X}_{\max}^1$，$\widetilde{X}_{\max}^2$，$\cdots$，$\widetilde{X}_{\max}^N$，且满足 $\widetilde{X}_{\max}^1 \leqslant \widetilde{X}_{\max}^2 \leqslant \cdots \leqslant \widetilde{X}_{\max}^N$，显然 $\widetilde{X}_{\max}^r$，$r=1,2,\cdots,N$ 为随机变量，其概率密度函数为：

$$f(x;N,r) = \frac{x^{r-1}(1-x)^{N-r}}{B(r,N-r+1)}, \quad 0 \leqslant x \leqslant 1$$

其中：$B(\cdot)$ 为贝塔函数。

相应地，$\widetilde{X}_{\max}^r$ 的均值为 $\int_0^1 \frac{x^r(1-x)^{N-r}}{B(r,N-r+1)} dx = \frac{r}{N+1}$

同样，$H_{\max}(\widetilde{X}_{\max}^r)$ 也为 $[0,1]$ 区间上的随机变量，其均值为：

$$E[H_{\max}(\widetilde{X}_{\max}^r)] = E[\exp(-[1+\xi_{\max,n}(\widetilde{X}_{\max}^r - \mu_{\max,n})/\sigma_{\max,n}]^{-1/\xi_{\max,n}})]$$

令

$$E[\exp(-[1+\xi_{\max,n}(\widetilde{X}_{\max}^r - \mu_{\max,n})/\sigma_{\max,n}]^{-1/\xi_{\max,n}})] = \frac{r}{N+1}, \quad r=1,2,\cdots,N$$

则我们可以建立以下回归方程估计广义极值分布的参数：

$$y = -\frac{1}{\xi_{\max,n}} \ln\left[1 + \frac{\xi_{\max,n}(\widetilde{X}_{\max}^r - \mu_{\max,n})}{\sigma_{\max,n}}\right] + \varepsilon$$

其中：$y = -\ln\left(\frac{r}{N+1}\right)$

给定观测值 $\left(-\ln\left(\frac{r}{N+1}\right), \widetilde{X}_{\max}^r\right)$，$r=1,2,\cdots,N$，广义极值分布中的参数估计可以通过最小化回归方程中残差平方和得到。

类似地，令

$$E[G_{\max}(\widetilde{X}_{\max}^r)] = E[1-[1+\xi_{\max,n}(\widetilde{X}_{\max}^r - \mu_{\max,n})/\sigma_{\max,n}]^{-1/\xi_{\max,n}}] = \frac{r}{N+1},$$
$$r=1,2,\cdots,N$$

则我们可以建立以下回归方程估计广义帕累托分布中的参数 $(\xi_{\max,n}, \mu_{\max,n}, \sigma_{\max,n})$：

$$y = -\frac{1}{\xi_{\max,n}} \ln\left[1 + \frac{\xi_{\max,n}(\widetilde{X}_{\max}^r - \mu_{\max,n})}{\sigma_{\max,n}}\right] + \varepsilon$$

其中：$y = \ln\left(1 - \frac{r}{N+1}\right)$

给定观测值 $\left(\ln\left(1 - \frac{r}{N+1}\right), \widetilde{X}_{\max}^r\right)$，$r = 1, 2, \cdots, N$，广义帕累托分布中的参数估计可以通过最小化回归方程中残差平方和得到。

（2）极大似然估计方法

已知 $X_{\max,n}$ 的 N 个观测值：$X_{\max}^1, X_{\max}^2, \cdots, X_{\max}^N$，如果 $X_{\max,n}$ 服从广义极值分布，则相应的对数似然函数为：

$$\ln L_H = -N\ln\sigma_{\max,n} - N\left(\frac{1 + \xi_{\max,n}}{\xi_{\max,n}}\right)\sum_{i=1}^{N}\ln\left[1 + \frac{\xi_{\max,n}(\widetilde{X}_{\max}^i - \mu_{\max,n})}{\sigma_{\max,n}}\right]$$
$$- \sum_{i=1}^{N}\left[1 + \xi_{\max,n}(\widetilde{X}_{\max}^i - \mu_{\max,n})/\sigma_{\max,n}\right]^{-1/\xi_{\max,n}}$$

最大化上面似然函数得到广义极值分布的参数估计。

类似地，如果服从广义帕累托分布，则相应其对数似然函数为：

$$\ln L_G = -N\ln\sigma_{\max,n} - N\left(\frac{1 + \xi_{\max,n}}{\xi_{\max,n}}\right)\sum_{i=1}^{N}\ln\left[1 + \frac{\xi_{\max,n}(\widetilde{X}_{\max}^i - \mu_{\max,n})}{\sigma_{\max,n}}\right]$$

最大化上面似然函数得到广义帕累托分布的参数估计。

9.6.3 利用极值理论计算 VaR 和 CVaR[①]

给定组合收益率的 N 个观测序列：$r_1, r_2, \cdots, r_N$，我们定义超过临界值 K 的收益率为极值 $X_{\max}$，比如可以定义超过均值 2 个标准差的收益率为 $X_{\max}$ 的观测值。我们记超过临界值 K 的收益率序列为 $y_1, y_2, \cdots, y_n$，即 N 个观测值中有 n 个超过临界值 K。

进一步，我们定义新的序列 $z_1, z_2, \cdots, z_n$ 为极值序列，这里 $z_1 = y_1 - K$，$z_2 = y_2 - K$，$\cdots$，$z_n = y_n - K$，应用该序列我们可以估计出广义极值分布的参数或者广义帕累托分布的参数。在估计出这些参数后，可以计算出组合的 VaR 和 CVaR。其原理如下：

定义

$$P(r_t \leqslant K) = F(K)$$
$$P(r_t \leqslant K + z_t) = F(K + z_t)$$

[①] Bali, T. G., 2003, An extreme value approach to estimating volatility and value at risk, Journal of Business 76, 83-108.

$$F_{\max}(z_t) = \frac{F(K+z_t) - F(K)}{1 - F(K)}$$

则当临界值 K 较高时，$F_{\max}(z_t)$ 应当接近广义极值分布或广义帕累托分布。

先考虑 $F_{\max}(z_t)$ 足够接近广义极值分布的情形。

用 n/N 作为 $1-F(K)$ 的估计，我们得到

$$F_{\max}(z_t) = \exp\left\{-\left[1+\frac{\xi(z_t-\mu)}{\sigma}\right]^{-\frac{1}{\xi}}\right\} = \frac{F(K+z_t)-(1-n/N)}{n/N}$$

因此，

$$1-F(K+z_t) = \frac{n}{N}\left[1-\exp\left\{-\left[1+\frac{\xi(z_t-\mu)}{\sigma}\right]^{-\frac{1}{\xi}}\right\}\right]$$

令

$$\frac{n}{N}\left[1-\exp\left\{-\left[1+\frac{\xi(z_t-\mu)}{\sigma}\right]^{-\frac{1}{\xi}}\right\}\right] = 1-\alpha$$

得到

$$\text{VaR}_z^{\text{GEV}}(\alpha) = \mu + \frac{\sigma}{\xi}\{[-\ln(1-(1-\alpha)N/n)]^{-\xi}-1\}$$

$$\text{VaR}_r(\alpha) = \text{VaR}_z^{\text{GEV}}(\alpha) + K$$

其中：$\text{VaR}_r(\alpha)$ 表示组合收益分布 α 置信水平下的 VaR，$\text{VaR}_z^{\text{GEV}}(\alpha)$ 表示极值分布 α 置信水平下的 VaR。

相应地，我们得到 $\text{CVaR}_r(\alpha)$ 为：

$$\text{CVaR}_r(\alpha) = K + \frac{1}{1-\alpha}\int_0^{1-\alpha}\text{VaR}_z^{\text{GEV}}x\,\mathrm{d}x$$

接下来我们考虑 $F_{\max}(z_t)$ 足够接近广义帕累托分布的情形，类似地可以得到

$$\text{VaR}_z^{\text{GPD}}(\alpha) = \mu + \frac{\sigma}{\xi}\{[(1-\alpha)N/n]^{-\xi}-1\}$$

$$\text{VaR}_r(\alpha) = \text{VaR}_z^{\text{GPD}}(\alpha) + K$$

$$\text{CVaR}_r(\alpha) = K + \frac{1}{1-\alpha}\int_0^{1-\alpha}\text{VaR}_z^{\text{GPD}}x\,\mathrm{d}x$$

注意：以上我们得到的 $\text{VaR}_r(\alpha)$ 和 $\text{CVaR}_r(\alpha)$ 是基于右尾的 $\text{VaR}_r(\alpha)$ 和 $\text{CVaR}_r(\alpha)$。如果要得到左尾的 $\text{VaR}_r(\alpha)$ 和 $\text{CVaR}_r(\alpha)$，则只需将收益率的 N 个观测序列：r_1，r_2，…，r_N 改成 $-r_1$，$-r_2$，…，$-r_N$，其余步骤不变即得到基于左尾的 $\text{VaR}_r(\alpha)$ 和 $\text{CVaR}_r(\alpha)$。

基于上述思想，我们编写以下基于 GPD 的非线性回归方法估计组合收益 VaR 和 CVaR 的 Matlab 函数。

```
function [var,cvar]=my_var_cvar_extreme_GPD(r,alpha)
%calculate VaR and CVaR based on extreme theory in which generalized Parato
%distribution is employed.
%In detail, see Bali, T. G., 2003, An extreme value approach to estimating
volatility and value at risk, Journal of Business 76, 83－108.
r=－r;
N=length(r);
K=mean(r)+2*std(r);
rr=r(r>K);
rr=rr－K;
n=length(rr);
x=sort(rr);
y=log(1－(1:n)/(n+1))';
para=[－(std(x)/(max(x)－mean(x))+std(x)/(min(x)－mean(x)))/2;
mean(x);std(x)];
para=my_non_lin_regress (y,x,'extreme_GPD',para);
var=para(2)+para(3)/para(1)*((alpha*N/n)^(－para(1))－1)+K;
cvar=quad(@my_int_fun_GPD,0,alpha,[],[],[para;N;n])/alpha+K;
```

上面的程序需要调用以前我们使用过的函数 my_non_lin_regress 之外，还需要调用以下两个辅助函数：

```
function f=my_extreme_GPD(para,x)
eta=para(1);
mu=para(2);
sigma=para(3);
f=－1/eta*log(1+eta/sigma*(x－mu));
```

```
function f=my_int_fun_GPD(x,para)
eta=para(1);
```

```
mu=para(2);
sigma=para(3);
N=para(4);
n=para(5);
f=mu−sigma/eta+sigma/eta*(x*N/n).^(−eta);
```

9.7 均值—方差有效前沿与均值—VaR 及均值—CVaR 有效前沿

下面我们将均值—方差前沿推广到均值—VaR 和均值—CvaR 前沿,即在 Markowitz 的均值—方差前沿组合分析框架下,将 VaR 或 CvaR 替代方差后得到新的前沿组合,并将均值—方差前沿、均值—VaR 和均值—CvaR 前沿进行比较。

首先我们给出不允许卖空情形下均值—方差前沿、均值—VaR 和均值—CvaR 前沿的数学模型。

不允许卖空情形下均值—方差前沿组合的数学模型为:

$$\min \frac{1}{2} W^T V W$$
$$\text{s.t.} \quad W^T e = E(r_p)$$
$$W^T 1 = 1$$
$$W \geqslant 0$$

不允许卖空情形下均值—VaR 前沿组合的数学模型为:

$$\min \text{VaR}$$
$$\text{s.t.} \quad W^T e = E(r_p)$$
$$W^T 1 = 1$$
$$W \geqslant 0$$

不允许卖空情形下均值—CVaR 前沿组合的数学模型为:

$$\min \text{CVaR}$$
$$\text{s.t.} \quad W^T e = E(r_p)$$
$$W^T 1 = 1$$
$$W \geqslant 0$$

下面我们从上海股票市场任意取了 5 只股票 2000 年 1 月 28 日到 2009 年 3 月 28 日期间的月度数据，分别计算基于最小化方差、99%VaR 和 CVaR 的前沿组合。具体数据如下表所示，文件名为 monthly_data_stock.xls，如图 9.4 所示。我们分别使用正态分布、历史模拟和 Conish-Fisher 展开式来计算 VaR 和 CVaR。

	A	B	C	D	E	F
1	2000-01-28	9.15	3.47	1.05	5.05	5.61
2	2000-02-29	9.19	3.55	1.09	5.9	6.34
3	2000-03-31	9.21	3.63	1.12	5.98	5.85
4	2000-04-28	9.13	3.81	1.19	6.17	6
5	2000-05-31	8.57	4.15	1.33	6.79	5.93
6	2000-06-30	8.6	3.95	1.37	7.19	6.07
7	2000-07-31	8.84	4.41	1.52	8.48	6.42
8	2000-08-31	8.55	3.97	1.64	7.62	6
9	2000-09-29	7.94	3.65	1.43	6.87	5.72
10	2000-10-31	7.83	3.68	1.43	7.09	5.69
11	2000-11-30	8.08	3.9	1.48	7.42	5.82
12	2000-12-29	7.63	3.81	1.45	7.26	5.72
13	2001-01-19	7.64	4.02	1.58	8.15	5.92
14	2001-02-28	7.3	3.96	1.56	8.11	6.03
15	2001-03-30	7.71	4.13	1.61	8.43	6.25
16	2001-04-30	7.39	3.94	1.57	8.3	5.96
17	2001-05-31	7.35	3.89	1.62	8.5	5.97

图 9.4　Excel 数据文件 monthly_data_stock.xls

9.7.1　基于正态分布的前沿组合

我们首先使用正态分布的假设计算 VaR 和 CVaR，并分别在均值—标准差、均值—VaR 和均值—CVaR 坐标体系下比较均值—方差前沿、均值—VaR 和均值—CvaR 前沿。具体地，我们在 MATLAB 命令窗口下输入：

```
clear
x=xlsread('monthly_data_stock');
r=price2ret(x(:,2:end),[],'periodic');
n=size(r,2);
IW=ones(n,1)/n;%set initial value for weight
method='norm'
%expected returns, std, VaR and CVaR for individual stocks
e=mean(r);
```

```
stdev=std(r);
for i=1:n
[var(i),cvar(i)]=my_var_cvar(r(:,i),0.01,method);
end
Aeq=[ones(1,n);e];
options=optimset('largescale','off');
ER=linspace(min(e),max(e),20);
V=cov(r);
%%%%%%%%%%minimize VaR or CVaR
for i=1:length(ER)
Beq=[1;ER(i)];
W(:,i)=fmincon(@my_var_cvar_min_fun,IW,[],[],Aeq,Beq,…
zeros(n,1),ones(n,1),[],options,r,0.01,method,1);%min VaR
nW(:,i)=fmincon(@my_var_cvar_min_fun,IW,[],[],Aeq,Beq,zeros(n,1),
ones(n,1),[],options,r,0.01,method,2);%min CVaR
sigma(i)=sqrt(W(:,i)'*V*W(:,i));
nsigma(i)=sqrt(nW(:,i)'*V*nW(:,i));
[VaR(i),CVaR(i)]=my_var_cvar(weight_portfolio(W(:,i),r),0.01,
method);%VaR and CVaR based on minimizing VaR
[nVaR(i),nCVaR(i)]=my_var_cvar(weight_portfolio(nW(:,i),r),0.01,
method);%VaR and CVaR based on minimizing CVaR
end
%%%%%%%%%%minimize Variance
for i=1:length(ER)
Beq=[1;ER(i)];
[W1(:,i),fv(i)]=quadprog(V,[],[],[],Aeq,Beq,zeros(n,1),ones(n,1),
IW,options);
fv(i)=sqrt(fv(i)*2);%standard deviation
[VaR1(i),CVaR1(i)]=my_var_cvar(weight_portfolio(W1(:,i),r),…
0.01,method);
end
%%%%%%%%%%%%%%%%%%%%%%%%%%%%%%%%%%%%
h=figure(1);
```

```
set(h,'color','w')
plot(sigma,ER,'-o')%ER-VaR frontier
hold on
plot(fv,ER,'r-*')%ER-sigma frontier
plot(nsigma,ER,'k-square')%ER-CVaR frontier
xlabel('Sigma')
ylabel('ER')
plot(stdev,e,'kpentagram')
 legend(' ER - VaR Frontier',' ER - sigma Frontier',' ER - CVaR Frontier','
individual stocks',2)


h=figure(2);
set(h,'color','w')
plot(VaR,ER,'-o')%ER-VaR frontier
hold on
plot(VaR1,ER,'r-*')%ER-sigma frontier
plot(nVaR,ER,'k-square')%ER-CVaR frontier
xlabel('VaR')
ylabel('ER')
plot(var,e,'kpentagram')
 legend(' ER - VaR Frontier',' ER - sigma Frontier',' ER - CVaR Frontier','
individual stocks',2)


h=figure(3);
set(h,'color','w')
plot(CVaR,ER,'-o')%ER-VaR frontier
hold on
plot(CVaR1,ER,'r-*')%ER-sigma frontier
plot(nCVaR,ER,'k-square')%ER-CVaR frontier
xlabel('CVaR')
ylabel('ER')
plot(cvar,e,'kpentagram')
legend('ER-VaR Frontier','ER-sigma Frontier',
'ER-CVaR Frontier','individual stocks',2)
```

运行上面的程序,我们得到基于正态分布计算 VaR 和 CVaR 的前沿组合。上面的程序用到了以下辅助函数 my_weight_portfolio 和 my_var_cvar_min_fun:

```
function f=my_weight_portfolio(W,r)
W=W(:);
if length(W)~=size(r,2)
    error('W does not match r');
end
N=size(r,1);
A=repmat(W',N,1);
f=A.*r;
f=sum(f,2);
```

```
function f=my_var_cvar_min_fun(w,r,alpha,method,num)
for i=1:length(w)
a(:,i)=w(i)*r(:,i);
end
r=sum(a,2);
n=length(r);
mu=mean(r);
sigma=std(r);
switch method
case 'hs'
VaR=-prctile(r,alpha*100);
CVaR=-(mean(r(r<=-VaR)));
case 'norm'
    q_alpha=norminv(alpha,mu,sigma);
    VaR=-(q_alpha);
    CVaR=-(mu-sigma*normpdf((q_alpha-mu)/sigma,0,1)/alpha);
case 'cf'
nr=(r-mu)/sigma;
s=skewness(nr);
```

```
k=kurtosis(nr)-3;
q=norminv(alpha);
VaR=-(mu+sigma*(q+1/6*(q^2-1)*s+1/24*(q^3-3*q)*k-1/36*(2*q^3-5*q)*s^2));
syms x
m1=double(int(x*1/sqrt(2*pi)*exp(-x^2/2),-inf,q))/alpha;
m2=double(int(x^2*1/sqrt(2*pi)*exp(-x^2/2),-inf,q))/alpha;
m3=double(int(x^3*1/sqrt(2*pi)*exp(-x^2/2),-inf,q))/alpha;
CVaR=-(mu+sigma*(m1+1/6*(m2-1)*s+1/24*(m3-3*m1)*…
k-1/36*(2*m3-5*m1)*s^2));
end
if num==1
    f=VaR;
else
    f=CVaR;
end
```

因为收益假定为正态分布，因此，最小化 VaR 或 CVaR 与最小化方差是等价的，这一点可以从图 9.5—图 9.7 中得到验证。

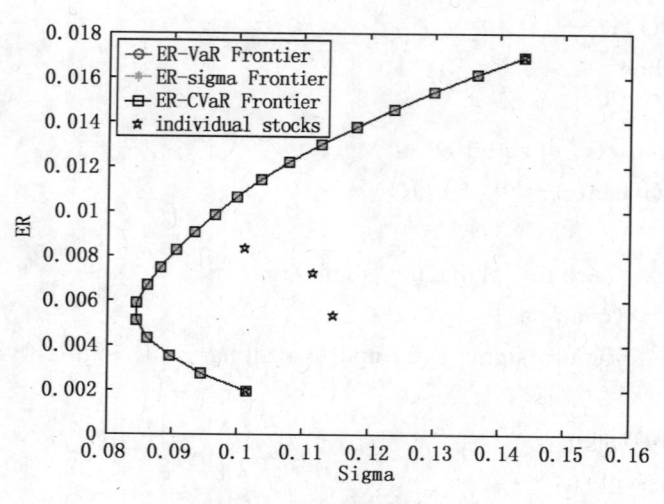

图 9.5　均值—方差前沿

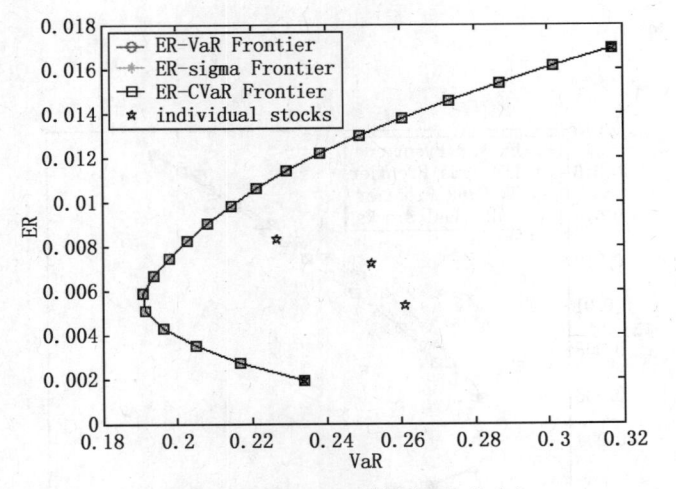

图 9.6 均值—VaR 前沿(正态分布)

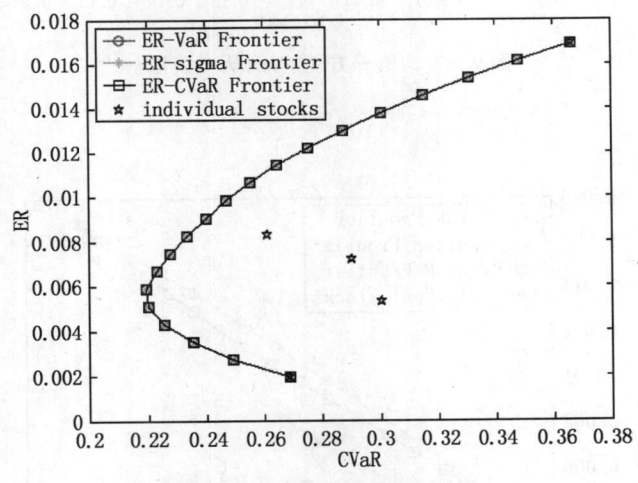

图 9.7 均值—CVaR 前沿(正态分布)

9.7.2 基于历史模拟的前沿组合

将上述程序中的 method 赋值由 'norm' 改为 'hs',得到基于历史模拟计算 VaR 和 CVaR 的前沿组合,输出结果如图 9.8~图 9.10 所示。

9.7.3 基于 Cornish-Fisher 展开式的前沿组合

将上述程序中的 method 赋值由 'norm' 改为 'cf',得到基于 Cornish-Fisher 展开式计算 VaR 和 CVaR 的前沿组合,输出结果如图 9.11~图 9.13 所示。

图 9.8 均值—方差前沿(历史模拟)

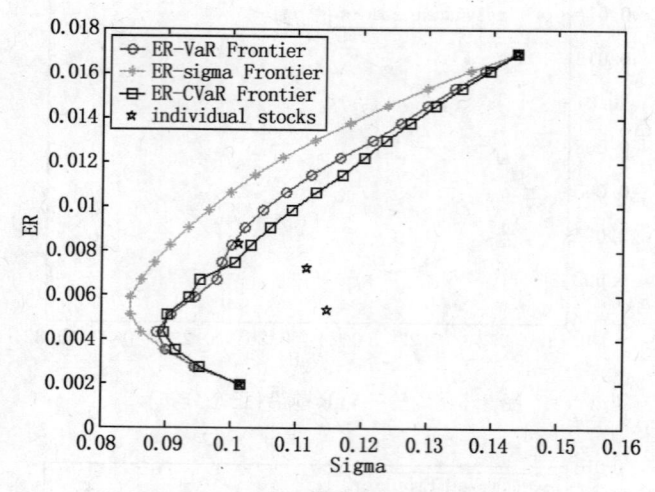

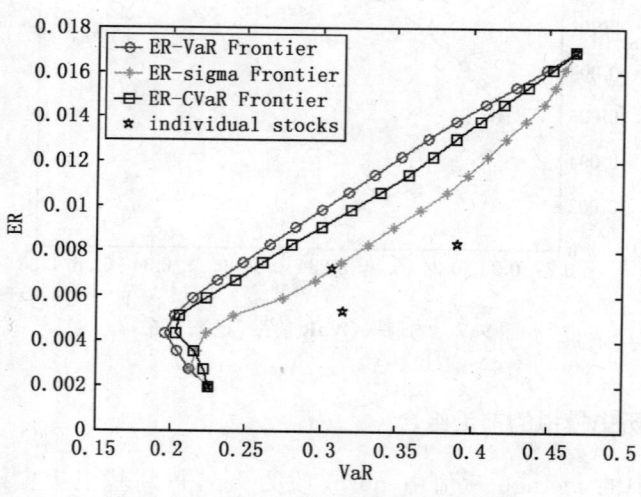

图 9.9 均值—VaR 前沿(历史模拟)

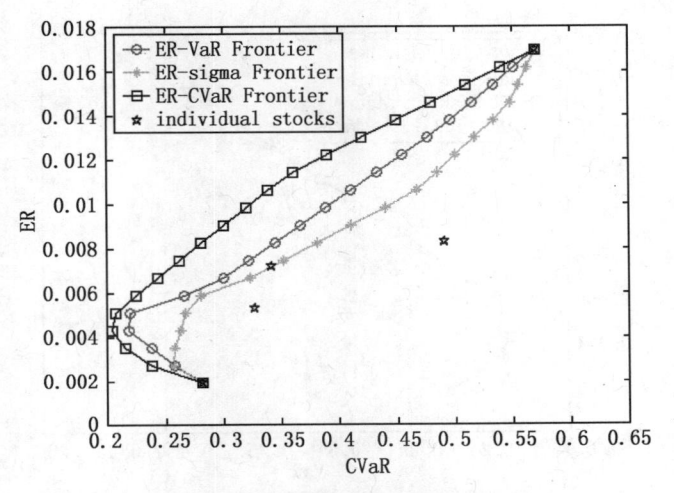

图 9.10 均值—CVaR 前沿(历史模拟)

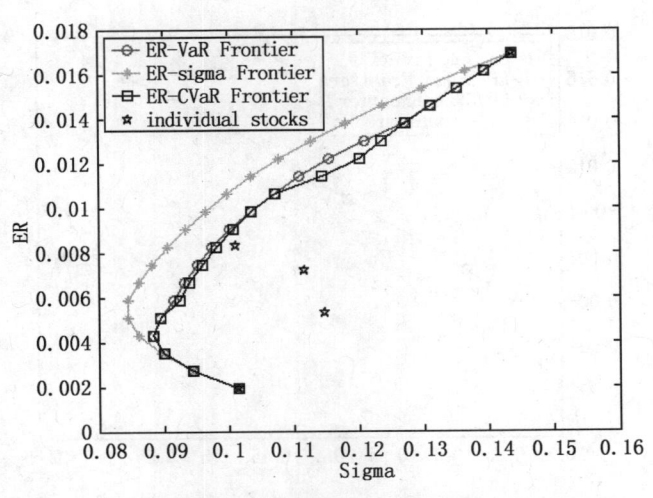

图 9.11 均值—方差前沿(Cornish-Fisher 展开式)

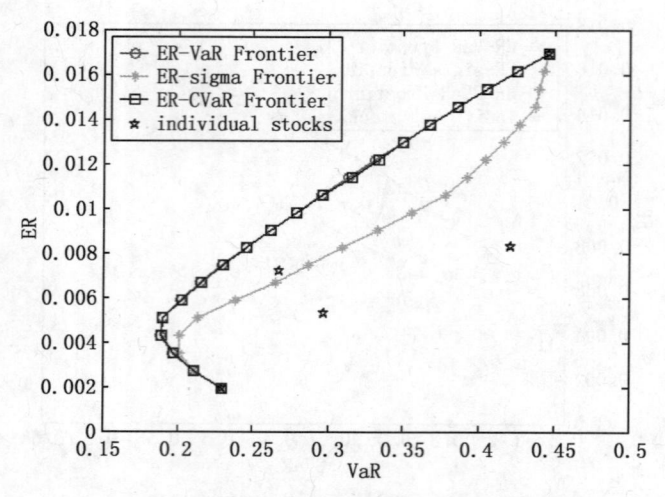

图 9.12 均值—VaR 前沿(Cornish-Fisher 展开式)

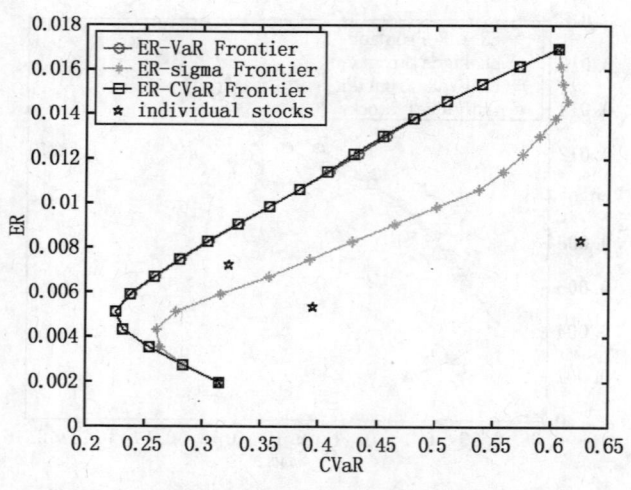

图 9.13 均值—CVaR 前沿(Cornish-Fisher 展开式)

9.8 不同 VaR 模型套期保值效果的比较

下面我们讨论 VaR 模型在套期保值中的应用，比较不同 VaR 估计方法在套期保值中的实际效果。最优套期保值比率的制定方法主要有两类，一类是风险最小化模型；一类是预期效用最大化模型。风险最小化模型主要以 OLS、ECM、GARCH 模型为代表，通过最小化组合的风险（如方差）以得出最优套期保值比率。预期效用最大化模型则是通过最大化套期保值者的效用函数得到最优套期保值比率，如 Sharpe 套期比和均值-方差分析法。而在各种最优套期保值比率的制定方法中，最为关键的就是模型参数的估计，即选择恰当的模型以准确地拟合并估计套期保值组合收益率的真实分布情况。

这里我们将现代资产组合风险管理中常用的 VaR(Value at Risk,风险价值)方法与最优套期保值比率的制定相结合，衍生出以最小化 VaR 为目标的套期保值比率制定方法，通过选取不同的收益率分布模型，结合实证分析，以期确定不同的风险水平下的最优套期保值比率，从而为投资者如何使用期货进行套期保值、度量、管理和规避市场风险提出好的建议[①]。

基于最小化 VaR 的最优套期保值比率计算，关键在于对组合收益率分布的假定，常用的分布有正态分布、t-分布等，而 Cornish-Fisher 展开式(Cornish, Fisher, 1937)能够对非正态分布的收益率数据的峰度和偏度进行调整。此外，广义双曲线分布(Generalized Hyperbolic Distributions)(Jose Fajardo and Aquiles Farias, 2002)能够较好地拟合收益率数据的实际分布情况，在组合 VaR 测定和衍生产品定价领域有广泛的应用。同时实际应用中也常假设收益率服从由两个正态分布组成的混合正态分布。Tucker, A. L.(1992)指出，在混合正态分布集中，由两个正态分布组成的混合正态分布具有良好的性质，能在将模型的参数个数减少到最小的程度下，保证模型足够的灵活性。

这里我们结合各种收益率分布模型假设，对包括移动平均模型、正态分布模型、t-分布模型、Cornish-Fisher 展开式(Cornish-Fisher Expansion)模型、广义双曲线分布模型、混合正态分布模型、GARCH(1, 1)模型以及历史模拟(Historical Simulation)等方法以最小化 VaR 为目标的最优套期保值比率选择进行了实证对比分析。

我们将使用 Kupiec 回溯检验方法(Kupiec's back-test)对我们的模型进行动态测试。整个样本数据被分为估计样本(estimation sample)和测试样本(evaluation sample)两个部分。估计样本用来估计模型的相关参数，确定最优套期保值率和组合 VaR，测试样本则用来对我们模型的准确性进行检验。

我们选取 2001 年 1 月 15 日至 2009 年 2 月 27 日香港恒生指数(Hang Seng Index, HSI)及其期货合约收益率数据作为研究的样本。除去没有交易的日子，共获得了 2 001

[①] 曹志广、杨军敏、韦小川,2009,基于最小化 VaR 的最优套期保值比率模型比较,工作论文。

天的观测值,时间跨度八年左右。据此计算出香港恒生指数及其期货连续合约的(对数)收益率数据,共计 2 000 组。两者之间的相关系数为 0.969 2,描述性统计分析见表 9.1:

表 9.1　　　　　　　　　　描述性统计分析

	恒生指数	恒指期货
样本数	2 000	2 000
最小值	−11.63%	−13.58%
最大值	11.34%	13.41%
均值	−0.01%	−0.01%
中位数	0.03%	0.03%
标准差	1.73%	1.65%
偏度	−0.031 6	−0.010 5
峰度	9.490 5	13.178 0

我们将按照以下方法对各模型依次进行实证检验:

对于恒生指数及其期货的收益率数据,我们首先取前 1 000 天数据作为估计窗口(在移动平均模型及历史模拟法下,我们还将选取其他几种估计样本区间长度,如 250、500 天等),并依据确定的置信度,依照各种模型对数据进行拟和与完成相关的参数估计,计算出使得套期保值组合 VaR 最小化的套期保值比率,构造套期保值资产组合,并算出各种置信度下对应的 VaR 值,然后利用 Kupiec 检验对模型在接下来的 1 000 天测试窗口中对预测的 VaR 的效果进行测试和比较,从而对各种模型的套期保值效果进行评估。

9.8.1 简单移动平均模型

简单移动平均模型,假设 t 时刻收益率的标准差可采用样本估计区间 $t-k$ 至 $t-1$ 时刻的收益率数据由如下方法估计:

$$\sigma_t = \sqrt{\frac{1}{k-1} \sum_{s=t-k}^{t-1} r_s^2}$$

如果收益率被假设服从于均值为 0 的正态分布,因此,投资组合的 VaR 可以使用正态分布的各置信水平对应的分位数直接计算得到:99% 置信水平下的 VaR 为 $2.33\sigma_t$,95% 的置信水平下的 VaR 为 $1.66\sigma_t$。

移动平均模型是各种计算 VaR 的方法中较为简单的一种。在使用移动平均模型计算 VaR 时,估计样本区间的长度 k 的选取非常重要。例如较短的估计区间虽然能够捕捉短期的收益率波动性,但是缺乏统计效率,精确度不高。据此,在进行计算时,我们将选取如下长度的估计样本区间:50 天、120 天、250 天、500 天和 1 000 天。

为了保证结果的统一以便于检验,计算时对于各种估计样本区间的长度,我们都选取同样的"样本外预测"区间长度,即统一的 1 000 天。例如,对于 250 天的估计样本区间的长度,我们将使用估计窗口的 1 000 组收益率数据中的后 250 组数据进行相关的参数估计和测算接下来的 VaR。以下表格中是将移动平均模型应用于恒生指数及其期货的收益率数据中得到的结果。

表 9.2.A　　　　　　　　　　50 天移动平均模型

置信水平	套期保值率均值	VaR 均值	套期保值组合收益均值	预测失败次数
95.00%	1.052 6	0.64%	0.00%	58
99.00%	1.052 6	0.90%	0.00%	17†
99.50%	1.052 6	1.00%	0.00%	9
99.90%	1.052 6	1.20%	0.00%	2

表 9.2.B　　　　　　　　　　120 天移动平均模型

置信水平	套期保值率均值	VaR 均值	套期保值组合收益均值	预测失败次数
95.00%	1.049 3	0.62%	0.00%	57
99.00%	1.049 3	0.88%	0.00%	15
99.50%	1.049 3	0.97%	0.00%	10†
99.90%	1.049 3	1.16%	0.00%	6†

表 9.2.C　　　　　　　　　　250 天移动平均模型

置信水平	套期保值率均值	VaR 均值	套期保值组合收益均值	预测失败次数
95.00%	1.053 4	0.59%	0.00%	62
99.00%	1.053 4	0.84%	0.00%	18†
99.50%	1.053 4	0.93%	0.00%	13†
99.90%	1.053 4	1.11%	0.00%	6†

表 9.2.D　　　　　　　　　　500 天移动平均模型

置信水平	套期保值率均值	VaR 均值	套期保值组合收益均值	预测失败次数
95.00%	1.059 9	0.56%	0.00%	64
99.00%	1.059 9	0.79%	0.00%	28†

续表

置信水平	套期保值率均值	VaR 均值	套期保值组合收益均值	预测失败次数
99.50%	1.059 9	0.88%	0.00%	19†
99.90%	1.059 9	1.05%	0.00%	8†

表 9.2.E　　　　　　　　1 000 天移动平均模型

置信水平	套期保值率均值	VaR 均值	套期保值组合收益均值	预测失败次数
95.00%	1.062	0.57%	0.00%	71†
99.00%	1.062	0.81%	0.00%	32†
99.50%	1.062	0.89%	0.00%	25†
99.90%	1.062	1.07%	0.00%	10†

由表格中的数据可以看出，除了 95% 的置信水平，其他置信水平下移动平均模型的结果都显得不尽如人意。越靠近收益率数据分布的左端，或在较高的置信水平下，相对于模型的显著性水平，预测结果的失败率也越高。这意味着我们的模型低估了组合收益率分布中"小概率事件"的发生，即低估了处于分布左端的收益率数据的数量，这也与先前关于恒生指数及其期货的收益率数据分布具有"厚尾"特征的结论相吻合，移动平均模型中收益率呈正态分布的假设低估了套期保值组合实际的 VaR。经过 Kupiec 回溯测试检验，我们拒绝了 99%、99.5% 以及 99.9% 三个置信水平下的移动平均模型，如表中"†"记号所示。

值得一提的是，观察不同估计样本区间长度下移动平均模型的结果，我们发现尽管在较高的置信水平下模型都遭到了拒绝，但是其中 50 天移动平均模型的结果明显优于其他天数下模型的结果，甚至效果要好于之后几个模型在同一置信水平下的结果，并且套期保值组合 VaR 的均值也处于较小的水平。这一方面说明了选择估计样本区间长度在使用移动平均模型时的重要性，另一方面也说明了当所需要的置信水平不大，即精度要求不高时，似乎简单的模型更能获得较好的效果。

9.8.2　正态分布模型

绝大多数的 VaR 模型都建立在收益率服从于正态分布的假设上。尽管人们通常认为高频率的金融收益率数据的分布具有正态分布没有的"尖峰厚尾"的特征，但是由于与其他类型的分布相比，正态分布具有许多非常方便的特性，因此被运用于许多的模型假设中。

当收益率服从正态分布时，即：

$$r_t = \mu + \alpha x$$

上式中变量 x 服从标准正态分布。

基于正态分布假定的模型测试结果如表 9.3 所示。

表 9.3　　　　　　　　　　　正态分布模型

置信水平	套期保值率均值	VaR 均值	套期保值组合收益均值	预测失败次数
95.00%	1.054 3	0.57%	−0.002 1%	71†
99.00%	1.056 9	0.81%	−0.002 1%	31†
99.50%	1.057 0	0.89%	−0.002 2%	25†
99.90%	1.057 5	1.07%	−0.002 2%	10†

在 95%、99%、99.5% 和 99.9% 等四个置信水平下,正态分布模型的结果都不能令人满意。同样,越靠近收益率数据分布的左端,或在较高的置信水平下,相对于模型的显著性水平,预测结果的失败率也越高。这意味着正态分布模型低估了组合收益率分布中"小概率事件"的发生,即低估了处于分布左端的收益率数据的数量。经过 Kupiec 回溯测试检验,我们拒绝了 95%、99%、99.5% 和 99.9% 等四个置信水平的正态分布模型,如表中"†"记号所示。

9.8.3　t-分布模型

金融收益率数据通常具有尖峰与厚尾的特征,而正态分布往往低估了处于分布"尾部"的收益率数据的数量,因此,我们有必要尝试采用具有"厚尾"(leptokurtosis)特性的分布函数进行拟合,而 t 分布就是其中一个符合要求的选择。

基于 t-分布的假设,组合收益率数据的分布特征可由三个参数进行刻画:决定分布位置的参数 μ,决定分布形状的参数 $\gamma>0$ 和决定 t-分布自由度的参数 $V>0$,即组合收益 r 满足:$r=\mu+\gamma x$,其中 x 服从自由度为 V 的 t 分布。一个服从 t 分布的随机变量的均值为 μ,并且当自由度 $V>2$ 时,方差为 $\frac{V\gamma^2}{V-2}$。当自由度 V 趋于无穷大时,t-分布就成了均值为 μ,方差为 γ^2 的标准正态分布。自由度 V 越小,t 分布概率密度函数的"厚尾"现象越明显。

将 t-分布假定下的最小 VaR 套期保值比率模型运用到恒生指数及其期货的收益率数据中,我们得到如下结果(见表 9.4)。

表 9.4　　　　　　　　　　　t-分布模型

置信水平	套期保值率均值	VaR 均值	套期保值组合收益均值	预测失败次数
95.00%	1.059 7	0.55%	−0.001 2%	79†
99.00%	1.053 5	0.90%	−0.003 7%	23†
99.50%	1.051 9	1.06%	−0.004 4%	9
99.90%	1.050 0	1.46%	−0.005 4%	3

我们发现与正态分布模型的结果不同,在 95% 和 99% 两个置信水平下,t-分布假定下的最小 VaR 套期保值比率模型的结果遭到了拒绝。如表中数据显示,t-分布模型中大多数预测失败的结果都分布在远离左端的位置,即处于较低的置信水平处。越靠近收益率数据分布的左端,或在较高的置信水平下,t-分布模型的预测结果越为精确,预测失败率与我们先前设定的显著性水平非常接近,这印证了我们先前关于 t-分布能够更为准确地估算处于分布左端的收益率数据的数量这一论断。因此,与正态分布模型,以及我们后面提到的其他模型相比,t-分布模型在高置信度水平下具有较高的精度和显著的优势。

9.8.4 Cornish-Fisher 展开式模型

t-分布虽然能够描绘出组合收益率数据具有的"厚尾"现象,但是仍然需要我们假定收益率的分布。而利用 Cornish-Fisher 展开式近似估计 VaR 并不需要我们设定收益率满足某个特定分布,因此,这里我们引入了 Cornish-Fisher 展开式估计 VaR 的方法。

基于 Cornish-Fisher 展开式模型的结果见表 9.5。

表 9.5　　　　　　　　Cornish-Fisher 展开式模型

置信水平	套期保值率均值	VaR 均值	套期保值组合收益均值	预测失败次数
95.00%	1.067 3	0.53%	−0.000 9%	83†①
99.00%	1.032 7	0.95%	−0.002 9%	16
99.50%	1.015 7	1.15%	−0.002 1%	8
99.90%	1.100 8	1.32%	−0.009 6%	4†

如表中数据所示,在 99% 和 99.5% 的置信水平下,Cornish-Fisher 展开模型的测试结果获得了成功,同时虽然从统计意义上我们拒绝了 99.9% 的置信水平下的 Cornish-Fisher 展开模型,但是其测试结果与其他分布假定下的模型相比,成功率还是非常显著的。这与我们的预期吻合,说明 Cornish-Fisher 展开式模型中,通过使用收益率数据二阶以上的中心矩,能较为准确地刻画出组合收益率真实的分布规律,在一定程度上解决了由于金融收益率数据通常具有的"尖峰厚尾"而对准确估计数据分布情况造成的困难,对金融数据做出有效的描述,更为精确地测定套期保值资产组合所面临的风险。

---

① 此处预测失败次数略为过高,原因在于使用 Cornish-Fisher 展开估算 VaR 时,其对于数据的异常值非常敏感,特别是在较低的置信水平下(如 95%)。由于恒生指数及期货波动较为剧烈,因此在计算时对收益率数据的异常值进行了剔除,如剔除处于均值两侧 4 倍方差范围外的数据。

9.8.5 广义双曲线分布模型[①]

金融资产收益率的分布,对金融投资、风险管理等具有重要意义。现实金融数据的分布通常表现为厚尾性和不对称性,因此用正态分布拟合实际金融数据的分布有很大的局限性,比如:在 VaR 的计算中,由于金融数据分布的厚尾性,在正态分布的假设条件下计算 VaR 会带来较大的误差。Barndorff-Nielsen 在研究丹麦海岸风积沙砾颗粒大小分布时提出了广义双曲线分布(Generalized Hyperbolic Distribution),Eberlein 和 Keller(1998)则首先将其应用到了金融领域,由于广义双曲线分布的尾部比稳定分布的尾部要"薄",因此广义双曲线分布在金融领域中得到了迅速发展。广义双曲线分布是一种半厚尾的分布,并且具有良好的统计特性,常见的正态分布、t 分布和方差-Gamma 分布等都是它的极限形式。广义双曲线分布具有 5 个参数,根据参数的不同衍生出一些子分布,如双曲线分布和逆高斯分布等,共同构成了一个非常灵活的分布族,可以更好地拟合金融收益率数据分布的尖峰、厚尾等特征,在计算金融资产 VaR 以及金融工程领域具有重要的应用价值。

使用极大似然估计方法,我们就可以得到广义双曲线分布相应的参数估计。基于广义双曲线分布假设的最小 VaR 套期保值组合测试结果见表 9.6。

表 9.6   广义双曲线分布模型

置信水平	套期保值率均值	VaR 均值	套期保值组合收益均值	预测失败次数
95.00%	1.064 2	0.57%	−0.002 8%	70
99.00%	1.067 9	0.87%	−0.003 7%	30
99.50%	1.069 6	0.99%	−0.003 9%	17
99.90%	1.072 1	1.26%	−0.004 3%	8

通过与其他分布假定下的结果对比,例如与使用正态分布模型得到的测试结果对照,我们发现尽管每隔 50 天重新进行一次参数估计,但是使用广义双曲线分布模型得到的各个置信水平下的测试结果都优于正态分布。这说明广义双曲线分布在拟合金融收益率数据分布的尖峰、厚尾等特征方面的确具有较高的准确度,更为贴近金融收益率数据的真实分布。

9.8.6 混合正态分布模型[②]

与广义双曲线分布类似,另一种在金融领域中通常用来处理收益率数据分布厚尾现

[①] 由于广义双曲线分布的密度函数形式较为复杂,使用极大似然估计方法进行参数估计计算量非常大。为了简化计算过程,此部分我们每隔 50 天对套期保值比率进行一次调整,即假设资产组合的持有期为 50 天,每隔 50 天重新进行一次参数估计,而不是每天都重新计算一次套期保值比率。

[②] 由于混合正态分布的密度函数形式较为复杂,使用极大似然估计方法进行参数估计计算量非常大。为了简化计算过程,此部分我们同样每隔 50 天对套期保值比率进行一次调整,即假设资产组合的持有期为 50 天,每隔 50 天重新进行一次参数估计,而不是每天都重新计算一次套期保值比率。

象的是混合正态分布。混合正态分布具有厚尾、有偏、任意阶矩等良好性质,它不仅可以拟合厚尾的数据,还可以拟合单峰或双峰的有偏数据,并且和正态分布一样具有任意阶的高阶矩,因此可以用具有良好性质的混合正态分布来处理金融数据。

使用极大似然估计方法,我们就可以得到收益率所服从的混合正态分布相应的参数估计,进而计算出组合收益率的 VaR 值。混合正态分布具有厚尾、有偏、任意阶矩等良好性质,可以拟合厚尾的数据,还可以拟合单峰或双峰的有偏数据,在金融领域同样具有重要的应用价值。将混合正态分布假定下的最小 VaR 套期保值比率模型运用到恒生指数及其期货的收益率数据中,我们得到如下结果(见表 9.7)。

表 9.7　　　　　　　　　　混合正态分布模型

置信水平	套期保值率均值	VaR 均值	套期保值组合收益均值	预测失败次数
95.00%	1.067 3	0.55%	−0.001 5%	77
99.00%	1.076 3	0.86%	−0.005 8%	30
99.50%	1.082 4	1.00%	−0.007 3%	17
99.90%	1.096 4	1.35%	−0.009 8%	5

通过与其他分布假定下的结果对比,例如:与使用正态分布模型得到的测试结果对照,我们发现尽管每隔 50 天重新进行一次参数估计,但是使用混合正态分布模型得到的各个置信水平下的测试结果都优于正态分布。这说明混合正态分布在拟合金融收益率数据分布的厚尾、有偏等特征方面确实具有重要的应用价值,更为贴近金融收益率数据的真实分布。

9.8.7　GARCH(1,1)模型

前面提到的方法,如移动平均模型、正态分布模型、t 分布模型、Cornish-Fisher 展开以及广义双曲线分布、混合正态分布模型没有考虑到金融收益率数据常常表现出来的另一个特征,即波动集簇性(volatility clustering)。在金融领域中,波动集簇性指的是"大的变动之后往往还有大的变动,同样小的变动之后往往也是小的变动",这一现象最初是由 Mandelbrot 提出的。这种现象可以定量地表示为:尽管收益率数据相互之间可能不存在相关性,但是收益率的绝对值或者平方之间却往往显现出显著的正相关,并且这种相关性随着时间的推移逐步衰减,即 $corr(|r_t|,|r_{t+i}|)>0$,时间间隔 i 可以是任一时间单位。

到目前为止,用来解决波动集簇性这一问题最为广泛使用的模型就是由 Bollerslev(1986)提出的广义自回归条件异方差模型,即 GARCH 模型。GARCH 模型的基础是 Engle(1982)的自回归条件异方差模型,即 ARCH 模型。GARCH 模型和 ARCH 模型背后的基本思想是认为收益率将来的波动取决于资产价格过去的变动过程以及波动的变动

过程,也是"资产价格的波动性趋于回归到某一个均值水平,而不是一直保持恒定或者是单调变化"这一直觉的确切表述。正是由于 GARCH 模型和 ARCH 模型具有的这种特性,它们在金融预测以及衍生产品定价中得到了广泛的应用。

将 GARCH(1,1)模型运用到恒生指数及其期货的收益率数据中,我们得到如下结果(见表 9.8)。

表 9.8　　　　　　　　　　　GARCH(1,1)模型

置信水平	套期保值率均值	VaR 均值	套期保值组合收益均值	预测失败次数
95.00%	1.040 8	0.61%	0.003 2%	61
99.00%	1.042 5	0.86%	0.003 3%	21†
99.50%	1.042 9	0.95%	0.003 2%	14†
99.90%	1.043 5	1.14%	0.003 1%	4†

观察表 9.8 中 GARCH(1,1)模型的结果,我们发现 99% 和 99.5% 两个置信水平下的预测结果不能令人满意。经过 Kupiec 回溯测试检验,我们拒绝了 99%、99.9% 和 99.5% 置信水平下的 GARCH(1,1)模型,如表中"†"记号所示。

尽管如此,通过与正态分布模型的结果对比,我们发现 GARCH(1,1)模型的预测成功率总体上还是要优于正态分布模型,特别是在较高的置信水平下,GARCH(1,1)模型的成功率明显要好于正态分布模型,这说明 GARCH(1,1)模型通过对组合收益率波动的条件异方差性建模,提高了捕捉组合收益率波动中极端情况(或"小概率事件")的能力。

9.8.8　历史模拟方法

历史模拟方法是一种简单的基于组合收益率经验分布的方法。其假设收益率分布为独立同分布,市场收益率的未来波动与历史波动完全一样,使用给定历史时间段上所观测到的收益率的波动来表示市场收益率未来变化的波动。

与前述的方法不同,历史模拟方法是一种非参数方法,不需要对金融收益率的统计分布作出假定,需要的仅仅是过去收益率数据的经验分布,可以较为真实地反映出收益率数据所具有的"尖峰厚尾"等特性。此外,无需估计波动率等统计分布参数,很大程度上避免了模型风险。

为了保证结果的统一以便于检验,计算时对于各种估计样本区间的长度,我们都再次选取同样的"样本外预测"区间,即统一的 1 000 天。表 9.9 是将历史模拟方法应用于香港恒生指数及其期货的收益率数据中得到的结果。

表 9.9.A　　　　　　　　　历史模拟方法 120 天

置信水平	套期保值率均值	VaR 均值	套期保值组合收益均值	预测失败次数
95.00%	1.026 8	0.57%	0.00%	85†
99.00%	1.036 2	0.88%	0.00%	26†
99.50%	1.010 7	0.97%	0.00%	24†
99.90%	—	—	—	—

表 9.9.B　　　　　　　　　历史模拟方法 250 天

置信水平	套期保值率均值	VaR 均值	套期保值组合收益均值	预测失败次数
95.00%	1.029 6	0.54%	0.00%	84†
99.00%	1.075 6	0.76%	−0.01%	31†
99.50%	1.032 7	0.98%	0.00%	14†
99.90%	—	—	—	—

表 9.9.C　　　　　　　　　历史模拟方法 500 天

置信水平	套期保值率均值	VaR 均值	套期保值组合收益均值	预测失败次数
95.00%	1.048 8	0.52%	0.00%	89†
99.00%	1.073 5	0.78%	0.00%	32†
99.50%	1.083 5	0.89%	0.01%	21†
99.90%	—	—	—	—

表 9.9.D　　　　　　　　　历史模拟方法 1 000 天

置信水平	套期保值率均值	VaR 均值	套期保值组合收益均值	预测失败次数
95.00%	1.065 2	0.53%	0.00%	86†
99.00%	1.072 3	0.82%	0.00%	31†
99.50%	1.091 1	0.94%	0.01%	23†
99.90%	1.018 6	1.44%	0.00%	5†

需要指出的是,对于较高的置信水平(表中的 99.9%),在 120 天、250 天及 500 天的估计窗口下,我们的估计样本不足以提供足够的数据以测定处于收益率分布 0.1% 处的 VaR 值。由表格中的数据可以看出,经过 Kupiec 回溯测试检验,如"†"记号所示,各个估计样本区间长度下的历史模拟法结果均不理想,各个置信水平下 120 天、250 天、500 天以及 1 000 天的结果得到了拒绝。

使用历史模拟方法时,估计样本区间长度的选择非常重要,合适的区间长度有助于得到较为理想的结果。较长的估计样本区间在包括更多的历史收益率数据以囊括各种极端情况时,同时也吸收进了许多较小波动的收益率数据,使得在较低的置信水平下,历史模拟方法整体上低估了组合的 VaR,特别是当收益率突然出现急剧波动时,无法及时灵活地反映收益率的波动情况。同样,较短的估计样本区间虽然能够即时反映最新的收益率波动情况,但是往往会造成组合 VaR 的高估,特别是在收益率出现剧烈波动的时候,这一点可以从表中的数据看出。

结果显示,各个估计样本区间长度下的历史模拟法结果均不理想,尤其是在近期市场巨幅波动的区间,历史模拟法失误较多,这说明市场出现巨幅波动时,历史模拟法往往无法及时跟上市场变化的步伐,以致无法准确地测定潜在风险,达到预期的效果。

9.8.9 不同模型比较的结论

在以上实证对比研究中,我们对多种套期保值比率制定方法进行了论述与验证,包括移动平均模型、正态分布模型、t-分布模型、Cornish-Fisher 展开式模型、广义双曲线分布模型、混合正态分布模型、GARCH(1,1)模型以及历史模拟方法等。以上对恒生指数及其股指期货构建的套期保值组合的实证结果为例,我们发现各模型在不同的精度要求下有着不同的表现。Cornish-Fisher 展开式模型在 95% 以上的置信水平下均显示出了较好的测定风险的能力,t-分布模型在 99.9% 的置信水平下有着优秀的表现,能够较好地刻画出组合收益率分布尾部的特征,同时广义双曲线分布和混合正态分布的拟合结果能够较为贴近组合收益率的真实分布情况。相比其他各类方法,移动平均模型虽然在较高的置信水平下表现欠佳,但在 95% 的置信度下却显示出了稳定的成功率,而且移动平均模型具有计算简单的优势。同时,GARCH(1,1)模型虽然成功率不能令人满意,但根据 GARCH(1,1)模型制定的最优套期保值比率能够及时地反映组合收益率波动的时变特性,可以为套期保值比率的制定提供重要的参考。

复习与思考题

1. 假定上证综合指数的日收益率服从混合正态分布,即以 α 的概率服从均值为 μ_1、标准差为 σ_1 的正态分布,以 $1-\alpha$ 的概率服从均值为 μ_2、标准差为 σ_2 的正态分布。收集相关历史数据用极大似然估计方法估计参数,并计算上证综合指数 95% VaR 和 95% CVaR;应用历史模拟方法和极值理论方法计算上证综合指数 95% VaR 和 95% CVaR。

2. 考虑沪深 300 指数、中证 500 指数、中小板和创业板指数相对应的 ETF 的资产配置问题,即组合权重的确定问题。给定投资者的长期目标收益率为年 12%,试求合理的资产配置使得投资者的 95% CVaR 最小。

参考答案

1. 略
2. 略

10 远期利率曲线估计

利率的期限结构在固定收益证券分析中具有重要作用,不同期限的即期利率或远期利率估计的方法在实践中主要有以下几种模型:Nelson-Siegal 模型、样条法、Svensson 模型等等。本章我们仅介绍样条法和 Svensson 模型以及如何在 MATLAB 中利用债券的价格、到期日、票面利率和每年付息次数等信息实现即期利率和远期利率的估计。

10.1 即期利率与远期利率

假定现在为 t,考虑面值为 1,到期日分别为 T 和 $T+\delta$ 的两个零息债券,其 t 时刻的价格分别为 $P(t,T)$ 和 $P(t,T+\delta)$,现考虑在 t 时刻构造以下组合:卖空到期日为 T 的零息债券 1 份;买入到期日为 $T+\delta$ 的零息债券 $\dfrac{P(t,T)}{P(t,T+\delta)}$ 份。则该组合在 t 时刻的净现金流为 0,在 T 时刻的净现金流为 -1,在 $T+\delta$ 时刻的净现金流为 $\dfrac{P(t,T)}{P(t,T+\delta)}$。令 y 表示 T 时刻到 $T+\delta$ 时刻的连续复利,则 $e^{y\delta} = \dfrac{P(t,T)}{P(t,T+\delta)}$。因此,$y = -\dfrac{1}{\delta}[\ln(P(t,T+\delta)) - \ln(P(t,T))]$。

当 $\delta \to 0$ 时我们得到远期利率

$$f(t,T) = \lim_{\delta \to 0} -\frac{\Delta \ln(P(t,T))}{\Delta T} = -\frac{\partial \ln(P(t,T))}{\partial T}.$$

特别地,如果 $T=t$,则得到即期利率 $f(t,t)$。进一步我们有:

$$\int_t^T f(t,v)\,dv = \int_t^T -\frac{\partial \ln(P(t,v))}{\partial v}dv = -\ln(P(t,T))$$

因此：$P(t, T) = e^{-\int_t^T f(t, v)\mathrm{d}v}$。

进一步可以得到到期期限为 T 的零息债券价格中所隐含的即期收益率：

$$y(t, T) = \frac{1}{T}\int_t^T f(t, v)\mathrm{d}v$$

对于附息债券则有：$P_C(t) = \sum_{i=1}^n c_i e^{-\int_t^{t_i} f(t, v)\mathrm{d}v}$，

其中：
$P_C(t)$ 表示到期日为 t_n 的附息债券在 t 时刻的价格；
c_i 表示在 t_i 时刻附息债券的现金流，$1 \leqslant i \leqslant n$。

10.2 样条法估计利率曲线

样条法首先将时间 $[0, T]$ 分成 n 个区间，在每一个区间里假定远期利率和到期期限 t 满足 4 次项的多项式关系。一个多项式关系包含 5 个参数，我们需要 $5n$ 个参数才能描述远期利率和到期期限 t 的关系。这实际上是用分段多项式来刻画远期利率和到期期限 t 的关系。这 $5n$ 个参数就决定了远期利率曲线的形状，因此，我们面临的问题就是寻找最优的远期利率曲线，使得按照该远期利率曲线给现有市场上债券定出的理论价格与债券的实际价格的误差平方和最小。为了保证曲线足够光滑，我们还需要对多项式的参数施加一定的约束条件。

具体地，参数估计步骤如下：

(1) 将 0 到 T 时间分成 n 段，相应的 $n+1$ 个节点为：$t_0, t_1, t_2, \cdots, t_n$，其中：$t_0 = 0$，$t_n = T$，假定在每一段区间内远期利率曲线满足以下形式的多项式：

$$f_i(t) = a_{i4}t^4 + a_{i3}t^3 + a_{i2}t^2 + a_{i1}t + a_{i0}$$
$$t_{i-1} \leqslant t \leqslant t_i, i = 1, 2, \cdots, n$$

(2) 施加平滑条件：

a. 在端点 0 和 T 满足（4 个方程）：

$$f''(0) = f'''(0) = f''(T) = f'''(T) = 0$$

b. 在中间端点满足（$4(n-1)$ 个方程）：

$$f_i(t_i) = f_{i+1}(t_i)$$
$$f'_i(t_i) = f'_{i+1}(t_i)$$
$$f''_i(t_i) = f''_{i+1}(t_i)$$
$$f'''_i(t_i) = f'''_{i+1}(t_i)$$

c. 价格约束(n 个方程):

记到期日分别为 $t_0, t_1, t_2, \cdots, t_n$,面值为 1 的零息债券的价格分别为 $p_0, p_1, p_2, \cdots, p_n$,显然 $p_0 = 1$,并且在每个节点 i 上满足:$p_i = \int_0^{t_i} f(\tau)d\tau$,因此,我们得到以下 n 个约束条件:

$$\int_{t_{i-1}}^{t_i} f(\tau)\mathrm{d}\tau = \ln(p_{i-1}/p_i)$$

即

$$\frac{1}{5}a_{i4}(t_i^5 - t_{i-1}^5) + \frac{1}{4}a_{i3}(t_i^4 - t_{i-1}^4) + \frac{1}{3}a_{i2}(t_i^3 - t_{i-1}^3) +$$

$$\frac{1}{2}a_{i1}(t_i^2 - t_{i-1}^2) + a_{i0}(t_i - t_{i-1}) = \ln(p_{i-1}/p_i), \quad i = 1, 2, \cdots, n$$

以上约束条件共有 $5n$ 个,分别对应 $5n$ 个线性方程,而待参数的参数个数也为 $5n$ 个,因此,给定每个节点的零息债券的价格,约束条件将给出唯一的参数解。

令

$$X = (a_{14}, a_{13}, a_{12}, a_{11}, a_{10}, a_{24}, a_{23}, a_{22}, a_{21}, a_{20}, \cdots, a_{n4}, a_{n3}, a_{n2}, a_{n1}, a_{n0})$$

则以上 $5n$ 个线性方程可以写成:

$$A_{eq}X = B_{eq}$$

为简单说明 A_{eq} 和 B_{eq} 的组成,我们假定节点为 0,1,2,节点 1 和 2 对应的零息债券的价格分别为 0.98 和 0.95,则 X 包含 10 个参数,即

$$X = (a_{14}, a_{13}, a_{12}, a_{11}, a_{10}, a_{24}, a_{23}, a_{22}, a_{21}, a_{20})$$

A_{eq} 为以下矩阵:

0.00	0.00	2.00	0.00	0.00	0.00	0.00	0.00	0.00	0.00
0.00	6.00	0.00	0.00	0.00	0.00	0.00	0.00	0.00	0.00
0.00	0.00	0.00	0.00	0.00	48.00	12.00	2.00	0.00	0.00
0.00	0.00	0.00	0.00	0.00	48.00	6.00	0.00	0.00	0.00
0.20	0.25	0.33	0.50	1.00	0.00	0.00	0.00	0.00	0.00
0.00	0.00	0.00	0.00	0.00	6.20	3.75	2.33	1.50	1.00
1.00	1.00	1.00	1.00	1.00	−1.00	−1.00	−1.00	−1.00	−1.00
4.00	3.00	2.00	1.00	0.00	−4.00	−3.00	−2.00	−1.00	0.00

续表

12.00	6.00	2.00	0.00	0.00	−12.00	−6.00	−2.00	0.00	0.00
24.00	6.00	0.00	0.00	0.00	−24.00	−6.00	0.00	0.00	0.00

B_{eq} 为以下向量：

0
0
0
0
0.020203
0.031091
0
0
0
0

这样我们将估计 $5n$ 个多项式系数的问题巧妙地转化为了搜寻每个节点最好的零息债券价格的问题。给定节点上零息债券价格，以上平滑条件将唯一地确定分段多项式的系数，即 $X = (A_{eq})^{-1} B_{eq}$。因此，我们只需要估计 n 个最优的零息债券价格就可以了。

（3）给定每个节点的面值为 1 零息债券的价格，即将每个节点的零息债券的价格看成待估计的参数，求解满足平滑条件的曲线（即求解线性方程组）。

（4）优化参数（节点 $t_1, t_2, \cdots, t_n$ 上零息债券的价格），使得由远期利率曲线得出的各样本债券的理论价格与实际价格差的平方和最小。

基于以上思想，我们编写函数 my_smooth_splines_curve，对远期利率曲线和即期利率曲线作出估计：

```
function
[coefmat,opt_knot_price,theoretical_bond_price]=my_smooth_splines_curve
(knot_price0,data)
%esimate forward rates and spot rates based on sample bonds by smoothing
%splines method
%input：
%knot_price0：knot point prices [p1,p2,...,pn] not including knot point
%price at time 0, i.e. p_0=1;
%data={knot_point,bond_inf,settle_date},
```

```
%knot_point:[0,t1,t2,...tn], 0 must be included
%bond_inf=[bond_price,maturity,coupon rate,period]
%where
%bond_price, prices of sample bonds with face value 1
%maturity=datenum('mm/dd/yy'), maturity dates of sample bonds
%settle_date=datenum('mm/dd/yy'),settle date
%coupon rate, coupon rates of sample bonds
%period, number of interest payoffs paid to bondholders each year
%output:
%coefmat: polynomial coeffecients of t^4,t^3,t^2,t^1,t^0, rows of
%coefmat denote the polynomial coeffecients for
%[0,t1],[t1,t2],...,[t_n-1,t_n], respectively
%opt_knot_price: optimal knot point prices
%theoretical_bond_price: bond prices estimated by foward rate curve
knot_point=data{1};
bond_inf=data{2};
settle_date=data{3};
bond_price=bond_inf(:,1);
maturity=bond_inf(:,2);
opt_knot_price=my_optimal_knot_price(knot_price0,data);
coefmat=my_smooth_splines_coef(opt_knot_price,knot_point);
t_vector=linspace(0.1,knot_point(end),50)';
[f_rate,s_rate]=my_smooth_splines_rate(opt_knot_price,knot_point,...
t_vector);
theoretical_bond_price=my_forward2bondpr(bond_inf,knot_point,...
coefmat,settle_date);
h=figure(1);
set(h,'color','w');
plot(t_vector,f_rate,'b-o');
xlabel('Time:year');
ylabel('Forward rate');
title('Forward rate curve')
h=figure(2);
set(h,'color','w');
```

```
        plot(t_vector,s_rate,'r—o');
        xlabel('Time: year');
        ylabel('Spot rate');
        title('Spot rate curve')
        h=figure(3);
        set(h,'color','w');
        plot(maturity,theoretical_bond_price*100,'b*')
        hold on
        plot(maturity,bond_price*100,'ro')
        datetick('x',23)
        xlabel('Maturity date')
        ylabel('Bond prices')
        legend('Fitted prices','Actual prices',2)
        title('Comparison between actual prices and fitted prices')
```

函数 my_smooth_splines_curve 的输入项分别为节点零息债券的初始价格 knot_price0 和元胞型数组 data，data 的第一个元素为节点向量（t_0, t_1, t_2, $\cdots$, t_n）。data 的第二个元素为样本债券信息 bond_inf，bond_inf 的第一列为样本债券在结算日的价格（全价，面值为 1）；第二列为债券的到期日；第三列为债券的票面利率；第四列为债券每年付息的次数。data 的第三个元素为结算日。输出项分别为分段多项式系数矩阵 coefmat，节点上面值为 1 的最优零息债券的价格 opt_knot_price 和样本债券在估计的利率曲线下的理论价格 theoretical_bond_price。

函数 my_smooth_splines_curve 用到了以下几个辅助函数，我们分别做简单说明。

函数 my_optimal_knot_price 用来搜寻最优的参数，即节点上面值为 1 的零息债券的价格，这里我们使用 MATLAB 的内部函数 lsqcurvefit 来搜寻最优参数，lsqcurvefit 的调用格式参见 MATLAB 的 Help 文件。

函数 my_optimal_knot_price_fun 是待优化的函数，该函数被函数 my_optimal_knot_price 调用。

函数 my_smooth_splines_rate 用来计算给定期限下的远期利率和即期利率。

函数 my_smooth_splines_coef 用来计算给定参数下，分段多项式的系数矩阵 coefmat，输出系数矩阵 coefmat 为 $n \times 5$ 的矩阵，第 i 行对应第 i 时间段多项式的系数（a_{i4}, a_{i3}, a_{i2}, a_{i1}, a_{i0}）。

函数 my_ppval 用来计算分段多项式在给定时间下的远期利率。

函数 my_smooth_con 给出满足平滑条件的 A_{eq} 和 B_{eq}。

函数 my_forward2bondpr 用来计算在给定分段多项式系数矩阵的前提下,样本债券的理论价格。

函数 my_forward_int 用来计算在给定分段多项式系数矩阵的前提下,远期利率曲线在 $[0,t]$ 区间的积分。

以上辅助函数的具体内容分别如下:

```
function optimal_knot_price=my_optimal_knot_price(knot_price0,data)
%calculate optimal knot price
lb=zeros(length(knot_price0),1);
ub=ones(length(knot_price0),1);
bond_inf=data{2};
bond_price=bond_inf(:,1);
optimal_knot_price=lsqcurvefit(@my_optimal_knot_price_fun,knot_price0,
data,bond_price,lb,ub);
```

```
function p=my_optimal_knot_price_fun(knot_price,data)
%calculate theoretical value for sample bonds given knot_price
knot_point=data{1};
bond_inf=data{2};
settle_date=data{3};
coefmat=my_smooth_splines_coef(knot_price,knot_point);
p=my_forward2bondpr(bond_inf,knot_point,coefmat,settle_date);
```

```
function
[f_rate,s_rate]=my_smooth_splines_rate(knot_price,knot_point,t_vector)
%calculate forward rates and spot rates at time points
coefmat=my_smooth_splines_coef(knot_price,knot_point);
f_rate=my_ppval(knot_point,coefmat,t_vector);
for i=1:length(t_vector)
s_rate(i)=my_forward_int(t_vector(i),knot_point,coefmat)/t_vector(i);
end
f_rate=f_rate(:);
s_rate=s_rate(:);
```

```
function coefmat=my_smooth_splines_coef(knot_price,knot_point)
%calculate the coefficient matrix of the piecewise polynomial
%coefmat is a n*5 matrix in which each row of the matrix
%presents the coefficients of polynomial from the highest exponent 4
%to the lowest exponent 0
[Aeq,Beq]=my_smooth_con(knot_price,knot_point);
x=(pinv(Aeq)*Beq)';
n=length(x)/5;
coefmat=reshape(x,5,n)';
```

```
function y=my_ppval(knot_point,coefmat,x)
%Evaluate piecewise polynomial at x
N=length(knot_point);
if (N-1)~=size(coefmat,1)
error('knot points do not macth piecewise polynomial');
end
y=zeros(1,length(x));
for i=1:N-1
a=find(x>=knot_point(i)&x<=knot_point(i+1));
nx=x(a);
y(a)=polyval(coefmat(i,:),nx);
end
```

```
function [Aeq,Beq]=my_smooth_con(knot_price,knot_point)
%give smoothing conditions for smoothing splines
%the 5*n parameter vector X is constrained by Aeq*X=Beq
%input:
%knot_point: [0,t1,t2,...,tn]
%knot_price:[p1,p2,...,pn],price row vector of
%prices of zero-coupon bonds with face value 1 at t1,t2,...,
%tn,respectively
N=length(knot_point)-1;
numofpara=5*N;
```

```
numofcond=5*N;
knot_price=[1,knot_price];
Aeq=zeros(numofcond,numofpara);
Beq=zeros(numofcond,1);
Aeq(1,3)=2;%f''(0)=0
Aeq(2,2)=6;%f'''(0)=0
Aeq(3,5*(N-1)+1:5*(N-1)+3)=[12*knot_point(N+1)^2,6*...
knot_point(N+1),2];%f''(tn)=0
Aeq(4,5*(N-1)+1:5*(N-1)+2)=[24*knot_point(N+1),6];%f'''(tn)=0
%knot price conditions int(f,t_i-1,t_i)=ln(p_(i-1)/p_i)
for i=1:N
Aeq(4+i,5*(i-1)+1:5*(i-1)+5)=[1/5*(knot_point(i+1)^5-knot_
point(i)^5),1/4*(knot_point(i+1)^4-knot_point(i)^4),...
1/3*(knot_point(i+1)^3-knot_point(i)^3),1/2*(knot_point(i+1)^2-...
knot_point(i)^2),knot_point(i+1)-knot_point(i)];
Beq(4+i)=log(knot_price(i)/knot_price(i+1));
end
N1=4+N;
%f(t_i)-f(t_(i+1))=0
for i=1:N-1
Aeq(N1+i,5*(i-1)+1:5*(i+1))=[knot_point(i+1)^4,...
knot_point(i+1)^3,knot_point(i+1)^2,knot_point(i+1)^1,1,-knot_point(i+
1)^4,...
-knot_point(i+1)^3,-knot_point(i+1)^2,-knot_point(i+1)^1,-1];
end
N2=N1+N-1;
%f'(t_i)-f'(t_(i+1))=0
for i=1:N-1
Aeq(N2+i,5*(i-1)+1:5*(i+1))=[4*knot_point(i+1)^3,3*...
knot_point(i+1)^2,2*knot_point(i+1),1,0,-4*knot_point(i+1)^3,...
-3*knot_point(i+1)^2,-2*knot_point(i+1),-1,0];
end
N3=N2+N-1;
%f''(t_i)-f''(t_(i+1))=0
```

```matlab
for i=1:N-1
Aeq(N3+i,5*(i-1)+1:5*(i+1))=[12*knot_point(i+1)^2,6*...
knot_point(i+1),2,0,0,-12*knot_point(i+1)^2,-6*knot_point(i+1),-2,0,0];
end
N4=N3+N-1;
%f'''(t_i)-f'''(t_(i+1))=0
for i=1:N-1
Aeq(N4+i,5*(i-1)+1:5*(i+1))=[24*knot_point(i+1),...
6,0,0,0,-24*knot_point(i+1),-6,0,0,0];
end
```

```matlab
function p=my_forward2bondpr(bond_inf,knot_point,coefmat,settle_date)
%calculate bond price given forward interest rates
maturity=bond_inf(:,2);
coupon_rate=bond_inf(:,3);
period=bond_inf(:,4);
n=length(maturity);
[cfs,cfdates]=cfamounts(coupon_rate,settle_date,maturity,period);
cfs(:,1)=[];
cfs=cfs/100;
cfdates(:,1)=[];
for i=1:n
adj_cfdates(i,:)=yearfrac(settle_date,cfdates(i,:));
end
for i=1:n
a1=cfs(i,:);
b1=adj_cfdates(i,:);
a1(isnan(a1))=[];
b1(isnan(b1))=[];
for j=1:length(a1)
dis_cf(j)=a1(j)*exp(-my_forward_int(b1(j),knot_point,coefmat));
end
p(i)=sum(dis_cf);
```

```
clear dis_cf
end
p=p';
```

```
function f=my_forward_int(t,knot_point,coefmat)
%calculate integration of forward curve over [0,t]
%knot_point=[t0,t1,t2,...,tn] (t0=0 and tn=T);
n=size(coefmat,1);
T=knot_point(end);
if length(t)>1
error('t must be a scalar');
end
if t>T
error('t must be between 0 and T');
end
if length(knot_point)-1~=n
error('knot points do not macth piecewise polynomial');
end
for i=1:n
fw_int(i)=0.2*coefmat(i,1)*(knot_point(i+1).^5-knot_point(i).^5)+...
0.25*coefmat(i,2)*(knot_point(i+1).^4-knot_point(i).^4)+1/3*...
coefmat(i,3)*(knot_point(i+1).^3-knot_point(i).^3)...
+0.5*coefmat(i,4)*(knot_point(i+1).^2-knot_point(i).^2)+...
coefmat(i,5)*(knot_point(i+1)-knot_point(i));
end
t_index=min(find(sort([knot_point(2:end),t])==t));
if t_index==1
f=0.2*coefmat(1,1)*(t.^5)+0.25*coefmat(1,2)*(t.^4)+1/3*coefmat(1,3)*(t.^3)...
+0.5*coefmat(1,4)*(t.^2)+coefmat(1,5)*(t);
else
f=sum(fw_int(1:(t_index-1)))+0.2*coefmat(t_index,1)*(t.^5-...
knot_point(t_index).^5)+0.25*coefmat(t_index,2)*(t.^4-...
```

knot_point(t_index).^4)+1/3 * coefmat(t_index,3) * (t.^3-knot_point(t_index).^3)...

+0.5 * coefmat(t_index,4) * (t.^2-knot_point(t_index).^2)+…

coefmat(t_index,5) * (t-knot_point(t_index));

end

下面我们以 2009 年 3 月 17 日,在上海证券交易所交易的 127 只国债为例来估计远期利率曲线和即期利率曲线。127 只样本债券的信息保存在 Excel 文件 bond_inf.xls 中,数据中第一列为 2009 年 3 月 17 日样本债券的价格,第二列为到期日,第三列为票面利率,第四列为每年付息的次数。具体内容如图 10.1 所示。

A	B	C	D
102.8522	2009/9/23	3.30%	1
109.0096	2021/7/31	4.26%	2
104.3882	2011/9/25	2.95%	1
104.5032	2011/10/30	3.05%	1
104.5073	2012/4/18	2.54%	1
101.9947	2009/8/16	2.39%	1
97.2085	2017/9/20	2.60%	2
102.1108	2009/12/6	2.93%	1
101.5895	2010/2/19	2.66%	1
99.3204	2023/4/17	3.40%	2
102.9531	2010/8/20	2.66%	1
103.8476	2013/9/17	3.02%	1
104.5715	2010/11/19	3.50%	1
104.3183	2009/4/20	4.42%	1
110.8256	2011/5/25	4.89%	1
109.7824	2011/8/25	4.71%	1

图 10.1 数据文件 bond_inf.xls

在 MATLAB 命令窗口下,我们输入:

```
clear
settle_date=datenum(2009,3,17);%确定结算日
x=xlsread('bond_inf');%读入债券信息矩阵
x(:,2)=x2mdate(x(:,2));%将 Excel 日期转化为 MATLAB 日期
x(:,1)=x(:,1)/100;%将面值为 100 的债券价格转化为面值为 1 的债券价格
bond_inf=x;
```

```
T=yearfrac(settle_date,bond_inf(:,2));%计算债券剩余期限
knot_point=[0,2,5,10,20,max(T)];%设定节点
data={knot_point,bond_inf,settle_date};
knot_price0=[exp(-2*0.05),exp(-5*0.05),exp(-10*0.05),…
exp(-20*0.05),exp(-max(T)*0.05)];%设定节点上零息债券价格的初始值
[coefmat,opt_knot_price,theoretical_bond_price]=my_smooth_splines_curve
(knot_price0,data);%估计远期利率和即期利率曲线
```

我们设定的节点为$[0,2,5,10,20,\max(T)]$，$\max(T)$为样本债券中最长的剩余期限。得到分段多项式的系数矩阵 coefmat 为：

-5.89E-05	-3.46E-16	2.39E-14	0.013801	0.010455
7.28E-05	-0.001054	0.003161	0.009586	0.012563
-2.41E-05	0.0008839	-0.01137	0.058029	-0.04799
2.41E-06	-0.000175	0.004516	-0.04789	0.216795
-5.35E-07	6.03E-05	-0.00255	0.04633	-0.25428

节点$[2,5,10,20,\max(T)]$上最优的零息债券价格 opt_knot_price 为：

0.953 0   0.823 4   0.657 6   0.421 5   0.292 9

远期利率曲线和即期利率曲线估计分别如图 10.2 和 10.3 所示。样本债券的理论价格与实际价格对比如图 10.4 所示。

下面我们考虑在 2009 年 3 月 17 日以下新发行的国债：面值为 100 元，票面利率为 4%，每年付息次数为 2 次，2015 年 3 月 17 日到期。利用前面得到的利率曲线我们可以估

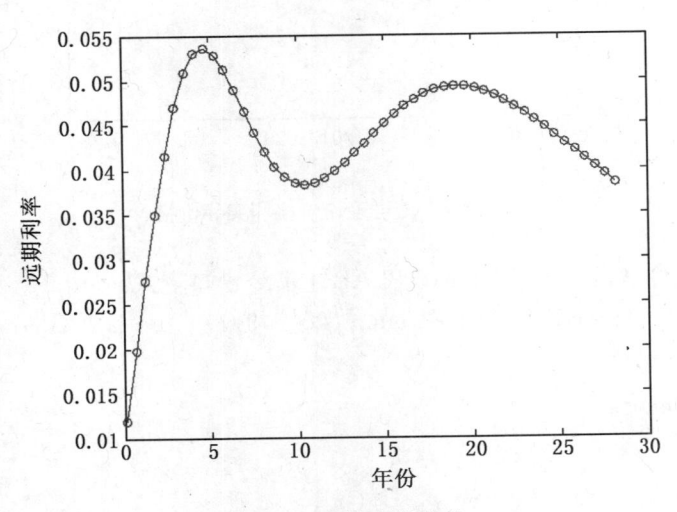

图 10.2 远期利率曲线

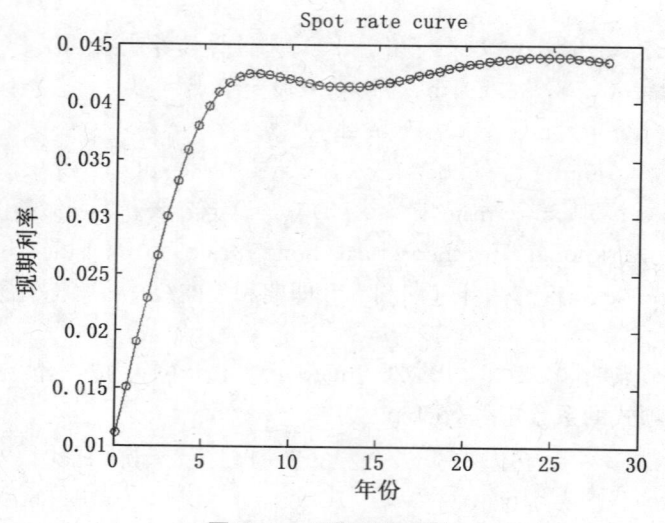

图 10.3 即期利率曲线

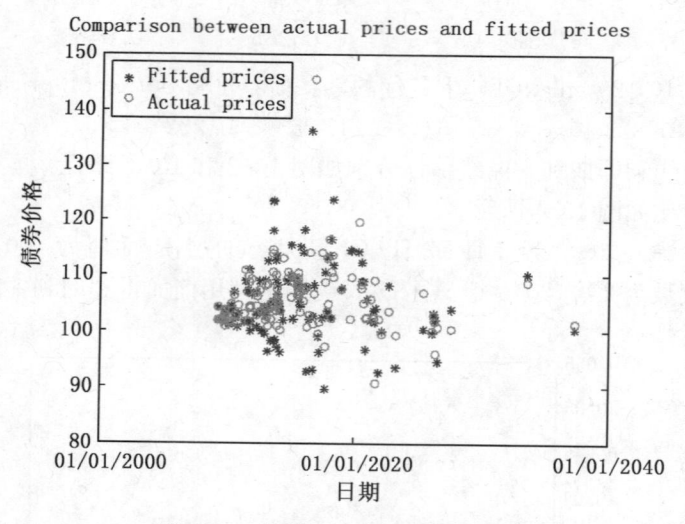

图 10.4 债券理论价格和实际价格

算该债券的理论价格,具体我们在 MATLAB 主命令窗口输入:
p=my_forward2bondpr([nan,datenum(2015,3,17),0.04,2],knot_point,coefmat, settle_date) * 100

得到其理论价格为:
p=
    99.6552

10.3 Svensson 模型估计利率曲线

Svensson 模型假定 T 时刻的远期利率满足以下函数形式：

$$f(t,T) = b_0 + b_1 e^{\frac{T-t}{t_1}} + b_2 \frac{T-t}{t_1} e^{\frac{T-t}{t_1}} + b_3 \frac{T-t}{t_2} e^{\frac{T-t}{t_2}}$$

进一步得到

$$\int_t^T f(t,v) dv = \beta_0(T-t) - \beta_1 \tau_1(e^{\frac{T-t}{\tau_1}} - 1) - \beta_2[(T-t)e^{\frac{T-t}{\tau_1}} + \tau_1(e^{\frac{T-t}{\tau_1}} - 1)] \\ - \beta_3[(T-t)e^{\frac{T-t}{\tau_2}} + \tau_2(e^{\frac{T-t}{\tau_2}} - 1)]$$

因此，T 年的即期利率为：

$$\frac{1}{T-t}\int_t^T f(t,v) dv$$

Svensson 模型中远期利率曲线包含待估计参数（β_0，β_1，β_2，β_3，τ_1，τ_2），因此，我们面临的问题是寻找最优的参数使得按照该参数确定的远期利率曲线计算出来的样本债券的理论价格与实际价格偏差最小。与前面样条法不同，这里我们对债券理论价格与实际价格的偏差根据债券久期的倒数施加权重约束。

我们编写以下函数，利用债券实际交易数据来估计即期和远期利率曲线：

```
function [parameter,stdev,t_statistics,TP]=my_svensson_model…
(parameter,bond)
%bond={settledate,bond_inf}
%bond_inf=[bond price,maturity,coupon,period];
settledate=bond{1};
bond_inf=bond{2};
time=yearfrac(settledate,bond_inf(:,2));
t=linspace(1,max(time),50);
[parameter,resnorm,residual,exitflag,output,lambda,jacobian]=…
lsqcurvefit(@my_svensson_fun_lsq,parameter,bond,zeros…
(size(bond_inf,1),1),[],[],2);
covariance=var(residual)*inv(jacobian'*jacobian);
stdev=sqrt(diag(covariance));
t_statistics=parameter./stdev;
```

```
TP=my_svensson_fun_lsq(parameter,bond,1)+bond_inf(:,1);
h=figure(1);
set(h,'color','w')
plot(TP,'r*')
hold on
plot(bond_inf(:,1),'o')
legend('Theoretical prices','Real prices',1)
h=figure(2);
set(h,'color','w')
%calculate the spot rate
f=my_svensson_spot_rate(parameter,t)./t;
plot(t,f,'r—*')
title('Spot Rate')
xlabel('Year')
h=figure(3);
set(h,'color','w')
f=my_svensson_forward_rate(parameter,t);
plot(t,f,'—o')
title('Forward Rate')
xlabel('Year')
```

函数 my_svensson_model 的输入项分别为参数的初始值 parameter 和元胞型数组 bond，bond 的第一个元素为结算日期，第二个元素为样本债券信息 bond_inf，bond_inf 的第一列为样本债券在结算日的价格（全价，面值为 100）；第二列为债券的到期日；第三列为债券的票面利率；第四列为债券每年付息的次数。函数 my_svensson_model 用到的几个辅助函数如下：

```
function f=my_svensson_fun_lsq(parameter,bond,num)
%bond_inf=[bond price,maturity,coupon,period];
settledate=bond{1};
bond_inf=bond{2};
bond_price=bond_inf(:,1);
maturity=bond_inf(:,2);
coupon=bond_inf(:,3);
```

```
period=bond_inf(:,4);
[cf,cfdate]=cfamounts(coupon,settledate,maturity,period);
cf(:,1)=[];
cfdate(:,1)=[];
cfdate_adj=yearfrac(settledate,cfdate);
dis_cf=cf.*exp(-my_svensson_spot_rate(parameter,cfdate_adj));
theoretical_bond_price=nansum(dis_cf')';
dur=bnddurp(bond_price,coupon,settledate,maturity,period);
dur_inverse=1./dur;
W=dur_inverse/sum(dur_inverse);
if num==1
    f=theoretical_bond_price-bond_price;
else
    f=(theoretical_bond_price-bond_price).*sqrt(W);
end
```

```
function f=my_svensson_spot_rate(parameter,t)
beta0=parameter(1);
beta1=parameter(2);
beta2=parameter(3);
beta3=parameter(4);
tuo1=parameter(5);
tuo2=parameter(6);
f=beta0*t-beta1*exp(-t/tuo1)*tuo1+beta1*tuo1-beta2*…
(t.*exp(-t/tuo1)-tuo1+tuo1*exp(-t/tuo1))-…
beta3*(t.*exp(-t/tuo2)-tuo2+tuo2*exp(-t/tuo2));
```

```
function f=my_svensson_forward_rate(parameter,t)
beta0=parameter(1);
beta1=parameter(2);
beta2=parameter(3);
beta3=parameter(4);
tuo1=parameter(5);
```

```
tuo2=parameter(6);
f=beta0+beta1*exp(-t/tuo1)+beta2*t/tuo1.*exp(-t/tuo1)+beta3*t/
tuo2.*exp(-t/tuo2);
```

我们以前面 2009 年 3 月 17 日的国债数据为例，在 MATLAB 命令窗口下输入：

```
clear
settle_date=datenum(2009,3,17);%确定结算日
x=xlsread('bond_inf');%读入债券信息矩阵
x(:,2)=x2mdate(x(:,2));%将 Excel 日期转化为 MATLAB 日期
bond_inf=x;
bond={settledate,bond_inf};
parameter=[0.040916;-0.0097951;-0.27241;0.2197;1.0037;1.3742];
%设定参数的初始值
[parameter,stdev,t_statistics,TP]=my_svensson_model(parameter,bond);
%估计最优参数及远期利率和即期利率曲线
```

我们得到参数(β_0，β_1，β_2，β_3，τ_1，τ_2)的估计值为：

```
parameter =
    0.0412
   -0.0105
   -0.4879
    0.4369
    1.0824
    1.2710
```

远期利率和即期利率曲线分别如图 10.5 和图 10.6 所示。样本债券的理论价格与实际价格对比如图 10.7 所示。

下面我们同样考虑在 2009 年 3 月 17 日以下新发行的国债：面值为 100 元，票面利率为 4%，每年付息次数为 2 次，2015 年 3 月 17 日到期。利用 Svensson 模型得到的利率曲线我们可以估算该债券的理论价格，具体我们在 MATLAB 主命令窗口继续输入：

```
bond_inf1=[nan,datenum(2015,3,17),0.04,2];
bond1={settledate,bond_inf1};
p=my_svensson2bondprice(parameter,bond1)
```

得到该债券的理论价格为：

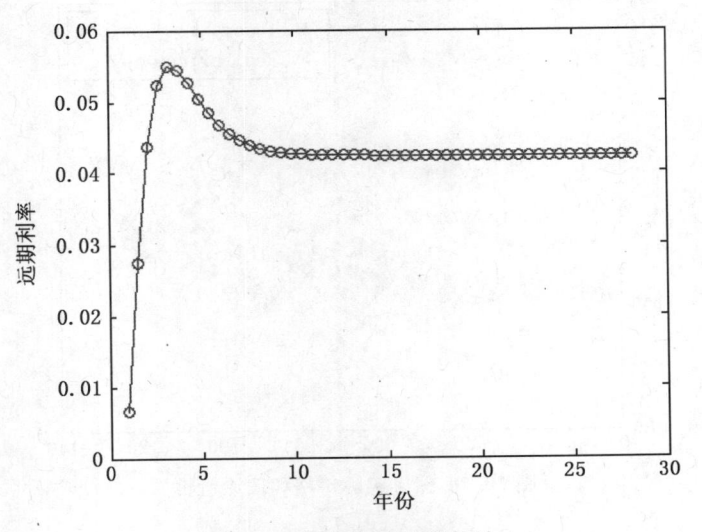

图 10.5 远期利率曲线估计

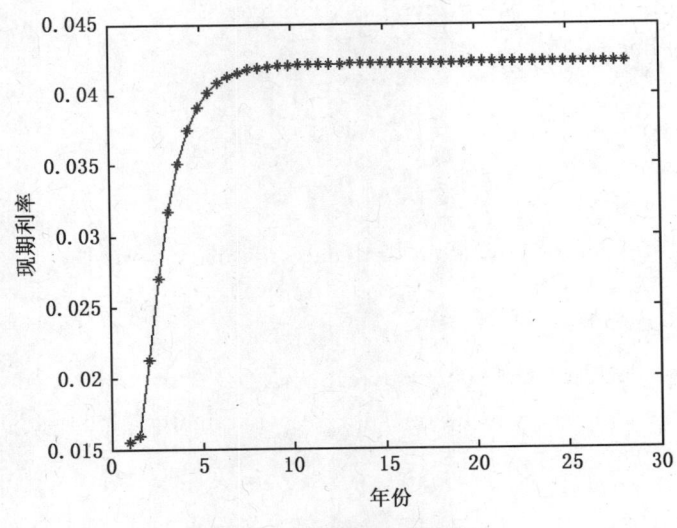

图 10.6 即期利率曲线估计

p =
99.5539

上面的程序中用到的辅助函数 my_svensson2bondprice 用来计算债券的理论价格，其内容如下：

图 10.7　债券实际价格和理论价格

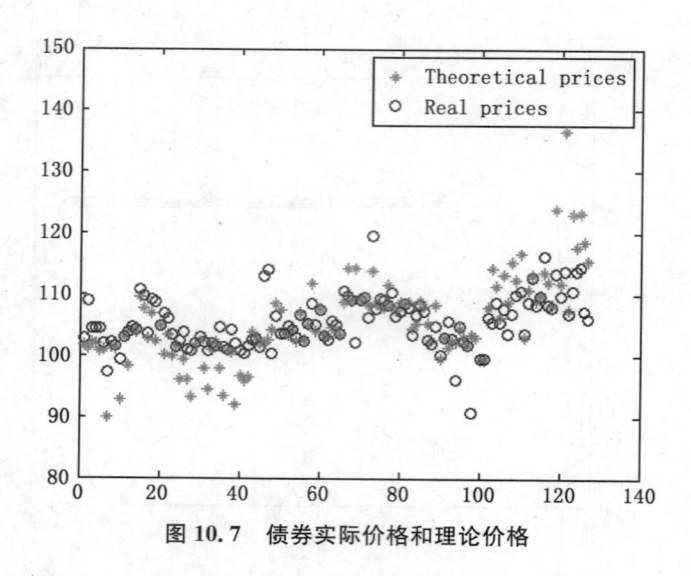

```
function f=my_svensson2bondprice(parameter,bond)
%calculate theoretical bond price based on Svenssson model
settledate=bond{1};
bond_inf=bond{2};
maturity=bond_inf(:,2);
coupon=bond_inf(:,3);
period=bond_inf(:,4);
[cf,cfdate]=cfamounts(coupon,settledate,maturity,period);
cf(:,1)=[];
cfdate(:,1)=[];
cfdate_adj=yearfrac(settledate,cfdate);
dis_cf=cf.*exp(-my_svensson_spot_rate(parameter,cfdate_adj));
f=nansum(dis_cf')';
```

复习与思考题

1. 收集当天在上海证券交易所交易的国债价格(全价)、到期日、票面利率和每年付息次数等信息,剔除交易不活跃和浮动利率的债券。

(1) 利用样条法估计当天的即期利率曲线和远期利率曲线;如果当天发行一只面值为100,票面利率为3.2%,期限为1年,每年付息2次的国债,则该债券的合理价格是多少？

（2）试用 Svensson 模型估计当天的即期利率曲线和远期利率曲线，并计算上述债券的合理价格。

2. 应用上题中得到的即期利率曲线计算现有债券的理论价格，有人构造这样的策略：买入当前市场价格低于理论价格的债券，卖空当前市场价格高于理论价格的债券。试分析这样的策略是否合理，存在哪些风险？

参考答案

1. 略
2. 略

11 期权定价的数值方法

本章我们介绍在 MATLAB 中如何通过数值方法计算常见类型期权的理论价格。因为在通常情况下，许多期权的价格我们并不能得到其确切的解析解，这时我们可以借助数值方法求解期权的价格。在期权定价的实际应用中，常用的数值方法主要有：二叉树方法、三叉树方法、蒙特卡罗模拟方法和有限差分法等。在本章中，我们主要介绍二叉树方法、蒙特卡罗模拟方法和有限差分法在期权定价中的应用。

11.1 二叉树

二叉树模型假设股票价格在很短的时间间隔 Δt 内的变化只有两种情况，从开始的股票价格 S 变化到 Su 或 Sd，其中：$u>1$，$d<1$，$ud=1$，令 p 为风险中性下股票价格上涨到 Su 的概率，则 $1-p$ 为股票价格下降到 Sd 的概率。在 $2\Delta t$ 时刻，股价可能出现三种可能的结果：Su^2（在图 11.1 中以 Su^2 表示），S 和 Sd^2（在图 11.1 中以 Sd^2 表示）。二阶段的二叉树模型中股票价格的运动如图 11.1 所示。

相应地，令 f 表示标的物为股票的期权初始时刻的价格，很短的时间间隔 Δt 内期权价格以 p 的概率上涨到 f_u，以 $1-p$ 的概率下跌到 f_d。如果 $2\Delta t$ 时刻后期权出现的三种可能结果为：f_uu, f_ud 和 f_dd。二阶段的二叉树模型中期权价格的运动如图 11.2 所示。

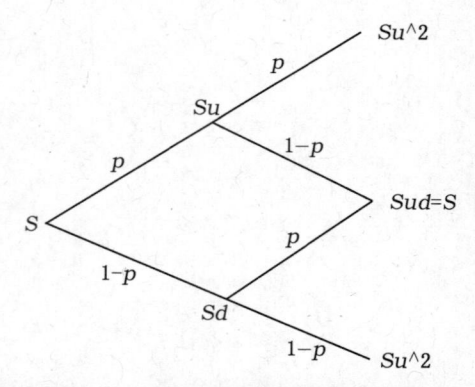

图 11.1 二叉树模型中股票价格的运动

显然，期权的无套利价格应该满足下面的式子：

$$f = \exp(-r\Delta t)[pf\_u + (1-p)f\_d]$$

当市场不存在套利机会时（无套利），一定存在一个风险中性概率测度（等价鞅测度），在该风险中性概率测度下，所有资产未来现金流的期望按无风险利率 r 折现后就是该资产现在的价格。如果 Q 为风险中性概率测度，则不支付红利的股票价格在风险中性概率测度满足以下随机过程：

$$dS = rSdt + \sigma SdW^Q$$

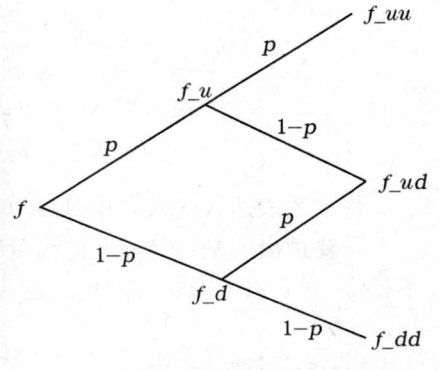

图 11.2　二叉树模型中期权价格的运动

dW^Q 表示风险中性条件下的布朗运动。

为确保二叉树的所描述的价格在 $\Delta t \to 0$ 时的运动与以上股价满足的随机过程一致，二叉树的参数设置必须满足一定条件：

股票的期望收益与二叉树设置一致：

$$pSu + (1-p)Sd = S\exp(r\Delta t) \tag{11.1}$$

即 $p = \dfrac{\exp(r\Delta t) - d}{u - d}$

股票收益 R 的方差与二叉树设置一致：

$$\text{Var}(R) = \text{Var}(1+R) = E[(1+R)^2] - [E(1+R)]^2$$
$$pu^2 + (1-p)d^2 - \exp(2r\Delta t) = \sigma^2 \Delta t$$

由式(11.1)可得 $\exp(r\Delta t)(u+d) = pu^2 + (1-p)d^2 + ud$，代入上式得到：

$$\exp(r\Delta t)(u+d) - ud - \exp(2r\Delta t) = \sigma^2 \Delta t \tag{11.2}$$

在限定 $ud = 1$ 的条件下，并且忽略 Δt 的高阶项，满足期望收益式(11.1)和方差条件式(11.2)的其中一个解为：

$$u = \exp(\sigma\sqrt{\Delta t}) \tag{11.3}$$

$$d = \exp(-\sigma\sqrt{\Delta t}) \tag{11.4}$$

$$p = \frac{\exp(r\Delta t) - d}{u - d} \tag{11.5}$$

简单的证明过程如下：

式(11.3)—式(11.5)显然满足式(11.1)，利用泰勒展开式并忽略 Δt 的高阶项得到：

$$u = 1 + \sigma\sqrt{\Delta t} + 0.5\sigma^2 \Delta t$$
$$d = 1 - \sigma\sqrt{\Delta t} + 0.5\sigma^2 \Delta t$$
$$\exp(r\Delta t) = 1 + r\Delta t$$
$$\exp(2r\Delta t) = 1 + 2r\Delta t$$

将上述表达式代入方程(11.2),可以证实以上解满足方程(11.2)。

需要指出的是:忽略 Δt 的高阶项时,满足期望收益(11.1)和方差条件(11.2)的解并不是唯一的,以下形式的解也满足式(11.1)和(11.2):

$$u = \exp(r\Delta t - 0.5\sigma^2 \Delta t + \sigma\sqrt{\Delta t})$$
$$d = \exp(r\Delta t - 0.5\sigma^2 \Delta t - \sigma\sqrt{\Delta t})$$
$$p = 0.5$$

对于支付红利率 q 的股票,在风险中性下的二叉树参数可以设置如下:

$$u = \exp(\sigma\sqrt{\Delta t})$$
$$d = \exp(-\sigma\sqrt{\Delta t})$$
$$p = \frac{\exp((r-q)\Delta t) - d}{u - d}$$

对于货币期权,由于外汇可以看成是股息率为外币利率 r_f 的资产,因此其在风险中性下的二叉树参数可以设置如下:

$$u = \exp(\sigma\sqrt{\Delta t})$$
$$d = \exp(-\sigma\sqrt{\Delta t})$$
$$p = \frac{\exp((r-r_f)\Delta t) - d}{u - d}$$

对于期货期权,由于在风险中性下,期货的期望收益为 0,可以看成是股息率为无风险利率的股票。因此,其在风险中性下的二叉树参数可以设置如下:

$$u = \exp(\sigma\sqrt{\Delta t})$$
$$d = \exp(-\sigma\sqrt{\Delta t})$$
$$p = \frac{1 - d}{u - d}$$

11.2 三叉树

三叉树的基本思想与二叉树相同,差别仅在于假定价格在很短的时间间隔 Δt 内的变化有三种情况,从开始的股票价格 S 运动到 Su,S 或 Sd,相应的概率分别为 p_u(在图 11.3 中以 p_u 表示),p_m(在图 11.3 中以 p_m 表示)和 p_d(在图 11.3 中以 p_d 表示),如图 11.3 所示。

不支付红利股票在风险中性下的三叉树参数可以设置如下:

$$u = \exp(\sigma\sqrt{3\Delta t})$$

$$d = \exp(-\sigma\sqrt{3\Delta t})$$

$$p_u = \frac{1}{6} + (r - 0.5\sigma^2)\sqrt{\frac{\Delta t}{12\sigma^2}}$$

$$p_d = \frac{1}{6} - (r - 0.5\sigma^2)\sqrt{\frac{\Delta t}{12\sigma^2}}$$

$$p_m = \frac{2}{3}$$

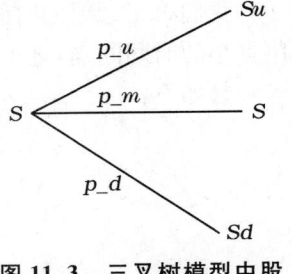

图 11.3 三叉树模型中股票价格的运动

由于三叉数与二叉树本质上并无差异,本书对三叉数不做更进一步的讨论。

11.3 二叉树与期权定价

在实际当中利用二叉树模型求解期权的价格时,首先设置比较小的时间间隔 Δt,勾勒出股票价格运动完整的二叉树图,然后从树图的末端(时刻 T)开始向后倒推,计算各时刻各棵树上结点的期权的价值,一直计算到当前时刻 t 的期权的价值,这时的期权价值就是当前时刻 t 的期权的价格。对于标准的看涨期权,如果在 T 时刻,二叉树图上的某个结点上的股票价格为 S_T,则在该结点的期权的价值为 $\max\{S_T - K, 0\}$;对于标准的看跌期权,则在该结点的期权的价值为 $\max\{K - S_T, 0\}$,然后无套利定价原理计算 $T - \Delta t$ 时刻二叉树图上的各个结点的期权的价值,依次类推,最后得到二叉树第一个节点的价格,即期权的价格。具体计算方法如下:对于美式期权先计算如果在该点期权提前执行得到现金流,设其为 V_1(如果是欧式期权,则无须计算这一步),接下来利用风险中性定价原理计算该点期权的价值 V_2,设在紧接该结点后面的二叉树上面分枝的期权的价值为 A,设在紧接该结点后面的二叉树下面分枝的期权的价值为 B,则 $V_2 = [pA + (1-p)B]\exp(-r\Delta t)$,对于可能提前执行美式期权,再比较 V_1 和 V_2 的相对大小,取两者中大的值作为该点期权的价值;对于欧式期权,则直接将 V_2 作为该结点期权的价值。类似地再计算 $T - 2\Delta t$,$T - 3\Delta t$,$\cdots$,t 各结点期权的价值,最后得到当前时刻 t 的期权的价值。

考虑一个不支付红利股票的 5 个月后到期的美式看跌期权,股票当前的价格为 50,执行价格为 50,无风险利率为每年 10%,股票的波动率为每年 40%,用二叉树模型求解该美式看跌期权的价格。

我们将二叉树的时间间隔 Δt 设定为 1 个月（即 0.083 3 年），但在实际计算时，应当选用更小的时间间隔，这里将设定为 1 个月是为了便于说明。所以我们得到二叉树模型的各参数如下：

$$u = \exp(\sigma \sqrt{\Delta t}) = 1.122\,4$$
$$d = \exp(-\sigma \sqrt{\Delta t}) = 0.890\,9$$
$$p = \frac{\exp(r\Delta t) - d}{u - d} = 0.507\,6$$

在以上参数下，风险中性下的股票价格随机过程如图 11.4。

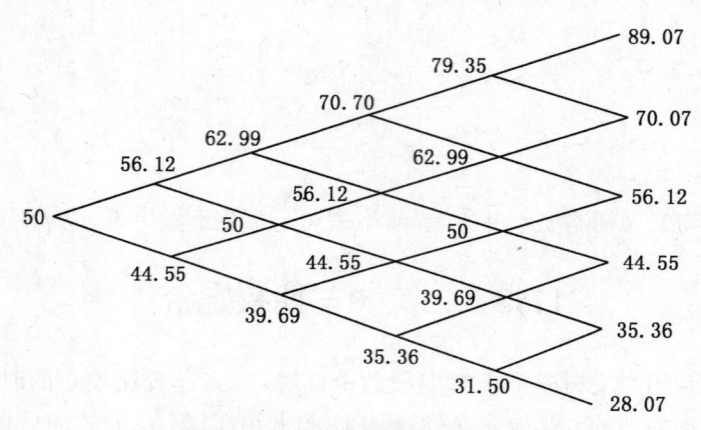

图 11.4 二叉树模型中股票价格的运动

期权的价格随机过程如图 11.5。

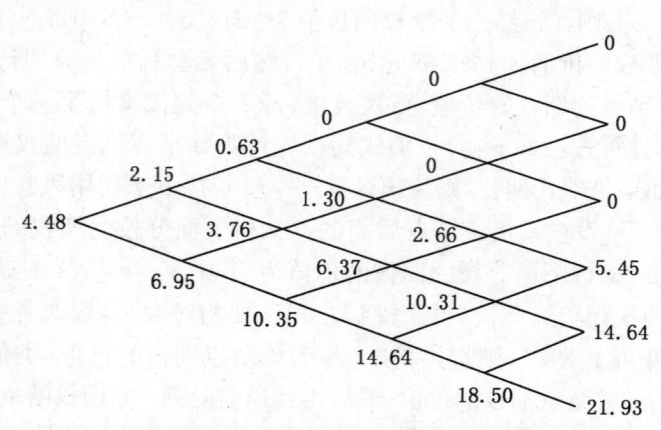

图 11.5 二叉树模型中期权价格的运动

我们编写以下函数，利用二叉树方法求解标准美式看跌期权的价格：

```
function
[price,s_lattice,f_lattice]=my_lattice_am_put(S0,X,r,T,sigma,N)
%calculate standard American put option
%input:
%S0: current stock price
%X: strike price
%r: risk-free rate
%T: time to maturity
%sigma: volatility of stock returns
%N: number of intervals
%output:
%price: option price
%s_lattice: lattice for stock prices
%f_lattice: lattice for option prices
deltaT=T/N;
u=exp(sigma*sqrt(deltaT));
d=1/u;
p=(exp(r*deltaT)-d)/(u-d);
s_lattice=zeros(N+1,N+1);
f_lattice=zeros(N+1,N+1);
for j=0:N
s_lattice(N+1,j+1)=S0*(u^j)*(d^(N-j));
f_lattice(N+1,j+1)=max(0,-(S0*(u^j)*(d^(N-j))-X));
end
for i=N-1:-1:0
for j=0:i
f_lattice(i+1,j+1)=max(exp(-r*deltaT)*(p*f_lattice(i+2,j+2)+(1-p)*f_lattice(i+2,j+1)),X-S0*u^j*d^(i-j));
s_lattice(i+1,j+1)=exp(-r*deltaT)*(p*s_lattice(i+2,j+2)+(1-p)*s_lattice(i+2,j+1));
end
end
price=f_lattice(1,1);
```

我们在 MATLAB 窗口下输入：

[price,s_lattice,f_lattice]=my_lattice_am_put(50,50,0.1,5/12,0.4,5);

即得到：

price=

 4.4885

s_lattice=

50.00	0.00	0.00	0.00	0.00	0.00
44.55	56.12	0.00	0.00	0.00	0.00
39.69	50.00	62.99	0.00	0.00	0.00
35.36	44.55	56.12	70.70	0.00	0.00
31.50	39.69	50.00	62.99	79.35	0.00
28.07	35.36	44.55	56.12	70.70	89.07

f_lattice=

4.49	0.00	0.00	0.00	0.00	0.00
6.96	2.16	0.00	0.00	0.00	0.00
10.36	3.77	0.64	0.00	0.00	0.00
14.64	6.38	1.30	0.00	0.00	0.00
18.50	10.31	2.66	0.00	0.00	0.00
21.93	14.64	5.45	0.00	0.00	0.00

将 5 个月的区间 500 等分，得到比较精确的期权价格。

[price,s_lattice,f_lattice]=my_lattice_am_put(50,50,0.1,5/12,0.4,500)

price =

 4.2830

增加区间的阶段数，即减少二叉树设置中的 Δt，可以增加期权定价的精度，下面的程序验证了这一点。

```
clear
N=5:5:500;
for i=1:length(N)
[price(i),s_lattice,f_lattice]=my_lattice_am_put(50,50,0.1,5/12,0.4,N(i));
end
h=figure;
set(h,'color','w')
plot(N,price,'.-')
```

```
xlabel('二叉树阶段数')
title('美式期权价格')
```

由图 11.6 可以看出:随着阶段数的增加,期权的价格逐步收敛。

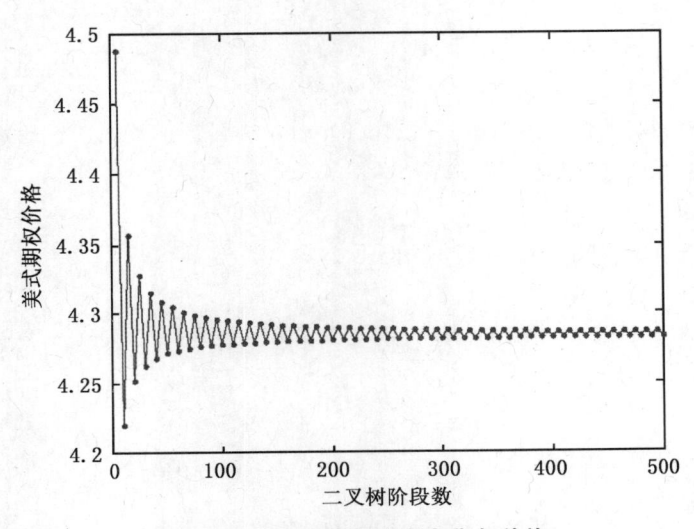

图 11.6　二叉树的阶段数与期权价格

如果我们对以上期权增加一项条款:如果股价在到期日前低于 45 元,期权自动失效,则该期权的价值为多少?

为此,我们编写以下函数:

```
function [price,s_lattice,f_lattice]=my_lattice_am_put1(S0,X,r,T,sigma,N)
deltaT=T/N;
u=exp(sigma*sqrt(deltaT));
d=1/u;
p=(exp(r*deltaT)-d)/(u-d);
s_lattice=zeros(N+1,N+1);
f_lattice=zeros(N+1,N+1);
for j=0:N
    s_lattice(N+1,j+1)=S0*(u^j)*(d^(N-j));
    if s_lattice(N+1,j+1)<=45
```

```
        f_lattice(N+1,j+1)=0;
    else
        f_lattice(N+1,j+1)=max(0,-(S0*(u^j)*(d^(N-j))-X));
    end
end
for i=N-1:-1:0
    for j=0:i
        s_lattice(i+1,j+1)=exp(-r*deltaT)*(p*s_lattice(i+2,j+2)+…
            (1-p)*s_lattice(i+2,j+1));
        if s_lattice(i+1,j+1)<=45
            f_lattice(i+1,j+1)=0;
        else
            f_lattice(i+1,j+1)=max(exp(-r*deltaT)*(p*f_lattice(i+2,j+2)+…
                (1-p)*f_lattice(i+2,j+1)),X-S0*u^j*d^(i-j));
        end
    end
end
price=f_lattice(1,1);
```

我们在 MATLAB 窗口下输入：

[price,s_lattice]=my_lattice_am_put1(50,50,0.1,5/12,0.4,500);

得到该期权的价格为

price =

　　3.3484

由此可见，增加条款后，期权的价格大约下降了 0.93。

11.4　蒙特卡罗模拟和期权定价

蒙特卡罗(Monte Carlo)法是用来解决非确定性问题的(概率统计的或随机的)数值方法。蒙特卡罗方法(MCM)，也称为统计试验方法，蒙特卡罗的名称取自于摩纳哥(Monaco)内以赌博娱乐而闻名的一座城市。蒙特卡罗方法的应用有两种途径：仿真和取样。仿真是指提供实际随机现象的数学上的模仿的方法。取样是指通过研究少量的随机的子集来演绎大量元素的特性的方法。例如，$f(x)$ 在 $a<x<b$ 上的平均值可以通过间歇性随机选取的有限个数的点的平均值来进行估计，这就是数值积分的蒙特卡罗方法。

任何本质上属随机组员的过程或系统的仿真都需要一种产生或获得随机数的方法。因此,蒙特卡罗模拟方法需要有可得的、服从特定概率分布的、随机选取的数值序列,这通常借助于计算机产生随机数来实现。但有一点我们必须要清楚,用计算机编码产生的随机数并不是完全随机的;事实上,给定序列种子,计算机产生的随机序列都是完全可预测的,实际上这种由计算机产生的序列称为伪随机数。尽管如此,在一般的实际运用中,伪随机数带来的问题并不太大。

自从 1977 年 Boyle 首先利用蒙特卡罗模拟方法对基于单一标的资产的欧式期权进行定价以来,蒙特卡罗方法在金融分析与金融工程的各个方面,特别是在衍生工具分析与使用方面发挥了非常重要的作用,现在已经成为对金融衍生工具的定价以及确定套期保值基本参数的一种十分有效的数值分析方法。但由于方法本身的特点,在很长一段时间,蒙特卡罗模拟在实际运用过程中受到了一定程度的限制,主要表现在:

(1) 由于本身所具有的前向模拟特点,不能够很好地确认具有后向迭代搜索特征的美式期权的可提前执行条件,从而对美式期权定价问题显得无能为力。

(2) 在对诸如依赖路径期权等比较复杂的衍生工具分析的应用上,产生了相对比较大的估计方差,传统的减少方差技术也不能达到理想效果。

(3) 在对计算确定衍生工具套期保值参数,特别是对复杂的新型衍生工具情形时,通常得到的是有偏估计,而且模拟运算量和数据存储空间要求都比较大。

进入上世纪九十年代后,研究人员针对上述局限性,进行了深入探索,提出了一些十分有益的解决方法,从而使得蒙特卡罗方法显示出更为广泛的应用前景。1993 年,Tilley 利用蒙特卡罗模拟对一个基于可支付红利的美式看跌期权进行估值,突破了长期以来这种方法不能用于美式期权定价分析的传统观念。他首先模拟出一组标的资产价格变化路径,在每一个可能允许的早期执行日,根据该标的资产的价格,最高到最低排列价格路径;然后把这些路径分成相应的束,对每一束估计在下一个时期该看跌期权的期望值;最后比较期权立刻执行所产生的收益与继续持有到下期的期权价值二者的大小,通过后向迭代搜索方式,产生了该期权价格。这种方法为蒙特卡罗模拟应用于美式期权定价建立起一个方法基础,但由于它的实现过程要求对所有价格路径、路径的排列和重新排列等数据信息资料都必须进行存储。所以,对标的变量较多的高维复杂的衍生证券而言,所需要存储空间和运算工作量都非常大,从而使该种方法实现起来十分困难,有时甚至是不可能的。Broadle 和 Glasserman 两人在 1995 年考虑到 Tilley 方法的制约性,提出自己的模拟方法。他们用蒙特卡罗模拟产生一个关于标的价格的树枝不重合的树图,再通过向上偏斜和向下偏斜两种算法估计继续持有与立即执行二者价值的大小,最后,得到两者结果中间的某一个数值作为最终结果。这种方法较 Tilley 方法有较大的改进,但仍然存在着较大信息存储的不足,尤其是随着需要模拟的可提前执行日期的数量的增加,所需信息的存储量和运算工作量将呈现出指数型增长,所以它仍然不是一个十分理想的办法。1997 年,Dwight 和 Grant 等人将具有后向搜索特征的动态规划思想融入蒙特卡罗方法框架中,比较准确地辨识和确认美式期权可提前执行条件,这一方法无论在信息存储空间和运行工作量的要求上,还是在模拟的精确程度上都较前述的方法有很大的改进,从而有效地解决了美式期权的估值。

11.4.1 欧式期权的蒙特卡罗模拟

这里我们先讨论欧式期权的蒙特卡罗模拟方法。其定价原理仍然是风险中性定价原理。考虑一种欧式衍生证券,其在到期日 T 时刻的收益为 f_T,则该欧式衍生证券在当前时刻 0 的价格 f 应该为:$f = e^{-rT}E^Q[f_T]$,其中 $E^Q[.]$ 表示在风险中性概率测度 Q 下的期望。

对于欧式看涨期权的价格 c,则有:

$$c = e^{-rT}E^Q[\max(S_T - K, 0)]$$

对于欧式看跌期权的价格 p,则有:

$$p = e^{-rT}E^Q[\max(K - S_T, 0)]$$

在真实的概率测度 P 下,股票价格被假定服从几何布朗运动,即真实的概率测度 P 下,股票在到期日 T 时刻的价格 S_T 服从均值为 $S_0 e^{\mu T}$,方差为 $S_0^2 e^{2\mu T}(e^{\sigma^2 T}-1)$ 的对数正态分布,因此,在风险中性概率测度 Q 下,$S_T = S_0 e^{(r-\sigma^2/2)T+\sigma \Delta Z_T}$,其中 $\Delta Z_T = \sqrt{T}\xi$,$\xi \sim N(0, 1)$,股票在到期日 T 时刻的价格 S_T 服从均值为 $S_0 e^{rT}$,方差为 $S_0^2 e^{2rT}(e^{\sigma^2 T}-1)$ 的对数正态分布。

因此,我们只要在风险中性概率测度 Q 下,模拟产生足够多数量的 S_T,然后对欧式衍生证券在到期日 T 时刻的收益为 f_T 做统计平均后再按无风险利率折现,即得到欧式衍生证券在当前时刻 0 的价格 $f = e^{-rT}E^Q[f_T]$。

考虑标的物资产为某股票的欧式期权,股票当前的价格为 50,波动率为 40%,无风险利率为 5%,期权到期期限为 1 年,到期日期权的现金流如下:

$$f_T = \begin{cases} 5, & S_T > 60 \\ \min\{\max(S_T - 50, 0), 2\}, & 40 \leqslant S_T \leqslant 60 \\ 2, & S_T < 40 \end{cases}$$

求该欧式期权的理论价格。

```
clear
N=1e6;T=1;sigma=0.4;r=0.05;S0=50;
random_number=randn(N,1);
```

```
ST=S0*exp((r-0.5*sigma^2)*T+sigma*sqrt(T)*random_number);
fT=zeros(N,1);
fT(ST>60)=5;
fT(ST<40)=2;
fT(ST<=60&ST>=40)=min(max(ST(ST<=60&ST>=40)-50,0),2);
price=mean(fT)*exp(-r*T)
```

运行以上程序得到期权的价格为

price =

 2.3058

我们也可以使用二叉树方法计算以上期权价格：

```
function [price,s_lattice,f_lattice]=my_lattice_ex01(S0,r,T,sigma,N)
deltaT=T/N;
u=exp(sigma*sqrt(deltaT));
d=1/u;
p=(exp(r*deltaT)-d)/(u-d);
s_lattice=zeros(N+1,N+1);
f_lattice=zeros(N+1,N+1);
for j=0:N
    s_lattice(N+1,j+1)=S0*(u^j)*(d^(N-j));
    if s_lattice(N+1,j+1)<40
    f_lattice(N+1,j+1)=2;
    elseif s_lattice(N+1,j+1)>60
    f_lattice(N+1,j+1)=5;
    else
    f_lattice(N+1,j+1)=min(max(0,s_lattice(N+1,j+1)-50),2);
    end
end
for i=N-1:-1:0
    for j=0:i
    s_lattice(i+1,j+1)=exp(-r*deltaT)*(p*s_lattice(i+2,j+2)+(1-p)*s_lattice(i+2,j+1));
```

```
            f_lattice(i+1,j+1)=exp(-r*deltaT)*(p*f_lattice(i+2,j+2)+(1-p)*f_
            lattice(i+2,j+1));
        end
    end
    price=f_lattice(1,1);
```

在 MATLAB 命令窗口输入：
[price,s_lattice,f_lattice]=my_lattice_ex01(50,0.05,1,0.4,1000);
得到期权的价格为
price =
    2.2972
比较二叉树和蒙特卡罗模拟计算出来的期权价格，两者相差并不大。

11.4.2 亚式期权的价格

蒙特卡罗模拟也能方便地应用在路经依赖的期权定价上。考虑以下欧式亚式期权的情况，在到期日 T，期权的现金流为 $\max(\bar{S}_{[0,T]}-K,0)$，其中 $\bar{S}_{[0,T]}$ 为期权起始日 0 到 T 标的资产的平均价格。这里我们只考虑在离散点 $0 \leqslant t_1, t_2, \cdots, t_n \leqslant T$ 资产价格的算术平均值，即 $\bar{S}_{[0,T]} = \dfrac{1}{n} \sum_{i=1}^{n} S_{t_i}$。

考虑标的物资产为某股票的欧式亚式期权，股票当前的价格为 50，波动率为 40%，无风险利率为 5%，期权到期期限为 1 年，期权发行到现在已经 3 个月了，剩余期限还有 9 个月，且期权发行到现在为止股票的平均价格为 55。求该期权的价格。股票平均价格由每天收盘价的平均值来计算。

我们编写以下函数 my_asian_option_mc，求解以上亚式期权的价格。

```
function price=my_asian_option_mc(ASt,r,sigma,t,T,K,St,N_T,N_path)
%calculate Asian option value when settle price is average price based on
%based on some discrete time points t1,t2,...,tn,where
0<=t1,t2,...,tn<=T
%the cash flow of the option at maturity is f_T=max(AST-K,0)
%where SAT is the average stock price from time 0 to T
%0: time when the option is initiated
%t: current time
%T: maturity
```

```
%sigma: volatility
%r: risk-free rate
%K: strike price
%ASt: the average stock price from time 0 to t, AS0=S0
%S0: stock price at time 0
s=my_monte_carlo_path(St,sigma,T-t,r,N_T,N_path);
AST=t/T*ASt+(T-t)/T*mean(s,2);
f_T=max(AST-K,0);
price=mean(f_T)*exp(-r*(T-t));
```

以上函数 my_asian_option_mc 中用到的辅助函数 my_monte_carlo_path 内容如下，该函数用来生成股价样本路径。

```
function s=my_monte_carlo_path(s0,sigma,T,r,N_T,N_path)
%generate sample paths of stock prices by Monte Carlo method
%under risk-neutral measure
%output:
%s: a matrix, and each row of the matrix is a sample path
%input:
%sigma: volatility of the stock price
%T: maturity of an option
%r: risk-free rate
%N_T: number of intervals of time
%N_path: number of sample paths
deltaT=T/N_T;
s=zeros(N_path,N_T+1);
s(:,1)=s0;
eta=randn(N_path,N_T);
for i=2:N_T+1

s(:,i)=s(:,i-1).*exp((r-0.5*sigma^2)*deltaT+sigma*sqrt(deltaT)*eta(:,i-1));
end
```

我们在 MATLAB 命令窗口输入：
price＝my_asian_option_mc(55,0.05,0.4,0.25,1,50,50,round(250 * 3/4),1e5)
得到期权的价格为
price ＝
　　3.8840

函数 my_monte_carlo_path 用来产生股票价格路径，图 11.7 为 200 条蒙特卡罗模拟的样本路径。相应的 MATLAB 程序如下：

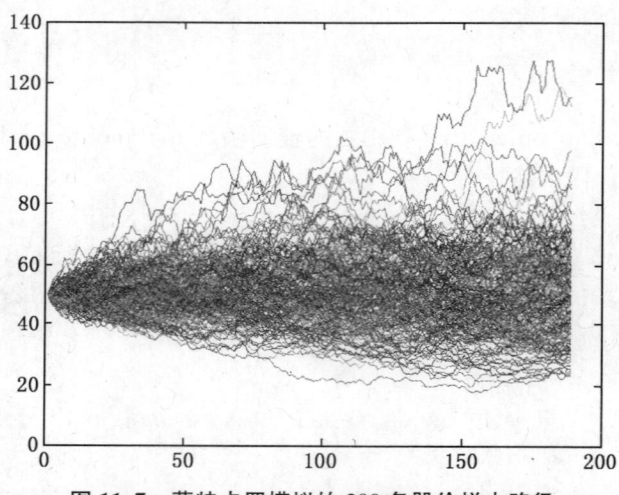

图 11.7　蒙特卡罗模拟的 200 条股价样本路径

```
s＝my_monte_carlo_path(50,0.4,3/4,0.05,round(250 * 3/4),200);
h＝figure;
set(h,'color','w')
plot(s')
```

11.4.3　欧式回望期权

欧式回望看涨期权在到期日的现金流为 $\max(S_T - S_{\min}, 0)$，而欧式回望看跌期权在到期日的现金流为 $\max(S_{\max} - S_T, 0)$，其中：$S_{\min} = \min\limits_{t \in [0, T]} S_t$，$S_{\max} = \max\limits_{t \in [0, T]} S_t$。

欧式回望期权的价格具有精确定价公式，这里我们使用蒙特卡罗模拟的数值计算方法来求得其近似解。

我们编写以下函数来求解欧式回望看涨期权的价格：

```
function price＝my_euro_lookback_call(S0,Smin0,sigma,T,r,N_path,N_T)
```

```
%calculate option price for an European lookback call which
%has a payoff at maturity T given by max(ST-Smin,0), where Smin is
% the minimum stock price from the date when it starts to T, by using Monte
Carlo method.
%input:
%S0: current stock price
%Smin0: minimum stock price till now from the time when the option started
%r: risk-free rate
%T: time to maturity, i.e. (T-t)
%sigma: volatility of stock
%N_path: number of stock price paths
%N_T: number of intervals of time
%output:
%price: option price
s=my_monte_carlo_path(S0,sigma,T,r,N_T,N_path);
ST=s(:,end);
Smin=min(Smin0,min(s')');
price=mean(max(ST-Smin,0))*exp(-r*T);
```

类似地,我们编写以下函数来求解欧式回望看跌期权的价格:

```
function price=my_euro_lookback_put(S0,Smax0,sigma,T,r,N_path,N_T)
%calculate option price for an European lookback put which
%has a payoff at maturity T given by max(Smax-ST,0), where Smax is
% the maximum stock price from the date when it starts to T, by using Monte
Carlo method.
%input:
%S0: current stock price
%Smax0: maximum stock price till now from the time when the option started
%r: risk-free rate
%T: time to maturity, i.e. (T-t)
%sigma: volatility of stock
%N_path: number of stock price paths
%N_T: number of intervals of time
```

```
%output:
%price: option price
s=my_monte_carlo_path(S0,sigma,T,r,N_T,N_path);
ST=s(:,end);
Smax=max(Smax0,max(s')');
price=mean(max(Smax-ST,0))*exp(-r*T);
```

考虑标的物资产为某股票的欧式回望期权,股票当前的价格为 50,波动率为 40%,无风险利率为 5%,期权到期期限为 1 年,期权发行到现在已经 3 个月了,剩余期限还有 9 个月,且期权发行到现在为止股票的最低价格为 45,最高价格为 55。分别求回望看涨和看跌期权的价格。

在 MATLAB 命令窗口中输入:

price=my_euro_lookback_call(50,45,0.4,9/12,0.05,1e5,500)

得到欧式回望看涨期权的价格为:

price =

    13.3131

在 MATLAB 命令窗口中输入:

price=my_euro_lookback_put(50,55,0.4,9/12,0.05,1e5,500)

得到欧式回望看跌期权的价格为:

price =

    14.3315

11.4.4 减少方差的方法

蒙特卡罗模拟得到的期权价格是随机的,为了求得比较精确的期权价格,我们必须产生足够多的随机数样本以降低期权价格的波动性,但这需要耗费计算机大量的内存空间,并且增加随机数提高计算精度的效率并不能达到满意的效果。所以用增加随机数样本以外其他办法减少蒙特卡罗模拟方法得到的期权价格方差就显得十分必要了。这里我们介绍两种经常使用的减少方差的方法:对偶变量法和控制变量法。

(1) 对偶变量法

下面我们分析对偶变量法减少方差的原理。考虑两组股票价格序列 $S^1 = S_1^1, S_2^1, \cdots, S_n^1$,$S^2 = S_1^2, S_2^2, \cdots, S_n^2$,令 $S_i = \dfrac{(S_i^1 + S_i^2)}{2}$,$i = 1, 2, \cdots, n$,构造出第三个股票价格序列 $S = S_1, S_2, \cdots, S_n$,则我们得到第三个股票价格序列的平均股票价格的方差满足:

$$\mathrm{Var}[\overline{S}(n)] = \dfrac{\mathrm{Var}(S^1) + \mathrm{Var}(S^2) + 2\mathrm{Cov}(S^1, S^2)}{4n}$$

如果我们特别地构造股票价格序列 S^1 和 S^2,使得股票价格序列 S^1 和 S^2 为完全负相关,即 $\rho_{S_i^1 S_i^2} = -1$,则 $\text{Var}[\bar{S}(n)]$ 将达到最小值,如果欧式衍生证券在到期日 T 时刻的收益为 f_T 并且关于价格 S_T 是单调的,则通过构造负相关的股票价格序列 S^1 和 S^2,再合成第三个股票价格序列 $S = S_1, S_2, \ldots, S_n$ 可以达到减少蒙特卡罗模拟方法得到的期权价格方差的目的。

(2) 控制变量法

接下来我们分析控制变量法减少方差的原理。假定 $\theta = E(X)$ 是我们要通过蒙特卡罗模拟方法估计的参数,而变量 Y 的均值 $E[Y] = V$ 是已知的,并且 X 和 Y 存在相关性,我们称变量 Y 为控制变量。

令 $X_c = X + c(Y - V)$,则 $E(X_c) = E(X)$

$$\text{Var}(X_c) = \text{Var}(X) + c^2 \text{Var}(Y) + 2c \text{Cov}(X, Y)$$

因此,可以选择一个合适的 c^* 使得上式右边最小。将右边对 c 求导并令其等于 0,得到:

$$c^* = -\frac{\text{Cov}(X, Y)}{\text{Var}(Y)}, \quad \frac{\text{Var}(X_c^*)}{\text{Var}(X)} = 1 - \rho_{XY}^2 < 1, \rho_{XY} \text{ 为 } X \text{ 和 } Y \text{ 的相关系数}。$$

因此令 $X_{c^*} = X + c^*(Y - V)$,用蒙特卡罗模拟方法估计出来的 $E(X_{c^*}) = E(X)$,并且估计出来参数的方差也将减少。通常我们可以选择股票在到期日的价格 S_T 为控制变量 Y。在风险中性测度下 S_T 的均值为 $S_0 e^{rT}$,方差为 $S_0^2 e^{2rT}(e^{T\sigma^2} - 1)$。

下面我们以标准的欧式期权为例来说明以上两种减少方差的效果。首先我们编写以下函数,应用蒙特卡罗模拟方法,但不使用减少方差的技术来计算期权的价格:

```
function
[call,put,call_sigma,put_sigma]=my_euro_option_mc(S0,K,r,T,sigma,N)
%calculate the price of standard European options: call and put, based on
%Monte Carlo method
%output:
%call: the price of call option
%put: the price of put option
%call_sigma: the standard error for call pricing
%put_sigma: the standard error for put pricing
%input:
%S0: current stock price
%K: strike price
%r: risk-free rate
%T: time to maturity
```

```
%sigma: volatility of stock
%N: number of random numbers
eta=normrnd(0,sqrt(T)*sigma,N,1);
ST=S0*exp((r-0.5*sigma^2)*T+eta);
cf_call=exp(-r*T)*max(0,ST-K);
cf_put=exp(-r*T)*max(0,K-ST);
call=mean(cf_call);
put=mean(cf_put);
call_sigma=std(cf_call)/sqrt(N);
put_sigma=std(cf_put)/sqrt(N);
```

然后我们引入对偶变量法对以上函数作以下修改：

```
function
[call,put,call_sigma,put_sigma]=my_euro_option_mc1(S0,K,r,T,sigma,N)
%calculate the price of standard European options: call and put, based on
%Monte Carlo method and antithetic variable technique to reduce variance
%output:
%call: the price of call option
%put: the price of put option
%call_sigma: the standard error for call pricing
%put_sigma: the standard error for put pricing
%input:
%S0: current stock price
%K: strike price
%r: risk-free rate
%T: time to maturity
%sigma: volatility of stock
%N: number of random numbers
eta=normrnd(0,sqrt(T)*sigma,N,1);
ST1=S0*exp((r-0.5*sigma^2)*T+eta);
ST2=S0*exp((r-0.5*sigma^2)*T-eta);
cf_call1=exp(-r*T)*max(0,ST1-K);
cf_call2=exp(-r*T)*max(0,ST2-K);
```

```
cf_call=(cf_call1+cf_call2)/2;
cf_put1=exp(-r*T)*max(0,K-ST1);
cf_put2=exp(-r*T)*max(0,K-ST2);
cf_put=(cf_put1+cf_put2)/2;
call=mean(cf_call);
put=mean(cf_put);
call_sigma=std(cf_call)/sqrt(N);
put_sigma=std(cf_put)/sqrt(N);
```

我们引入控制变量法对函数 my_euro_option_mc 做以下修改：

```
function
[call,put,call_sigma,put_sigma]=my_euro_option_mc2(S0,K,r,T,sigma,N)
%calculate the price of standard European options: call and put, based on
%Monte Carlo method and control variate technique to reduce variance
%output:
%call: the price of call option
%put: the price of put option
%call_sigma: the standard error for call pricing
%put_sigma: the standard error for put pricing
%input:
%S0: current stock price
%K: strike price
%r: risk-free rate
%T: time to maturity
%sigma: volatility of stock
%N: number of random numbers
eta=normrnd(0,sqrt(T)*sigma,N,1);
ST=S0*exp((r-0.5*sigma^2)*T+eta);
cf_call=exp(-r*T)*max(0,ST-K);
cf_put=exp(-r*T)*max(0,K-ST);
call_cov=cov(ST,cf_call);
put_cov=cov(ST,cf_put);
var_ST=S0^2*exp(2*r*T)*(exp(T*sigma^2)-1);
```

```
        c_call=-call_cov(1,2)/var_ST;
        c_put=-put_cov(1,2)/var_ST;
        E_ST=S0*exp(r*T);
        new_eta=normrnd(0,sqrt(T)*sigma,N,1);
        new_ST=S0*exp((r-0.5*sigma^2)*T+new_eta);
        new_cf_call=exp(-r*T)*max(0,new_ST-K);
        new_cf_put=exp(-r*T)*max(0,K-new_ST);
        control_cf_call=new_cf_call+c_call*(new_ST-E_ST);
        control_cf_put=new_cf_put+c_put*(new_ST-E_ST);
        call=mean(control_cf_call);
        put=mean(control_cf_put);
        call_sigma=std(control_cf_call)/sqrt(N);
        put_sigma=std(control_cf_put)/sqrt(N);
```

考虑标的物资产为某股票的标准欧式期权，股票当前的价格为50，波动率为40%，无风险利率为5%，期权到期期限为1年，执行价为50。下面我们分别应用函数 my_euro_option_mc、my_euro_option_mc1 和 my_euro_option_mc2 计算看涨和看跌期权的价格，并比较期权价格的标准误差。分别调用以上三个函数得到结果如下：

[call,put,call_sigma,put_sigma]=my_euro_option_mc(50,50,0.05,1,0.4,1e6)

call=

    8.9945

put=

    6.5763

call_sigma=

    0.0156

put_sigma=

    0.0084

[call,put,call_sigma,put_sigma]=my_euro_option_mc1(50,50,0.05,1,0.4,1e6)

call=

    9.0105

put=

    6.5722

call_sigma=

    0.0091

put_sigma=
 0.0037
[call,put,call_sigma,put_sigma]=my_euro_option_mc2(50,50,0.05,1,0.4,1e6)
call=
 9.0160
put=
 6.5775
call_sigma=
 0.0056
put_sigma=
 0.0056

从以上结果可以看出使用减少方差的技术后,期权价格的标准误差得到了明显的下降。

(3) 重点抽样法

在前面的应用过程中我们可以看到:蒙特卡罗生成的股价中,有许多价格所对应的期权价值为0,这些0占据了大量的内存空间,如果仅产生那些期权价值不为0的股票价格,则计算的效率就会提高。重点抽样法的思想就是仅产生那些期权价值不为0的股票价格。下面我们以欧式股票看涨期权为例来说明重点抽样法的具体应用。

考虑一个执行价格为 K 的欧式看涨期权,当我们使用蒙特卡罗模拟产生到期日 T 时刻的股票价格 S_T,进而计算期权现金流的贴现值 $\exp(-rT) * \max(S_T - K, 0)$ 时,会得到大量的0,这样会占用大量的内存。由于这些0对期权的价格影响较小,可以只考虑抽取到期日股票价格大于 K 的样本。在风险中性概率下,股票的价格满足:

$$S_T = S_0 * \exp\left(\left(r - \frac{\sigma^2}{2}\right)T + \Delta W^Q\right)$$

其中: $\Delta W^Q \sim N(0, \sigma^2 T)$

记 $r_T = \ln\left(\frac{S_T}{S_0}\right)$,则 $r_T \sim N\left(\left(r - \frac{\sigma^2}{2}\right)T, \sigma^2 T\right)$,记 r_T 的概率密度函数为 $f(x)$,分布函数为 $F(x)$,则 $S_T > K$ 条件下 r_T 的条件概率密度函数为:

$$f(x \mid S_T > K) = f(x)/N(d2)$$

其中:

$$d_2 = \frac{\ln\left(\frac{S_0}{K}\right) + (r - \sigma^2/2)T}{\sigma\sqrt{T}}$$

$N(d2)$ 表示在风险中性概率下到期日股票价格 $S_T > K$ 的概率。

记 $S_T > K$ 条件下 r_T 的条件分布函数为 $F(x \mid S_T > K)$，显然我们有：

$$F(x \mid S_T > K) = F(x)/N(d2)$$

我们首先在计算机产生 $r_T > \ln\left(\dfrac{K}{S_0}\right)$ 的正态分布样本。为得到 $S_T > K$ 条件下的 r_T 随机样本，我们产生一个服从均匀分布的随机数 η，然后求使得下式成立的 a：

$$\frac{\int_{\ln(\frac{K}{S_0})}^{a} f(x)\,\mathrm{d}x}{N(d2)} = \eta$$

a 就是我们要产生的 $S_T > K$ 条件下的 r_T 一个随机样本

由于

$$\int_{\ln(\frac{K}{S_0})}^{a} f(x)\,\mathrm{d}x = \int_{-\infty}^{a} f(x)\,\mathrm{d}x - \int_{-\infty}^{\ln(\frac{K}{S_0})} f(x)\,\mathrm{d}x = N(d2)\eta$$

$$\int_{-\infty}^{a} f(x)\,\mathrm{d}x = \int_{-\infty}^{\ln(\frac{K}{S_0})} f(x)\,\mathrm{d}x + N(d2)\eta$$

因此，

$$a = F^{-1}\left(\int_{-\infty}^{\ln(\frac{K}{S_0})} f(x)\,\mathrm{d}x + N(d2)\eta\right)$$

其中：$F^{-1}(\cdot)$ 表示函数 $F(\cdot)$ 的反函数。

进一步得到股票价格 $S_T = S_0 * \exp(a)$ 和期权 T 时刻现金流的贴现值 $\exp(-rT) * (S_T - K)$。在得到大量期权 T 时刻现金流的贴现值并求平均值后，再乘以 $N(d2)$，就得到了期权理论价格的估计。

11.4.5 基于正态逆高斯分布的蒙特卡罗模拟和期权价格

金融资产的实际收益率通常表现出尖峰厚尾的特性，并不满足正态分布的假设。前面讨论的期权计算方法依赖于正态分布的假设。这里我们讨论当资产收益服从正态逆高斯分布时，期权的价格问题。在风险中性概率测度下，股票收益服从正态逆高斯分布，则股票在 T 时刻的价格满足[1]：

$$S_T = S_0 \exp(rT + L_T - \bar{\omega}T)$$

其中：

---

[1] Ribeiro Claudia and Nick Webber, 2003, A Monte Carlo Method for the Normal inverse Gaussian Option Valuation Model using an Inverse Gaussian Bridge, working paper.

L_T 服从参数为 $(\alpha, \beta, \delta_T, \mu_T)$ 的正态逆高斯分布的随机变量；

$$\bar{\omega} = \mu + \delta\gamma - \delta\sqrt{\alpha^2 - (1+\beta)^2}$$
$$\gamma = \sqrt{\alpha^2 - \beta^2}$$
$$\delta_T = \delta T$$
$$\mu_T = \mu T$$

下面我们以标的物资产为宝钢股份股票欧式看涨期权为例。假定某机构发行标的资产为宝钢股票到期期限为半年的欧式看涨期权，股票当前的价格为 4.5 元，执行价格为 4.5 元，无风险利率为 5%，我们使用 2000/12/12—2006/2/21 期间的日收益来估计正态逆高斯分布的参数。假定我们在 MATLAB 中已经得到收盘价序列 p，我们在 MATLAB 命令窗口中继续输入：

R=price2ret(p);
[para,standard_deviation]=my_mle('nig_log_fun',[40,-1.17,0.0006,0.012],R);

以上程序我们应用极大似然估计得到日收益服从正态逆高斯分布的参数估计 $(\alpha, \beta, \delta_t, \mu_t)$ = (35.894 5, -0.492 1, 0.000 4, 0.010 2)，然后我们继续输入：

T=0.5;
S0=4.5;
r=0.05;
X=4.5;
alpha=para(1);
beta=para(2);
mu=para(3)*250*T;
delta=para(4)*250*T;
gamma=sqrt(alpha^2-beta^2);
omiga=mu+gamma*delta-delta*sqrt(alpha^2-(1+beta)^2);
LT=randraw('nig',[alpha,beta,mu,delta],[1e6,1]);
%产生正态逆高斯分布的随机数
ST=S0*exp(r*T+LT-omiga*T);
P_NIG=mean(max(ST-X,0))*exp(-r*T);

我们得到期权的价格为

P_NIG =
　　0.4647

作为比较，我们也计算基于正态分布的期权价格，我们在 MATLAB 命令窗口中继续输入：

```
sigma=std(R) * sqrt(250)
P_Norm=my_euro_option_mc(4.5,4.5,0.05,0.5,sigma,1e6);
```
得到相应的价格为
```
P_Norm =
    0.3931
```

11.4.6 蒙特卡罗模拟和美式期权的定价

蒙特卡罗模拟方法不仅可以方便地用来对路径依赖或多变量有关的期权定价,还可以应用到美式期权定价。这里我们介绍 Longstaff 和 Schwartz(2001)提出的最小二乘法[1]。其基本思想如下:首先在离散时间 $\Delta t, 2\Delta t, \cdots, N\Delta t$ 下产生 M 条股价路径 $S_{i,j}$, $i=1,2,\cdots,M$, $j=1,2,\cdots,N$。$S_{i,j}$ 表示第 i 条股价路径下 $j\Delta t$ 时刻的股票价格。然后在各路径下的期权到期日时刻,即 $N\Delta t$ 时刻计算期权的现金流 $f_{i,N}$,然后倒推 $(N-1)\Delta t$ 时刻的期权价值,如果 $(N-1)\Delta t$ 时刻期权不行权,则 $(N-1)\Delta t$ 时刻期权的价值为 $f_{i,N}*\exp(-r\Delta t)$。如果 $(N-1)\Delta t$ 时刻期权为实值期权,则需要考虑期权是否要行权。记 $S_{1,N-1}, S_{2,N-1}, \cdots, S_{K,N-1}$ 为 $(N-1)\Delta t$ 时刻所有实值期权所对应的股票价格,其对应的不行权的期权价值为 $f_{i,N}*\exp(-r\Delta t)$, $i=1,2,\cdots,K$。记不行权的期权价值为因变量 Y, $(N-1)\Delta t$ 时刻所有实值期权所对应的股票价格为 X,建立以下回归模型:$Y = a + bX + cX^2 + \varepsilon$,估计出回归系数 a, b, c 后进一步得到 K 个 $(N-1)\Delta t$ 时刻股价在回归方程中对应的拟合值 Y_i, $i=1,2,\cdots,K$。然后比较拟合值与执行期权得到的价值,如果执行期权得到的价值更高,则执行期权,反之就不执行期权。这样就得到了 $(N-1)\Delta t$ 时刻所有股价路径上的期权价值 $f_{i,N-1}$, $i=1,2,\cdots,M$。重复以上过程就得到了 Δt 时刻所有股价路径上的期权价值 $f_{i,0}$, $i=1,2,\cdots,M$,将 $f_{i,0}$, $i=1,2,\cdots,M$ 平均后按无风险利率贴现到 0 时刻就得到了期权的价格。

基于上面的思想,我们编写以下函数计算美式看跌期权的价格:

```
function price=my_american_put_mc(S0,K,r,T,sigma,N_T,N_path)
%calculate value of an American put by Monte Carlo method
%input:
%S0: current stock price
%K: strike price
%r: risk-free rate
```

---

[1] F. A. Longstaff and E. S. Schwartz, 2001, Valuing American option by simulation: a simple least squares approach, Review of Financial Studies, 14,113-147.

```
%T: time to maturity, i.e. (T-t)
%sigma: volatility of stock
%N_path: number of stock price paths
%N_T: number of intervals of time
s=my_monte_carlo_path(S0,sigma,T,r,N_T,N_path);
dt=T/N_T;
S=s(:,2:end);
f=zeros(N_path,N_T);
f(:,N_T)=max(K-S(:,N_T),0);
for i=N_T-1:-1:1
    A=S(:,i);
    f(:,i)=f(:,i+1)*exp(-r*dt);
    a=find(A<K);
    X=[ones(length(a),1),A(a),A(a).^2];
    Y=f(a,i+1)*exp(-r*dt);
    b=regress(Y,X);
    Y_hat=X*b;
    f(a,i)=(K-A(a)).*((K-A(a))>=Y_hat)+f(a,i).*((K-A(a))<Y_hat);
end
price=max(mean(f(:,1))*exp(-r*dt),K-S0);
```

我们考虑标的物资产为某股票的美式看跌期权，股票当前的价格为50，执行价为50，波动率为40%，无风险利率为10%，期权到期期限为1年，求该期权的价格。

我们在MATLAB命令窗口下输入：

price=my_american_put_mc(50,50,0.1,1,0.4,200,1e5)

得到期权的价格为：

price =

　　5.9670

应用二叉树方法定价的结果如下：

price=my_lattice_am_put(50,50,0.1,1,0.4,200)

price =

　　5.9751

11.5 有限差分方法和期权定价

有限差分方法是将微分方程转化为差分方程后用迭代法求解差分方程的数值方法。考虑一个股票不支付红利的衍生证券，该衍生证券的价格 f 满足：

$$\frac{\partial f}{\partial t} + rS\frac{\partial f}{\partial S} + \frac{1}{2}\frac{\partial^2 f}{\partial S^2}\sigma^2 S^2 = rf$$

用有限差分方法求解上述微分方程时，首先把从现在(时刻 0)到期权到期日 T 分成有限个等间隔的时间段，每一段的时间间隔为 Δt，则现在到期权到期日 T 共分成了以下时间段：$0, \Delta t, 2\Delta t, \cdots, T$，同样也可以将股票价格分成等间隔的股票价格段：$0, \Delta S, 2S, \cdots, S_{max}$，在实际求解差分方程时，$S_{max}$ 通常取一个股票价格在期权到期日 T 达不到的一个价格。为方便起见，我们用 N 表示时间的段数，$\Delta t = T/N$，用 M 表示股票价格的段数，$\Delta S = S_{max}/M$。通过以上做法将时间和股票价格分成了网格(如图 11.8 所示)。

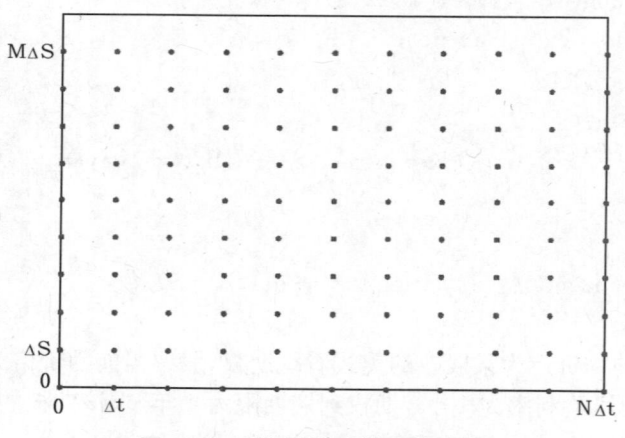

图 11.8 时间和股价的网格划分

接下来就是考虑如何将微分方程转化为差分方程的问题。为进一步明白如何将一个微分方程转化为差分方程，我们先分析一个具有可微性的函数 $g(x)$，由泰勒展开式得到：

$$g(x+h) = g(x) + hg'(x) + \frac{1}{2}h^2 g''(x) + \frac{1}{6}h^3 g'''(x) + \cdots$$

$$g'(x) = \frac{g(x+h) - g(x)}{h} + o(h)，其中 o(h) 为 h \to 0 时的高阶无穷小量。$$

所以我们在 $h \to 0$ 时，可以用 $\frac{g(x+h) - g(x)}{h}$ 作为 $g'(x)$ 的近似，这种近似被称为前向近似。

类似地我们由泰勒展开式得到：

$$g(x-h) = g(x) - hg'(x) + \frac{1}{2}h^2 g''(x) - \frac{1}{6}h^3 g'''(x) + \cdots$$

我们得到 $g'(x) = \dfrac{g(x) - g(x-h)}{h} + o(h)$

所以我们在 $h \to 0$ 时，也可以用 $\dfrac{g(x) - g(x-h)}{h}$ 作为 $g'(x)$ 的近似，这种近似被称为后向近似。

利用 $g(x+h)$ 和 $g(x-h)$ 的泰勒展开式我们可以得到：

$$g'(x) = \frac{g(x+h) - g(x-h)}{2h} + o(h^2)$$，其中 $o(h^2)$ 为 $h^2 \to 0$ 时的高阶无穷小量。

所以我们在 $h \to 0$ 时，也可以用 $\dfrac{g(x+h) - g(x-h)}{2h}$ 作为 $g'(x)$ 的近似，这种近似被称为中心近似。

进一步利用 $g(x+h)$ 和 $g(x-h)$ 的泰勒展开式我们可以得到：

$$g''(x) = \frac{g(x+h) - 2g(x) + g(x-h)}{h^2} + o(h^2)$$

所以我们在 $h \to 0$ 时，可以用 $\dfrac{g(x+h) - 2g(x) + g(x-h)}{h^2}$ 作为 $g''(x)$ 的近似。

下面我们考虑衍生产品的价格。

记 $f_{i,j} = f(i\Delta t, j\Delta S)$，$i = 0, 1, 2, \cdots, N$，$j = 0, 1, 2, \cdots, M$

令 $\dfrac{\partial f}{\partial S} = \dfrac{f_{i,j+1} - f_{i,j-1}}{2\Delta S}$，$\dfrac{\partial^2 f}{\partial S^2} = \dfrac{f_{i,j+1} + f_{i,j-1} - 2f_{i,j}}{\Delta S^2}$，$\dfrac{\partial f}{\partial t} = \dfrac{f_{i,j} - f_{i-1,j}}{\Delta t}$

则微分方程可以写成以下形式的差分方程：

$$\frac{f_{i,j} - f_{i-1,j}}{\Delta t} + rj\Delta S \frac{f_{i,j+1} - f_{i,j-1}}{2\Delta S} + \frac{1}{2}\sigma^2 j^2 \Delta S^2 \frac{f_{i,j+1} + f_{i,j-1} - 2f_{i,j}}{\Delta S^2} = rf_{i,j}$$

$$f_{i-1,j} = a_j f_{i,j-1} + b_j f_{i,j} + c_j f_{i,j+1}$$

其中：$a_j = \dfrac{1}{2}\Delta t(\sigma^2 j^2 - rj)$

$b_j = 1 - \Delta t(\sigma^2 j^2 + r)$

$c_j = \dfrac{1}{2}\Delta t(\sigma^2 j^2 + rj)$

将微分方程写成以上形式的差分方程，这种从 $i\Delta t$ 时刻的期权价格计算 $(i-1)\Delta t$ 时刻的期权价格的方法，被称为显性有限差分方法。

也可以将微分方程以下形式的差分方程：

令 $\dfrac{\partial f}{\partial S} = \dfrac{f_{i+1,j+1} - f_{i+1,j-1}}{2\Delta S}$, $\dfrac{\partial^2 f}{\partial S^2} = \dfrac{f_{i,j+1} + f_{i,j-1} - 2f_{i,j}}{\Delta S^2}$, $\dfrac{\partial f}{\partial t} = \dfrac{f_{i+1,j} - f_{i,j}}{\Delta t}$

则微分方程可以写成以下形式的差分方程：

$$\dfrac{f_{i+1,j} - f_{i,j}}{\Delta t} + rj\Delta S \dfrac{f_{i+1,j+1} - f_{i+1,j-1}}{2\Delta S} + \dfrac{1}{2}\sigma^2 j^2 \Delta S^2 2 \dfrac{f_{i,j+1} + f_{i,j-1} - 2f_{i,j}}{\Delta S^2} = rf_{i,j}$$

$$f_{i,j} = a_j f_{i+1,j-1} + b_j f_{i+1,j} + c_j f_{i+1,j+1}$$

其中：

$$\hat{a}_j = \dfrac{1}{1+r\Delta t}\left(-\dfrac{1}{2}rj\Delta t + \dfrac{1}{2}\sigma^2 j^2 \Delta t\right)$$

$$\hat{b}_j = \dfrac{1}{1+r\Delta t}(1 - \Delta t \sigma^2 j^2)$$

$$\hat{c}_j = \dfrac{1}{1+r\Delta t}\left(\dfrac{1}{2}rj\Delta t + \dfrac{1}{2}\sigma^2 j^2 \Delta t\right)$$

令 $\dfrac{\partial f}{\partial S} = \dfrac{f_{i,j+1} - f_{i,j-1}}{2\Delta S}$, $\dfrac{\partial^2 f}{\partial S^2} = \dfrac{f_{i,j+1} + f_{i,j-1} - 2f_{i,j}}{\Delta S^2}$, $\dfrac{\partial f}{\partial t} = \dfrac{f_{i+1,j} - f_{i,j}}{\Delta t}$

则微分方程可以写成以下差分方程：

$$\dfrac{f_{i+1,j} - f_{i,j}}{\Delta t} + rj\Delta S \dfrac{f_{i,j+1} - f_{i,j-1}}{2\Delta S} + \dfrac{1}{2}\sigma^2 j^2 \Delta S^2 2 \dfrac{f_{i,j+1} + f_{i,j-1} - 2f_{i,j}}{\Delta S^2} = rf_{i,j}$$

$$f_{i+1,j} = a_j^* f_{i,j-1} + b_j^* f_{i,j} + c_j^* f_{i,j+1}$$

其中：$a_j^* = -\dfrac{1}{2}\Delta t(\sigma^2 j^2 - rj)$

$b_j^* = 1 + \Delta t(\sigma^2 j^2 + r)$

$c_j^* = -\dfrac{1}{2}\Delta t(\sigma^2 j^2 + rj)$

这种从 $(i+1)\Delta t$ 时刻的期权价格计算时刻 $i\Delta t$ 的期权价格的方法需要求解线性方程组，被称为隐性有限差分方法。给定时刻 $i\Delta t$，$f_{i,1}, f_{i,2}, \cdots, f_{i,M-1}$ 满足以下线性方程组：

$$\begin{pmatrix} b_1^* & c_1^* & 0 & \cdots & 0 & 0 & 0 \\ a_2^* & b_2^* & c_2^* & \cdots & 0 & 0 & 0 \\ \vdots & & \ddots & & & & \vdots \\ 0 & 0 & 0 & \cdots & a_{M-2}^* & b_{M-2}^* & c_{M-2}^* \\ 0 & 0 & 0 & \cdots & 0 & a_{M-1}^* & b_{M-1}^* \end{pmatrix} \begin{pmatrix} f_{i,1} \\ f_{i,2} \\ \cdots \\ \cdots \\ f_{i,M-2} \\ f_{i,M-1} \end{pmatrix} = \begin{pmatrix} f_{i+1,1} - a_1^* f_{i+1,0} \\ f_{i+1,2} \\ \cdots \\ \cdots \\ f_{i+1,M-2} \\ f_{i+1,M-1} - c_{M-1}^* f_{i+1,M} \end{pmatrix}$$

$$A = \begin{pmatrix} b_1^* & c_1^* & 0 & \cdots & 0 & 0 & 0 \\ a_2^* & b_2^* & c_2^* & & 0 & 0 & 0 \\ \vdots & & \ddots & & & & \vdots \\ 0 & 0 & 0 & \cdots & a_{M-2}^* & b_{M-2}^* & c_{M-2}^* \\ 0 & 0 & 0 & & 0 & a_{M-1}^* & b_{M-1}^* \end{pmatrix}$$

$$X = \begin{pmatrix} f_{i,1} \\ f_{i,2} \\ \cdots \\ \cdots \\ f_{i,M-2} \\ f_{i,M-1} \end{pmatrix}$$

$$B = \begin{pmatrix} f_{i+1,1} - a_1^* f_{i+1,0} \\ f_{i+1,2} \\ \cdots \\ \cdots \\ f_{i+1,M-2} \\ f_{i+1,M-1} - c_{M-1}^* f_{i+1,M} \end{pmatrix}$$

则上述线性方程组可以表示为 $AX = B$，为提高计算效率，我们使用 LU 分解方法将其转化为以下两个等价的方程组：

$$\begin{cases} LY = B \\ UX = Y \end{cases}$$

其中：$A = LU$

具体地，在 MATLAB 中，我们先将 A 进行 LU 分解，得到矩阵 L 和 U，然后求出 $Y = L\backslash B$，代入 $UX = Y$，得到 $X = U\backslash(L\backslash B)$。

接下来我们讨论边界条件如何确定。对于看涨期权（欧式的或美式的），其边界条件可以这样确定：

$$f_{N,j} = \max(j\Delta S - K, 0) \quad j = 0, 1, 2\cdots, M$$
$$f_{i,0} = 0 \quad i = 0, 1, 2\cdots, N$$
$$f_{i,M} = M\Delta S - Ke^{-r(N-i)\Delta t} \quad i = 0, 1, 2\cdots, N$$

对于看跌期权（欧式的或美式的），其边界条件可以这样确定：

$$f_{N,j} = \max(K - j\Delta S, 0) \quad j = 0, 1, 2\cdots, M$$

$$f_{i,0} = Ke^{-r(N-i)\Delta t} \quad i = 0, 1, 2\cdots, N$$
$$f_{i,M} = 0 \quad i = 0, 1, 2\ldots, N$$

可以看出：以上边界条件比原来微分方程的边界条件 $f_T = \max(S_T - K, 0)$（看涨期权）或 $f_T = \max(K - S_T, 0)$（看跌期权）多出两个边界条件 $f_{i,0}$ 和 $f_{i,M}$，这是数值方法解差分方程所必需的。$f_{i,0}$ 和 $f_{i,M}$ 的具体确定是根据无套利原则确定的，比如：对于看涨期权，当 $S_T = 0$ 时期权没有价值，因此

$$f_{i,0} = Xe^{-r(N-i)\Delta t} \quad i = 0, 1, 2\ldots, N$$

当 $S_T = S_{\max} = M\Delta S$ 时，期权肯定得到执行，期权在到期日的收益为 $M\Delta S - X$，因此，根据无套利原则我们可以设定 $f_{i,M} = M\Delta S - Xe^{-r(N-i)\Delta t} \quad i = 0, 1, 2\ldots, N$。

11.5.1 显性有限差分方法求解期权价格

回到前面讨论过的一个欧式期权。考虑标的物资产为某股票的欧式期权，股票当前的价格为 50，波动率为 40%，无风险利率为 5%，期权到期期限为 1 年，到期日期权的现金流如下：

$$f_T = \begin{cases} 5, & S_T > 60 \\ \min\{\max(S_T - 50, 0), 2\}, & 40 \leqslant S_T \leqslant 60 \\ 2, & S_T < 40 \end{cases}$$

求该欧式期权的理论价格。

下面我们给出用显性有限差分方法求解上述期权的 Matlab 函数：

```
function [price,f_mat]=my_explicit_option01(S0,r,T,sigma,Smax,N,M)
%calculate option price using explicit finite difference method
%output：
%price：the price of option
%f_mat：matrix of option price
%input：
%S0：current stock price
%r：risk-free rate
%T：time to maturity
%sigma：volatility of stock
%Smax：maximum stock price
%N：number of intervals for the period [0,T]
```

```
%M: number of intervals for stock price [0,Smax]
dS=Smax/M;
S=(Smax:-dS:0)';
j_vector=0:M;
dt=T/N;
i_vector=0:N;
f_mat=zeros(M+1,N+1);
%boundary conditions
A(S>60)=5;
A(S<40)=2;
A(S<=60&S>=40)=min(max(S(S<=60&S>=40)-50,0),2);
f_mat(:,N+1)=A;
f_mat(1,:)=2*exp(-r*T*(N-i_vector)*dt);
f_mat(M+1,:)=5*exp(-r*T*(N-i_vector)*dt);
%coefficients
a=0.5*dt*(sigma^2*j_vector.^2-r*j_vector);
b=1-dt*(sigma^2*j_vector.^2+r);
c=0.5*dt*(sigma^2*j_vector.^2+r*j_vector);
for i=N:-1:1
    for j=2:M
        f_mat(j,i)=a(j)*f_mat(j-1,i+1)+b(j)*f_mat(j,i+1)+c(j)*f_mat(j+1,i+1);
    end
end
price=interp1(S,f_mat(:,1),S0);
```

在MATLAB主窗口下输入：

[price,f_mat]=my_explicit_option01(50,0.05,1,0.4,100,10,10);

得到期权的价格为1.7760,期权的网格矩阵如下(第一行对应股价0,最后一行对应股价Smax,第一列对应时间0,最后一列对应时间T):

1.90	1.91	1.92	1.93	1.94	1.95	1.96	1.97	1.98	1.99	2.00
1.90	1.91	1.92	1.93	1.94	1.95	1.96	1.97	1.98	1.99	2.00
1.80	1.82	1.84	1.86	1.89	1.91	1.93	1.95	1.97	1.99	2.00

续表

1.47	1.46	1.46	1.47	1.48	1.51	1.55	1.61	1.71	1.83	2.00
1.39	1.33	1.26	1.17	1.07	0.95	0.81	0.64	0.45	0.24	0.00
1.78	1.72	1.65	1.58	1.48	1.37	1.23	1.04	0.80	0.43	0.00
2.39	2.37	2.35	2.34	2.31	2.31	2.29	2.30	2.27	2.35	2.00
3.06	3.04	3.10	3.09	3.18	3.21	3.36	3.44	3.73	3.85	5.00
3.64	3.72	3.69	3.83	3.80	4.01	4.00	4.34	4.40	4.98	5.00
4.26	4.22	4.34	4.29	4.45	4.39	4.64	4.58	4.95	4.98	5.00
4.76	4.78	4.80	4.83	4.85	4.88	4.90	4.93	4.95	4.98	5.00

为了求得比较精确的价格,我们增加时间的阶段数 N 和股价的阶段数 M:

[price,f_mat]=my_explicit_option01(50,0.05,1,0.4,100,20,15);

得到期权的价格为 2.103 0。

如果我们进一步增加时间的阶段数 N 和股价的阶段数 M:

[price,f_mat]=my_explicit_option01(50,0.05,1,0.4,100,20,20);

得到期权的价格为 $-1.037\ 9e+004$。显然这是个错误的结果,发生错误的原因是显性差分方法在进行迭代计算的时候,在某些参数条件下可能出现误差不断放大的情形,因而导致计算结果并不收敛,从而出现非常离谱的结果。而隐性差分方法的计算结果总是随着时间的阶段数 N 和股价的阶段数 M 的增加而收敛,因而不会出现这样的情形。

11.5.2 隐性差分方法求解期权价格

下面我们给出用隐性有限差分方法求解上述期权的 Matlab 函数:

```
function [price,f_mat]=my_implicit_option01(S0,r,T,sigma,Smax,N,M)
%calculate option price using implicit finite difference method
%output:
%price: the price of option
%f_mat: matrix of option price
%input:
%S0: current stock price
%r: risk-free rate
%T: time to maturity
%sigma: volatility of stock
%Smax: maximum stock price
```

```
%N: number of intervals for the period [0,T]
%M: number of intervals for stock price [0,Smax]
dS=Smax/M;
S=(0:dS:Smax)';
j_vector=0:M;
dt=T/N;
i_vector=0:N;
f_mat=zeros(M+1,N+1);
%boundary conditions
A(S>60)=5;
A(S<40)=2;
A(S<=60&S>=40)=min(max(S(S<=60&S>=40)-50,0),2);
f_mat(:,N+1)=A;
f_mat(1,:)=2*exp(-r*T*(N-i_vector)*dt);
f_mat(M+1,:)=5*exp(-r*T*(N-i_vector)*dt);
%coefficients
a=0.5*dt*(-sigma^2*j_vector.^2+r*j_vector);
b=1+dt*(sigma^2*j_vector.^2+r);
c=-0.5*dt*(sigma^2*j_vector.^2+r*j_vector);
C=diag(a(3:M),-1)+diag(b(2:M))+diag(c(2:M-1),1);
%solve linear equations by LU decomposition
[L,U]=lu(C);
A=zeros(M-1,1);
for i=N:-1:1
    A(1)=-a(2)*f_mat(1,i);
    A(M-1)=-c(M)*f_mat(M+1,i);
    f_mat(2:M,i)=U\(L\(f_mat(2:M,i+1)+A));
end
price=interp1(S,f_mat(:,1),S0);
```

在 MATLAB 主窗口下输入：
[price,f_mat]=my_implicit_option01(50,0.05,1,0.4,100,10,10);
得到期权的价格为 1.696 9，期权的网格矩阵如下（第一行对应股价 0，最后一行对应股价 Smax，第一列对应时间 0，最后一列对应时间 T）：

1.90	1.91	1.92	1.93	1.94	1.95	1.96	1.97	1.98	1.99	2.00
1.90	1.91	1.92	1.93	1.94	1.95	1.96	1.97	1.98	1.99	2.00
1.81	1.83	1.85	1.87	1.89	1.91	1.93	1.95	1.97	1.99	2.00
1.50	1.51	1.51	1.53	1.55	1.58	1.62	1.68	1.76	1.87	2.00
1.31	1.24	1.16	1.07	0.97	0.86	0.72	0.57	0.40	0.21	0.00
1.70	1.63	1.55	1.46	1.35	1.23	1.07	0.88	0.64	0.36	0.00
2.39	2.38	2.36	2.34	2.33	2.31	2.30	2.27	2.23	2.16	2.00
3.11	3.14	3.18	3.23	3.30	3.39	3.51	3.69	3.95	4.35	5.00
3.74	3.79	3.84	3.91	4.00	4.10	4.24	4.40	4.60	4.81	5.00
4.28	4.32	4.36	4.42	4.48	4.55	4.64	4.73	4.83	4.93	5.00
4.76	4.78	4.80	4.83	4.85	4.88	4.90	4.93	4.95	4.98	5.00

为了求得比较精确的价格，我们增加时间的阶段数 N 和股价的阶段数 M：

[price,f_mat]=my_implicit_option01(50,0.05,1,0.4,100,20,15);

得到期权的价格为 2.061 2。

如果我们进一步增加时间的阶段数 N 和股价的阶段数 M：

[price,f_mat]=my_implicit_option01(50,0.05,1,0.4,100,200,200);

得到期权的价格为 2.287 5。

由此可见随着 ΔS 和 Δt 的降低期权的价格与期权的精确解越来越接近，在这里我们使用隐性有限差分方法求解差分方程时，并没有碰到用显性有限差分方法求解差分方程时的算法本身发散的问题。

利用差分方程求解期权价格的方法的其中一个好处是能够得到期权价格的 Delta 值、Theta 值等，这些值常常用于套期保值等风险管理等领域。

在 MATLAB 主窗口下继续输入：

dS=100/200;
S=(0:dS:100)′;
Delta=diff(f_mat(:,1))/dS;
h=figure;
set(h,′color′,′w′)
plot(S(2:end),Delta)

我们得到期权价格对股票价格变动的敏感度，即 Delta 值如图 11.9 所示。

图 11.9　期权价格的 Delta 值

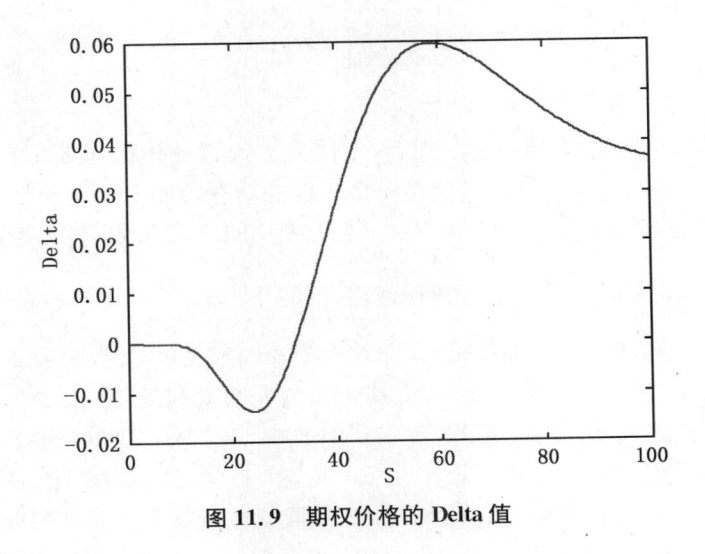

11.6　期权定价的应用：银行理财产品的定价

下面我们将期权定价的数值方法用于实际期权的定价。我们以 2007 年 8 月 30 日到 9 月 11 日推出的"光大同升 15 号人民币 A 股关联结构性理财产品"为例来具体应用蒙特卡罗数值方法为该理财产品进行定价。该理财产品的主要条款如下：

(1) 存续期限为 1.5 年，即 6 个季度。

(2) 起点认购金额为人民币 50 000 元，以 1 000 元人民币的整数倍递增。

(3) 本金保护率为 95%，即投 1 元购买该产品，最低可收回 0.95 元。

(4) 产品还提供额外与以下 5 只股票收益挂钩的收益：万科 A(000002)、武钢股份(600005)、上海机场(600009)、招商银行(600036)、长江电力(600900)。我们分别以 1，2，…，5 标记以上股票。产品的起始日期为 2007 年 9 月 13 日，5 只股票在每个参考季度末(2007 年 12 月 13 日、2008 年 3 月 13 日、2008 年 6 月 13 日、2008 年 9 月 15 日、2008 年 12 月 15 日和 2008 年 3 月 6 日，我们分别以 1，2，…，6 表示这 6 个季度)。记 $P_{i,j}$ 表示第 i 只股票在第 j 个季度的价格的股票价格，即 $P_{i,j}$，$i=1,2,3,4,5$，$j=1,2,\cdots,6$，各股票相对于产品的起始日期价格记为 $P_{i,0}$，$i=1,2,3,4,5$。收益记为 $R_{i,j}=\dfrac{P_{i,j}}{P_{i,0}}-1$。产品到期额外的收益 AR 按以下方式计算：

$$AR_j = \frac{1}{5}\sum_{i=1}^{5}\min\{R_{i,j}, 50\%\}, \ j=1,2,\cdots,6$$

$$AR = \max\left\{0.85 \times \frac{1}{6}\sum_{j=1}^{6} AR_j,\ 0\right\}$$

其中：系数 0.85 称为参与率

（5）本产品收益率超过 15% 的前提下，中国光大银行有权提前终止本产品。为简化起见，我们将终止本产品的可能日期定在每个季度的结算日期上。由于 1 元认购金额，其中 0.95 元是保证本金的，这意味着 AR>20% 时，即 5 只股票 6 个季度平均的收益 $\frac{1}{6}\sum_{j=1}^{6} AR_j > 23.53\%$ 时，中国光大银行有权提前终止本产品，从而为投资者锁定收益。

为计算上述理财产品的合理价格，我们首先需要确定无风险利率，我们以当时 1 年期的定期存款计，则无风险利率为 3.6%，将其转化为连续复利就是 3.54%。另外，我们还要估计这 5 只股票之间的协方差矩阵，我们利用 2003 年 11 月—2007 年 8 月期间 5 只股票的月复权价格数据（数据文件 stock_five.csv 见图 11.10）计算收益率，然后根据收益率计算协方差矩阵。然后根据协方差矩阵产生 5 只股票在风险中性概率测度下各个季度收益率的随机数，最终产生额外的收益 AR，最后考虑提前结束产品的可能情况，计算产品最终的现金流的贴现值，应用蒙特卡罗模拟方法重复得到 10 万个产品最终的现金流的贴现值（当然最好能重复产生 100 万个以上产品最终的现金流的贴现值，考虑到运行时间，我们采用了 10 万次蒙特卡罗模拟），取平均值后得到产品的价格估计值。

综合考虑以上 5 个条款，具体地，我们在 MATLAB 命令窗口下输入：

```
clear
x=csvread('stock_five.csv',1,1);%读入5只股票月收盘历史价格数据
r=price2ret(x);%计算5只股票的收益率
V=cov(r)*12;%计算协方差矩阵并将之年化
r_f=log(1+0.036);%计算连续复利表示的无风险利率
N=1e5;%设定蒙特卡罗模拟的次数
a=(r_f-0.5*diag(V))/4;
b=repmat(a',6,1);
for i=1:N
c=b+mvnrnd(zeros(5,1),V/4,6);%产生5只股票在各个季度的随机收益
d=exp(cumsum(c))-1;%计算5只股票各季度相对于起始日的收益
e=mean(min(d,0.5),2);%计算AR_j
f=min(find(e>=0.2353));%寻找提前终止产品的季度
if isempty(f)
ar=max(mean(e),0);
```

```
cf(i)=0.95*exp(-r_f*1.5)+ar*0.85*exp(-r_f*1.5);
%计算现金流的贴现值
   else
cf(i)=0.95*exp(-r_f*f/4)+e(f)*0.85*exp(-r_f*f/4);
%计算现金流的贴现值
   end
end
p=mean(cf);%计算理财产品的价格
```

	A	B	C	D	E	F
1	日期	万科A	武钢股份	上海机场	招商银行	长江电力
2	2003-11-28	113.85	7.76	17.86	9.65	6.82
3	2003-12-31	125.99	9.46	20.68	10.92	8.68
4	2004-1-30	151.22	8.9	21.34	11.6	8.74
5	2004-2-27	157.2	11.22	21.71	11.26	8.99
6	2004-3-31	170.1	11.3	24.84	11.06	9
7	2004-4-30	148.14	8.89	25.01	11.03	8.99
8	2004-5-31	146.83	9.71	24.51	11.1	8.95
9	2004-6-30	141.31	9.26	23	10.36	8.57
10	2004-7-30	155.55	10.08	26.02	10.94	9.06
11	2004-8-31	145.96	10.41	25.63	11.28	8.91
12	2004-9-30	157.59	11.39	29.53	11.44	8.82
13	2004-10-29	145.38	9.63	31.64	10.82	9.1
14	2004-11-30	148.87	10.11	32.27	10.62	9.31
15	2004-12-31	152.94	11.5	31.79	10.21	8.88
16	2005-1-31	165.15	11.93	32.79	10.36	8.62

图 11.10　数据文件 stock_five.csv

最后得到每 1 元该理财产品的价格为 0.994 2 元。这个理论价格与银行的认购金额 1 元相比低了 0.58% 左右，这暗示该银行理财产品的价格稍微偏高，但考虑到定价误差，该银行理财产品的价格基本合理。当然，我们这里假定当提前终止条款触发时，光大银行一定会为投资者锁定收益。但实际上这一情况并不能得到保证，因为这一权力掌握在银行手中。因此，我们还需要考虑没有第(5)条款时，该理财产品的价格。

在 MATLAB 主窗口下继续输入以下内容，得到 300 个该理财产品随机未来现金流的现值如图 11.10 所示：

```
h=figure;
set(h,'color','w')
plot(cf(1:300),'o')
```

如果将第(5)款条款剔除，则计算该理财产品理论价格时，我们只要将 for 循环语句

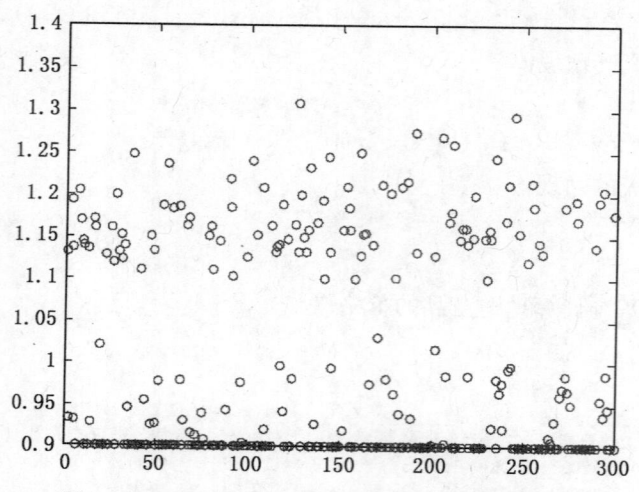

图 11.11 理财产品 300 个随机未来现金流的现值

做以下修改：

```
for i=1:N
    c=b+mvnrnd(zeros(5,1),V/4,6);%产生5只股票在各个季度的随机收益
    d=exp(cumsum(c))-1;%计算5只股票各季度相对于起始日的收益
    e=mean(min(d,0.5),2);%计算 AR_j
    ar=max(mean(e),0);
    cf(i)=0.95*exp(-r_f*1.5)+ar*0.85*exp(-r_f*1.5);
    %计算现金流的贴现值
end
```

最后得到在第(5)款条款剔除情形下，每 1 元该理财产品的价格为 0.958 7 元。可见第(5)款条款为理财产品的购买者增加了 0.035 5 的价值。考虑到提前终止条款的执行，从而为投资者锁定 15% 收益的权利并不在购买该理财产品者的手中，投资者为该产品每 1 元的出价应该为 0.958 7 元，这比 1 元的发行价格低了约 4%。

11.7 期权定价的应用：累积股票期权的定价

累计期权，英文名称 Accumulator，是一种以合约形式买卖资产（股票、外汇或其他商品）的金融衍生工具，一般是投资银行与投资者客户之间在场外达成交易，一般投行会与客户签订长达一年的合约。由于该产品风险巨大，有人将之戏称为 I kill you later（发音与 Accumulator 近似）。涉及股票的累计期权称为累积股票期权，简称累股期权，英文全名是 Knock Out Discount Accumulator (KODA)。累积股票期权是投资者与私人银行订立的累积股票期权合约,一般最低入场费 100 万美元,通常为期 1 年。累积期权的风险巨大,2008 年 10 月,中信泰富与国际投行签定了外汇累计期权合约而最终导致巨额亏损,震惊海内外。

下面我们以实际数字来描述累积股票期权的主要条款。假定你与某投资银行签订一款期限为 1 年的累积股票期权,该合约的标的资产为某股票 A,该股票目前的价格为 10 元,其历史的波动率为 30%,当前的无风险利率为 5%。累积股票期权的主要条款如下:

(1) 你每天有权利按照 9 元的价格从投资银行购买 100 股的股票 A。

(2) 当股价超过 11 元时该合约提前终止。

(3) 当股价低于 9 元时你有义务每天从投资银行以 9 元的价格购买 200 股股票 A,直到合同到期或提前终止。

条款(1)和(2)实际上是你获得了一个带保护条款的看涨期权;条款(3)实际上是你出售了一个看跌期权。为简便起见,我们假定每天的行权发生在收盘时刻,并计一年为 250 个交易日。图 11.11 描绘了 50 条样本路径下每天你所得到的现金流的现值。

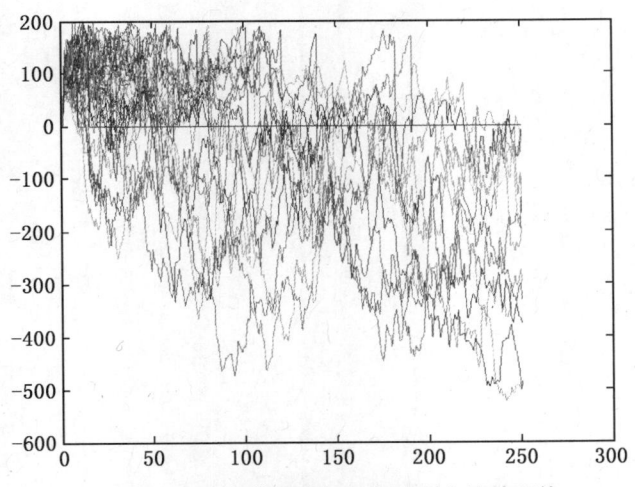

图 11.12 50 条模拟路径下每天现金流的现值

我们使用蒙特卡罗方法模拟产生 10 万条样本路径,计算每条样本路径下每天现金流贴现后的和,然后再取平均值得到该合约的公允价值为 $-7\,290.15$ 元,即你与投资银行签订该合约时,投资银行应该还要付给你 7 290.15 元的现金。

具体地,我们在 MATLAB 主窗口下输入:

```
clear
S0=10;
```

```
r=0.05;
sigma=0.3;
T=1;
N_T=250;
N_path=1e5;
K1=9;
K2=11;
for i=1:N_path
s=my_monte_carlo_path(S0,sigma,T,r,N_T,1);
A=s';
cf=zeros(N_T+1,1);
B1=find(A>K1&A<=K2);
B2=find(A<=K1);
B3=find(A>K2);
if ~isempty(B1)
cf(B1)=(A(B1)-K1)*100.*exp(-r*(B1-1)/250);
end
if ~isempty(B2)
cf(B2)=(A(B2)-K1)*200.*exp(-r*(B2-1)/250);
end
if ~isempty(B3)
cf(min(B3):end)=0;
end
cf(1)=0;
CF(i)=sum(cf);
end
p=mean(CF);
```

复习与思考题

1. 考虑在市场上交易的 50ETF 期权,其标的物资产为上证 50ETF,假定其收益服从正态逆高斯分布,试用蒙特卡罗模拟方法对当前交易的认购和认沽期权进行定价,并比较定价结果和 B‐S 模型的定价结果差异,并分析其中的原因。

2. 某金融机构现在发行一款分级基金,母基金和子基金 A 和 B 可以通过拆分或合并相互转化,1 份的分级 A 和 1 份的分级 B 可以合并为 2 份的母基金,反之,2 份的母基金可以拆分为 1 份的分级 A 和 1 份的分级 B。母基金投资某股票指数的指数基金,并按照其净值申购和赎回,并且母基金和分级 A 和 B 一样,本身也上市进行交易。在发行时刻,母基金以及分级 A 和 B 的净值都为 1 元。母基金跟踪投资的指数年化波动率为 40%,目前的点位为 1 000 点。分级 A 为优先基金份额,其约定的净值年增长率固定为 3.6%,分级 B 为进取份额,净值按照 2 份母基金净值减去 1 份分级 A 的净值之后的剩余部分来计算。分级基金的固定折算日为 1 年,即每下一年的此刻,分级 A 和 B,以及母基金的净值都归一。如果固定折算日分级 B 的净值超过 1,则超过 1 的部分全部折算成为净值为 1 的母基金,相应地,分级 A 净值超过 1 的部分也全部折算成净值为 1 的母基金,这样,分级 A 和 B 的净值全部归一,并且份额数量没有发生变化。如果在固定折算日前,母基金跟踪的指数大幅下跌,分级 B 的净值等于或低于 0.25 元(以日收盘价为准),则分级基金进行不定期下折,分级 B 进行缩股折算成净值为 1 的份额,相应地,分级 A 净值也归一,剩余部分全部折算为母基金。这时,分级 A 和 B 的份额相比下折之前要进行缩减。比如,在固定折算日某一天,分级 B 的净值为 0.2 元,则分级 B 发生下折,5 份的 B 合成 1 股,从而净值归一,相应地,如果此时分级 A 的净值为 1.02 元,则为了保持分级 A 和 B 份额 1∶1 的对应关系,每 5 股的分级 A 折算为净值为 1 的 1 份分级 A,同时 1.02∗5−1=4.1 的部分全部折算为净值为 1 的母基金份额。另外,如果在固定折算日前,母基金跟踪的指数大幅上涨导致母基金净值超过 2 元,则分级基金进行上折,母基金以及分级 A 和 B 净值全部归一,分级 A 和 B 净值超过 1 的部分全部折算为母基金份额,这时分级 A 和 B 的份额相比上折前也没有变化。假定目前的无风险利率为 5%,且其利率期限结构为水平,试用蒙特卡罗模拟方法,求解分级基金发行时刻,分级 A 和分级 B 的合理价格。写出定价的基本原理和方法,以及 Matlab 代码和运行的主要结果。

参考答案

1. 略
2. 略

12 状态空间模型在金融中的应用

本章主要介绍状态空间模型在金融中的应用。状态空间模型应用卡曼滤波对某些不可观测的变量进行估计，我们应用极大似然估计方法给出了状态空间模型参数估计的 MATLAB 函数。本章还介绍了状态空间模型在我国封闭式基金折价行为的研究的具体应用。具体地，我们应用 1998—2009 年 26 只封闭式基金价格和净值的周数据，利用状态空间模型估计了股票价格中所包含的投机价值部分和基本面价值部分。另外，也应用状态空间模型对我国 ETF 的折溢价行为进行了实证分析和讨论。

12.1 状态空间模型

在实际市场上，存在许多无法直接观测的变量，比如：投资者之间的信息差异。这些不可观测的变量对某些可观测的变量有着重要影响。由于它们无法直接观测，因此，一个简单的方法就是使用代理变量。比如：投资者之间信息差异的波动性是一个无法直接观测的变量，一些研究者用成交量或换手率作为其代理变量，其逻辑为：如果投资者之间信息差异的波动性较高，则成交量通常也比较大，因此，可观测的成交量或换手率与不可观测的波动性存在正的相关性。使用代理变量的缺陷也是明显的，其中之一就是代理变量不仅包含无法观测变量的信息，还包含其他无关信息（噪音），有时，代理变量可能包含的信息以噪音为主。比如，前面所说的用换手率代理投资者之间信息差异的波动性，高的波动性通常意味着高的换手率，但高的换手率却不一定意味着高的波动性，例如：庄家之间的对倒可以造成高的换手率，但这与投资者之间信息差异波动性无直接关系。

另一个解决无法直接观测变量的方法是状态空间模型(State-Space Model)[①],状态空间模型使用卡曼滤波的方法对那些无法直接观测变量做出估计,其基本思想可以用观测方程(信号方程)和状态方程(转移方程)来描述,基本原理如下:

观测方程:$Y_t = G_t X_t + A_t U_t + W_t$ (12.1)

状态方程:$X_t = B_t + F_t X_{t-1} + V_t$ (12.2)

其中,Y_t 表示可观测变量,X_t 表示不可观测的变量,U_t 表示可观测的控制变量,$W_t \sim N(0, R_t)$,$V_t \sim N(0, Q_t)$,W_s、V_t 是不相关的($s \neq t$),即 $E[W_s V_t'] = 0$,还有一个假设:对于任意的时间 s、t,$E[X_s V_t'] = 0$,$E[X_s W_t'] = 0$。

更一般地,W_t、V_t 并不要求是正态分布的。状态空间模型的重要假设是假定那些不可观测的变量服从自回归过程。

特别地,我们考虑 $A_t \equiv A$,$G_t \equiv G$,$B_t \equiv B$,$F_t \equiv F$,$R_t \equiv R$,$Q_t \equiv Q$ 的情形,即

观测方程:$Y_t = GX_t + AU_t + W_t$ (12.3)

状态方程:$X_t = B + FX_{t-1} + V_t$ (12.4)

12.2 状态空间模型与其他时间序列模型

许多时间序列模型其实都可以表示为状态空间模型,比如:我们考察以下 ARMA(1,1)模型:

$$Y_t = \phi Y_{t-1} + \theta \varepsilon_{t-1} + \varepsilon_t, \varepsilon_t \sim N(0, \sigma^2)$$

可以将其表示为以下状态空间模型:

观测方程:$Y_t = \begin{bmatrix} \theta & 1 \end{bmatrix} \begin{bmatrix} X_{t-1} \\ X_t \end{bmatrix}$

状态方程:$\begin{bmatrix} X_{t-1} \\ X_t \end{bmatrix} = \begin{bmatrix} 0 & 1 \\ 0 & \phi \end{bmatrix} \begin{bmatrix} X_{t-2} \\ X_{t-1} \end{bmatrix} + \begin{bmatrix} 0 \\ \varepsilon_t \end{bmatrix}$

再考虑以下回归模型:

$$Y_t = X_t \beta_t + \varepsilon_t$$

Y 为被解释变量,X 为解释变量,β 为回归系数,但由于经济结构的变动,回归系数可能是随时间变化的,如果我们将其处理成服从 AR(1) 过程的不可观测的变量,从而可以将其表示为以下状态空间模型:

观测方程:$Y_t = X_t \beta_t + W_t$,$W_t \sim N(0, \sigma^2)$

状态方程:$\beta_t = \phi \beta_{t-1} + V_t$,$V_t \sim N(0, Q)$

[①] Peter J. Brockwell and Richard A. Davis, 1996, Introduction to Time Series and Forcasting, Springer Science+Business Media, LLC.

12.3 卡曼滤波与不可观测变量的估计

在式(12.1)和式(12.2)所描述的状态空间模型中,给定 A_t, G_t, B_t, F_t, R_t, Q_t,我们就能应用卡曼滤波来推断这些不可观测的变量。假定初始时刻为1,观测到的变量为Y_1, …, Y_T,以及控制变量 U_1, …, U_T,我们用 φ_t 表示到 t 时刻为止的信息集合,即 $\varphi_t = \{Y_1, …, Y_t, U_1, …, U_t\}$。卡曼滤波的作用就是基于信息 φ_t 推断不可观测的变量 $X_{t'}$,如果 X 与可观测变量 $(Y_1, …, Y_T)$ 是联合正态分布,则基于信息 φ_t 推断 $X_{t'}$ 的最佳线性估计就是 $E(X_{t'}|\varphi_t)$。如果 $t > t'$,则称推断过程为在固定点 t 的平滑,$t = t'$,则称推断过程为滤波,$t < t'$ 则称推断过程为预测。

12.3.1 预测

记 $t-1$ 时刻对 X_{t-1} 的估计为 $E[X_{t-1}|\varphi_{t-1}] \equiv \hat{X}_{t-1|t-1}$,则估计误差的协方差矩阵为 $\Omega_{t-1|t-1} = E[(\hat{X}_{t-1|t-1} - X_{t-1})(\hat{X}_{t-1|t-1} - X_{t-1})']$

因此,$t-1$ 时刻对 X_t 的估计为

$$\hat{X}_{t|t-1} = F_t \hat{X}_{t-1|t-1} + B_t$$

估计误差的协方差矩阵为

$$\Omega_{t|t-1} = F_t \hat{X}_{t-1|t-1} F_t' + Q_t$$

当 t 时刻来临,观测到 Y_t, U_t 后对 X_t 的估计修正为:

$$\hat{X}_{t|t} = \hat{X}_{t|t-1} + \Omega_{t|t-1} G_t' \Delta_t^{-1} (Y_t - G_t \hat{X}_{t|t-1} - A_t U_t)$$

其中:$\Delta_t^{-1} = G_t \Omega_{t|t-1} G_t' + R_t$
估计误差的协方差矩阵为

$$\Omega_{t|t} = \Omega_{t|t-1} - \Omega_{t|t-1} G_t' \Delta_t^{-1} G_t \Omega_{t|t-1}'$$

进一步得到:

$$\hat{X}_{t+1|t} = F_t \hat{X}_{t|t-1} + \Theta_t \Delta_t^{-1} (Y_t - G_t \hat{X}_{t|t-1} - A_t U_t) + B_t$$
$$\Omega_{t+1|t} = F_t \Omega_{t|t-1} F_t' + Q_t - \Theta_t \Delta_t^{-1} \Theta_t'$$
$$\Theta_t = F_t \Omega_{t|t-1} G_t'$$

这样我们就得到了一步预测及其误差的递推公式。
进一步,我们得到 n 步预测及其误差的递推公式如下:

$$\hat{X}_{t+n|t} = (F_{t+n-1} F_{t+n-2} \cdots F_{t+1}) \hat{X}_{t+1|t}, \quad n = 2, 3, \cdots$$
$$\Omega_{t+n|t} = F_{t+n-1} \Omega_{t+n-1|t} F_{t+n-1}' + Q_{t+n-1}$$

12.3.2 滤波

由上面的分析我们可以进一步得到：

$$\hat{X}_{t|t} = \hat{X}_{t|t-1} + \Omega_{t|t-1} G'_t \Delta_t^{-1} (Y_t - G_t \hat{X}_{t|t-1} - A_t U_t)$$

$$\Omega_{t|t} = \Omega_{t|t-1} - \Omega_{t|t-1} G'_t \Delta_t^{-1} G_t \Omega'_{t|t-1}$$

12.3.3 平滑

我们将基于时刻 n，$n = t, t+1, \cdots, T$ 对 X_t 的估计记为 $\hat{X}_{t|n}$，其误差协方差矩阵为 $\Omega_{t|n}$，则

$$\hat{X}_{t|n} = \hat{X}_{t|n-1} + \Omega_{t,n} G'_n \Delta_n^{-1} (Y_n - G_n \hat{X}_{n|n-1} - A_n - B_n U_n)$$

$$\Omega_{t,n+1} = \Omega_{t,n} [F_n - \Theta_n \Delta_n^{-1} G_n]'$$

$$\Omega_{t|n} = \Omega_{t|n-1} - \Omega_{t,n} G'_n \Delta_n^{-1} G_n \Omega'_{t,n}$$

12.4 卡曼滤波的 MATLAB 程序

基于以上认识，我们编写以下 MATLBA 程序，用来估计以下形式的状态空间模型：

观测方程：$Y_t = GX_t + AU_t + W_t$

状态方程：$X_t = B + FX_{t-1} + V_t$

注意，这里观测方程和状态方程中的扰动项假设相互独立。

12.4.1 一步预测的估计

```
function [X_pred,V,V_eta,V_Thi,LL]=my_kalman_predict_one(Y,G,A,U,F,B,R,Q,X0,V0)
%observation equation：Y=G*X+A*U+W,W~N(0,R),where Y is K*1,%G is K*L,X
%is L*1,A is K*gg,U is gg*1,W is K*1,and R is K*K
%state equation：X=F*X(-1)+B+V,V~N(0,Q),where X is L*1,F is L*L,B is L*1,V is L*1,and Q is L*L
%X_pred(t+1)=E[X(t+1)|Y(1),…,Y(t)]
```

```matlab
%V=Var[X(t+1)|Y(1),...,Y(t)]
%X0: E[X(0)|Y(0)]
%V0:Var[X(0)|Y(0)]
[K,T]=size(Y);
X_pred(:,1)=F*X0+B;%E[X(1)|Y(0)]
V(:,:,1)=F*V0*F'+Q;%Var[X(1)|Y(0)]
for i=1:T
    D=G*V(:,:,i)*G'+R;
    Thi=F*V(:,:,i)*G';
    eta=Y(:,i)-G*X_pred(:,i)-A*U(:,i);
    %residuals of observation equation
    X_pred(:,i+1)=F*X_pred(:,i)+Thi*inv(D)*eta+B;
    %E[X(t+1)|Y(0),...,Y(t)]
    V(:,:,i+1)=F*V(:,:,i)*F'+Q-Thi*inv(D)*Thi';
    V_eta(:,:,i)=D;
    LL(i)=max(-K/2*log(2*pi)-0.5*log(abs(det(D)))-...
    0.5*eta'*inv(D)*eta,log(eps));
    %pdf of normal distribution with zero mean and D variance
    V_Thi(:,:,i)=Thi;
end
V(:,:,1)=[];
X_pred(:,1)=[];
LL=LL(:);
```

12.4.2 n步预测的估计

```matlab
function [X_pred_n,Y_pred_n,V_n_X,V_n_Y]=my_kalman_predict_n(Y,G,A,U,F,B,R,Q,X0,V0,n)
[X_pred_one,V_one]=my_kalman_predict_one(Y,G,A,U,F,B,R,Q,X0,V0);
    X_pred_n(:,1)=X_pred_one(:,end);
```

```
V_n_X(:,:,1)=V_one(:,:,end);
Y_pred_n(:,1)=G*X_pred_n(:,1)+A*U(:,1);
V_n_Y(:,:,1)=G*V_n_X(:,:,1)*G'+Q;
if n>=2
for i=2:n
X_pred_n(:,i)=F*X_pred_n(:,i-1)+B;
V_n_X(:,:,i)=F*V_n_X(:,:,i-1)*F'+Q;
Y_pred_n(:,i)=G*X_pred_n(:,i-1)+A*U(:,i);
V_n_Y(:,:,i)=G*V_n_X(:,:,i)*G'+Q;
end
end
```

12.4.3 滤波

```
function [X_est,V]=my_kalman_filter(Y,G,A,U,F,B,R,Q,X0,V0)
%X_est(t)=E[X(t)|Y(1),…,Y(t)]
%V=Var[X(t)|Y(1),…,Y(t)]
T=size(Y,2);
X_est(:,1)=X0;%E[X(0)|Y(0)]
V(:,:,1)=V0;%Var[X(0)|Y(0)]
for i=1:T
E=F*V(:,:,i)*F'+Q;%Var[X(t)|Y(0),…,Y(t-1)]
D=G*E*G'+R;
eta=Y(:,i)-G*(F*X_est(:,i)+B)-A*U(:,i);
X_est(:,i+1)=F*X_est(:,i)+B+E*G'*inv(D)*eta;
%E[X(t)|Y(0),…,Y(t)]
V(:,:,i+1)=E-E*G'*inv(D)*G*E';%Var[X(t)|Y(0),…,Y(t)]
V_eta(:,:,i)=D;
end
V(:,:,1)=[];
X_est(:,1)=[];
```

12.4.4 基于 T 时刻的平滑

```
function [X_sm,V2]=my_kalman_smooth(Y,G,A,U,F,B,R,Q,X0,V0)
%X_sm(t)=E[X(t)|Y(1),…,Y(T)]
%V2=Var[X(t)|Y(1),…,Y(T)]
[K,T]=size(Y);
[X_pred,V,V_eta,V_Thi]=my_kalman_predict_one(Y,G,A,U,F,B,R,Q,X0,V0);
NX=[F*X0+B,X_pred(:,1:T-1)];
NV(:,:,1)=F*V0*F'+Q;
NV(:,:,2:T)=V(:,:,1:T-1);
for i=1:T
    V1(:,:,i)=NV(:,:,i);
    V2(:,:,i)=NV(:,:,i);
    X_sm(:,i)=NX(:,i);
    for j=i:T
        X_sm(:,i)=X_sm(:,i)+V1(:,:,i)*G'*inv(V_eta(:,:,j))…
        *(Y(:,j)-G*X_sm(:,i)-A*U(:,j));
        V2(:,:,i)=V2(:,:,i)-V1(:,:,i)*G'*inv(V_eta(:,:,j))…
        *G*V1(:,:,i)';
        V1(:,:,i)=V1(:,:,i)*(F-V_Thi(:,:,j)*inv(V_eta(:,:,j))*G)';
    end
end
```

下面我们给出以上程序的应用实例。考虑以下状态空间模型：

观测方程：$Y_t = X_t + W_t$, $W_t \sim N(0, 1)$

状态方程：$X_t = X_{t-1} + V_t$, $V_t \sim N(0, 2)$

在 MATLAB 主窗口下输入：

```
clear
N=200;
X(1)=0;
Y(1)=0;
for i=1:N
```

```
    X(i+1)=0.8*X(i)+randn(1);
    Y(i+1)=0.2*X(i+1)+randn(1);
end
G=0.2;
A=0;
U=ones(1,N+1);
F=0.8;
B=0;
R=1;
Q=1;
X0=0;
V0=var(Y);
[X_est,V]=my_kalman_filter(Y(2:end),G,A,U,F,B,R,Q,X0,V0);
[X_pred,V,V_eta,V_Thi,LL]=my_kalman_predict_one(Y(2:end),G,A,U,F,B,R,Q,X0,V0);
[X_sm,V2]=my_kalman_smooth(Y(2:end),G,A,U,F,B,R,Q,X0,V0);
Y_sm=X_sm;
```

进一步绘图得到图 12.1～图 12.3。

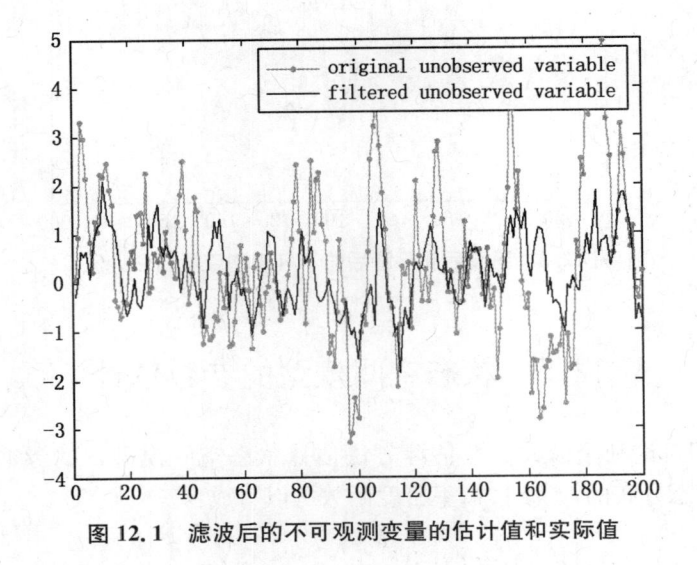

图 12.1 滤波后的不可观测变量的估计值和实际值

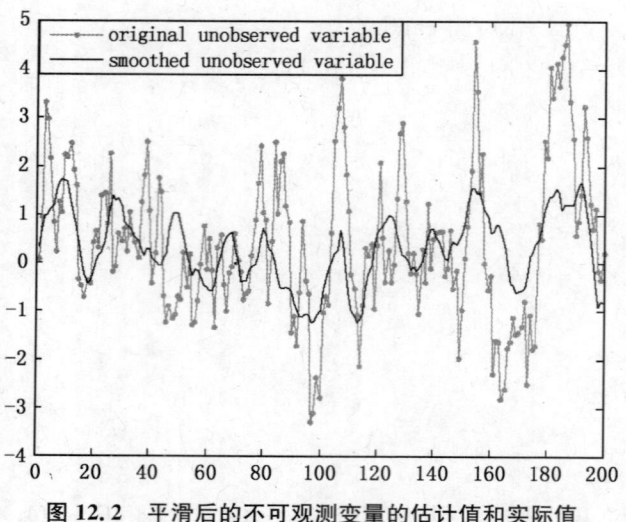

图 12.2 平滑后的不可观测变量的估计值和实际值

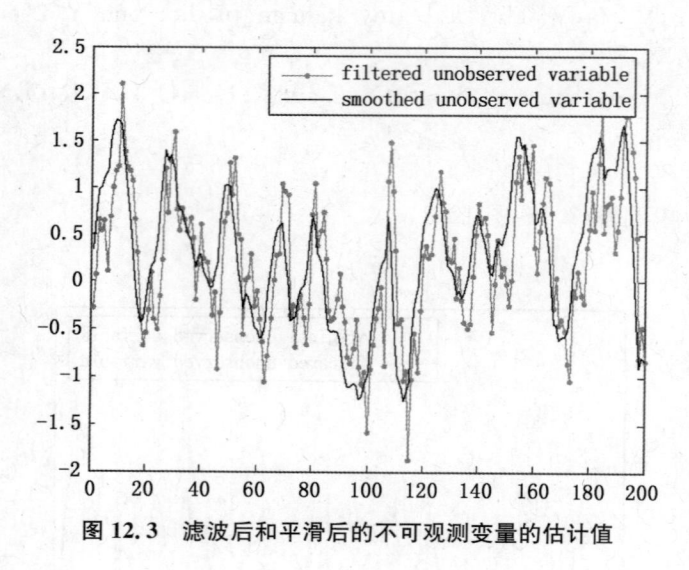

图 12.3 滤波后和平滑后的不可观测变量的估计值

12.5 状态空间模型的参数估计

接下来我们讨论利用极大似然估计方法估计状态空间模型中的参数。如果 Y, X, W, V 是联合正态分布的,则条件概率密度函数可以写成:

$$f_t(Y_t \mid \varphi_{t-1}) = (2\pi)^{-K/2} \mid \Delta_t \mid^{-1/2} \exp(-\frac{1}{2} e_t' \Delta_n^{-1} e_t)$$

其中：$e_t = Y_t - (G\hat{X}_{t|t-1} + AU_t)$

进一步得到总的对数似然函数为：

$$\ln L = -\frac{TK}{2}\ln(2\pi) - \frac{1}{2}\sum_{t=1}^{T}\ln|\Delta_t| - \frac{1}{2}\sum_{t=1}^{T}e_t'\Delta_n^{-1}e_t$$

最大化以上函数，得到状态空间模型中参数的估计。

下面我们给出估计状态空间模型中参数的例子。

考虑以下状态空间模型的参数估计：

观测方程：

$$Z_t = \begin{bmatrix} 1 & -1 \end{bmatrix}\begin{bmatrix} X_t \\ Y_t \end{bmatrix}$$

状态方程：

$$\begin{bmatrix} X_t \\ Y_t \end{bmatrix} = \begin{bmatrix} \phi_1 & 0 \\ 0 & \phi_2 \end{bmatrix}\begin{bmatrix} X_t \\ Y_t \end{bmatrix} + \begin{bmatrix} \varepsilon_{xt} \\ \varepsilon_{yt} \end{bmatrix}, \; \varepsilon_{xt}, \varepsilon_{yt} \sim N(0, \sigma^2)$$

我们在 Matlab 主窗口下构造满足以上框架的数据，并应用极大似然估计方法估计参数。

```
clear
N=1000;
X(1)=0.1;
Y(1)=0.1;
for i=1:N
    X(i+1)=0.7*X(i)+randn(1);
    Y(i+1)=-0.5*Y(i)+randn(1);
end
Z=X-Y;
para0=[0.4;-0.1;0;0];
[para,standard_deviation,fv]=my_mle(@my_ssmodel_002,para0,Z);
```

得到参数的估计值为：

$$para = [0.6921, -0.3755, 0.0559, -0.0139]$$

相应的标准误差为 $[0.029\,5, 0.045\,3, 0.050\,2, 0]$。

这与实际的参数值 $[0.7, -0.5, 0, 0]$ 基本比较接近，极大似然估计函数 my_mle 中调用的目标函数如下：

```
function f=my_ssmodel_002(para,num,Y)
G=[1,-1];
A=0;
U=1;U=repmat(U,1,size(Y,2));
B=[0;0];
F=[para(1),0;0,para(2)];
R=0;
Q=[exp(para(3)),0;0,exp(para(4))];
X0=[0;0];
V0=eye(2)*var(Y);
[X_pred,V,V_eta,V_Thi,LL]=my_kalman_predict_one(Y,G,A,U,F,B,R,Q,X0,V0);
if num==1 %(note: it must be set to 1)
f=LL;
else f=-sum(LL);
end
```

进一步，在 Matlab 主窗口下输入：

```
G=[1,-1];A=0;U=1;U=repmat(U,1,size(Z,2));
B=[0;0];F=[para(1),0;0,para(2)];R=0;
Q=[exp(para(3)),0;0,exp(para(4))];X0=[0;0];
V0=eye(2)*var(Z);
[X_pred,V,V_eta,V_Thi,LL]=my_kalman_predict_one(Z,G,A,U,F,B,R,Q,X0,V0);
[X_est,V]=my_kalman_filter(Z,G,A,U,F,B,R,Q,X0,V0);
[X_sm,V2]=my_kalman_smooth(Z,G,A,U,F,B,R,Q,X0,V0);
```

得到滤波后 X 的估计值与真实值的差异，如图 12.4。

进一步，得到平滑后 X 的估计值与真实值的差异，如图 12.5。

从图 12.4～图 12.7 可以看出：估计的不可观测变量值与实际值存在明显的显性关系。进一步地回归分析，可以得到估计的不可观测变量值对实际值的解释能力达到 70% 左右。

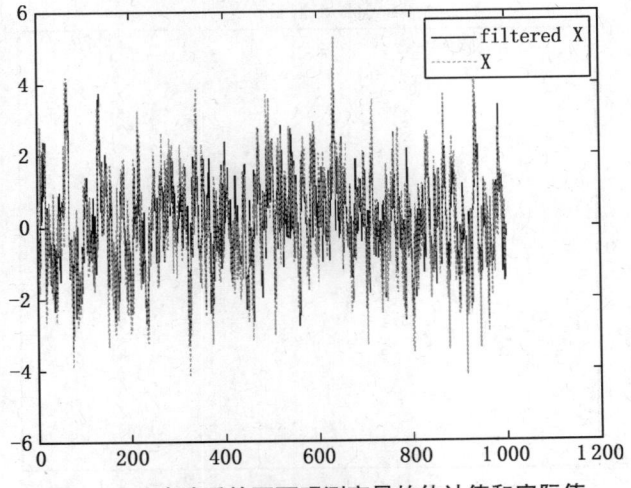

图 12.4 滤波后的不可观测变量的估计值和实际值

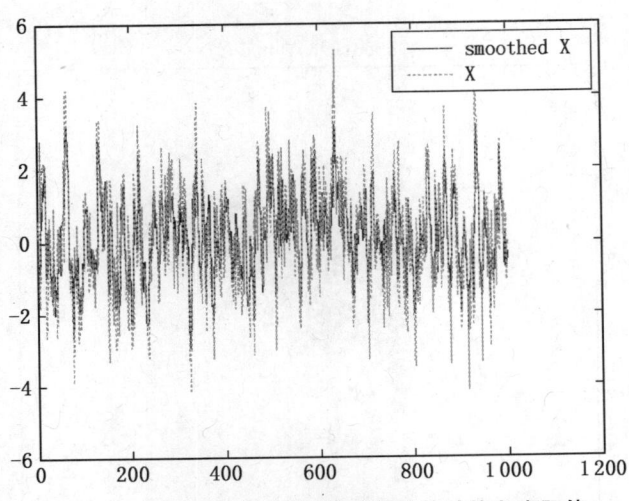

图 12.5 平滑后的不可观测变量的估计值和实际值

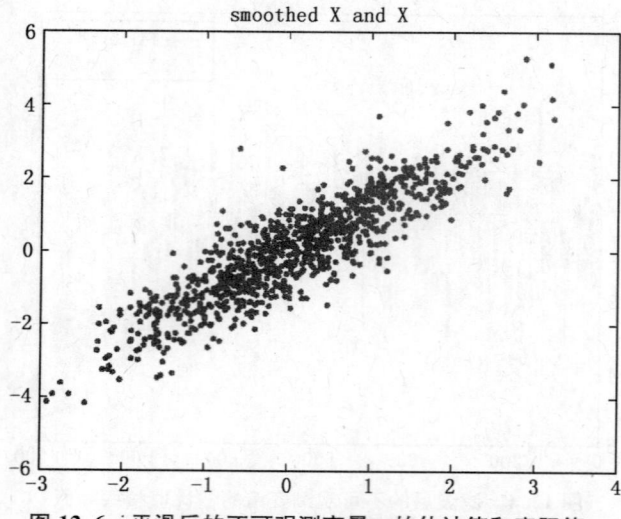

图 12.6 平滑后的不可观测变量 x 的估计值和实际值 x

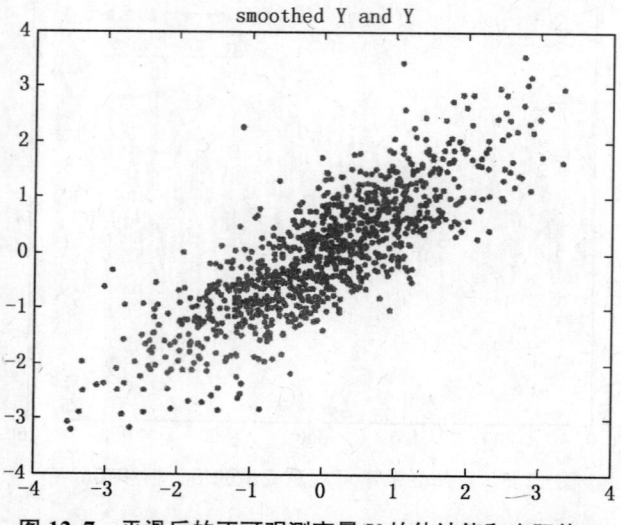

图 12.7 平滑后的不可观测变量 Y 的估计值和实际值 Y

接下来我们将状态空间模型应用于上证综合指数收益率的预测。我们选取 2000 年 1 月到 2012 年 9 月上证综合指数的月数据,并建立以下状态空间模型:

观测方程:$r_t = \mu_t + \varepsilon_t$

状态方程:$\mu_t = \alpha + \beta \mu_{t-1} + \eta_t$

$$\varepsilon_t \sim N(0, \sigma_1^2), \quad \eta_t \sim N(0, \sigma_2^2)$$

μ_t 为不可观测的变量,模型假定实际收益 r_t 围绕不可观测的均值 μ_t 波动,并且 μ_t 服从一阶自回归过程。显然我们有 $E_{t-1}[\mu_t] = E_{t-1}[r_t]$。为确保 σ_1^2 和 σ_2^2 为正,我们将参数转化为 $(\alpha, \beta, \phi_1, \phi_2)$,其中:$\sigma_1^2 = e^{\phi_1}$, $\sigma_2^2 = e^{\phi_2}$。

假定我们在 MATLAB 主窗口下已经得到了 2000 年 1 月到 2012 年 9 月上证综合指数的月收益列向量 r,我们在 MATLAB 主窗口下继续输入:

```
Y=r';
para0=[0.0009;0.8006;-5.2424;-6.9362];
[para,standard_deviation,fv]=my_mle(@my_ssmodel_003,para0,Y);
G=1;
A=0;
U=1;U=repmat(U,1,size(Y,2));
B=para(1);
F=para(2);
R=exp(para(3));
Q=exp(para(4));
X0=0;
V0=var(Y);
[X_pred,V,V_eta,V_Thi,LL]=my_kalman_predict_one(Y,G,A,U,F,B,R,Q,X0,V0);
[X_est,V]=my_kalman_filter(Y,G,A,U,F,B,R,Q,X0,V0);
[X_sm,V2]=my_kalman_smooth(Y,G,A,U,F,B,R,Q,X0,V0);
h=figure;
set(h,'color','w')
plot(Y)
hold on
plot(X_pred,'r')
legend('return','predicted return')
```

得到参数(α, β, ϕ_1, ϕ_2)的估计值为：
para=
　-0.0001
　　0.8100
　-5.2060
　-7.7789

在 MATLAB 主窗口输入 t=para./standard_deviation，得到相应的 t 统计量如下：
t=
　-0.0323
　　5.5977
　-37.3737
　-6.7223

以上程序中用到的辅助函数 my_ssmodel_003 内容如下：

```
function f=my_ssmodel_003(para,num,Y)
G=1;
A=0;
U=1;U=repmat(U,1,size(Y,2));
B=para(1);
F=para(2);
R=exp(para(3));
Q=exp(para(4));
X0=0;
V0=var(Y);
[X_pred,V,V_eta,V_Thi,LL]=my_kalman_predict_one(Y,G,A,U,F,B,R,Q,X0,V0);
if num==1 %(note: it must be set to 1)
f=LL;
else f=-sum(LL);
end
```

图 12.8 给出了 2000 年 1 月～2012 年 9 月期间上证综合指数当月对下月月收益的预测收益。

图 12.8 预测的收益

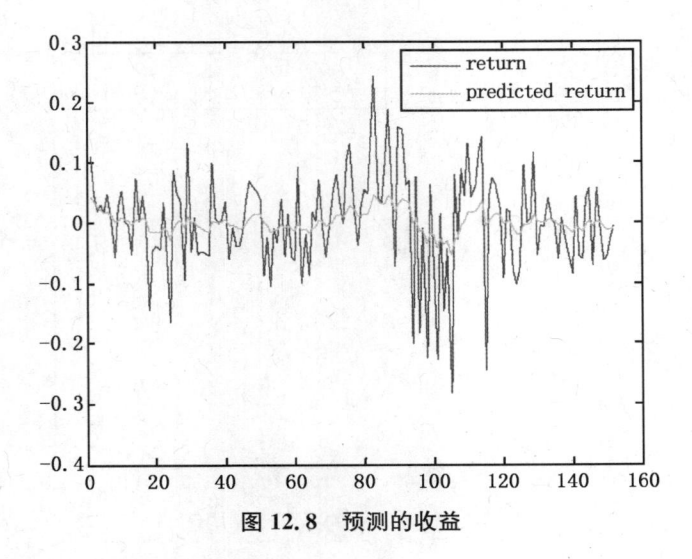

我们在 MATLAB 主窗口下继续输入：

```
h=figure;
set(h,'color','w')
plot(Y)
hold on
plot(X_sm,'r')
legend('return','filtered unobservable mean')
```

图 12.9 给出了 2000 年 1 月到 2012 年 9 月期间当月不可观测变量 μ_t 的估计值。我们在 MATLAB 主窗口下继续输入：

```
h=figure;
set(h,'color','w')
plot(Y)
hold on
plot(X_sm,'r')
legend('return','smoothed unobservable mean')
```

图 12.10 则给出了 2012 年 9 月这一时刻对不可观测变量 μ_t 的估计值。

图 12.9 滤波后的不可观测均值

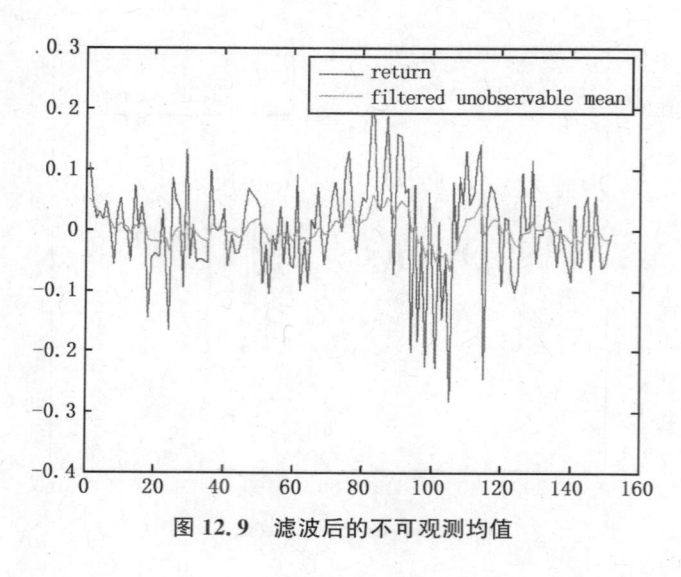

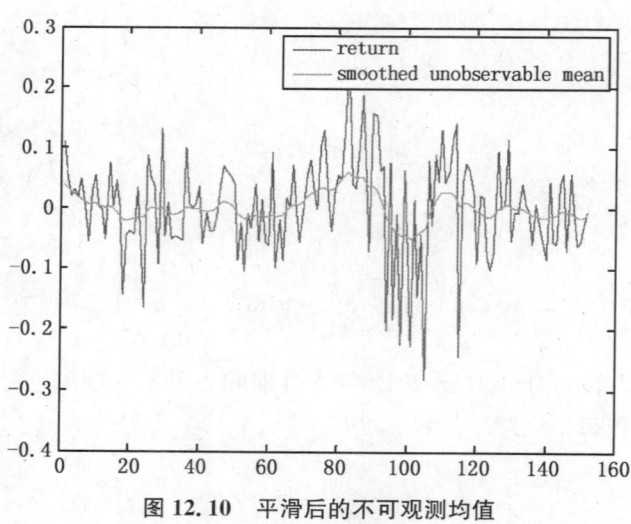

图 12.10 平滑后的不可观测均值

12.6 应用状态空间模型研究我国封闭式基金的折价行为[①]

封闭式基金通常折价交易是世界金融市场一个普遍存在的现象。Lee、Shleifer 和 Thaler(1991)将封闭式基金之谜总结为以下四个方面:封闭式基金通常溢价发行;发行一

---

① 曹志广、杨军敏,2008,投机价值与中国封闭式基金折价之谜,金融学季刊,4,85~106。

段时间后,封闭式基金通常折价交易;折价水平随时间变化,并且不同封闭式基金的折价正相关;随着封闭式基金到期日的临近,折价基本消失。关于封闭式基金为什么经常折价交易这个问题,学术界已有的研究非常丰富。归结起来有两个方面的解释:传统金融理论框架下的解释和行为金融理论框架下的解释。

在传统金融理论框架下代理成本理论(Boudraux,1973)、非流动性资产理论(Malkiel,1977)、未缴税收理论(Malkiel,1977)和业绩理论(Malkiel,1977)等理论分别对封闭式基金之谜给出了一定的解释,但解释能力存在明显不足。代理成本理论认为由于基金管理人与基金持有人之间存在委托代理关系,代理成本将导致基金折价出售,但该理论很难解释为什么基金的折价会波动,因为代理成本相对比较稳定,也很难解释不同封闭式基金折价变动的正相关性,更无法解释封闭式基金刚发行时通常溢价交易的事实。非流动性资产理论认为封闭式基金持有了许多流动性很差的资产,这些资产的变现显然要打折扣,因此,基金折价交易。但该理论很难解释许多持有流动性非常高的资产的封闭式基金也折价交易的事实,也很难解释随着封闭式基金到期日的临近,折价消失的现象。非流动性资产理论还认为基金持有某些资产的数量非常大,清算时将导致实际的成交价格低于净值核算时的价格,因此,基金的价格应该低于其净值,但这一说法也很难解释随着封闭式基金到期日的临近,折价消失的现象。未缴税收理论认为基金的净值包含了应交纳的资本利得税,因此,基金折价交易。但该理论难以解释不交纳资本利得税的国家(比如我国)也存在封闭式基金折价的现象。业绩理论认为那些业绩优良的封闭式基金折价会比较少,甚至溢价,而那些业绩不好的基金折价则会较高,当基金整体业绩较好时,整体折价水平就会比较低。但该理论很难解释不管是业绩好的基金还是业绩不好的基金,其折价变动的正相关性。

在行为金融的理论框架下,De Long、Shleifer、Summers 和 Waldmann(1990)提出的噪音交易模型(简称 DSSW 模型)认为由于噪音交易者的存在使得本质上无风险的资产也变得有风险,理性的套利者会要求额外的风险补偿,因此,要求资产必须压低价格出售。基于 DSSW 模型,Lee、Shleifer 和 Thaler(1991)用投资者情绪理论解释了封闭式基金折价之谜的四个方面:封闭式基金通常选择投资者情绪高昂的时候发行,因此会溢价;由于噪音交易者的存在使得持有封闭式基金的风险要大于持有封闭式基金所投资的资产,因此,封闭式基金通常折价交易;投资者情绪的波动导致折价的波动,投资者之间情绪的相关性导致了封闭式折价的相关性;当封闭式基金到期日临近时,噪音风险非常少,因此折价消失。投资者情绪理论成功地解释了美国市场封闭式基金折价之谜,并且也得到了其他学者的佐证(Neal 和 Wheatley,1998;Bodurtha,Kim 和 Lee,1995)。虽然也有一些学者对投资者情绪理论提出质疑(Chen,Kan 和 Miller,1993),但投资者情绪理论在解释封闭式基金折价上还是占据了主导地位。

关于封闭式基金折价,国内许多学者也进行了研究。国内大多数学者的研究支持了投资者情绪理论。比如:薛刚、顾锋、黄培清(2000)、张志超和田明圣(2003)、王擎(2004)、伍燕然和韩立岩(2007)等认为投资者情绪理论较好地解释了我国封闭式基金折价的现象。也有少数研究者对投资者情绪理论解释我国封闭式基金折价现象提出了质疑。比如：张俊生、卢贤义和杨熠(2001)的研究发现小市值股票组合的收益增加时，封闭式基金折价水平也增加，这与Lee、Shleifer和Thaler(1991)的研究结论相反。但伍燕然和韩立岩(2007)对得出这一结论的回归分析提出了质疑，认为这一结论缺乏稳健性。

总的来讲，国内外的研究大多支持投资者情绪理论，虽然也有学者对投资者情绪理论提出疑问，但也并未提出新的理论来解释封闭式基金折价。我们的贡献是提出了对封闭式基金折价之谜的新解释，这一新的解释与投资者情绪理论不同，既有区别也有联系，在某些方面还存在相反的推论。我们认为投资者情绪理论并不能完全解释我国封闭式基金折价现象，主要表现在以下几个方面：(1)我国封闭式基金在2000年3月以前，基金持有人基本是以个人为主体，但在此之后，基金持有人结构发生了重大改变，封闭式基金50%以上为机构投资者所持有。然而，2000年后的基金折价现象却更加严重了。噪音交易者的风险主要来自个人投资者，根据DSSW模型，机构投资者的增加将减少噪音交易的风险，因此，基金折价水平会降低。但上述推论却并不适合中国的封闭式基金折价，而且正好相反，谷伟、余颖(2006)的研究表明机构投资者比例越大的封闭式基金折价水平越高。(2)我国封闭式基金2002年之后的数据表明在控制大盘的因素之后，小市值股票组合的收益与基金折价并无统计上显著的关系。由于小市值股票组合的收益与个人投资者的噪音风险相关(给定小市值股票主要由个人投资者持有)，小市值股票组合的收益与基金折价并无统计上显著关系的实证结果表明在控制大盘的因素后，我国封闭式基金的折价与个人投资者的噪音风险并无显著关系。这与Lee、Shleifer和Thaler(1991)的研究结论不一致。

我们借鉴Xiong和Scheinkman(2003)的基本思想，将资产的价格看成以下两部分之和：资产的基本面价值和交易资产带来的投机价值。我们将封闭式基金的交易价格分解为基金所持资产的基本面价值和交易基金本身的投机价值；而封闭式基金的净值(基金所持资产的市场价格)可以分解为基金所持资产的基本面价值和交易基金所持资产的投机价值。我们认为，在通常情况下，交易基金本身的投机价值要低于交易基金所持资产的投机价值。因此，封闭式基金通常折价交易。

在经典的资产定价理论中，交易量不会影响资产的价格，然而实际的金融市场中高的资产价格与高成交量的现象经常出现。通常，高成交量还伴随着资产价格的高波动性。交易量与资产价格之间似乎存在一定关系。Ofek和Richardson(2003)、Cochrane(2003)、Scheinkman和Xiong(2003)、Xiong和Scheinkman(2004)的研究支持了交易量与资产价格存在关系的这一看法。Scheinkman和Xiong(2003)认为在一个卖空成本很高或受到限制，并且投资者之间存在异质信念的市场环境下，交易资产的行为具有投机价值，这一投机价值是一种以投资者之间信念差异为标的物的美式期权的价值。资产的市场价格除了反映资产的基本面价值之外还应该包含这一期权的价值。并且，期权的价值与交易量是正相关的。

Scheinkman 和 Xiong(2003)的这一观点实际上是建立在 Miller(1977)、Harrison 和 Kreps(1978)的研究基础之上的。Miller(1977)认为如果市场不允许卖空,并且投资者之间存在异质信念,则市场的均衡价格将反映更乐观的投资者的看法,因此,造成资产价格的高沽。Harrison 和 Kreps(1978)将 Miller(1977)的研究拓展到了多期的情形,他们认为,如果投资者相信在未来能够以更高的价格出售资产给另外一个更加乐观的投资者,则该投资者愿意支付的价格将高于其永远持有该资产时所愿意支付的价格。这里可以将投资者永远持有资产所愿意支付的价格理解成为资产未来现金流的贴现值,即资产的基本面价值。因此,资产的价格将高于其基本面价值,价格中多出基本面价值的那部分就是交易资产带来的投机价值。

Scheinkman 和 Xiong(2003)继承和发展了 Miller(1977)、Harrison 和 Kreps(1978)的思想,在连续时间框架下分析了交易资产带来的投机价值。他们同样考虑一个卖空受到限制的市场,讨论了单一风险资产的价格组成。他们将投资者分成两类:持有风险资产的投资者,不持有风险资产的投资者。持有风险资产和不持有风险资产的投资者是相互转化的,更为乐观的投资者将持有风险资产。他们引入了投资者的过度自信作为投资者之间异质信念的来源,将投机价值看成是以投资者之间信念差异为标的物的美式期权的价值,并给出了投机价值的解析解。投资者之间信念差异的变化导致了资产的交易。投资者之间信念差异的波动性越大,投资者之间的交易量也越大,资产的投机价值越高。由于资产的价格既包含基本面价值,也包含期权价值,因此,资产的价格与交易量或换手率存在正相关关系。Scheinkman 和 Xiong(2003)认为换手率主要是衡量投机性的指标,而并非主要衡量流动性。Mei、Scheinkman 和 Xiong(2005)将该理论应用于中国的 A 股和 B 股市场,成功地解释了中国 A 股和 B 股市场价格的差异。他们认为,平均而言中国 A 股价格高于 B 股价格的原因在于 A 股市场具有比 B 股市场高的换手率,因此,A 股具备更高的投机价值。相应地,A 股的价格也高。他们的研究表明换手率与公司股票的规模成负相关,支持了 Scheinkman 和 Xiong(2003)关于换手率主要是衡量投机性的指标,而并非主要衡量流动性的观点。

基于以上分析,我们提出用投机价值理论来解释我国的封闭式基金折价。我们将封闭式基金的交易价格分解为基金所持资产的基本面价值和交易基金本身的投机价值;将封闭式基金的净值(NAV,基金所持资产的市场价格)分解为基金所持资产的基本面价值 F 和交易基金所持资产的投机价值 S_{NAV}。即

$$NAV = F + S_{NAV}$$

而封闭式基金的价格则包含基本面价值 F 和交易基金的交易价值 S_P,即

$$P = F + S_P$$

下面我们应用1998年4月—2009年12月期间的周数据,通过可以观测到的净值和封闭式基金的价格对价格中包含的投机成分S_{NAV}和S_P的变化进行估计。表12.1对1998年4月—2009年12月期间我国封闭式基金净值加权平均折价率VWD情况做了基本的统计性描述(VWD为负则表示基金溢价,即基金价格超过净值)。

表12.1　　　　　　　　封闭式基金净值加权平均折价率的描述性统计

变量	时间	最小值	最大值	均值	标准差
	1998/4—2000/3	−0.753 3	0.192 5	−0.135 2	0.227 2
VWD	2000/4—2009/12	−0.023 6	0.644 3	0.297 7	0.163 6
	1998/4—2009/12	−0.753 3	0.644 3	0.223 9	0.239 7

具体地,我们应用1998年4月—2009年12月期间26只封闭式基金的周数据,对每一只封闭式基金建立以下状态空间模型[①]:

观测方程: $Y = GX$

测量方程: $X_t = FX_{t-1} + \varepsilon_t$

其中:

$$Y = \begin{pmatrix} \Delta NAV \\ \Delta P \end{pmatrix}, G = \begin{pmatrix} 1 & 1 & 0 \\ 1 & 0 & 1 \end{pmatrix}, X = \begin{pmatrix} \Delta F \\ \Delta S_{NAV} \\ \Delta S_P \end{pmatrix}, F = \begin{pmatrix} 0 & 0 & 0 \\ 0 & \phi_1 & 0 \\ 0 & 0 & \phi_2 \end{pmatrix}$$

$$\varepsilon \sim N(0, Q), Q = \begin{pmatrix} \sigma_1^2 & 0 & 0 \\ 0 & \sigma_2^2 & 0 \\ 0 & 0 & \sigma_3^2 \end{pmatrix}$$

表12.2给出了全部26只基金以上状态空间模型的参数估计值。括弧中的数值为t统计量。

表12.2　　　　　　　　状态空间模型的参数估计

基金序号	ϕ_1	ϕ_2	σ_1	σ_2	σ_3
1	−0.296 7	−0.199 9	0.002 4	0.000 8	0.001 7
	(−5.928 2)	(−7.594 1)	(28.130 1)	(13.902 4)	(24.357 8)
2	−0.319 8	−0.252 3	0.002 6	0.000 7	0.001 0

---

① Cao, Z, Harris, RDF and Yang, J, 2012, Heterogeneous beliefs, short-sale constraints and the closed-end fund puzzle, working paper.

基金序号	ϕ_1	ϕ_2	σ_1	σ_2	σ_3
	(−5.490 5)	(−5.798 0)	(36.855 1)	(12.543 5)	(17.302 6)
3	−0.157 2	−0.084 3	0.001 9	0.000 4	0.000 8
	(−2.365 3)	(−2.140 6)	(26.486 4)	(8.264 4)	(18.292 1)
4	−0.358 1	−0.368 1	0.002 9	0.000 9	0.001 5
	(−7.373 9)	(−10.661 5)	(30.814 1)	(13.424 1)	(19.579 2)
5	−0.294 7	−0.134 7	0.002 3	0.000 4	0.001 1
	(−4.029 3)	(−3.966 5)	(31.858 4)	(7.407 1)	(20.551 4)
6	0.435 7	−0.214 0	0.001 6	0.000 3	0.000 4
	(8.300 4)	(−5.745 5)	(30.274 1)	(8.199 4)	(11.643 7)
7	−0.223 1	−0.034 4	0.002 3	0.000 7	0.000 9
	(−3.654 9)	(−0.721 3)	(27.885 0)	(14.034 8)	(15.679 7)
8	−0.138 0	−0.114 4	0.001 4	0.000 4	0.000 7
	(−2.053 0)	(−2.818 5)	(26.983 5)	(13.268 6)	(20.501 9)
9	−0.156 7	−0.228 8	0.001 9	0.000 5	0.000 7
	(−2.179 6)	(−5.025 4)	(25.147 0)	(10.514 4)	(13.985 3)
10	0.050 1	−0.238 7	0.002 0	0.000 4	0.001 7
	(0.641 5)	(−8.847 6)	(25.209 8)	(8.334 2)	(23.888 5)
11	−0.205 2	−0.160 7	0.001 8	0.000 4	0.001 2
	(−2.441 3)	(−4.826 7)	(22.751 7)	(7.993 8)	(15.311 3)
12	−0.229 5	0.086 9	0.003 3	0.001 2	0.000 9
	(−4.194 4)	(1.343 2)	(24.257 4)	(12.718 2)	(9.152 2)
13	0.130 8	−0.353 5	0.001 6	0.000 5	0.000 5
	(1.870 1)	(−9.861 8)	(24.211 8)	(8.826 0)	(12.279 2)
14	0.006 4	−0.005 8	0.001 9	0.000 7	0.001 5
	(0.108 8)	(−0.186 0)	(25.229 7)	(12.325 8)	(30.833 6)
15	−0.352 2	−0.140 2	0.001 9	0.000 8	0.001 1
	(−6.360 6)	(−2.916 9)	(28.533 1)	(13.953 4)	(21.664 7)
16	0.007 3	−0.377 8	0.002 7	0.000 4	0.001 3
	(0.090 8)	(−19.313 3)	(30.804 3)	(5.981 2)	(19.903 9)
17	−0.243 2	−0.130 0	0.002 7	0.000 5	0.001 0
	(−5.304 5)	(−3.853 0)	(29.460 3)	(8.345 1)	(17.965 1)
18	−0.203 8	−0.317 8	0.002 7	0.000 2	0.001 6
	(−1.498 9)	(−13.174 8)	(27.036 0)	(2.833 0)	(24.395 9)
19	−0.158 6	−0.230 1	0.002 2	0.000 7	0.001 4
	(−3.609 7)	(−10.201 5)	(28.235 8)	(13.304 0)	(24.738 2)
20	0.286 4	−0.255 1	0.002 2	0.000 3	0.001 0
	(5.221 3)	(−11.391 1)	(29.708 3)	(6.127 9)	(23.456 4)

续表

基金序号	ϕ_1	ϕ_2	σ_1	σ_2	σ_3
21	0.044 8	−0.149 5	0.001 4	0.000 6	0.000 7
	(0.759 7)	(−2.875 8)	(23.170 1)	(14.869 2)	(21.661 9)
22	−0.205 1	−0.073 4	0.001 2	0.000 4	0.000 6
	(−3.685 2)	(−1.453 6)	(20.983 4)	(12.884 4)	(16.460 7)
23	0.195 0	−0.265 8	0.002 6	0.000 4	0.000 6
	(2.585 7)	(−8.406 7)	(46.797 6)	(6.452 2)	(10.354 8)
24	−0.268 0	−0.219 3	0.002 4	0.000 6	0.001 0
	(−4.245 2)	(−4.909 7)	(21.114 7)	(9.036 7)	(20.999 2)
25	−0.046 3	−0.209 1	0.003 4	0.000 9	0.001 0
	(−0.735 0)	(−4.609 2)	(24.147 3)	(11.286 4)	(11.724 3)
26	−0.072 8	−0.171 9	0.002 4	0.000 7	0.000 5
	(−1.778 7)	(−2.507 9)	(24.428 2)	(10.490 7)	(8.896 8)

基于表 12.2 的参数估计，我们进一步使用卡曼滤波对基本面价值的变化 ΔF 和投机价值变化 ΔS_{NAV}、ΔS_P 进行估计。然后我们可以计算各变量的方差，以及相互间的协方差。具体计算结果见表 12.3。从表 12.3 中可以看出 ΔS_P 的波动性远超过 ΔS_{NAV} 的波动性，而 $\text{cov}(\Delta F, \Delta S_{NAV})$ 和 $\text{cov}(\Delta F, \Delta S_P)$ 差别很小，这表明基金净值和基金价格的波动性差异主要来源于 ΔS_P 的波动性和 ΔS_{NAV} 的波动性的差异。

表 12.3　　　　　　　　　　方差和协方差的估计

序号	var(ΔNAV)	var(ΔP)	var(ΔF)	var(ΔS_{NAV})	var(ΔS_P)	cov(ΔF, ΔS_{NAV})	cov(ΔF, ΔS_P)	cov(ΔS_{NAV}, ΔS_P)
1	0.006 6	0.006 9	0.003 6	0.000 9	0.001 6	0.001 1	0.000 9	−0.000 5
2	0.004 6	0.004 5	0.002 4	0.000 6	0.001 1	0.000 8	0.000 5	−0.000 4
3	0.004 8	0.005 2	0.002 6	0.000 6	0.001 1	0.000 8	0.000 8	−0.000 2
4	0.005 1	0.005 7	0.002 7	0.000 7	0.001 4	0.000 8	0.000 8	−0.000 4
5	0.008 1	0.008 7	0.004 8	0.000 7	0.001 2	0.001 3	0.001 4	0.000 0
6	0.003 2	0.003 0	0.001 7	0.000 3	0.000 6	0.000 6	0.000 4	−0.000 1
7	0.005 1	0.005 0	0.002 8	0.000 5	0.000 8	0.000 9	0.000 7	−0.000 2
8	0.005 0	0.005 2	0.002 8	0.000 5	0.000 7	0.000 9	0.000 8	0.000 0
9	0.003 4	0.003 6	0.001 9	0.000 4	0.000 7	0.000 6	0.000 5	−0.000 1
10	0.007 2	0.007 9	0.004 2	0.000 7	0.001 3	0.001 1	0.001 2	−0.000 2
11	0.009 6	0.010 7	0.005 7	0.000 2	0.001 4	0.001 6	0.001 8	0.000 2
12	0.011 6	0.010 9	0.006 5	0.001 0	0.001 3	0.002 0	0.001 6	0.000 0
13	0.003 6	0.003 5	0.002 0	0.000 3	0.000 6	0.000 6	0.000 5	0.000 0
14	0.005 8	0.006 7	0.003 2	0.000 7	0.001 6	0.001 0	0.001 0	−0.000 3
15	0.008 9	0.009 2	0.005 0	0.000 7	0.001 3	0.001 6	0.001 4	0.000 0
16	0.004 6	0.005 1	0.002 5	0.000 6	0.001 3	0.000 7	0.000 7	−0.000 4
17	0.005 2	0.005 3	0.002 9	0.000 6	0.000 9	0.000 9	0.000 7	−0.000 2

续表

序号	var(ΔNAV)	var(ΔP)	var(ΔF)	var(ΔS_{NAV})	var(ΔS_P)	cov($\Delta F, \Delta S_{NAV}$)	cov($\Delta F, \Delta S_P$)	cov($\Delta S_{NAV}, \Delta S_P$)
18	0.005 6	0.005 9	0.003 1	0.000 7	0.001 4	0.000 9	0.000 7	−0.000 5
19	0.005 1	0.005 5	0.002 8	0.000 7	0.001 3	0.000 8	0.000 7	−0.000 4
20	0.004 9	0.005 2	0.002 8	0.000 5	0.000 9	0.000 8	0.000 7	−0.000 1
21	0.004 9	0.006 0	0.002 8	0.000 5	0.001 2	0.000 8	0.001 0	−0.000 1
22	0.002 1	0.002 2	0.001 1	0.000 3	0.000 5	0.000 3	0.000 3	−0.000 2
23	0.003 0	0.003 1	0.001 7	0.000 3	0.000 6	0.000 5	0.000 4	−0.000 1
24	0.006 2	0.006 6	0.003 5	0.000 6	0.001 1	0.001 1	0.001 0	−0.000 1
25	0.009 5	0.010 1	0.005 4	0.000 8	0.001 4	0.001 7	0.001 7	0.000 2
26	0.004 0	0.004 2	0.002 2	0.000 4	0.000 8	0.000 7	0.000 6	−0.000 1

进一步我们可以得到基本面价值 F、投机价值 S_{NAV} 和 S_P 的估计。图 12.11 则给出了其中一只基金基本面价值 F、投机价值 S_{NAV} 和 S_P 在 1998/4—2009/12 期间的估计结果。从图中可以看出在大部分时间里交易基金的投机价值 S_P 要低于交易基金所持有的一揽子股票的价值 S_{NAV}，这与我们前面的论断是一致的，即在通常情况下，交易基金本身的投机价值要低于交易基金所持资产的投机价值，因而封闭式基金通常折价交易。

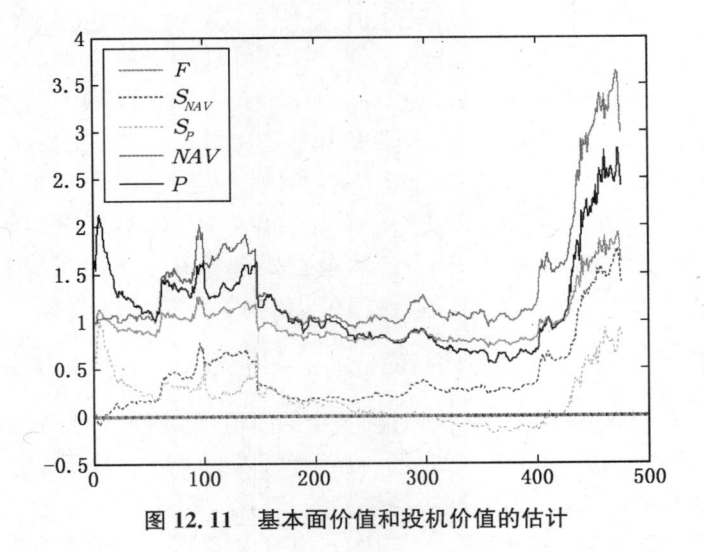

图 12.11 基本面价值和投机价值的估计

以上我们提出了投机价值理论，并将其用来解释了我国封闭式基金的折价行为。实际上以上理论还可以用来解释其他很多金融现象。投机价值理论认为投机价值来源于投资者之间的信念差异，相对于机构与机构之间，散户与散户之间的信念差异以及信念的波动更大。因此，投机价值主要来自于散户，这与情绪理论认为情绪主要来自个人投资者相似。根据投机价值理论，一个主要由散户组成的市场，其资产的投机价值往往比较高，相应地，其资产的价格也比较高。这一点与情绪理论明显不同，因为根据投资者情绪理论，一个主要由个人投资者组成的市场，其噪音风险更大，因而投资风险更大，相应地，投资者要求以更低的价格购买资产。因此，其资产的价格较低。在我国股票市场，个人投资者占相当大的比例，加上我国对各种违规行为，比如：散布虚假信息、内幕交易等行为，处罚较为宽松，这造成各种小道消息很容易在个体投资者之间传播。这增加了资产的投机价值，因此，我国A股市场的投机价值高于H股市场。相应地，A股的价格也通常高于其H股的价格。我国A股价格高于H股市场的事实与投机价值理论是吻合的。因此，投机价值理论既能够解释我国A股价格通常高于H股市场以及高于B股市场的事实，同时也能解释我国封闭式基金的折价。显然，投资者情绪理论很难解释我国A股价格高于H股市场的事实，因为A股的噪音风险更大，根据DSSW模型，理性的投资者会要求以更低的价格购买资产，这与我国A股价格高于H股市场的事实相矛盾。投资者情绪理论也很难解释我国封闭式基金2000年3月后，特别是2002年之后，机构持有了大部分的封闭式基金，但基金折价却变得更严重了。中国和美国封闭式基金的持有人结构在2002年后存在明显差异，投资者情绪理论解释封闭式基金的基础，即大量噪音交易者的存在，在我国并不成立。这些都表明，用投资者情绪理论解释我国封闭式基金的折价存在缺陷。

12.7 我国ETF基金的折溢价行为及波动性研究[①]

交易所交易基金（Exchange-traded Fund，ETF）是一种集开放式基金和封闭式基金特点于一身的金融产品。世界上第一只ETF基金是加拿大多伦多交易所1989年推出的TIPS(Treasury Inflation-Protected Securities)，美国也早在1993年就推出了全美第一只交易所交易基金SPDR(Standard and Poor's Depositary Receipt)。我国的ETF基金起步相对较晚，2005年2月23日上证50ETF基金正式开始在上海证券交易所交易，截至2012年12月，我国上市交易的ETF基金数量已经达到了47只。

为讨论方便，我们先定义ETF的折溢价如下：$D_t = \ln\left(\frac{NAV_t}{P_t}\right)$，$D_t > 0$ 表示折价，$D_t < 0$ 则表示溢价。其中：NAV_t 表示 t 时刻基金的净值，P_t 表示 t 时刻基金的价格。ETF基金的交易市场分为一级市场和二级市场，投资者可以在一级市场以基金净值为基础，通常用一揽子股票申购ETF基金（不同市场交易的ETF申购规定存在差异，有些市场ETF可以用现金股票加部分现金，或全部现金申购），也可以将ETF基金赎回得到一揽子的股票。同时，ETF基金可以在二级市场上像股票一样进行交易。同时并存的一级市场和二级市场使得投资者可以利用ETF基金净值和ETF二级市场上的价格差异进行套利交易。因此，ETF基金净值及其价格之间的差异通常被套利者限制在一定范围内。套利成本的大小直接决定了这一范围的大致区间。如果市场套利充分发挥作用，ETF基金净值

[①] 曹志广，2014，我国交易所交易基金的折溢价行为及波动性，上海交通大学学报，48，282～289。

和价格之间应当存在协整关系,即净值和价格之间的差异应该存在明显的均值回复特点。这一点与传统的封闭式基金存在显著不同,封闭式基金的净值和价格之间的差异,通常为不平稳的时间序列(曹志广和杨军敏,2008)。

ETF 基金一二级市场间的套利行为使得 ETF 基金的净值和二级市场的交易价格不会偏离太远,通常被限制在大致由套利交易成本所决定的一定区间之内。因此,如果不存在系统性的偏差因素,ETF 基金的净值和二级市场的交易价格应该不存在统计意义上的差别。但实际市场上,ETF 基金的交易价格还是显著地不同于其净值,表现出明显的折价或溢价现象。虽然,大量的文献讨论了传统封闭式基金的折/溢价行为,但只有为数不多的文献对 ETF 基金的折/溢价行为进行了探讨和研究,对 ETF 基金净值和价格波动性的差异研究更是稀少。在国内对 ETF 基金的折/溢价行为进行研究,尤其是对我国 ETF 基金的折/溢价行为进行研究的文献也是少之又少。这当中的原因可能是 ETF 基金的净值和交易价格的差异在通常情况下并不大,容易被忽视。另外,ETF 基金的发展相对于传统封闭式基金而言起步比较晚,尤其是我国 ETF 基金到了 2005 年才起步,研究的 ETF 基金样本数量和时间跨度都受到一定程度的限制。

曹志广和杨军敏(2008)提出了在异质信念和卖空限制条件下,资产价格中包含的交易价值可以用来解释我国封闭式基金的折价行为与西方成熟市场的差异。我们将这一思想应用于解释 ETF 基金的折溢价行为。我们认为,当 ETF 二级市场价格偏离净值的程度在套利成本附近之内时,套利交易者是不会进行套利交易的,此时,我们假定卖空受到限制也是非常合理的。我们以异质信念和卖空限制下资产价格包含交易价值为理论基础,对我国 ETF 基金的折溢价行为以及基金价格和基金净值波动性差异进行研究。我们在二阶段离散时间框架下构建了基于异质信念和卖空限制下的资产价格,给出了交易价值的理论价格,并在此基础上对 ETF 基金的折溢价行为和波动性做出理论上的解释。并且,我们选取了我国上海和深圳市场上交易比较活跃,上市时间比较长的 ETF 基金为样本进行实证研究。最后还有一点值得指出的是,我国股票市场的投机行为比较明显,许多交易者期望从买卖价差中获利。因此,我国的 ETF 市场为该理论提供了很好的实证样本,我们从交易价值角度来看 ETF 的折溢价行为在我国的市场也更有实际意义,交易价值的解释能力相对于其他市场而言可能更强,也更有可能得到实证研究的支持。我们的实证研究发现国内的 ETF 平均而言是折价交易的,这与西方成熟市场 ETF 基金通常溢价交易的情形不一样,这也说明我国的市场定价行为与成熟市场存在差异。而折价交易与我们提出的交易价值理论是相符的。

12.7.1 相关文献回顾

由于 ETF 出现的历史不算长,相对于开放式基金和封闭式基金的研究,学术界对 ETF 的研究,尤其是对 ETF 折溢价方面的研究还比较有限。从理论上讲,如果套利机制充分发挥作用,ETF 二级市场上的交易价格与其净值应该不会有显著差异(Gastineau,

2001)。但是，许多实证研究发现 ETF 的价格与其净值的偏离在很多时候是显著的，即表现出明显的折价或溢价行为。Jares 和 Lavin(2004)对在美国市场交易的标的为日本和香港市场的国际 ETF 的折溢价进行了研究，他们的研究发现，这些在美国交易的国际 ETF 通常会溢价进行交易，并且认为这些 ETF 的折溢价行为与美国市场和日本、香港市场交易时间的不同步存在密切关系。Engle 和 Sarkar(2006)研究和对比了在美国交易的 16 只国际 ETF 与 21 只国内 ETF 的折溢价行为的差异，他们的研究表明在美国市场交易的国际 ETF 和国内 ETF 平均而言均表现为溢价交易，但国际 ETF 的溢价程度远远高于国内 ETF，并且持续的时间也相对更长。同时，他们考虑了净值可能并不及时反映 ETF 所持资产真实市场价格的情形，应用状态空间模型等对公布的净值进行了修正，得到的结论与前面一致，国际 ETF 和国内 ETF 平均而言均仍表现为溢价交易，且国际 ETF 的溢价程度还是远高于国内 ETF。Aber，Li 和 Can(2009)分别应用每天的收盘价和中间价(即(最高价＋最低价)/2)对美国市场交易的 3 只国内 ETF 和 1 只国际 ETF 的折溢价行为进行了研究，他们的研究也表明 ETF 更容易溢价交易。Jian，Guo 和 Lan(2010)对我国第一只 ETF 基金，上证 50ETF 的折溢价进行了研究，他们对 2005 年 2 月到 2008 年 9 月的数据进行了分析，实证结果表明 50ETF 平均而言表现为轻微的溢价交易，但在统计意义上并不显著。Cheng，Fung 和 Tse(2008)比较了在美国交易的中国富时新华 25 指数 ETF 和标普 500 指数 ETF 的价格行为，他们的研究发现新华 25 指数 ETF 表现为轻微的溢价交易，并且其价格行为更容易受到美国市场的影响，这也暗示市场的投资者结构和交易行为会对 ETF 的价格产生重要的影响。

对 ETF 为什么会折价或溢价交易的理论解释，通常将其归结到封闭式基金的折价或溢价方面的理论研究成果(Guedj 和 Huang，2009)。代理成本理论(Boudraux，1973)、非流动性资产理论(Malkiel，1977)、未缴税收理论(Malkiel，1977)和业绩理论(Malkiel，1977)等分别从代理成本、流动性因素、税收因素和业绩等角度对封闭式基金折溢价给出了一定程度的解释；Lee，Shleifer 和 Thaler(1991)用投资者情绪理论解释了封闭式基金的折溢价行为；也有研究引入封闭式基金管理能力和基金带来的流动性好处来解释封闭式基金的折溢价行为(比如：Chay 和 Trzcinka(1999)，Berk 和 Stanton(2007)，Cherkes，Sagi 和 Stanton(2007))。也有研究将封闭式基金的折溢价归咎于套利收到的限制因素(比如：Pontiff(1996))。这些理论对成熟市场封闭式基金的折价给出了一定程度的解释，但在解释我国上海和深圳市场上交易的封闭式基金还存在一些明显的缺陷(曹志广和杨军敏(2008))。另外，在成熟市场上，ETF 基金通常是溢价交易的，这与封闭式基金通常是折价交易的情形不同。这也暗示这些理论难以同时解释封闭式基金的折价行为和 ETF 基金的溢价行为。曹志广和杨军敏(2008)提出了交易价值理论，对我国封闭式基金的折价行为不同于成熟市场的特点给出了解释。由于我国市场上的投机成分还比较严重，与投机程度相对较低的成熟市场相比，投机因素在解释封闭式基金和 ETF 基金折溢价行为方面应该有更多的解释能力。交易价值理论暗示我国的 ETF 基金应该更多地表现为折价交易。

总体来看,对 ETF 折溢价行为的研究主要集中在实证研究方面。对美国等成熟市场的研究表明 ETF 基金通常会溢价交易,并且,国际 ETF 的溢价会更高些。也有少数研究比较了 ETF 基金价格及其净值的波动性(比如:Jian,Guo 和 Lan(2010),Rompotis(2010)),这些实证研究的结果表明 ETF 价格的波动性要高于净值的波动性,但大多数研究都没有对 ETF 价格表现出额外的波动性给出理论上的解释。

12.7.2 交易价值和 ETF 基金的折溢价及波动性

下面我们遵循曹志广和杨军敏(2008)的研究,从交易价值角度来看 ETF 基金的折溢价和波动性,并从理论上解释我国 ETF 基金的折溢价行为和波动性。金融资产存在交易价值的思想最早可以追溯到 Miller(1977),Miller(1977)认为如果市场不允许卖空,并且投资者之间存在异质信念,则市场的均衡价格将反映更为乐观的投资者的看法,从而造成资产价格的高估。Harrison 和 Kreps(1978)将 Miller(1977)的研究拓展到了多期的情形。他们认为,如果投资者相信在未来能够以更高的价格出售资产给另外一个更加乐观的投资者,则该投资者愿意支付的价格将高于其永远持有该资产时所愿意支付的价格。这里可以将投资者永远持有资产所愿意支付的价格理解成为资产未来现金流(对股票而言,未来现金流就是红利)的贴现值,即资产的基本面价值。因此,资产的价格将高于其基本面价值,价格中多出基本面价值的那部分就是交易资产带来的交易价值。Scheinkman 和 Xiong(2003)在连续时间框架下分析了交易资产带来的交易价值。他们认为投资者之间信念差异的波动性越大,投资者之间的交易量也越大。相应地,资产的交易价值越高,并且认为资产的价格与交易量或换手率存在正相关关系。

接下来,我们首先建立离散时间框架下的定价模型,给出资产价格中包含的交易价值的解析解,然后将其用于解释 ETF 基金的折溢价行为和波动性。

模型的基本设定如下:

(1) 考虑离散时间 $t = 0, 1, 2$,假定投资者为风险中性,并且无风险利率为 0。

(2) 市场只存在一个单位风险资产,该资产仅在时刻 $t = 2$ 支付现金流 f,f 服从正态分布,并且市场限制卖空。

(3) 市场上存在两类投资者:投资者 A 和投资者 B,我们引入私有信息使得不同类型的投资者之间对资产的现金流 f 存在信念差异。由于理性的投资者会从价格中完美推断对方所拥有的私人信息,最终投资者对资产的看法趋同,形成理性预期均衡下的资产价格。为避免完全揭示私人信息的价格体系,研究者通常引入随机的资产供给来避免投资者看法的一致性(Grossman 和 Stiglitz,1980)。在这里,我们采用 Scheinkman 和 Xiong(2003)的做法,引入过度自信的心理偏差,假定投资者完全忽视价格中所包含的对方的私有信息,而仅根据自己的私有信息来形成预期。

(4) 在 $t = 0$ 时刻,投资者 A 对 $t = 2$ 时刻资产支付的现金流 f 的均值和方差判断分

别为 $E_{A0}(f) = \mu_{A0}$ 和 $\text{var}_{A0}(f) = \sigma_f^2$,显然,$\mu_{A0}$ 衡量了投资者 A 对资产的基本面价值判断,σ_f^2 衡量了投资者 A 对资产基本面风险的判断。

投资者 B 对 $t=2$ 时刻资产支付的现金流 f 的均值和方差判断分别为 $E_{B0}(f) = \mu_{B0}$ 和 $\text{var}_{B0}(f) = \sigma_f^2$,类似地,$\mu_{B0}$ 衡量了投资者 B 对资产的基本面价值判断,σ_f^2 衡量了投资者 B 对资产基本面风险的判断。

为方便起见,我们设定投资者 A 为更加乐观的投资者,即 $\mu_{A0} \geq \mu_{B0}$。因此,$\mu_{A0} - \mu_{B0}$ 衡量了 $t=0$ 时刻的投资者 A 和 B 的信念差异。

(5) 在 $t=1$ 时刻,投资者 A 收到私有信息 S_{A1},投资者 B 收到私有信息 S_{B1},假定私有信号 S_{A1} 和 S_{B1} 满足:$S_{A1} = f + \varepsilon_A$,$S_{B1} = f + \varepsilon_B$,

其中:ε_A 和 ε_B 服从相互独立的均值为 0 方差为 σ_ε^2 的正态分布。

因此,投资者 A 在 $t=1$ 时刻收到私有信息 S_{A1} 后对资产现金流 f 的条件期望修正为:$E(f \mid S_{A1}) = (1-\alpha)\mu_{A0} + \alpha S_{A1}$

其中:$\alpha = \sigma_f^2/\sigma_S^2$ 和 $\sigma_S^2 = \sigma_f^2 + \sigma_\varepsilon^2$

条件方差修正为:$\text{var}(f \mid S_{A1}) = (1-\alpha)\sigma_f^2$。

类似地,投资者 B 在 $t=1$ 时刻收到私有信息 S_{B1} 后对资产现金流 f 的条件期望修正为 $E(f \mid S_{B1}) = (1-\alpha)\mu_{B0} + \alpha S_{B1}$,条件方差修正为 $\text{var}(f \mid S_{B1}) = (1-\alpha)\sigma_f^2$。

下面我们讨论风险资产的价格,如果 $t=1$ 时刻,投资者之间不允许交易,则模型退化为一阶段模型,显然在市场卖空限制条件下,资产在 $t=0$ 时刻的价格为:

$$P_0 = \max\{\mu_{A0}, \mu_{B0}\} = \mu_{A0}$$

如果 $t=1$ 时刻,允许投资者之间进行交易,则 $t=1$ 时刻的资产价格 P_1 为:

$$P_1 = \max\{(1-\alpha)\mu_{A0} + \alpha S_{A1}, (1-\alpha)\mu_{B0} + \alpha S_{B1}\}$$

进而,我们得到 $t=0$ 时刻的资产价格 P_0 满足:

$$P_0 = E(P_1)$$

进一步,我们改写为:

$$P_0 = \mu_{A0} + V_{A0}$$

其中:

$$V_{A0} = E(P_1) - \mu_{A0}$$

显然,V_{A0} 衡量了投资者 A 眼中的交易价值,该交易价值实际上是投资者 A 将来有机会以更高的价格出售给投资者 B 的期权的价格,该部分价值显然与交易有关。类似地,我们也可以得到:

$$P_0 = \mu_{B0} + V_{B0}$$

其中：
$$V_{B0} = E(P_1) - \mu_{B0}$$

显然，V_{B0} 衡量了投资者 B 眼中的交易价值，该交易价值实际上是投资者 B 将来有机会以更高的价格出售给投资者 A 的期权的价格。

定理 1：交易价值 $V_{A0} \geqslant 0$，$V_{B0} \geqslant 0$，并且：
$$V_{A0} = \sigma f(\mu/\sigma) - \mu[1 - F(\mu/\sigma)]$$
$$V_{B0} = \sigma f(\mu/\sigma) + \mu F(\mu/\sigma)$$

其中：$\mu = \mu_{A0} - \mu_{B0}$，$\mu$ 衡量了投资者 A 和 B 之间的信念差异；$\sigma = \sqrt{2}\alpha\sigma_\varepsilon$，$\sigma$ 衡量了投资者 A 和 B 信念差异的波动性；$f(\cdot)$ 和 $F(\cdot)$ 分别是标准正态分布的概率密度函数和累计分布函数。并且交易价值 V_{A0} 或 V_{B0} 都随着 σ 的增加而增加。

证明：根据前面的理论分析我们得到：
$$P_1 = (1-\alpha)\mu_{A0} + \alpha S_{A1} + \max\{(1-\alpha)\mu_{B0} + \alpha S_{B1} - [(1-\alpha)\mu_{A0} + \alpha S_{A1}], 0\}$$

定义 $x = (1-\alpha)\mu_{B0} + \alpha S_{B1}$，$y = (1-\alpha)\mu_{A0} + \alpha S_{A1}$，则 $x \sim N(\mu_{B0}, \alpha^2\sigma_S^2)$，$y \sim N(\mu_{A0}, \alpha^2\sigma_S^2)$，并且 $x - y \sim N(\mu_{B0} - \mu_{A0}, 2\alpha^2\sigma_\varepsilon^2)$。

进一步得到：
$$P_0 = E(P_1) = \mu_{A0} + E[\max\{x-y, 0\}]$$

定义 $\mu = \mu_{A0} - \mu_{B0}$，$\sigma = \sqrt{2}\alpha\sigma_\varepsilon$，则
$$E[\max\{x-y, 0\}] = \int_0^{+\infty} h \frac{1}{\sqrt{2\pi}\sigma} e^{-(h+\mu)/2\sigma^2} dh = \sigma f(\mu/\sigma) - \mu[1 - F(\mu/\sigma)]$$

显然，$E[\max\{x-y, 0\}] \geqslant 0$，因此，
$$V_{A0} = \sigma f(\mu/\sigma) - \mu[1 - F(\mu/\sigma)] \geqslant 0$$

进一步我们得到资产的价格为：
$$P_0 = \mu_{A0} + \sigma f(\mu/\sigma) - \mu[1 - F(\mu/\sigma)]$$

也可以将资产价格改写为：
$$P_0 = \mu_{B0} + V_{B0} = \mu_{B0} + \sigma f(\mu/\sigma) + \mu F(\mu/\sigma)$$

即 $V_{B0} = \sigma f(\mu/\sigma) + \mu F(\mu/\sigma) \geqslant 0$

进一步得到：
$$\frac{\partial V_{A0}}{\partial \mu} = F(\mu/\sigma) - 1 < 0$$
$$\frac{\partial V_{A0}}{\partial \sigma} = f(\mu/\sigma) > 0$$

即 V_{A0} 随 σ 增加而增加,随 μ 增加而减少。

类似地得到:V_{B0} 随 σ 增加而增加,随 μ 增加而增加。

下面我们将上面的理论用于解释 ETF 基金的净值和价格之间的联系。为简便分析起见,假定 ETF 基金全部持有 n 只股票,并且各股票权重为等权重,即 $1/n$。参照曹志广和杨军敏(2008)的分析,应用上面理论模型中的结论,我们从投资者 A 角度定义:

$$NAV_t = F_t + V_t$$
$$P_t = F_t + V'_t$$

其中:NAV_t 表示 t 时刻基金的净值;P_t 表示基金的价格;F_t 则表示基金所持股票组合的基本面价值的平均值;V_t 表示交易基金所持股票的交易价值的平均值;V'_t 表示交易 ETF 本身的交易价值。

进一步,

$$F_t = \frac{1}{n}\sum_{i=1}^{n} F_{it}$$

$$V_t = \frac{1}{n}\sum_{i=1}^{n} V_{it}$$

其中:F_{it} 表示基金组合中股票 i 的基本面价值;V_{it} 表示基金组合中股票 i 的交易价值。

定理 2: 记股票 i 收益的方差为 $\mathrm{var}(f_{it}) = \hat{\sigma}_{it}^2$,如果基金组合中的股票收益互相不完全正相关,即相关系数 $\rho_{ij} < 1$,$\forall i, j, i \neq j$,则交易基金本身的交易价值低于交易基金所持股票组合中各股票交易价值的平均值,即 $V'_t < V_t$。

证明: 由前面的理论可知,股票 i 的交易价值与其收益的方差 $\mathrm{var}(f_{it}) = \hat{\sigma}_{it}^2$ 成正比,基金的交易价值,即一个等比例股票组合的交易价值与其方差 $\mathrm{var}((1/n)\sum_{i=1}^{n} f_{it})$ 成正比,对于一个充分分散的股票组合,我们有:

$$\mathrm{var}\left(\frac{1}{n}\sum_{i=1}^{n} f_{it}\right) = \frac{1}{n^2}\sum_{i}\sum_{j}\rho_{ij}\hat{\sigma}_{it}\hat{\sigma}_{jt} < [\overline{\hat{\sigma}_t}]^2 \leqslant \overline{\hat{\sigma}_t^2}$$

其中:$\overline{\hat{\sigma}_t} = \frac{1}{n}\sum_{i=1}^{n} \hat{\sigma}_{it}$,$\overline{\hat{\sigma}_t^2} = \frac{1}{n}\sum_{i=1}^{n} \hat{\sigma}_{it}^2$。

上面的不等式表明组合的波动性要小于股票波动性的平均值。由定理 1 可知信念差异的波动性为 $\sigma = 2^{1/2}\alpha\sigma_{\varepsilon}$,$\sigma$ 随着 σ_f 的增加而增加,给定噪音风险 σ_{ε},组合信念差异的波动性 σ_{pt} 要小于股票信念差异波动性的平均值 $\overline{\sigma}_t$,即 $\sigma_{pt} < \overline{\sigma}_t$。

进一步,得到 $V_{A0}(\mu, \sigma)$ 的 Hessian 矩阵为:

$$\begin{bmatrix} f(\mu/\sigma)/\sigma & -\mu f(\mu/\sigma)/\sigma^2 \\ -\mu f(\mu/\sigma)/\sigma^2 & \mu^2 f(\mu/\sigma)/\sigma^3 \end{bmatrix}$$

这是个半正定矩阵，函数 $V_{A0}(\mu, \sigma)$ 是凸函数，因此，

$$V_t = \frac{1}{n}\sum_{i=1}^{n} V_{A0}(\mu_{it}, \sigma_{it}) \geqslant V_{A0}\left(\frac{1}{n}\sum_{i=1}^{n}\mu_{it}, \frac{1}{n}\sum_{i=1}^{n}\sigma_{it}\right) = V_{A0}(\mu_{pt}, \bar{\sigma}_t) > V_{A0}(\mu_{pt}, \sigma_{pt}) = V'_t$$

其中：

μ_{it} 衡量了股票 i 的信念差异；

σ_{it} 衡量了股票 i 信念差异的波动性；

$\mu_{pt} = \frac{1}{n}\sum_{i=1}^{n}\mu_{it}$，$\mu_{pt}$ 衡量了组合的信念差异；

$\bar{\sigma}_t = \frac{1}{n}\sum_{i=1}^{n}\sigma_{it}$，$\bar{\sigma}_t$ 衡量了股票信念差异波动性的平均值；

σ_{pt} 衡量了组合信念差异的波动性。

定理 2 表明，如果不考虑基金带来的流动性，ETF 的交易市场和 ETF 所联结的指数交易市场交易时间的不同步，交易成本的节省等其他因素可能对基金的溢价作用，根据交易价值理论，由于基金所持有的股票组合的基本面价值的波动性要低于各股票基本面价值的波动性的平均值，ETF 基金通常会发生折价交易，即 $P_t < NAV_t$。

接下来我们再分析基金价格和净值的波动性。显然，我们有：

$$\mathrm{var}(NAV_t) - \mathrm{var}(P_t) = \mathrm{var}(V_t) - \mathrm{var}(V'_t) + 2[\mathrm{cov}(V_t, F_t) - \mathrm{cov}(V'_t, F_t)]$$

ETF 基金可以像其他股票一样进行交易，因此，可以近似将基金看成为一个可以交易的股票，具体地，我们可以作以下近似：

$$\mathrm{var}(V'_t) \approx (1/n)\sum_{i=1}^{n}\mathrm{var}(V_{it}), \quad \mathrm{cov}(V'_t, F_t) \approx (1/n)\sum_{i=1}^{n}\mathrm{cov}(V_{it}, F_t) = \mathrm{cov}(V_t, F_t)$$

由于基金所持有一揽子股票组合，只要股票交易价值之间不完全正相关，则组合交易价值的方差要小于各股票方差的平均值，即

$$\mathrm{var}(V_t) = \mathrm{var}\left[(1/n)\sum_{i=1}^{n}V_{it}\right] < (1/n)\sum_{i=1}^{n}\mathrm{var}(V_{it}) \approx \mathrm{var}(V'_t)$$

因此，

$$\mathrm{var}(NAV_t) < \mathrm{var}(P_t)$$

即基金价格的波动性通常要高于基金净值的波动性。

12.7.3 实证分析

在 ETF 基金样本选择时,我们主要考虑了上市时间和 ETF 交易的活跃性两个因素,最终我们选取了在上海和深圳市场上市超过 5 年的全部 ETF 基金作为我们的实证样本:上证 50ETF、上证 180ETF、深 100ETF、中小板 ETF 和华泰柏瑞红利 ETF。以上 5 只 ETF 的交易也比较活跃,分别跟踪上证 50 指数(成分股由上海市场 50 只股票构成)、上证 180 指数(成分股由上海市场 180 只股票构成)、深证 100 价格指数(成分股由深圳市场 100 只股票构成)、中小板指数(成分股由深圳交易所中小板市场的 100 只股票构成)和上证红利指数(成分股由上海市场分红能力最强的 50 只股票构成)。样本中上证 50ETF 早在 2005 年 2 月 23 日就上市交易了,华泰柏瑞红利 ETF 上市交易的时间最晚,在 2007 年 1 月 18 日才开始上市交易。因此,我们样本从 Wind 数据库选取 2005 年 2 月 23 日—2012 年 12 月 31 日的日交易数据。这样我们得到最长的上证 50ETF 的观测数据为 1915 个,最短的华泰柏瑞红利 ETF 的观测数据为 1 451 个。

表 12.4 给出了 5 只 ETF 基金折溢价的描述性统计,为简便起见,在表 1 及接下来的表格中我们将华泰柏瑞红利 ETF 简单记为红利 ETF。5 只 ETF 基金平均而言均表现出折价行为,t 检验表明 5 只 ETF 基金折价的平均值在 1% 显著水平下均大于 0,平均而言,折价最大的是深 100ETF,平均折价达到 0.17%,接下来是华泰柏瑞红利 ETF,而上证 180ETF 折价程度最小,平均折价为 0.06%。Wilcoxon 符号秩检验也表明 5 只 ETF 基金折价的中位数在 1% 显著水平下均大于 0。中位数表明折价程度最大的是华泰柏瑞红利 ETF,接下来是上证 50ETF,这与均值的结论不同,而上证 180ETF 中位数与均值的结论相同,仍然是折价最小的。从折溢价的波动性来看,深 100ETF 的波动性最大,中小板 ETF 的波动性最小。从表 12.4 可以看出:我国 ETF 基金通常表现出折价交易,这一发现与 Jian, Guo 和 Lan(2010)的结论不同,他们发现上证 50ETF 基金更容易溢价交易。这是因为 Jian, Guo 和 Lan(2010)使用的样本时间跨度只有 3 年,样本也仅有上证 50ETF 一只基金,而我们的样本包含 5 只 ETF 基金,时间跨度均超过 5 年,其中最长的上证 50ETF 时间跨度超过了 7 年。

表 12.4　　　　　　　　　折溢价的描述性统计

ETF	Min(%)	Max(%)	Mean(%)	Median(%)	Std(%)	样本容量
上证 50ETF	−2.668 2	3.125 3	0.100 5***	0.079 5***	0.433 5	191 5
上证 180ETF	−3.499 7	2.909 1	0.062 1***	0.009 3***	0.485 4	1 618
中小板 ETF	−4.047 2	2.374 5	0.066 0***	0.065 6***	0.357 4	1 540

ETF	Min(%)	Max(%)	Mean(%)	Median(%)	Std(%)	样本容量
红利 ETF	−1.709 8	5.046 8	0.148 2***	0.090 8***	0.533 0	145 1
深 100ETF	−2.350 1	5.259 7	0.166 6***	0.058 0***	0.713 5	1 631

注：我们使用 t 检验看均值与 0 是否存在统计上的显著差异，使用 Wilcoxon 符号秩检验看中位数与 0 是否存在统计上的显著差异。＊＊＊表示 1% 显著水平下显著。

如果 ETF 的价格与其净值不存在系统性的偏离，我们应该可以观测到折价的比例与溢价的比例比较接近，记 X 为 ETF 发生折价（D>0）的观测点数量，Y 为发生溢价（D<0）的观测点数量，则由中心极限定理得到：

$$\left(\frac{X}{X+Y} - 0.5\right) * 2 * \sqrt{X+Y} \to N(0, 1)$$

因此，我们可以构造以下 Z 统计量来检验 ETF 价格与其净值是否存在系统性的偏离：

$$Z = \left(\frac{X}{X+Y} - 0.5\right) * 2 * \sqrt{X+Y}$$

表 12.5 给出了各 ETF 基金观测样本中发生折价（D>0）的数量，发生溢价的数量（D<0）以及平价（D=0）的数量。从表 2 看出各 ETF 基金发生折价的比例远远超过发生溢价的比例，5 只 ETF 基金中发生折价的比例最高的为华泰柏瑞红利 ETF，折价发生的比例超过了 62%，而溢价发生的比例为 32%，两者之差达到了 30%。5 只 ETF 基金中发生折价的比例最低的为上证 180ETF，其折价发生的比例为 50.19%，而溢价发生的比例为 30.28%，折价的比例仍然明显大于溢价比例。表 12.5 中的 Z 统计量也表明所有 5 只样本 ETF 基金，交易价格超过其净值在常用显著水平下都是显著存在差异的。

表 12.5　　　　　　　　　折价和溢价频数的统计

ETF	D>0	D<0	D=0	(D>0)%	(D<0)%	Z 统计量
上证 50ETF	1 130	599	186	59.007 8	31.279 4	12.770 2
上证 180ETF	812	490	316	50.185 4	30.284 3	8.923 8
中小板 ETF	878	543	119	57.013 0	35.259 7	8.886 8
红利 ETF	901	465	85	62.095 1	32.046 9	11.796 7
深 100ETF	927	619	85	56.836 3	37.952 2	7.833 3

表 12.6 给出了 5 只 ETF 折溢价时间序列的单位根检验结果。检验结果表明 5 只 ETF 折溢价在 1% 显著水平下均为平稳时间序列,这也说明 ETF 一二级市场之间的套利机制发挥了良好的作用。表 12.6 也给出了 5 只 ETF 折溢价一阶自相关系数,结果表明在 1% 显著水平下,ETF 的折溢价均表现出明显正的自相关性。另外,表 12.6 还给出了 5 只 ETF 折溢价差分后的一阶自相关系数,结果表明在 1% 显著水平下,ETF 的折溢价差分序列均表现出明显负的自相关性。

表 12.6　　　　　　　折溢价的平稳性检验和一阶自相关系数

ETF	ADF 统计量	$\rho(D)$	$\rho(\Delta D)$
上证 50ETF	−4.793 2***	0.676 5***	−0.395 1***
上证 180ETF	−5.402 9***	0.509 8***	−0.371 7***
中小板 ETF	−8.830 3***	0.229 6***	−0.438 2***
红利 ETF	−5.112 7***	0.837 7***	−0.430 4***
深 100ETF	−3.861 4***	0.846 9***	−0.386 4***

注:在单位根检验中,我们采用了仅保留截距项的检验,滞后阶数我们根据 Schwarz 准则选择 15

表 12.7 给出了 5 只 ETF 折溢价水平的相关系数。深 100ETF 和华泰柏瑞红利 ETF 折溢价的相关性最高达到了 0.76,中小板 ETF 和上证 180ETF 的折溢价相关性最小,相关系数为 0.10。总体来看,5 只 ETF 折溢价表现出正相关性,这与不同传统封闭式基金折溢价表现出正相关的特点类似(曹志广和杨军敏(2008))。

表 12.7　　　　　　　　　　折溢价的相关性

ETF	上证 50ETF	上证 180ETF	中小板 ETF	华泰柏瑞红利 ETF	深 100ETF
上证 50ETF	1.000 0				
上证 180ETF	0.669 5	1.000 0			
中小板 ETF	0.122 2	0.104 7	1.000 0		
红利 ETF	0.536 2	0.551 7	0.166 9	1.000 0	
深 100ETF	0.595 9	0.581 7	0.230 6	0.762 3	1.000 0

表 12.8 也给出了 5 只 ETF 折溢价水平变动(即将折溢价时间序列差分)的相关系数。深 100ETF 和中小板 ETF 折溢价变动的相关性最高,达到了 0.39,中小板 ETF 和上证 180ETF 的折溢价变动相关性最小,相关系数为 0.15。总体来看,5 只 ETF 折溢价变动表现出正相关性,这也与不同传统封闭式基金折溢价变动表现出正相关的特点类似(曹志广和杨军敏(2008))。

表 12.8　折溢价变动的相关性

ETF	上证 50ETF	上证 180ETF	中小板 ETF	华泰柏瑞红利 ETF	深 100ETF
上证 50ETF	1.000 0				
上证 180ETF	0.343 0	1.000 0			
中小板 ETF	0.245 9	0.146 5	1.000 0		
红利 ETF	0.335 3	0.358 4	0.176 3	1.000 0	
深 100ETF	0.350 5	0.354 2	0.388 1	0.347 6	1.000 0

表 12.9 分别给出了 5 只 ETF 价格日收益的标准差和净值日收益的标准差。从表 6 可以看出：5 只 ETF 基金的价格波动性（以百分比表示）均超过了其净值波动性。其中，中小板 ETF 价格波动性与其净值波动性相差最大，其价格波动性为 2.16%，而净值波动性为 2.02%。表 12.9 也给出了相应方差检验的 F 统计量和单尾检验的 P 值，其中：上证 50ETF 和中小板 ETF 价格波动性均超过其净值波动性，并且在常用显著水平下是显著的，而其他 3 只 ETF 基金在统计意义上并不显著。

表 12.9　ETF 价格和净值的波动性

ETF	价格波动性(%)	净值波动性(%)	F 统计量	P 值
上证 50ETF	1.914 9	1.838 6	1.084 7	0.038 9
上证 180ETF	6.174 6	6.164 8	1.003 2	0.474 8
中小板 ETF	2.163 4	2.017 1	1.150 3	0.003 3
红利 ETF	2.169 3	2.140 4	1.027 2	0.306 7
深 100ETF	4.537 1	4.496 4	1.018 2	0.359 2

12.7.4　稳健性分析

下面我们分别从套利成本的不对称性和 ETF 净值可能存在偏差这两种情形下讨论对 ETF 基金平均而言更容易折价交易这一结论的影响。

首先我们讨论套利成本的不对称性对 ETF 折价交易的影响。当 ETF 二级市场价格高出其净值一定程度时，套利者会进行一二级市场间的套利交易，套利者会在股票市场购入股票，然后进入一级市场申购成 ETF 基金，再将 ETF 在二级市场抛出，从而获取利润。为方便起见，我们将这种类型的套利称为 A 类套利。相反，如果 ETF 基金的净值明显高出其二级市场的价格，套利者可以进行反向套利，在二级市场买入 ETF，并在一级市场赎回 ETF 基金获得股票，然后再将股票在二级市场抛出。我们将这种类型的套利称为 B 类套利。由于我国股票市场交易股票时需要缴纳印花税，在 2008 年 9 月 19 日前，我国执行双向征收原则，但在 2008 年 9 月 19 日之后，执行卖出时才征收印花税的单向征收原则

（0.1%的税率）。因此，A类套利和B类套利的成本，在2008年9月19日之后并不对称，A类套利的成本要比B类套利的成本低0.1%。由于2008年9月19日之后套利成本的不对称，这可能使得我们更容易观测到ETF发生折价的情况。为了消除这一因素对ETF基金折价的影响，我们采取了一个简单的办法，将2008年9月19日之后ETF基金的净值调整为原净值的0.9995倍，然后用调整后的净值重新计算ETF基金的折溢价。表12.10给出了5只ETF基金经套利交易成本调整后的折溢价的平均值和中位数，由表12.10可以看出：5只ETF基金平均而言表现出折价，并在1%显著水平下显著。这与前面的结论是一致的。

表12.10　　　　　　　　　　套利成本对称情形下的折溢价

ETF	Mean(%)	Median(%)
上证50ETF	0.0733***	0.0403***
上证180ETF	0.0299***	0.0090***
中小板ETF	0.0321***	0.0205***
红利ETF	0.1109***	0.0499***
深100ETF	0.1347***	0.0204***

接下来，我们考虑可能由于ETF成分股中的停牌等因素造成净值的估算值（公布值）NAV_t与真实值NAV_t^*之间可能存在偏差，从而造成计算出来的折溢价可能存在一定偏差。进而可能对结论的稳定性产生一定影响。为此，我们采用Engle和Sarkar(2006)的方法，使用以下状态空间估计ETF净值的真实值：

观测方程：$\begin{bmatrix} p_t \\ n_t \end{bmatrix} = \begin{bmatrix} \rho p_{t-1} \\ -\theta n_{t-1} \end{bmatrix} + \begin{bmatrix} 1 & -\rho \\ 1+\theta & 0 \end{bmatrix} \begin{bmatrix} n_t^* \\ n_{t-1}^* \end{bmatrix} + \begin{bmatrix} \varepsilon_t \\ \eta_t \end{bmatrix}$

状态方程：$\begin{bmatrix} n_t^* \\ n_{t-1}^* \end{bmatrix} = \begin{bmatrix} \mu \\ 0 \end{bmatrix} + \begin{bmatrix} 1 & 0 \\ 1 & 0 \end{bmatrix} \begin{bmatrix} n_{t-1}^* \\ n_{t-2}^* \end{bmatrix} + \begin{bmatrix} \xi_t \\ 0 \end{bmatrix}$

其中：
$$p_t = \ln(P_t), \ n_t = \ln(NAV_t), \ n_t^* = \ln(NAV_t^*)$$
$$\varepsilon_t \sim N(0, \sigma_1^2), \ \eta_t \sim N(0, \sigma_2^2), \ \xi_t \sim N(0, \sigma_3^2)$$

在得到以上模型的参数估计后，使用卡曼滤波得到ETF基金净值估计值。然后，我们计算净值修正后ETF基金的折溢价。表12.11给出了各ETF基金状态空间模型的参数估计结果，表格中的方差估计结果都乘上了10^4，参数估计的结果表明μ在一般显著水平下与0并无统计意义上的差异，其余参数均在1%显著水平下显著。表12.12则给出了修正后的折溢价情况。表12.12的结果表明基金净值经过修正后，平均而言，ETF基金仍然表现出折价行为，这与前面的结论是一致的。

表 12.11　　　　　　　　状态空间模型的参数估计结果

ETF	μ	ρ	θ	$\sigma_1^2(\times 10^4)$	$\sigma_2^2(\times 10^4)$	$\sigma_3^2(\times 10^4)$
上证 50ETF	0.000 4 (0.460 4)	0.961 8 (0.000 0)	−0.039 2 (0.000 0)	0.010 2 (0.000 0)	0.051 0 (0.000 0)	3.574 2 (0.000 0)
上证 180ETF	0.000 3 (0.481 5)	0.950 7 (0.000 0)	−0.014 1 (0.000 0)	0.010 8 (0.000 0)	0.113 7 (0.000 0)	3.904 7 (0.000 0)
中小板 ETF	0.000 4 (0.461 2)	0.897 1 (0.000 0)	−0.067 1 (0.000 0)	0.004 8 (0.000 0)	0.070 4 (0.000 0)	4.583 4 (0.000 0)
红利 ETF	0.000 0 (0.970 2)	0.995 1 (0.000 0)	0.078 4 (0.000 0)	0.019 8 (0.000 0)	1.570 6 (0.000 0)	4.406 8 (0.000 0)
深 100ETF	0.000 6 (0.283 6)	0.975 4 (0.000 0)	−0.026 5 (0.000 0)	0.020 8 (0.000 0)	0.064 0 (0.000 0)	4.626 2 (0.000 0)

注：＊＊和＊＊＊分别表示在5％和1％显著水平下显著，括弧中的数字为 P 值。

表 12.12　　　　　　　　净值修正后的折溢价

ETF	Mean(%)	Median(%)
上证 50ETF	0.100 2***	0.042 1***
上证 180ETF	0.096 3***	0.034 2***
中小板 ETF	0.064 7***	0.036 8***
红利 ETF	0.143 2***	0.098 6***
深 100ETF	0.172 5***	0.034 3***

12.7.5　结论

我国证券市场的投机性特点相对西方成熟市场而言，表现更为明显。交易价值对我国上海和深圳市场上交易的资产价格具有明显的解释能力(Mei, Scheinkman and Xiong, 2009)。在此基础上，我们提出了交易价值理论，并应用该理论对我国 ETF 基金的折溢价行为和波动性进行了理论上的分析和讨论。由于套利成本的存在，使得 ETF 基金的价格和 ETF 的净值之间的较小差异可以长期存在。根据我们的理论推测，由于我国上海和深圳市场上交易的股票价格中包含明显的交易价值，交易价值对 ETF 基金的价格和 ETF 的净值之间较小的差异也应该具有一定程度的解释能力。为此，我们选取了 2005 年 2 月—2012 年 12 月我国上市最早的 5 只 ETF 的日数据，对 ETF 基金的折溢价和波动性进行了实证研究，实证结果表明：我国的 ETF 基金，平均而言，更倾向于折价交易。并且，ETF 基金价格的波动性高于其净值的波动性，实证结果与理论推测的一致。折价交易的实证结果与西方成熟市场的结果正好相反。我们对此一个可能的合理解释是交易价值在我国的资产价格中表现更为明显,在我国市场上交易ETF基金的交易价值通常小于交易股票的交易。虽然,ETF基金在交易成本、流动性等方面相对于其对应的股票而言存在一定优势,但这些优势对我国ETF基金的溢价作用要弱于交易价值效应带来的折价作用。因此,我国上海和深圳市场上交易的ETF基金的折溢价行为不同于西方成熟市场。

复习与思考题

1. 假定股票的收益服从以下状态空间模型:

观测方程:

$$r_t = \alpha_t + \beta r_{mt} + \varepsilon_t$$

状态方程:

$$\alpha_t = c + \gamma \alpha_{t-1} + \eta_t$$

其中:

r 为股票收益率

r_m 为指数收益率

α 为超额收益

不可观测的超额收益服从AR(1)过程,试用状态空间模型估计以上模型的参数。

2. 2015年6月下旬开始我国股票市场价格出现了快速的下跌,许多上市公司试图通过停牌的方式规避下跌。这样就造成了许多基金公布的净值和基金真实的净值之间产生了较大的偏差。试应用本章中ETF折溢价分析中的状态空间模型对2015年6月开启的股灾期间中证500ETF(510500)的真实净值进行估计。

参考答案

1. 略
2. 略

13 数据挖掘偏差的检验方法和应用

本章主要介绍广泛采用的数据挖掘技术所带来的数据挖掘偏差效应,以及如何利用真实性检验(RC)、SPA 检验、SRC、SSPA、SRC(K)、SSPA(K)和 FDR 等检验方法将这些数据挖掘偏差效应纠正后,真正探测出数据背后隐藏的规律。我们给出了这些检验的 MATLAB 函数,并利用这些检验方法,在剔除了数据挖掘偏差的情形下,对常见的技术交易规则在我国股票市场的有效性进行了探测。读者可以将这些函数做修改后,应用到自己感兴趣的研究或实践问题。

13.1 数据挖掘和数据挖掘偏差的检验方法

在金融的实证研究和实践过程中,我们经常对有限的数据集进行各种各样的模型测试,甚至引入各种机器学习算法,在成千上万种可能性中寻找某种规律。令人欣慰的是经过千百次的尝试终于发现了某些变量具有统计意义上的显著性,或者终于发现某些具有良好预测能力的模式或规律。但这样也带来了一个副作用,很多原本并不存在的"规律"也被找了出来。正如 White 所说的,在一堆数据中反复寻找某种规律,由于运气的因素,我们很有可能找到原本并不存在的"规律"。针对数据挖掘可能带来的偏差问题,许多学者开始寻找相关的克服办法。White(2000)对这一问题提出了奠基性的真实性检验(RC,Reality check)方法,考虑了数据挖掘偏差效应,提出了用 RC 方法来剔除运气因素从而真正识别规律。

举一个例子,比如,让 1 000 只没有选股能力的猴子随机挑选股票并持有一年时间,应用通常的 t 检验方法,在 1% 显著水平下,这 1 000 只猴子中至少有 1 只猴子具有选股能力的概率为 $1-0.99^{1\,000}$,即通常的 t 检验结果错误的概率接近 100%。真实性检验的基本思想是对这些策略进行联合检验,从而将犯错误的概率有效控制在一定显著水平,比如,10%。在 White(2000)的基础上,许多学者也考虑了数据挖掘偏差效应,相继提出了 SPA(Superior predictive ability)、SRC(Stepwise-RC)、SSPA(Stepwise-SPA)、SRC(K)、SSPA(K)和 FDR(False discovery rate)等检验方法。

在引入剔除数据挖掘偏差的统计方法前,我们先定义备选策略(这里的策略可以理解成广义的策略,比如:一个策略可以理解成为一个预测模型,在这里我们特意指交易策略)相对于基准策略的表现从时刻 R 到时刻 T 的历史观测值为 $n \times L$ 的矩阵 F,$T = R + n - 1$,备选策略中总的策略个数为 L,n 为每个策略观测期间的观测点数量。矩阵 F 中第 k 列就表示第 k 个策略相对于基准的表现。通常,策略的表现可以用收益率来表示(当然不同的问题,评价形式也可以不同,比如:用 R 平方来评价一个模型的好坏等;用预测误差的平方和来衡量预测模型的好坏等),策略的收益率减去基准策略的收益率就得到了策略的相对表现。当然,策略的表现也可以用其他方式进行衡量。$f_{k,t}$ 为矩阵 F 第 t 行第 k 列的元素,表示第 k 个策略在时刻 t 的相对表现。在这里我们用均值、夏普比率和确定性等价收益来衡量策略的表现,当然评价指标也可以扩展到超额收益、择时能力等等。

13.1.1 RC 方法

RC 方法的原假设为备选策略中绩效最好的策略不能战胜基准策略,即

$$H_0: \max_{k=1,2,\cdots,L} \{f_k\} \leqslant 0$$

其中:f_k 是第 k 个策略相对于基准策略的表现。

RC 方法的检验统计量为:

$$V_{RC} = \max_{k=1,2,\cdots,L} \{\sqrt{n}\overline{f}_k\} \tag{13.1}$$

其中:$\overline{f}_k$ 为第 k 个策略相对于基准策略的平均表现,即 $\overline{f}_k = \dfrac{1}{n}\sum\limits_{t=R}^{T} f_{k,t}$。

统计量的经验分布根据 Politis 和 Romano(1994)提出的平稳自助法得到:

步骤 1:首先从 1 到 n 中按照均匀分布随机抽取一个数,计为 x,然后将矩阵 F 中的第 x 行的所有元素抽取出来构成新矩阵的第 1 行。然后,按照以下方式产生下一个随机数 y:以 $1-q$ 的概率取 $x+1$(如果 $x=n$,则取 1),以 q 的概率从 1 到 n 中均匀随机抽取一个数。然后抽取矩阵 F 中所有第 y 行的元素构成新矩阵的第 2 行,重复进行 n 次则得到矩阵 F 的一个抽样样本。进行 J 次抽样,我们就得到了矩阵 F 的 J 个抽样样本。记 $\{f^*_{k,t,j}\}_{t=R}^{T}$ 为第 j 次抽样中第 k 个策略在时刻 t 的相对表现。这里的 q 为平滑参数,在 $[0,1]$ 之间取值。q 的取值可以根据收益率在时间序列上的相关性来确定,但 Sullivan 等人(1999)的研究表明 q 的取值对检验结果影响并不明显。考虑到股票市场上收益率序列的自相关性,我们参照 Hsu 和 Kuan(2005)的做法设定 $q=0.1$,并设定 $J=1000$。显然,Politis 和 Romano(1994)提出的平稳自助法考虑到了样本时间序列上的相关性和横截面上的相关性。

步骤 2：对第 j 个抽样样本矩阵，我们计算其第 k 个策略的平均相对表现：

$$\overline{f}_{k,j}^{*} = \frac{1}{n}\sum_{t=R}^{T} f_{k,t,j}^{*}, \quad k=1,2,\cdots,L, \quad j=1,2,\cdots,J \tag{13.2}$$

步骤 3：按照以下方式计算 $V_{\text{RC},j}^{*}$：

$$V_{\text{RC},j}^{*} = \max_{k=1,2,\cdots,L} \{\sqrt{n}(\overline{f}_{k,j}^{*} - \overline{f}_{k})\}, \quad j=1,2,\cdots,J \tag{13.3}$$

这样得到 RC 检验的 p 值如下：

$$p_{\text{RC}} = \sum_{j=1}^{J} \frac{I_{\{V_{\text{RC},j}^{*} > V_{\text{RC}}\}}}{J} \tag{13.4}$$

计 RC 检验的 p 值为 p_{RC}，其中：$I_{\{\cdot\}}$ 为示性函数，如果满足条件取 1，否则取 0。
如果 $p_{\text{RC}} < \alpha$，则在 α 显著水平下，备选策略中表现最好的策略好于基准。

13.1.2 SPA 方法

在 RC 方法的基础上，Hanson(2005)提出了检测能力更好的 SPA 方法用来探测备选策略中是否存在跑赢基准的策略。相比 RC 方法，SPA 方法作了以下两个方面的改进：(1)缓解了当备选策略中存在的众多表现很差的策略对检测能力的不利影响；(2)采用了标准化的检验统计量，使得比较具有不同波动性的策略表现有了一致的基准。RC 和 SPA 方法仅对备选策略中表现最好的策略是否优于基准策略进行统计检验，并不能探测出备选策略中其他跑赢基准的策略。

Hansen(2005)提出的 SPA 基于以下标准化的统计量：

$$V_{\text{SPA}} = \max\left\{\max_{k=1,2,\cdots,L} \frac{\sqrt{n}\,\overline{f}_{k}}{\hat{\sigma}_{k}}, 0\right\} \tag{13.5}$$

其中：$\hat{\sigma}_{k}^{2}$ 是 $\sigma_{k}^{2} = \text{var}(\sqrt{n}\,\overline{f}_{k})$ 的估计量。为避免那些表现糟糕的策略对检测能力的不利影响，Hanson 采用以下中心化的方式计算抽样样本中的相对表现：

$$Z_{k,t,j}^{*} = f_{k,t,j}^{*} - \overline{f}_{k} I_{\{\sqrt{n}\overline{f}_{k}/\hat{\sigma}_{k} > -A\}}, \quad j=1,2,\cdots,J \tag{13.6}$$

我们采用 Hsu 和 Kuan(2005)的做法，设定 $A = n^{1/4}/4$。
SPA 检验的 p 值通过以下 $V_{\text{SPA},j}^{*}$ 的经验分布获得：

$$V_{\text{SPA},j}^{*} = \max\left\{\max_{k=1,2,\cdots,L} \frac{\sqrt{n}\,\overline{Z}_{k,j}^{*}}{\hat{\sigma}_{k}}, 0\right\}, \quad j=1,2,\cdots,J \tag{13.7}$$

其中：$\overline{Z}_{k,j}^{*} = \frac{1}{n}\sum_{t=R}^{T} z_{k,t,j}^{*}, \quad k=1,2,\cdots,L, \quad j=1,2,\cdots,J$。

对于 $\hat{\sigma}_k^2$,我们也采用与 Hsu 和 Kuan(2005)类似的做法,基于 J 次抽样的样本计算如下:

$$\hat{\sigma}_k^2 = \frac{n}{J} \sum_{j=1}^{J} (\overline{f_{k,j}^*} - \overline{\overline{f_k^*}})^2, \quad k = 1, 2, \cdots, L \tag{13.8}$$

其中:$\overline{\overline{f_k^*}} = \frac{1}{J} \sum_{j=1}^{J} \overline{f_{k,j}^*}$。

13.1.3 SRC 和 SSPA 方法

基于 RC 方法,Romano 和 Wolf(2005)提出了 SRC 方法,从而探测出备选策略中所有跑赢基准的策略。类似地,基于 SPA 方法,Hsu,Hsu 和 Kuan(2010)提出了检验能力更好的 SSPA 方法来探测出备选策略中所有跑赢基准的策略。

SRC 首先进行 RC 检验,并计算每个策略的 RC 统计量:

$$\sqrt{n} \overline{f_k}, \quad k = 1, 2, \cdots, L$$

然后按照降序排列,找出大于临界值,即根据 $V_{RC,j}$ 得到的经验分布的 $1-\alpha$ 分位数。如果找不到这样的策略,则接受原假设,即不存在优于基准的策略。如果存在大于临界值的策略,则将这些大于临界值的策略认定为优于基准的策略。然后将这些策略从备选策略中剔除,重复上面的过程,直到没有策略被剔除。SSPA 方法与 SRC 类似,只是在以下两个方面稍有不同:统计量被标准化了,抽样样本中策略的相对表现被中心化了。

13.1.4 SRC(K)和 SSPA(K)方法

SRC 和 SSPA 将检测出来跑赢基准的策略中包含"错误"的策略个数为 1 个以及 1 个以上的概率控制在一定显著水平下。如果备选策略中跑赢基准的策略众多,允许在检测出来的跑赢基准的策略中存在少数几个被误判的策略,则探测跑赢基准的策略能力就会增强。基于以上想法,Romano 和 Wolf(2007)在 SRC 方法的基础上提出了 SRC(K)方法,将检测出来跑赢基准的策略中包含"错误"的策略个数为 K 个以及 K 个以上的概率控制在一定显著水平下,即 $P(误判的策略个数 \geqslant K) \leqslant \alpha$。其中:$\alpha$ 表示显著水平。实际上,SRC 可以看成是 SRC(K)的一个特例,相当于 SRC(1),SRC(2)则对应于 $P(误判的策略个数 \geqslant 2) \leqslant \alpha$,即允许出现 1 个误判的情况发生。同样地,基于 SSPA 方法,Hsu,Kuan 和 Yen(2014)提出了 SSPA(K)方法,相对于 SRC(K)方法,SSPA(K)方法的检测能力也更好。Hsu,Kuan 和 Yen(2014)应用 SRC(K)方法检验了 1994 年—2010 年期间 1050 个 CTA(Commodity trade adviser)基金的表现,在纠正数据挖掘偏差后,发现仍然存在产生超额收益的基金。为了区别 SRC 和 SSPA,我们将 K 限制为大于等于 2。

SRC(K)方法的检验步骤如下:

步骤1：建立以下原假设，$H_0: f_k \leqslant 0, k=1,2,\cdots,L$，记 $T_k = \overline{f}_k/\hat{\sigma}_k$ 为标准化的策略统计量，$k=1,2,\cdots,L$，然后将 $T_k, k=1,2,\cdots,L$ 按照降序排列。

步骤2：根据 Politis 和 Romano(1994)提出的平稳自助法得到策略统计量中第 K 个最大值经验分布的 $1-\alpha$ 分位数，记为 $q_{1-\alpha}^K$。如果不存在备选策略中的策略统计量大于 $\max\{q_{1-\alpha}^K, 0\}$ 的情况，则检验结束，接受原假设，即不存在优于基准的策略。否则，将大于 $\max\{q_{1-\alpha}^K, 0\}$ 的策略认定为优于基准的策略。从原备选策略中剔除这些优于基准的策略，构成新的备选策略。

步骤3：如果前面步骤中优于基准的策略个数小于 K 个，则检验结束。否则，从前面步骤中选出来的优于基准的策略中选出 $K-1$ 个策略加入到前面步骤得到的新备选策略中，并按步骤2的方法得到第 K 个最大值的经验分布的 $1-\alpha$ 分位数。将所有可能的 $K-1$ 个策略，依次加入到前面步骤得到的新备选策略中，并得到第 K 个最大值的经验分布的 $1-\alpha$ 分位数。然后计算所有的 $1-\alpha$ 分位数的最大值，记为 $q_{1-\alpha}^{\max}$。如果备选策略中不存在大于 $\max\{q_{1-\alpha}^{\max}, 0\}$ 的策略，则停止检验；否则将大于 $\max\{q_{1-\alpha}^{\max}, 0\}$ 的策略加入到前面认定的优于基准的策略集合中。

步骤4：重复前面的步骤3，直到不能再找到优于基准的策略。

SSPA(K)的检验步骤与 SRC(K)方法类似，只是在以下方面稍有不同：抽样样本中策略的相对表现被中心化了。

13.1.5 FDR 方法

由于 RC、SPA 以及 SRC、SSPA 方法采用了保守的最少有利准则(Least favorable configuration)，将错误发现 1 个及 1 个以上跑赢基准策略的概率控制在一定显著水平的前提下，比如，1%、5%或 10%，从众多备选策略中寻找跑赢基准策略的优秀策略。SRC(K)和 SSPA(K)虽然也采用了保守的最少有利准则，但是放松了错误发现率，将错误发现 K 个及 K 个以上跑赢基准策略的概率控制在一定显著水平，允许在被找出的"优秀策略"中出现 $K-1$ 个被误认为跑赢基准的情况，从而提高了检测能力。虽然 SRC、SSPA 以及 SRC(K)和 SSPA(K)方法的检测能力依次渐强，但都是单尾检验，基于保守的最少有利准则进行统计推断。Barras，Scaillet 和 Wermers(2010)提出了基于双尾检验的 FDR 方法，用来寻找剔除运气因素之后具有超额收益的基金①。FDR 更为激进，并不基于保守的最少有利准则，将控制错误发现率在一定水平的同时，也更容易发现那些真正跑赢基准策略的技术交易策略。

我们简单表述一下 FDR 方法的基本思想。详细的算法参见 Barras，Scaillet 和 Wermers(2010)的论文。考虑市场上存在三种不同类型的策略，一类策略优于基准策略，

---

① Barras, L., Scaillet, O., Wermers, R., 2010, False discoveries in mutual fund performance: measuring luck in estimated alphas, Journal of Finance 65, 179–216.

即相对基准策略的表现为正；一类策略劣于基准策略，即相对基准策略的表现为负；而第三类策略则与基准策略相当，即相对基准策略的表现为 0。记 π_0 为第三类策略的比例；π_A^+ 和 π_A^- 分别为第一类和第二类策略的比例。FDR 方法采用双尾检验，其原假设为：H_0：$f_k = 0, k = 1, 2, \cdots, L$。

首先，FDR 方法首先比较单个策略与基准策略，使用 Politis 和 Romano(1994) 提出的平稳自助法得到每个策略单独与基准策略表现相比较的 p 值，进而基于这 L 个 p 值估计出第三类策略的比例 π_0，其估计量记为 $\hat{\pi}_0$。然后得到 π_A^+ 和 π_A^- 的估计值，分别用 $\hat{\pi}_A^+$ 和 $\hat{\pi}_A^-$ 来表示。最后，如果 $\hat{\pi}_A^+$ 显著大于 0，则通过将期望错误发现率控制在一定水平之下，识别出那些优于基准的策略。

13.2 数据挖掘偏差检验的 MATLAB 函数

我们首先给出函数 my_perf_measure 衡量策略相对于基准策略表现的衡量指标：均值、夏普比率和确定性等价收益。读者可以更改其中的衡量指标，my_perf_measure 中的输入已经设置为可变输入，方便读者更改业绩衡量指标。比如：可以用 alpha 来衡量策略的相对表现；可以用预测值与实际值的误差平方和来衡量表现等等。

```
function f=my_perf_measure(data,benchmark,varargin)
%performance measure, this file can be revised on the suituation.
%varargin:take a value from 'mean', 'sharpe' and 'ceq'
ER_data=mean(data);
STD_data=std(data);
ER_benchmark=mean(benchmark);
STD_benchmark=std(benchmark);
gamma=1;%this value can be reset as other values, say 2,3,...
type=varargin{1};
if (strcmpi(type,'mean')==1)
f=ER_data-ER_benchmark;
elseif (strcmpi(type,'ceq')==1)
f=(ER_data-0.5*gamma*STD_data.^2)-(ER_benchmark-0.5*gamma*STD_benchmark.^2);
elseif strcmpi(type,'sharpe')==1
ER_benchmark=repmat(ER_benchmark,1,size(data,2));
f=ER_data./STD_data-ER_benchmark./STD_benchmark;
```

```
    f(isnan(f))=ER_data(isnan(f))-ER_benchmark(isnan(f));
    f(isinf(f))=ER_data(isinf(f))-ER_benchmark(isinf(f));
else
    error('type may not be right');
end
```

接下来我们给出平稳自助法函数 my_stationary_bootstrap, 用来产生原始数据的重复抽样样本。

```
function f=my_stationary_bootstrap(data,q,N,benchmark,varargin)
%Generate a N*M matrix, f(each row of f presents relative performance
%measures of models (strategies)
%data: a T*M return matrix, observations of M strategies from time 1 to T
%q: smoothing parameter, q belongs to [0,1]
%N: bootstraped number of resamples of data
%benchmark: a T*1 vector of returns on a specified benchmark asset
%varargin: other inputs for 'my_perf_measure'
%Reference:
%Politis, D. N., and Romano, J. P., 1994, The Stationary Bootstrap,
%Journal of the American Statistical Association, 89, 1303-1313.
%Edited by Zhiguang Cao, 2014/12/16
if sum(sum(isnan(data)))>0||sum(sum(isnan(benchmark)))>0
    error('Data or benchmark contains NaNs, pls check the data')
end
[T,M]=size(data);
if isempty(benchmark)
benchmark=zeros(T,1);
end
all_data=[data,benchmark];
clear data benchmark
A=randi(T,T,N);
Q=rand(T,N);
B=(Q>q);
for i=2:T
```

```
A(i,B(i,:))=A(i-1,B(i,:))+1;
end
A(A>T)=A(A>T)-T;
clear B Q
f=zeros(N,M);
for i=1:N
C=all_data(A(:,i),:);
f(i,:)=my_perf_measure(C(:,1:end-1),C(:,end),varargin{:});
end
```

13.2.1 RC检验的MATLAB函数

函数 my_reality_check 实现了 RC 检验,函数的输入项中 data 为策略的收益矩阵,N 为自助法重复抽样的抽样次数,q 为平滑系数,benchmark 为基准策略的收益列向量,alpha 为检验的显著水平,varargin 为其他可变输入项。函数的输出项中 p_value 为结构型变量,分别输出 RC 检验的 p 值(即考虑数据挖掘偏差效应下,表现最好的策略是否跑赢基准策略)和表现最好的策略的名义 p 值(即不考虑数据挖掘偏差效应下,表现最好的策略是否跑赢基准策略);stat_rc_ind 则给出了各个策略的 RC 统计量;q_k 则给出了临界值;VV 则给出了自助法抽样得到的 $N*M$ 的 RC 统计量。

```
function
[p_value,stat_rc_ind,q_k,VV]=my_reality_check(data,N,q,benchmark,alpha,varargin)
%Reference:
%White, H., 2000, A Reality Check for Data Snooping, Econometrica, 68, 1097-1126.
%perform reality check (RC)
%Note: the performance measure is not studentized
%input:
%data: a T*M return matrix, observations of M strategies from time 1 to T
%q: smoothing parameter,q belongs to [0,1]
%N: bootstraped number of resamples of data
%benchmark:a T*1 vector of returns on a specified benchmark asset
%varargin: other inputs for 'my_perf_measure' and 'my_stationary_bootstrap'
```

```
%alpha: a significance level,say, 0.05
%output:
%p_value: a structure variable
%p_value.rc: p value for RC
%p_value_nominal: nomial p-value for the best model
%stat_rc_ind:RC statistics for individual models
%q_k: the percentile at 1-alpha confidance level
%VV:bootstrapped statistics for individual models, a N*M matrix
%Edited by Zhiguang Cao,2014/12/16
T=size(data,1);
if isempty(benchmark)
benchmark=zeros(T,1);
end
%%%calculate performance for each strategy relative to benchmark with
%%%respect to 'mean','sharpe' and 'ceq' measures.
f_mean=my_perf_measure(data,benchmark,varargin{:});
%%%%%%%%%%%%%%%%
%%%%%%%%%%%%%%
stat_rc_ind=f_mean*sqrt(T);
%RC statistics for individual models
[V,id_max]=max(stat_rc_ind);%RC statistics for the best model
VV=(my_stationary_bootstrap(data,q,N,benchmark,varargin{:})-
repmat(f_mean,N,1))*sqrt(T);
V_star=max(VV,[],2);
%generate random V* by stationary bootstrap method
q_k=prctile(V_star,(1-alpha)*100);
%critical value at alpha significance level
p_value.rc=sum(V_star>=V)/N;%p value for RC
p_value.nominal_best=sum(VV(:,id_max)>=V)/N;
%nomial p-value for the best model
```

13.2.2 SPA 检验的 MATLAB 函数

函数 my_reality_check 实现了 SPA 检验,函数的输入变量与 RC 检验完全一致;输出项中 stat_spa_ind 为各个策略的 SPA 统计量,其他输出与 RC 检验类似。

```
function
[p_value,stat_spa_ind,q_k,VV]=my_spa_test(data,N,q,benchmark,alpha,
varargin)
%Reference:
%Hansen, P. R., 2005, A test for superior predictive ability,
%Journal of Business and Economic Statistics, 23,365-380.
%Edited by Zhiguang Cao, 2014/12/16
T=size(data,1);
if isempty(benchmark)
benchmark=zeros(T,1);
end
f_mean=my_perf_measure(data,benchmark,varargin{:});
%%%%%%%%%%%%%%%%%%%%%%%%%%
V_star=my_stationary_bootstrap(data,q,N,benchmark,varargin{:});
%generate random V* by stationary bootstrap method
sigma=std(V_star)*sqrt(T);
sigma(sigma==0)=sqrt(T);
A=sigma/(4*T^(1/4));
f_mean_adj=f_mean;
f_mean_adj(f_mean+A<0)=0;
stat_spa_ind=f_mean_adj./sigma*sqrt(T);
%SPA statistics for individual models
[V,id_max]=max(stat_spa_ind);
V=max(V,0);%SPA statistics for the best model
VV=(V_star-repmat(f_mean_adj,N,1))./repmat(sigma,N,1)*sqrt(T);
V_star_c=max(max(VV,[],2),0);
q_k=prctile(V_star_c,(1-alpha)*100);
%critical value at alpha significance level
p_value.nominal_best=sum(VV(:,id_max)>=V)/N;
%nominal p-value for the best model
p_value.spa=sum(V_star_c>=V)/N;%p value for SPA test
```

13.2.3 SRC 和 SSPA 检验的 MATLAB 函数

函数 my_stepwise_rc 实现了 SRC 的检验，输入项与前面的函数一致；输出项中 id_src 给出了战胜基准策略的那些策略的序号（data 中每一列代表一个策略，策略的序号对应的是 data 中的第几列）；p_value_src 则给出了跑赢基准的那些策略的 p 值；p_value_nominal 则给出了不考虑数据挖掘偏差情形下所有备选策略的名义 p 值。

```
function
[id_src,p_value_src,p_value_nominal]=my_stepwise_rc(data,N,q,
benchmark,alpha,varargin)
%perform stepwise reality check
%Note: the performance measure is not studentized
%Reference:
%Romano, J., P., Wolf, M., 2005, Stepwise multiple testing as formalized
data snooping, Econometrica 73, 1237-1282.
%input:
%data: a T*M return matrix, observations of M strategies from time 1 to T
%q: smoothing parameter, q belongs to [0,1]
%N: bootstraped number of resamples of data
%benchmark: a T*1 vector of returns on a specified benchmark asset
%varargin: other inputs for 'my_perf_measure' and 'my_stationary_bootstrap'
%k: number of falsely rejected models
%alpha: a significance level, say, 0.05
%output:
%id_src: ids for rejected models
%p_value_src: p-values for rejected models
%p_value_nominal: nominal p-values for all models
%Edited by Zhiguang Cao, 2014/12/16
T=size(data,1);
if isempty(benchmark)
benchmark=zeros(T,1);
end
```

```
    [p_value,stat_rc_ind,q_k,VV]=my_reality_check(data,N,q,benchmark,
alpha,varargin{:});
    [~,b]=max(stat_rc_ind);
    p_value_nominal=(sum(VV>=repmat(stat_rc_ind,N,1))/N)';
    p_value_src.nominal_best=p_value_nominal(b);
    B=stat_rc_ind;
    id_src=[];%idendities of the rejected models
    if p_value.rc>alpha
    p_value_src.src=p_value.rc;
    else
    p_value_src.src=[];%p-values of the rejected models
    end
    while p_value.rc<=alpha
    a=find(stat_rc_ind>q_k);
    p_value_src.src=[p_value_src.src,sum(VV(:,a)>q_k)/N];
    data(:,a)=repmat(benchmark,1,numel(a));
    id_src=[id_src,a];
    [p_value,stat_rc_ind,q_k,VV]=my_reality_check(data,N,q,benchmark,
alpha,varargin{:});
    end
    %descending order in statistics
    if ~isempty(id_src)
    table=[id_src',p_value_src.src',B(id_src)'];
    table=sortrows(table,-3);
    id_src=table(:,1);
    p_value_src.src=table(:,2);
    end
```

函数 my_stepwise_spa 实现了 SSPA 的检验,函数的输入和输出项的含义基本与 my_stepwise_rc 一致。

```
function
[id_sspa,p_value_sspa,p_value_nominal]=my_stepwise_spa(data,N,q,
benchmark,alpha,varargin)
```

```
%perform stepwise SPA (SSPA) test
%Reference:
%Hsu, P. H., Hsu, Y. C., Kuan, C. M., 2010, Testing the predictive ability
%of technical analysis using a new stepwise test without data snooping bias,
%Journal of Empirical Finance 17, 471-484.
%Edited by Zhiguang Cao, 2014/12/16
T=size(data,1);
if isempty(benchmark)
benchmark=zeros(T,1);
end
[p_value,stat_spa_ind,q_k,VV]=my_spa_test(data,N,q,benchmark,alpha,varargin{:});
p_value_nominal=sum(VV>=repmat(stat_spa_ind,N,1))/N;
p_value_nominal=p_value_nominal(:);
[~,b]=max(stat_spa_ind);
p_value_sspa.nominal_best=p_value_nominal(b);
%nominal p-value for the best model
B=stat_spa_ind;
id_sspa=[];
if p_value.spa>alpha
p_value_sspa.sspa=p_value.spa;
else
p_value_sspa.sspa=[];
end
while p_value.spa<=alpha
a=find(stat_spa_ind>q_k);
p_value_sspa.sspa=[p_value_sspa.sspa,sum(VV(:,a)>q_k)/N];
data(:,a)=repmat(benchmark,1,numel(a));
id_sspa=[id_sspa,a];
[p_value,stat_spa_ind,q_k,VV]=my_spa_test(data,N,q,benchmark,alpha,varargin{:});
end
%descending order in statistics
```

```
if ~isempty(id_sspa)
table=[id_sspa',p_value_sspa.sspa',B(id_sspa)'];
table=sortrows(table,-3);
id_sspa=table(:,1);
p_value_sspa.sspa=table(:,2);
end
```

13.2.4　SRC(K)和SSPA(K)检验的MATLAB函数

函数 my_rc_test_k 和 my_spa_test_k 实现了 SRC(K) 和 SSPA(K) 的检验。函数 my_rc_test_k 的输入项与前面一致。输出项中的 fdr 为错误率，定义为 K/(检测出的好策略数量+1)；p_value_nominal 为不考虑数据挖掘偏差情形下的名义 p 值；p_value_rc_k 为考虑了数据挖掘偏差情形下的 SRC(K)检验的 p 值。函数 my_spa_test_k 的输出项与 my_rc_test_k 的含义基本一致。

```
function
[id_rc_k,fdr,p_value_nominal,p_value_rc_k]=my_rc_test_k(data,N,q,
benchmark,k,alpha,varargin)
%perform step-RC(k) test
%Note: k>=2, and perfromance measure is studentized
%Reference:
%[1]Romano, J. P., and M. Wolf, 2007, Control of generalized error rates in
%multiple testing, Annals of Statistics 35,1378-1408.
%[2] Hsu, Kuan, and Yen, 2014, A Generalized Stepwise Procedure with
Improved Power for Multiple Inequalities Testing,
%Journal of Financial Econometrics, 12,730-755.
%Edited by Zhiguang Cao, 2015/10/16
%input:
%data: a T*M return matrix, observations of M strategies from time 1 to T
%q: smoothing parameter,q belongs to [0,1]
%N: bootstraped number of resamples of data
%benchmark:a T*1 vector of returns on a specified benchmark asset
%varargin: other inputs for 'my_perf_measure' and 'my_stationary_bootstrap'
```

%k: number of falsely rejected models

%alpha: a significance level controlling for familywise error rate (FWER), say, 0.05

%output:

%id_rc_k:identities of rerjected models

%fdr: false discovery rate

%p_value_nominal: nominal p—value for each model, (H0: the model %underperforms the benchmark)

%p_value_rc: p—values for rejected models when step—RC(k) is employed

if k==1

error('pls switch to stepwise rc, and the function "my_stepwise_rc" … should be used')

end

[T,M]=size(data);

if isempty(benchmark)

benchmark=zeros(T,1);

end

f_mean=my_perf_measure(data,benchmark,varargin{:});

V_star=my_stationary_bootstrap(data,q,N,benchmark,varargin{:});

%generate random V* by stationary bootstrap method

sigma=std(V_star) * sqrt(T);

sigma(sigma==0)=sqrt(T);

%sigma=ones(1,M); %unstudentized performance measure

clear data benchmark

B=f_mean./sigma * sqrt(T); %performance for individual strategy

BBB=B;

BB=repmat(B,N,1);

[~,b]=max(B);

V_star_1=(V_star−repmat(f_mean,N,1))./repmat(sigma,N,1) * sqrt(T); %N * M matrix

p_value_nominal=sum(V_star_1>=BB)/N;

%nominal p—value for each strategy

p_value_nominal=p_value_nominal(:);

p_value_rc_k.nominal_best=p_value_nominal(b);

```
V_star_2=sort(V_star_1,2);
CV_k=V_star_2(:,end-k+1);
q_k=max(prctile(CV_k,100*(1-alpha)),0);
A1=find(B>q_k);%ids for rejected models
if ~isempty(A1)
AA=repmat(CV_k,1,numel(A1));
p_value_rc_k.rc=sum(AA>=BB(:,A1))/N;
%spa p-values for those rejected models
clear AA
else
p_value_rc_k.rc=sum(CV_k>=max(BBB))/N;
%rc p-values for the best model;
end
A2=setdiff(1:M,A1);%ids for remaining models not rejected
if isempty(A1)
id_rc_k=[];
elseif numel(A1)<k
id_rc_k=A1;
else
id_rc_k=A1;
while (~isempty(A1))&&(length(id_rc_k)<1000)
%too large number for combnk is not practical, if number of superior models
%exceeds 1000, further searching for superior models would be stopped
B(A1)=0;
id_back=combnk(id_rc_k,k-1);
qq=min(size(id_back,1),100);
id_back=id_back(1:qq,:);
for j=1:qq
V_star_loop_1=V_star_1(:,[id_back(j,:),A2]);
V_star_loop_2=sort(V_star_loop_1,2);
CV_k(:,j)=V_star_loop_2(:,end-k+1);
q_k_loop(j)=max(prctile(CV_k(:,j),100*(1-alpha)),0);
end
q_k=max(q_k_loop);
```

```
A1=find(B>q_k);%ids for rejected models
AA=repmat(max(CV_k,[],2),1,numel(A1));
p_value_rc_k.rc=[p_value_rc_k.rc,sum(AA>=BB(:,A1))/N];
%updated spa p-values for those rejected models
id_rc_k=[id_rc_k,A1];%updated ids for rejected models
A2=setdiff(A2,A1);%ids for remaining models not rejected
end
end
if isempty(id_rc_k)
fdr=nan;
else
fdr=k/(numel(id_rc_k)+1);
end
%descending order in statistics
if ~isempty(id_rc_k)
table=[id_rc_k',p_value_rc_k.rc',BBB(id_rc_k)'];
table=sortrows(table,-3);
id_rc_k=table(:,1);
p_value_rc_k.rc=table(:,2);
end
```

```
function
[id_spa_k,fdr,p_value_nominal,p_value_spa_k]=my_spa_test_k(data,N,q,
benchmark,k,alpha,varargin)
%perform step-SPA(k) test
%Note:k>=2,if k=1, then spa_k test is equivalent to stepwise-spa test
%and stepwise-spa test should be used
%Reference:
%Hsu,Kuan,and Yen, 2014, A Generalized Stepwise Procedure with Improved
%Power for Multiple Inequalities Testing,
%Journal of Financial Econometrics, 12,730-755.
%Edited by Zhiguang Cao,2015/10/16
%input:
```

%data: a T * M return matrix, observations of M strategies from time 1 to T
%q: smoothing parameter, q belongs to [0,1]
%N: bootstraped number of resamples of data
%benchmark: a T * 1 vector of returns on a specified benchmark asset
%varargin: other inputs for 'my_perf_measure' and 'my_stationary_bootstrap'
%k: number of falsely rejected models
%alpha: a significance level controlling for familywise error rate (FWER)
%output:
%id_spa_k: identities of rerjected models
%fdr: false discovery rate
% p _ value _ nominal: nominal p — value for each model, (H0: the model underperforms the benchmark)
% p _ value _ spa _ k: p — values for rejected models when step — SPA (k) is employed
if k==1
error('pls switch to stepwise spa, and the function "my_stepwise_spa" ··· should be used')
end
[T,M]=size(data);
if isempty(benchmark)
benchmark=zeros(T,1);
end
f_mean=my_perf_measure(data,benchmark,varargin{:});
V_star=my_stationary_bootstrap(data,q,N,benchmark,varargin{:});
%generate random V* by stationary bootstrap method
clear data benchmark
sigma=std(V_star) * sqrt(T);
sigma(sigma==0)=sqrt(T);
B=f_mean. /sigma * sqrt(T); %SPA statistics for individual strategy
BBB=B;
A=sigma/(4 * T^(1/4));
f_mean_adj=f_mean;
f_mean_adj(f_mean+A<0)=0;

```
BB=repmat(B,N,1);
V_star_1=(V_star-repmat(f_mean_adj,N,1))./repmat(sigma,N,1)*sqrt(T);%N*M matrix
p_value_nominal=sum(V_star_1>=BB)/N;
%nominal p-value for each strategy
p_value_nominal=p_value_nominal(:);
[~,b]=max(B);
p_value_spa_k.nominal_best=p_value_nominal(b);
V_star_2=sort(V_star_1,2);
CV_k=V_star_2(:,end-k+1);
q_k=max(prctile(CV_k,100*(1-alpha)),0);
A1=find(B>q_k);%ids for rejected models
if ~isempty(A1)
AA=repmat(CV_k,1,numel(A1));
p_value_spa_k.spa=sum(AA>=BB(:,A1))/N;
%spa p-values for those rejected models
clear AA
else
p_value_spa_k.spa=sum(CV_k>=max(BBB))/N;%spa p-values for the best model
end
A2=setdiff(1:M,A1);%ids for remaining models not rejected
if isempty(A1)
id_spa_k=[];
elseif numel(A1)<k
id_spa_k=A1;
else
id_spa_k=A1;
while (~isempty(A1))&&(length(id_spa_k)<1000)
%too large number for combnk is not practical, if number of superior models
%exceeds 1000, further searching for superior models would be stopped
B(A1)=0;
id_back=combnk(id_spa_k,k-1);
qq=min(size(id_back,1),100);
```

```
id_back=id_back(1:qq,:);
for j=1:qq
V_star_loop_1=V_star_1(:,[id_back(j,:),A2]);
V_star_loop_2=sort(V_star_loop_1,2);
CV_k(:,j)=V_star_loop_2(:,end-k+1);
q_k_loop(j)=max(prctile(CV_k(:,j),100*(1-alpha)),0);
end
q_k=max(q_k_loop);
A1=find(B>q_k);%ids for rejected models
AA=repmat(max(CV_k,[],2),1,numel(A1));
p_value_spa_k.spa=[p_value_spa_k.spa,sum(AA>=BB(:,A1))/N];
%updated spa p-values for those rejected models
id_spa_k=[id_spa_k,A1];%updated ids for rejected models
A2=setdiff(A2,A1);%ids for remaining models not rejected
end
end
if isempty(id_spa_k)
fdr=nan;
else
fdr=k/(numel(id_spa_k)+1);
end
%descending order in statistics
if ~isempty(id_spa_k)
table=[id_spa_k',p_value_spa_k.spa',BBB(id_spa_k)'];
table=sortrows(table,-3);
id_spa_k=table(:,1);
p_value_spa_k.spa=table(:,2);
end
```

13.2.5 FDR 检验的 MATLAB 函数

函数 my_fdr_test 实现了 FDR 检验。函数的输入项与前面函数一致。输出项中 id 为结构型变量，同时给出了跑赢和跑输基准策略的序号；p_nominal 为名义 p 值，gamma 为结构型变量，控制期望错误发现率为 alpha 的情形所对应的临界显著水平；realized_fdr

为结构型变量,分别表示实现的发现跑赢基准的策略的错误率和实现的发现跑输基准的策略的错误率。

```
function
[id,para,p_nominal,gamma,realized_fdr]=my_fdr_test(data,N,q,benchmark,
fdr_plus,fdr_minus,varargin)
%Figure out superior models by FDR approach
%Reference:
%[1] Bajgrowicz p. and Scaillet,O.,2012,Technical trading revisited:False
%discoveries,
%persistence tests, and transaction costs,Journal of Financial Economics 106,
%473—491.
%[2] Barras,L.,Scaillet,O.,Wermers,R.,2010,False discoveries in mutual fund performance:
%measuring luck in estimated alphas,Journal of Finance 65,179-216.
%input:
%data: returns on M strategies, a T*M matrix
%N: number of bootstrap samples
%q: 1—q defines the probability of picking up the next row in data matrix
%when bootstrapping
%benchmark: returns on benchmark
%type: takes a value from "mean","sharpe" and "ceq"
%fdr_plus:target false discovery rate for outperforming strategies
%fdr_minus:target false discovery rate for underperforming strategies
%output:
%id: a structure variable
%id.plus: identities of outperforming strategies
%id.minus: identities of underperforming strategies
%p_nominal: nominal p-values for strategies
%para: a structure variable, estimates for probalities for three categories %of strategies
%para.prob: [prob(zero—performmance strategies);prob(positive—performmance
%strategies);
%prob(negative—performmance strategies)]
```

```
%para.std_prob: standard error for prob
%para.t: t statistics
%gamma: a structure variable
%gamma.plus: the optimal gamma which satisfies target fdr_plus
%gamma.minus: the optimal gamma which satisfies target fdr_minus
%realized_fdr: a structure variable
%realized_fdr.plus: realized false discovery rate for strategies with positive %
performance
%realized_fdr.minus: realized false discovery rate for strategies with negative %
performance
%Edited by Zhiguang Cao, 2015/9/14
[p_nominal,perf]=my_fdr_p_value(data,N,q,benchmark,varargin{:});
opt_lambda=my_fdr_lambda(p_nominal);
[pi_0,std_0]=my_fdr_pi_0(p_nominal,opt_lambda);
[opt_gamma,pi_A_plus,pi_A_minus,I_gamma]=my_fdr_gamma(p_nominal,perf,pi_0);
[std_A_plus,std_A_minus]=my_fdr_pi_A(p_nominal,perf,opt_lambda,opt_gamma,I_gamma);
[gamma_plus,gamma_minus,target_plus,target_minus]=my_fdr_choose_gamma(p_nominal,perf,fdr_plus,fdr_minus,pi_0);
id.plus=find((p_nominal<gamma_plus).*(perf>0)==1);
id.minus=find((p_nominal<gamma_minus).*(perf<0)==1);
para.prob=[pi_0;pi_A_plus;pi_A_minus];
para.std_prob=[std_0;std_A_plus;std_A_minus];
para.t=para.prob./para.std_prob;
gamma.plus=gamma_plus;
gamma.minus=gamma_minus;
opt.lambda=opt_lambda;
opt.gamma=opt_gamma;
realized_fdr.plus=target_plus;
realized_fdr.minus=target_minus;
if realized_fdr.plus/fdr_plus>1.1
disp('%%%%%%%%%%%%%%%%%%%%%%%%%%%%%%%%%%%%%%%%%%%%%%')
```

```
fprintf('Realized FDR for positive models is: %1.4f\n',realized_fdr.plus)
id.plus=[];
disp('Positive performance models can not be found at the target FDR')
disp('%%%%%%%%%%%%%%%%%%%%%%%%%%%%%%%%%%%%%%%%%%%%%%%%%')
end
if realized_fdr.minus/fdr_minus>1.1
disp('%%%%%%%%%%%%%%%%%%%%%%%%%%%%%%%%%%%%%%%%%%%%%%%%%')
fprintf('Realized FDR for negative models is: %1.4f\n',realized_fdr.minus)
id.minus=[];
disp('Negative performance models can not be found at the target FDR')
disp('%%%%%%%%%%%%%%%%%%%%%%%%%%%%%%%%%%%%%%%%%%%%%%%%%')
end
%rearranging order in performance
if ~isempty(id.plus)
table1=[id.plus,perf(id.plus)];
table1=sortrows(table1,-2);%descending order in performance
id.plus=table1(:,1);
end
if ~isempty(id.minus)
table2=[id.minus,perf(id.minus)];%ascending order in performance
table2=sortrows(table2,2);
id.minus=table2(:,1);
end
```

主函数 my_fdr_test 用到的辅助函数如下。

```
function [std_A_plus,std_A_minus]=my_fdr_pi_A(p_value,perf,opt_lambda,opt_gamma,I_gamma)
M=length(p_value);
S_plus=sum((p_value<opt_gamma/2).*(perf>0))/M;
```

```
S_minus=sum((p_value<opt_gamma/2).*(perf<0))/M;
sigma_plus=sqrt(S_plus*(1-S_plus)/M);
sigma_minus=sqrt(S_minus*(1-S_minus)/M);
w_star=sum(p_value>opt_lambda);
std_0=sqrt((w_star*(M-w_star)/M^3/(1-opt_lambda)^2));
sigma_true_plus=sqrt(sigma_plus^2+(opt_gamma/2)^2*std_0^2+opt_
gamma/(1-opt_lambda)*sigma_plus*w_star/M^2);
sigma_true_minus=sqrt(sigma_minus^2+(opt_gamma/2)^2*std_0^2+opt_
gamma/(1-opt_lambda)*sigma_minus*w_star/M^2);
if I_gamma==1
std_A_plus=sigma_true_plus;
std_A_minus=sqrt(std_A_plus^2+std_0^2-2/(1-opt_lambda)*sigma_true_
plus*w_star/M^2-opt_gamma*std_0^2);
elseif I_gamma==-1
std_A_minus=sigma_true_minus;
std_A_plus=sqrt(std_A_minus^2+std_0^2-2/(1-opt_lambda)*sigma_true_
minus*w_star/M^2-opt_gamma*std_0^2);
end
```

```
function [pi_0,std_0]=my_fdr_pi_0(p_value,opt_lambda)
M=length(p_value);
w=sum(p_value>opt_lambda);
pi_0=min(w/M/(1-opt_lambda),1);
std_0=sqrt((w*(M-w)/M^3/(1-opt_lambda)^2));
```

```
function [p_value,perf]=my_fdr_p_value(data,N,q,benchmark,varargin)
%input:
%data: returns on M strategies, a T*M matrix
%N: number of bootstrap samples
%q: 1-q defines the probability of picking up the next row in data matrix
%benchmark: returns on benchmark, a T*1 vector
%varargin: other inputs for 'my_perf_measure' and 'my_stationary_bootstrap'
%output:
```

```
%p_value: two-side p-values for the null hypothesis that relative performance to
%the benchmark is zero
%perf: mean perfromance of M strategies relative to the benchmark
%Edited by Zhiguang Cao, 2015/9/14
T=size(data,1);
if isempty(benchmark)
benchmark=zeros(T,1);
end
f_mean = my_perf_measure(data,benchmark,varargin{:});%relative mean performance for individual strategy
B=repmat(f_mean,N,1);
V_star=my_stationary_bootstrap(data,q,N,benchmark,varargin{:})-B;
%standardize relative measures
sigma=std(V_star);
sigma(sigma==0)=1;
V_star=V_star./repmat(sigma,N,1);
B=B./repmat(sigma,N,1);
%%%%%%%%%%%%%%%%%%%%%%%%%%%%%%%%%
%generate random V* by stationary bootstrap method
p_value_1=min(sum(V_star>=B)/N,sum(V_star<=B)/N);
p_value_2=min(sum(V_star>=-B)/N,sum(V_star<=-B)/N);
p_value=min(p_value_1+p_value_2,1);
perf=f_mean(:);
p_value=p_value(:);
```

```
function opt_lambda=my_fdr_lambda(p_value)
lambda=0.2:0.05:0.8;
n=length(lambda);
M=length(p_value);
pi_0 = min(sum(repmat(p_value,1,n)>repmat(lambda,M,1))/M./(1-lambda));
pi_0=min(pi_0,1);
for i=1:n
```

```
[~,bootsam]=bootstrp(1000,[],p_value);
p_value_bt=p_value(bootsam);
pi_1=sum(p_value_bt>lambda(i))/M/(1-lambda(i));
A(i)=sum((pi_1-pi_0).^2)/1000;
end
[a,b]=min(A);
opt_lambda=lambda(b);
```

```
function
[opt_gamma,pi_A_plus,pi_A_minus,I_gamma]=my_fdr_gamma(p_value,
perf,pi_0)
gamma=0.2:0.05:0.8;
n=length(gamma);
M=length(p_value);
A=repmat(p_value,1,n)<repmat(gamma,M,1);
B1=repmat(perf,1,n)>0;
B2=repmat(perf,1,n)<0;
S_plus=sum(A.*B1)/M;
S_minus=sum(A.*B2)/M;
pi_plus_0=max(S_plus-pi_0*gamma/2);
pi_minus_0=max(S_minus-pi_0*gamma/2);
for i=1:n
[~,bootsam]=bootstrp(1000,[],p_value);
p_value_bt=p_value(bootsam);
perf_bt=perf(bootsam);
pi_plus_1=sum((p_value_bt<gamma(i)).*(perf_bt>0))/M-pi_0*gamma(i)/2;
pi_minus_1=sum((p_value_bt<gamma(i)).*(perf_bt<0))/M-pi_0*gamma(i)/2;
C1(i)=sum((pi_plus_1-pi_plus_0).^2)/1000;
C2(i)=sum((pi_minus_1-pi_minus_0).^2)/1000;
end
[a1,b1]=min(C1);
```

```
opt_gamma_plus=gamma(b1);
[a2,b2]=min(C2);
opt_gamma_minus=gamma(b2);
if a1<a2
opt_gamma=opt_gamma_plus;
I_gamma=1;%gamma*=gamma+
pi_A_plus=max(min(sum((p_value<opt_gamma_plus).*(perf>0))/M-pi_0*opt_gamma_plus/2,1-pi_0),0);
pi_A_minus=1-pi_0-pi_A_plus;
else
opt_gamma=opt_gamma_minus;
I_gamma=-1;%gamma*=gamma-
pi_A_minus=max(min(sum((p_value<opt_gamma_minus).*(perf<0))/M-pi_0*opt_gamma_minus/2,1-pi_0),0);
pi_A_plus=1-pi_0-pi_A_minus;
end
```

```
function [gamma_plus,gamma_minus,target_plus,target_minus]=my_fdr_choose_gamma(p_value,perf,fdr_plus,fdr_minus,pi_0)
M=length(p_value);
gamma=0.001:0.001:0.2;
n=length(gamma);
A=(repmat(p_value,1,n)<repmat(gamma,M,1));
B1=(repmat(perf,1,n)>0);
B2=(repmat(perf,1,n)<0);
S_plus=sum(A.*B1)/M;
S_minus=sum(A.*B2)/M;
C1=0.5*gamma*pi_0./S_plus;
C2=0.5*gamma*pi_0./S_minus;
D1=abs(C1-fdr_plus);
D2=abs(C2-fdr_minus);
[~,b]=min(D1);
```

```
gamma_plus=gamma(b);
target_plus=C1(b);
[~,b]=min(D2);
gamma_minus=gamma(b);
target_minus=C2(b);
```

下面我们给出一个例子,介绍如何使用这些函数。我们随机生成 200 个好的策略(序号分别为 1—200)和 200 个坏策略(序号分别为 201—400),以及 200 个平庸策略(序号分别为 401—600),对应每个策略我们观测到 500 个观测收益率。现在我们基于这 600 个策略的观测收益分别用 RC、SPA、SRC、SSPA、SRC(K)、SSPA(K) 和 FDR 方法来找出这些好的策略。RC 和 SPA 的检验仅仅告诉我们最好的策略是否跑赢了基准策略,这里我们设定基准策略产生的收益率为 0。SRC 和 SSPA 则是将找出的好策略中出现 1 个或以上误判策略的概率控制在一定显著水平之下后,告诉我们哪些策略跑赢了基准策略。SRC(K) 和 SSPA(K) 则是将找出的好策略中出现 K 个或以上误判策略的概率控制在一定显著水平之下后,告诉我们哪些策略跑赢了基准策略。FDR 则将错误发现率控制在一定显著水平之下后,告诉我们哪些策略跑赢了基准策略,同时也告诉我们哪些策略跑输了基准策略。

```
clear
close all
clear functions
data=randn(500,600)/10;
%生成均值为 0 的随机收益序列,每一列代表一个策略观测到的收益率时间序列
data(:,1:200)=data(:,1:200)+0.01;
%将前面 200 个策略设置为期望收益为 1%的好策略
data(:,201:400)=data(:,201:400)-0.01;
%将第 201-400 个策略设置为期望收益为-1%的坏策略
benchmark=zeros(500,1);%将 0 收益设置为基准收益序列
% %%%%%%%%%%%%%%%%%%%%%%%%%%%%%%%%%%
N=500;%设置重复抽样的次数
q=0.1;%设置参数用以反映收益时间序列的自相关性
type='mean';
%可用来判断是否存在好策略的标准是看:
```

%平均收益(mean)/夏普比率(sharpe)/确定性等价收益(ceq)
alpha=0.01;%设置统计检验的显著水平
k=3;%设置step-RC(K)和step-SPA(K)检验的参数K
%RC及其扩展检验
[p_rc,stat_rc_ind,q_k_rc,VV_rc]=my_reality_check(data,N,q,benchmark,alpha,type);
[id_src,p_src,p_nominal_rc]=my_stepwise_rc(data,N,q,benchmark,alpha,type);
[id_rc_k,fdr_rc,p_nominal_rc_k,p_rc_k]=my_rc_test_k(data,N,q,benchmark,k,alpha,type);
%SPA及其扩展检验
[p_spa,stat_spa_ind,q_k_spa,VV_spa]=my_spa_test(data,N,q,benchmark,alpha,type);
[id_spa_k,fdr_spa,p_nominal_spa_k,p_spa_k]=my_spa_test_k(data,N,q,benchmark,k,alpha,type);
[id_sspa,p_sspa,p_nominal_sspa]=my_stepwise_spa(data,N,q,benchmark,alpha,type);
%FDR
[id_fdr,para,p_nominal_fdr,gamma,realized_fdr]=my_fdr_test(data,N,q,benchmark,alpha,alpha,type);
%显示各种检验方法检测出的好策略个数
numb_plus=[numel(id_src),numel(id_rc_k),numel(id_sspa),numel(id_spa_k),numel(id_fdr.plus)]
%显示各种检验方法检测出的好策略中被错检的策略个数
num_fd=[sum(id_src>200),sum(id_rc_k>200),sum(id_sspa>200),sum(id_spa_k>200),sum(id_fdr.plus>200)]
%正确识别好策略的比例
prc_corr_dis=(numb_plus-num_fd)/200
%错检的比例
prc_fal_dis=num_fd./numb_plus

在1%显著水平下,以及将错误发生率控制在1%,运行结果如下:
SRC、SRC(K)、SSPA、SSPA(K)和FDR发现跑赢基准的个数分别为:
numb_plus=

16　　65　　21　　72　　84

在发现的跑赢基准的策略中错误的个数分别为：

num_fd=

　　0　　0　　0　　0　　0

上述程序中设定的跑赢基准的策略为 200 个，序号为 1—200，计算得出正确的发现比例分别为：

prc_corr_dis=

0.0800　　0.3250　　0.1050　　0.3600　　0.4200

计算得出错误的发现比率分别为：

prc_fal_dis=

　　0　　0　　0　　0　　0

由以上的检验结果可以看出：SSPA 和 SRC 在将出现 1 个误判策略控制在 1% 显著水平下分别发现了 21 个和 16 个好策略，SSPA 的识别好策略的能力要强于 SRC；SSPA(3) 和 SRC(3) 在将出现 3 个误判策略控制在 1% 显著水平下分别发现了 72 个和 65 个好策略，SSPA(K) 的识别好策略的能力要强于 SRC(K)；但总体而言，SSPA、SRC、SSPA(K) 和 SRC(K) 对好策略的识别还是比较保守，很多好策略并没有被探测出来。FDR 方法则表现出了比较好的识别能力，200 个好策略中识别出了 84 个，正确率为 100%，错误率为 0%，低于设定的 1% 水平，即这 84 个策略中不存在坏策略或平庸策略。

13.3　数据挖掘偏差和技术交易规则在我国股票市场的有效性[①]

接下来我们用以上检验方法，在剔除数据挖掘偏差后，检验我国股票市场是否存在超越买入持有策略的技术交易策略。

13.3.1　引言

公认的技术分析方法始于 20 世纪 30 年代的道氏理论，此后逐步完善并在金融市场上得到了广泛应用。技术分析有效性的研究自 Fama 和 Blume(1966) 以来在学术界也逐步得到广泛关注。但一直以来，学术界关于其是否有效的实证研究却并没有得到一致的结论，技术分析方法的有效性在不同时期和不同的市场结论并不相同。技术分析的有效性与弱势有效市场假说有着紧密的关系。在一个高度有效的市场上，指数化投资并长期持有是最佳的投资方式，而技术分析是无效的，相对于长期持有策略并不能获得超额收益。新中国的股票市场始于 20 世纪的 90 年代，历经 20 多年，取得了瞩目的发展，但在市

[①] 曹志广、杨军敏、韩其恒，2016，技术交易策略表现和数据挖掘偏差，工作论文。

场制度和投资者成熟度等方面与西方成熟股票市场仍然存在比较大的差距。在市场的有效程度方面,相比成熟市场也存在差距,基于有限理性和投资者心理偏差的行为金融理论在我国资本市场有着广阔的发展和应用空间。技术分析在中国市场也更有可能获得超额收益。然而,系统性地对技术分析在我国股票市场上是否产生优于买入持有的指数化投资策略的实证研究还不多见,技术分析在我国股票市场的有效性研究无论对行为金融的理论研究,还是投资实践均有重要的现实和指导意义。

对技术分析是否优于买入持有策略的实证检验必须要考虑技术交易策略的数据挖掘偏差。正如 White(2000)所说,将成千上万的技术交易策略应用于某些特定的市场,由于运气因素,应用通常的 T 检验分别对成千上万的技术交易策略一一进行检验,在统计上总能发现某些表现优于基准策略(比如:买入持有策略)的技术交易策略。应用这些纠正数据挖掘偏差的方法系统地对技术分析在我国股票市场的有效性进行实证检验和分析,相对于现有对中国股票市场技术分析的有效性研究文献,我们的贡献主要体现在以下几个方面:(1)采用了检测能力更好的 SRC(K)、SSPA(K)和 FDR 检验方法,有效克服了 RC、SPA 以及 SRC、SSPA 方法检测能力较低的缺陷,从而能够大大减少一些真正跑赢基准的技术交易策略被漏检的可能性。(2)扩展了实证检验的周期,并将技术交易策略的信号扩展到复杂的技术交易信号。分别从 60 分钟、日、周和月周期角度对 7 224 种简单和复杂的技术交易策略的有效性进行了实证检验。(3)应用我国股票市场 1990/12—2015/12 期间的数据,动态地对技术交易策略的有效性进行了分析,并进一步考察了技术交易策略超额收益的持续性。

13.3.2 相关文献回顾

学术界方面,Fama 和 Blume(1966)较早地对技术分析的有效性进行了研究。他们选取了 1956 年—1962 年道琼斯工业平均指数的 30 家成分股日收盘价格,考察了标准过滤规则(Standard filter)的表现,研究结果表明在考虑交易成本后,标准过滤器策略并没有战胜买入持有策略。Fama 和 Blume(1966)的研究对有效市场假说提供了有利的证据。许多其他学者的实证研究也大多支持有效市场假说。此后接近 20 多年,学术界对技术分析大多保持怀疑态度。进入 20 世纪 90 年代后,行为金融开始兴起,许多对有效市场假说存有争议的学术论文开始大量发表,许多学者逐步意识到早期对技术分析实证研究的局限性,并开始采用更为严谨的研究方法重新评估技术分析的业绩。Brock,Lackonishok 和 LeBaron(1992)选取了美国市场 1897 年—1986 年道琼斯工业平均指数的日收盘数据,他们使用新的统计方法——自助法(Bootstrap)考察了移动平均线(Moving average)、支撑和阻力线(Support and resistance)两类技术交易策略的业绩表现,研究结论表明技术分析显著地跑赢了买入持有策略。Brock,Lackonishok 和 LeBaron(1992)的实证研究注意到了技术分析的数据挖掘偏差效应,并采取了将分析区间分成互不交叉的几个子区间、使用尽可能长的实证数据和报告所有策略的实证结果等方法缓解这一偏差,但并没有从根本上解决这一偏差带来的统计推断问题。

White(2000)提出的 RC 方法为纠正数据挖掘偏差效应奠定了坚实的理论基础,也为解决技术分析实证研究中的数据挖掘偏差效应提供了良好的契机。Sullivan,Timmermann 和 White(1999)在 White 正式在学术刊物上发表其 RC 方法前就应用 RC 方法对接近 8 000 个技术交易策略的表现进行了实证研究,他们选取了 1897 年—1996 年道琼斯工业平均指数近 100 年的日收盘数据,特别地,他们用 RC 方法基于 1897 年—1986 年道琼斯工业平均指数重新检验了 Brock,Lackonishok 和 LeBaron(1992)的技术交易策略,他们的研究结果证实在纠正了数据挖掘偏差后,技术交易策略在上述期间确实战胜了买入持有策略。另外,Sullivan,Timmermann 和 White(1999)对 1987 年—1996 年的道琼斯工业平均指数的实证研究结果表明:在纠正数据挖掘偏差后,技术交易策略并没有战胜买入持有策略。同时,他们还对技术交易策略在 S&P500 股指期货 1984 年—1996 年的表现也进行了实证分析,在纠正了数据挖掘偏差后,也并没有发现战胜基准策略的技术交易策略。这也暗示相比以前,这一期间的美国市场有效程度有了明显的提升。

应用 RC 和 SPA 方法,Hsu 和 Kuan(2005)研究了技术交易策略在相对"年轻"的 NASDAQ 指数和相对成分股规模较小的 Russell 2000 指数上的表现,研究样本期间为 1989 年—2002 年,他们的研究发现技术交易策略显著战胜了买入持有策略,但对同期比较成熟的道琼斯工业平均指数和 S&P500 指数的研究并没有发现战胜买入持有基准的技术交易策略。Hsu,Hsu 和 Kuan(2010)应用 SSPA 方法,在 1989 年—1999 年期间的 S&P500 小盘股 600/花旗成长指数、NASDAQ 指数和 Russell 2000 等指数上也发现了战胜买入持有基准的技术交易策略。Shynkevich(2012)应用 RC、SPA 和 SSPA 方法考察了 1995 年—2010 年美国市场成长性和公司规模较小的行业,也发现了战胜买入持有基准的技术交易策略。

Bajgrowicz 和 Scaillet(2012)将 FDR 方法用于技术交易策略的探测,FDR 方法进一步提高了剔除运气因素之后,在备选策略中探测优胜策略的能力。Bajgrowicz 和 Scaillet(2012)应用 FDR 方法研究考察了 1897 年—2011 年期间的道琼斯工业平均指数,对技术交易策略的表现进行了评估。他们的研究表明在 1996 年之前存在跑赢买入持有基准的技术交易策略,但在此之后并没有发现战胜基准的技术交易策略。

在技术交易策略和数据挖掘效应研究方面,国内的研究并不多见。陈浪南和王艺明(2001)应用 RC 方法对我国股票市场上技术交易策略的表现进行了实证研究,他们考察了过滤规则、价格移动平均、支撑和阻力、通道突破和 OBV(On-balance volume)移动平均共 7 846 个技术交易策略的表现。他们将基准策略设定为持有现金策略,即不购买股票的策略,对 1994 年—2000 年期间上证综合指数和个股日收盘数据的实证结果表明:在 10% 显著水平下,在上证综合指数和个股层面并没有发现存在战胜基准的技术策略。

考虑到随着时间的推移,学术界已经提出了许多检测能力更好的统计方法,另外,在投资实践中投资者通常会同时使用 2 种或 2 种以上的复杂技术交易策略,以及交易成本的下降和程序化交易也开始大量出现,基于分钟甚至更快频率的交易也比以前更多。此外,随着中小板和创业板的推出,上市公司中出现了大量成长型的中小企业,热衷于这些股票的投资者往往表现出更多的非理性行为,动量效应也表现得更加明显(Hong 和 Stein,1999;Hong,Lim 和 Stein,2000;Jegadeesh 和 Titman,2001)。技术分析也更可能在这些股票上有比较好的表现(Shynkevich,2012)。基于这些新的情况,我们将应用这些新的统计方法考察上证综合指数、深圳成份指数、中小板指数和创业板指数,分析技术交易策略在60分钟、日、周和月等不同周期上相对于基准策略的表现。与陈浪南和王艺明(2001)的论文不同,我们采用经过风险调整的夏普比率(Sharpe ratio)衡量技术交易策略的表现,并将基准策略设定为买入持有策略。如果市场弱式有效,并且CAPM成立,则买入指数并长期持有市场组合是最佳投资策略,并且市场组合具有最高的夏普比率。技术分析的有效性是建立在市场弱式无效的基础之上,我们很自然地将指数的买入持有策略设定为基准,并将夏普比率而不是收益率作为衡量技术策略表现的标准。与许多类似的实证研究不同,我们不仅考察了基于单一技术交易规则的策略,更重点考察了交易量和价格两两组合后得到的复杂策略的表现,这也符合投资者通常采用多种技术交易信号的实际情况。此外,还对技术交易策略的持续性进行了分析。如果优秀的技术交易策略不能事前被投资者识别出来,则在投资实践中也难以得到利用。

13.3.3 数据和技术交易策略

(1) 数据

我们选取1990年12月到2015年12月60分钟、日、周和月不同周期上的收盘价和成交量数据。由于不同指数推出的时间并不相同,不同指数选取的样本时间也不相同。选择指数而不是个股数据是考虑到技术交易策略应用到波动性较低的组合上的效果一般要好于应用在波动性较高的个股上(Fong 和 Yong,2005)。具体地,对于日、周和月周期,指数的样本选取时间如下:上证综合指数,1990年12月—2015年12月;深证成分指数1991年4月—2015年12月;中小板指数2006年1月—2015年12月;创业板指数2010年6月—2015年12月。对于60分钟数据,我们仅选取了4个指数最近3年的数据,即2013年1月—2015年12月。实证所有数据均来自Wind。表13.1给出了各个指数不同周期收益率的统计性描述。

表13.1 数据的统计性描述

指数	日						周					
	Min	Max	Mean	Std	Skew	Kurt	Min	Max	Mean	Std	Skew	Kurt
上证	−0.18	0.72	0.06%	0.02	5.24	148.88	−0.23	0.90	0.27%	0.06	5.33	77.12
深成	−0.22	0.23	0.04%	0.02	0.34	16.18	−0.30	0.45	0.20%	0.05	1.05	14.56
中小	−0.10	0.09	0.07%	0.02	−0.58	5.16	−0.17	0.18	0.35%	0.04	−0.40	4.65
创业	−0.09	0.07	0.08%	0.02	−0.47	4.38	−0.16	0.11	0.34%	0.05	−0.64	3.92

续表

	月						60 分钟					
上证综指	−0.37	1.02	1.11%	0.13	2.38	20.80	−0.07	0.06	0.01%	0.01	−0.66	16.35
深成指	−0.29	0.63	0.90%	0.11	1.06	7.18	−0.07	0.08	0.01%	0.01	−0.55	14.83
中小板指	−0.25	0.22	1.49%	0.10	−0.34	3.13	−0.07	0.08	0.02%	0.01	−0.49	14.29
创业板指	−0.24	0.21	1.64%	0.10	−0.17	2.52	−0.08	0.08	0.03%	0.01	−0.33	10.71

(2) 技术交易策略

由于我国股票市场从 1990 年开始正式建立，为避免技术交易策略的事后选择带来统计推断上的偏差(Allen 和 Karjalainen，1999)，我们仅考虑在 1990 年之前就已经流行多年的交易策略。具体地，我们考虑以下技术交易规则：过滤规则、价格移动平均、支撑和阻力、通道突破、OBV 移动平均以及 OBV 移动平均与其他 5 类规则两两进行组合得到的复杂策略。考虑到更复杂的组合方式将极大增加备选策略的数量，从而导致计算量呈几何级数增长，我们仅考虑在同一周期下 OBV 移动平均与其他 4 种价格类策略两两进行组合的情形。由于我国股票市场在 2010 年之前不允许卖空，并且虽然之后允许卖空，但卖空交易的成本较高，对个人投资者也设置了较高的门槛，甚至在 2015 年 6 月份开始的股灾之后，管理层一度限制和禁止卖空行为。基于以上考虑，我们仅考虑做多的技术信号，当技术信号为空头时，持有现金①。6 种技术交易规则的描述和具体参数设置如下：

规则 1：过滤规则

当目前收盘价高于最近 N 期(不包括当前价格)最低价 M% 时，买入信号触发；当低于最近 N 期最高价 M% 时，卖出信号触发。参数设定如下：$N = 10, 20, \cdots, 120$；$M = 2, 4, \cdots, 20$。共计 120 个过滤规则。

规则 2：价格移动平均

当收盘价格高于 N 期移动平均线时，买入信号触发；当低于最近 N 期移动平均线时，卖出信号触发。参数设定为 $N = 5, 10, \cdots, 120$，共计 24 个价格均线策略。

规则 3：支撑和阻力

当收盘价格高于 N 期(不包括当前价格)最高价时，买入信号触发；当低于最近 N 期最低价时，卖出信号触发。参数设定为 $N = 5, 10, \cdots, 120$，共计 24 个支撑和阻力策略。

规则 4：通道突破

通道突破规则与支撑和阻力规则类似，当收盘价格高于 N 期(不包括当前价格)最低价 M% 时，买入信号触发；当低于最近 N 期最低价时，卖出信号触发。参数设定如下：$N = 10, 20, \cdots, 120$；$M = 2, 4, \cdots, 20$。共计 120 个通道突破策略。

规则 5：OBV 移动平均

---

① 这相当于将无风险利率设定为 0，这一设定并不影响实证研究结果。

当 OBV 高于 N 期 OBV 移动平均线时,买入信号触发;当低于最近 N 期 OBV 移动平均线时,卖出信号触发。参数设定为 $N = 5, 10, \cdots, 120$,共计 24 个 OBV 移动平均策略。

规则 6:复杂策略

为避免引入过多备选策略,我们仅考虑 OBV 移动平均分别与其他 4 类技术策略的两两组合,仅当两个策略同时多头信号时,发出多头信号。总共产生 6 912 个复杂策略。

因此,我们总共考察了 7 224 个技术交易策略。

13.3.4 实证检验和结果分析

(1) 不考虑数据挖掘偏差的统计检验

首先不考虑数据挖掘偏差,我们对备选的 7 224 个交易策略分别与基准策略进行一一比较。表 13.2 给出各个指数夏普比率最高的技术交易策略与买入持有策略的比较情况。表中名义 p 值根据 Politis 和 Romano(1994)提出的平稳自助法并基于表现最好的技术交易策略与买入持有策略两两进行比较得到,这实际上是对应于未考虑数据挖掘偏差效应得到的 p 值。从名义 p 值上看,在 10% 显著水平下对于所有指数和所有周期,表现最好的技术交易策略都跑赢了买入持有策略。由于创业板推出时间较短,备选策略中部分策略还不能进行月周期数据的测试。因此,表 13.2 的内容没有包含这一部分数的测试结果。表 13.2 列出了 7 224 种策略中表现最好的策略的夏普比率和相应基准策略的夏普比率,以及表现最好策略与基准策略比较的名义 p 值。表 13.2 也列出了在 10% 显著水平下,7 224 个技术交易策略分别与买入持有策略两两进行统计检验跑赢基准的策略个数。在这里我们并没有考虑技术交易策略的交易成本,交易成本对技术交易策略的绩效影响是非常明显的。关于成本的讨论,我们将在后面的部分集中进行专门讨论。从表 13.2 可以看出:如果不考虑数据挖掘偏差和交易成本,7 224 种备选策略中,在日数据和周数据上发现存在大量战胜基准的技术交易策略。对于上证综合指数的日数据,存在 5 606 种技术交易策略战胜了买入持有策略。对于深圳成份指数的日数据,存在 7 124 种技术交易策略战胜了买入持有策略。对于中小板指数的日周期,存在 1 222 个战胜基准的技术交易策略,而对于对于创业板的日周期,则存在 100 个战胜基准的技术交易策略。对于周数据而言,如果不考虑数据挖掘偏差,也发现了许多战胜基准的技术交易策略。对于月数据来讲,则战胜买入持有策略的技术技术交易策略明显减少。对于上证综合指数的月数据,存在 49 种技术交易策略战胜了买入持有策略。对于深圳成份指数的月数据,存在 175 种技术交易策略战胜了买入持有策略。对于中小板指数的月周期,存在 12 个战胜基准的技术交易策略。而对于 60 分钟级别的数据分析结果也显示:如果不考虑数据挖掘偏差和交易成本的影响,备选策略集合中也存在大量战胜基准的策略。

表 13.2　　　　　　　　　　　不考虑数据挖掘偏差的统计检验

	日				周			
指数	最好策略	基准	名义p值	跑赢数量	最好策略	基准	名义p值	跑赢数量
上证	0.74	0.38	0.00	5 606	0.53	0.35	0.02	1 354
深成	0.92	0.30	0.00	7 124	0.79	0.29	0.00	3 051
中小	0.65	0.56	0.01	1 222	0.60	0.58	0.02	67
创业	0.72	0.55	0.01	100	0.83	0.53	0.00	1 724

	月				60 分钟			
上证	0.28	0.30	0.06	49	2.07	0.48	0.00	5 844
深成	0.47	0.27	0.00	175	1.96	0.29	0.00	5 297
中小	0.44	0.53	0.09	12	2.65	0.66	0.00	4 856
创业	—	—	—	—	2.30	1.06	0.00	3 324

(2) 考虑数据挖掘偏差的统计检验

接下来,我们采用 SRC、SSPA 以及 SRC(K) 和 SSPA(K) 方法,纠正数据挖掘偏差的影响,对技术交易策略的相对表现进行评估。表 13.3 给出了不同周期下,SRC、SSPA 以及 SRC(K) 和 SSPA(K) 方法对应于最好技术交易策略的 p 值,以及 FDR 方法对备选策略中 π_0、π_A^+ 和 π_A^- 的估计值。同样,这里也没有考虑交易成本的影响。对上证综合指数和深证成分指数的日数据检验结果显示 SRC、SSPA 以及 SRC(K) 和 SSPA(K) 检验的对应于最好技术交易策略的 p 值均低于 1%,在传统显著水平下都拒绝不存在战胜基准策略的原假设。但对中小板和创业板日数据的检验而言,总体上 SRC、SSPA 以及 SRC(K) 和 SSPA(K) 并没有发现存在战胜基准的策略。由于中小板的样本时间为 2006 年 1 月—2015 年 12 月,创业板指数为 2010 年 6 月—2015 年 12 月,这与始于 1990 年 12 月的上证综合指数和始于 1991 年 4 月的深圳成分指数区间明显存在差异。虽然,投资者非理性行为在中小板和创业板可能表现更为明显,但中小板和创业板的推出时间比较晚,市场已经经过了十几年的发展,市场的有效性已经得到了一定程度的提升,因而基于检测能力比较保守的 SRC、SSPA 以及 SRC(K) 和 SSPA(K) 在日数据周期上并没有发现中小板和创业板存在战胜基准的策略。在周数据方面的结果与日数据周期类似,在 10% 显著水平下,上证综合指数和深证成分指数的 SRC、SSPA 以及 SRC(K) 和 SSPA(K) 检验结果都拒绝不存在战胜基准策略的原假设,而在中小板和创业板指数上基本上也还是没有发现存在战胜基准的策略。在月数据周期上,SRC、SSPA 以及 SRC(K) 和 SSPA(K) 检验只有在深证成分指数发现了存在战胜基准的策略。而对于 60 分钟周期,SRC、SSPA 以及 SRC(K) 和 SSPA(K) 的检验结果表明:所有指数上均存在战胜基准的策略。FDR 方法对 π_A^+ 的估计值在大部分情况下基本与 SRC、SSPA 以及 SRC(K) 和 SSPA(K) 的检验一致。比如,对于日数据,FDR 的结果表明:在上证综合指数和深证成分指数上绝大多数的技术交易策略战胜了基准的买入持有策略(p 值<1%),而在创业板指数上战胜基准的策略比例为 0,在中小板指数战胜基准的策略比例为 26%。对于周数据,FDR 方法对 π_A^+ 的估计值除了中小板外,均在统计意义上显著大于 0(p 值<1%)。而对于月数据,FDR 方法在上证综合指数、深证成分指数和中小板指数上均没有发现存在战胜基准的技术交易策略。对于 60 分钟周期的检验结果表明:SRC、SSPA 以及 SRC(K) 和 SSPA(K),以及 FDR 方法均发现了存在战胜基准的技术交易策略。

表 13.3　　　　　　　　　考虑数据挖掘偏差的统计检验

指数	日 SRC	SSPA	SRC(3)	SSPA(3)	$\hat{\pi}_0$	$\hat{\pi}_A^+$	$\hat{\pi}_A^-$	周 SRC	SSPA	SRC(3)	SSPA(3)	$\hat{\pi}_0$	$\hat{\pi}_A^+$	$\hat{\pi}_A^-$
上证	0.01	0.01	0.01	0.01	0.02	0.98	0.00	0.19	0.11	0.08	0.07	0.77	0.23	0.00
深成	0.01	0.01	0.00	0.00	0.00	1.00	0.00	0.00	0.00	0.00	0.00	0.36	0.59	0.05
中小	0.28	0.15	0.09	0.13	0.74	0.26	0.00	0.40	0.18	0.16	0.15	0.95	0.00	0.05
创业	0.48	0.28	0.26	0.28	1.00	0.00	0.00	0.16	0.12	0.09	0.11	0.26	0.74	0.00

指数	月 SRC	SSPA	SRC(3)	SSPA(3)	$\hat{\pi}_0$	$\hat{\pi}_A^+$	$\hat{\pi}_A^-$	60 分钟 SRC	SSPA	SRC(3)	SSPA(3)	$\hat{\pi}_0$	$\hat{\pi}_A^+$	$\hat{\pi}_A^-$
上证	0.58	0.39	0.33	0.30	1.00	0.00	0.00	0.00	0.00	0.01	0.01	0.03	0.92	0.05
深成	0.15	0.01	0.01	0.01	1.00	0.00	0.00	0.00	0.00	0.01	0.02	0.03	0.95	0.02
中小	0.63	0.46	0.52	0.39	0.25	0.00	0.75	0.00	0.00	0.00	0.00	0.13	0.85	0.02
创业	—	—	—	—	—	—	—	0.00	0.00	0.00	0.00	0.27	0.73	0.00

表 13.4 给出了 SSPA 检验在 10% 显著水平下战胜基准的策略在 6 大技术规则类别中的分布情况,考虑到篇幅,其他检验的情况并未列出。考虑 SSPA 比较保守的识别能力,我们选取 10% 作为拒绝原假设的标准。对于上证综合指数的日线数据,SSPA 发现了 373 个战胜基准的技术交易策略,其中:8 个属于过滤规则、9 个属于价格均线规则、4 个属于支撑和阻力规则、1 个属于 OBV 移动平均规则,而 351 个属于成交量与价格两两组合的复杂策略。对于周数据,SSPA 检验仅发现了深证成分指数存在 536 个战胜基准的策略,其中:13 个属于过滤规则、5 个属于价格均线规则、2 个属于支撑和阻力规则,而 514 个属于成交量与价格两两组合的复杂策略。对于月数据,SSPA 方法也仅发现了深证成分指数存在 21 个战胜基准的策略,其中:1 个属于价格均线规则、1 个属于 OBV 移动平均规则,而 19 个属于成交量与价格两两组合的复杂策略。60 分钟周期的 SSPA 检验结果表明在样本的 4 个指数上均存在一些短线可以获得超过基准收益的技术交易策略。并且从 SSPA 识别出来的战胜基准的策略数量上来看,中小板和创业板跑赢基准的策略数量要多于上证综合指数和深证成分指数。需要指出的是这里我们仍然没有考虑技术交易策略

的交易成本问题。表 13.4 的结果也暗示市场的有效程度随着分析周期长度的增加而增加。在 60 分钟周期上,即使对于推出时间比较晚的中小板和创业板,SSPA 检验也发现存在不少战胜基准的技术交易策略。

表 13.4　　　　　　　　　SSPA 检验优于基准策略的分布

指数	日						周					
	规则 1	规则 2	规则 3	规则 4	规则 5	规则 6	规则 1	规则 2	规则 3	规则 4	规则 5	规则 6
上证	8	9	4	0	1	351	0	0	0	0	0	0
深成	55	21	9	120	12	4 064	13	5	2	0	2	514
中小	0	0	0	0	0	0	0	0	0	0	0	0
创业	0	0	0	0	0	0	0	0	0	0	0	0

指数	月						60 分钟					
	规则 1	规则 2	规则 3	规则 4	规则 5	规则 6	规则 1	规则 2	规则 3	规则 4	规则 5	规则 6
上证	0	0	0	0	0	0	1	0	20	1	251
深成	0	1	0	0	1	19	0	1	0	10	1	326
中小	0	0	0	0	0	0	0	3	1	10	2	471
创业	—	—	—	—	—	—	0	2	1	0	2	392

(3) 技术交易策略的动态表现

我们以推出时间最早的上证综合指数和深证成分指数为样本,将整个样本期间以 5 年为单位,分成 5 个时间段。然后对技术交易策略在每一个时间段的表现进行检验,在不考虑交易成本的情形下动态地考察过去 25 年以来技术交易策略在我国股票市场上的表现。从日数据的周期来看,2010 年之前,除了 1996 年 1 月—2000 年 12 月期间的上证综合指数,SRC、SSPA 以及 SRC(3)、SSPA(3) 检验的 p 值大体上都低于 10% 的显著水平,这说明这两个市场指数在 2010 年之前大体上都存在战胜基准的技术交易策略,并且深圳成份指数相对于上证综合指数存在更多战胜基准的技术交易策略。但在 2010 年以后,上证综合指数和深证成分指数的 SRC、SSPA 以及 SRC(3)、SSPA(3) 的检验结果均没有发现战胜买入持有基准策略的技术交易策略。这说明 2010 年之后,市场的有效程度得到了比较明显的提升。FDR 检验的结果表明:对于 1996/1—2000/12 期间的上证综合指数,备选策略中战胜基准的策略比例 $\hat{\pi}_A$ 为 0,而对于其他时间段 $\hat{\pi}_A$ 均明显大于 0(p 值<1%);对于深证成分指数,在所有的时间段都发现备选策略中战胜基准的策略比例 $\hat{\pi}_A$ 明显大于 0(p 值<1%)。表 13.5 最后一列给出了 SSPA 检验在 10% 显著水平下识别出来的战胜基准的技术策略数量。对于上证综合指数而言,SSPA 识别出来的优于基准的策略数量在 2006 年 1 月—2010 年 12 月期间最多,对于深证成分指数而言,这一期间 SSPA 识别出来的优于基准的策略数量也是最多。

表 13.5　技术交易策略的动态表现

指数	样本期间	SRC	SSPA	SRC(3)	SSPA(3)	$\hat{\pi}_0$	$\hat{\pi}_A^+$	$\hat{\pi}_A^-$	#
上证	1990/12—1995/12	0.20	0.07	0.07	0.06	0.77	0.23	0.00	3
	1996/1—2000/12	0.58	0.55	0.51	0.49	1.00	0.00	0.00	0
	2001/1—2005/12	0.00	0.00	0.02	0.02	0.17	0.83	0.00	79
	2006/1—2010/12	0.10	0.01	0.04	0.05	0.02	0.98	0.00	22
	2011/1—2015/12	0.11	0.16	0.16	0.17	0.79	0.21	0.00	0
深成	1991/4—1995/12	0.00	0.01	0.01	0.00	0.13	0.87	0.00	187
	1996/1—2000/12	0.01	0.03	0.06	0.07	0.73	0.27	0.00	14
	2001/1—2005/12	0.11	0.01	0.04	0.04	0.22	0.78	0.00	27
	2006/1—2010/12	0.01	0.01	0.04	0.04	0.00	1.00	0.00	464
	2011/1—2015/12	0.28	0.23	0.18	0.19	0.63	0.37	0.00	0

(4) 交易成本的考虑

交易成本对技术交易策略的表现影响很大,许多频繁交易的策略在不考虑交易成本的情形下可能表现很好,但其收益很可能被交易成本抵消了。在我国,交易成本通常包括交易印花税和过户费等费用、佣金以及冲击成本。冲击成本与交易的对象和交易的数量密切相关,比较难以测算。我们的分析对象为指数,与实际能够交易的品种最接近的就是指数基金,我们设置交易成本就以当前 ETF 的交易成本为基准。ETF 不需要缴纳 0.1%的单边印花税,佣金对于许多投资者而言在 0.03%—0.06%之间,有些机构投资者的佣金甚至低于 0.03%。因此,我们考虑将交易成本分别设在双边 0.05%,0.1%,0.25%和 0.5%的情形下讨论技术交易策略的表现。

表 13.6 给出了交易成本对技术交易策略日线周期表现的影响,列出了 SRC、SSPA 以及 SRC(3)、SSPA(3)检验的 p 值,FDR 方法对战胜基准策略的比例估计值 $\hat{\pi}_A^+$,以及 SSPA 方法识别出来的战胜基准策略的数量。当双边交易成本为 0.05%时,上证综合指数和深证成分指数的 SRC、SSPA 以及 SRC(3)、SSPA(3) 和 FDR 检验均发现存在战胜基准的策略。对于上证综合指数,SSPA 识别出 107 个战胜基准的技术交易策略;对于深证成分指数,SSPA 识别出 2 941 个战胜基准的技术交易策略。对于中小板和创业板,在 0.05%的交易成本下,所有检验方法均没有发现战胜基准的技术交易策略。这与前面不考虑交易成本时的结论是一致的。当交易成本设定为双边 0.1%时,上证综合指数和深证成分指数上仍然发现存在较多战胜基准的技术交易策略,其中:上证综合指数上 SSPA 识别出 65 个,而深证成分指数上 SPA 识别出 1 701 个。当交易成本设定为双边 0.25%时,上证综合指数上 SSPA 识别出 3 个战胜基准的技术交易策略,而深证成分指数上 SSPA 识别出 200 个战胜基准的技术交易策略。当交易成本设定为双边 0.5%时,SSPA 检验仅在深证成分指数上发现 3 个战胜基准的技术交易策略。

表 13.6　　　　　　　交易成本对日周期技术交易策略绩效的影响

| 指数 | 交易成本 0.05% |||||| 交易成本 0.1% ||||||
	SRC	SSPA	SRC(3)	SSPA(3)	$\hat{\pi}_A^+$	#	SRC	SSPA	SRC(3)	SSPA(3)	$\hat{\pi}_A^+$	#
上证	0.00	0.01	0.02	0.01	0.96	107	0.01	0.01	0.01	0.04	0.97	65
深成	0.00	0.00	0.00	0.00	1.00	2 941	0.00	0.00	0.00	0.01	1.00	1 701
中小	0.36	0.25	0.20	0.22	0.00	0	0.41	0.37	0.33	0.31	0.00	0
创业	0.55	0.36	0.32	0.33	0.00	0	0.59	0.41	0.42	0.42	0.00	0

| 指数 | 交易成本 0.25% |||||| 交易成本 0.5% ||||||
	SRC	SSPA	SRC(3)	SSPA(3)	$\hat{\pi}_A^+$	#	SRC	SSPA	SRC(3)	SSPA(3)	$\hat{\pi}_A^+$	#
上证	0.00	0.00	0.05	0.03	0.45	3	0.22	0.17	0.11	0.18	0.26	0
深成	0.00	0.00	0.00	0.02	0.89	200	0.00	0.00	0.04	0.03	0.53	3
中小	0.57	0.45	0.47	0.46	0.00	0	0.67	0.51	0.58	0.52	0.00	0
创业	0.69	0.64	0.57	0.51	0.00	0	0.90	0.86	0.84	0.79	0.00	0

表 13.7 给出了交易成本对技术交易策略 60 分钟周期表现的影响，列出了 SRC、SSPA 以及 SRC(3)、SSPA(3) 检验的 p 值，FDR 方法对战胜基准策略的比例估计值 $\hat{\pi}_A^+$，以及 SSPA 方法识别出来的战胜基准策略的数量。SSPA 方法仅在 0.05% 的交易成本下识别出了中小板和创业板存在战胜基准的技术交易策略，其中：中小板发现 3 个，创业板发现 163 个。表 13.7 的结果表明交易成本对于短线交易的影响非常大。当不考虑交易成本时，前面表 13.4 的结果说明存在大量战胜基准的技术交易策略，但考虑交易成本，甚至只有 0.05% 的双边交易成本之后，只有少量技术交易策略战胜了基准。

表 13.7　　　　　　交易成本对 60 分钟周期技术交易策略绩效的影响

| 指数 | 交易成本 0.05% |||||| 交易成本 0.1% ||||||
	SRC	SSPA	SRC(3)	SSPA(3)	$\hat{\pi}_A^+$	#	SRC	SSPA	SRC(3)	SSPA(3)	$\hat{\pi}_A^+$	#
上证	0.19	0.13	0.09	0.12	0.92	0	0.35	0.30	0.21	0.20	0.74	0
深成	0.44	0.16	0.14	0.14	0.92	0	0.56	0.30	0.25	0.29	0.42	0
中小	0.00	0.00	0.01	0.01	0.80	6	0.67	0.31	0.21	0.18	0.59	0
创业	0.41	0.00	0.02	0.00	0.45	163	0.61	0.23	0.24	0.17	0.22	0

| 指数 | 交易成本 0.25% |||||| 交易成本 0.5% ||||||
	SRC	SSPA	SRC(3)	SSPA(3)	$\hat{\pi}_A^+$	#	SRC	SSPA	SRC(3)	SSPA(3)	$\hat{\pi}_A^+$	#
上证	0.61	0.56	0.53	0.46	0.00	0	0.89	0.58	0.59	0.53	0.00	0
深成	0.63	0.29	0.24	0.27	0.00	0	0.74	0.30	0.33	0.32	0.00	0
中小	0.84	0.49	0.44	0.43	0.00	0	0.92	0.47	0.56	0.41	0.00	0
创业	0.88	0.77	0.72	0.72	0.00	0	0.91	0.81	0.83	0.75	0.00	0

（5）技术交易策略表现的持续性检验

前面的检验都是样本内检验，剔除挖掘偏差后识别出来的技术交易策略都是"事后"的。然而在实际投资决策中，我们先要"事前"确定交易策略，投资收益则取决于交易策略在接下来时间段的表现。我们采用与 Bajgrowicz 和 Scaillet（2012）类似的做法来考察技术交易策略的表现是否具有持续性，即样本外的表现。我们依然采用样本期间跨度最长的上证综合指数和深圳成份指数为研究对象，将前面 5 年日数据识别出来的战胜基准的技术交易策略中表现最好的策略作为下一个 5 年的投资策略，依次滚动，直到 2015 年 12 月。整个样本的时间跨度约 25 年，因此，样本外检验的时间长度剔除第一个 5 年之后约为 20 年。我们从 SSPA 识别出来的优胜策略中选择表现最好的策略。如果前面 5 年 SSPA 没有识别出战胜买入持有的技术交易策略，我们在接下来的 5 年就采用买入持有策略。然后，我们考察以上滚动交易策略相对于买入持有策略的表现。表 13.8 给出了以上交易策略在不同交易成本之下相对于买入持有策略的夏普比率之差（夏普比率没有进行年化），以及统计检验的 p 值。表 13.8 中的 p 值依然通过 Politis 和 Romano（1994）提出的平稳自助法得到。当交易成本低于或等于 0.1% 时，技术交易策略在上证综合指数上的样本外检验结果表明技术交易策略在 5% 显著性水平下战胜了买入持有策略。深圳成份指数的结果类似，但仅在 0.05% 交易成本下表明技术交易策略在 5% 显著性水平下战胜了买入持有策略。当交易成本较大时，技术交易策略的表现开始变差。特别地，对于 0.5% 的双向交易成本，技术交易的相对优异表现没有了持续性。总体而言，表 13.8 的结果表明技术交易策略在合理的交易成本之下，相对于买入持有策略的良好表现具有持续性，并且能够被投资者加以利用。

表 13.8　　　　　　　　技术交易策略表现的持续性检验

		交易成本：0	交易成本：0.05%	交易成本：0.10%	交易成本：0.25%	交易成本：0.5%
上证	夏普比率之差	0.03	0.03	0.02	0.01	−0.01
	P 值	0.00	0.01	0.02	0.19	1.00
深成	夏普比率之差	0.02	0.02	0.01	0.00	−0.03
	P 值	0.02	0.05	0.12	1.00	1.00

13.3.5　结论

我们应用 SRC、SSPA 以及 SRC(3)、SSPA(3) 以及 FDR 方法，对技术交易策略我国股票市场上的表现进行了实证分析。我们从日、周、月和 60 分钟等不同周期，考察了过滤规则、价格移动平均、支撑和阻力、通道突破、OBV 移动平均以及 OBV 移动平均与其他 4 类规则两两进行组合得到的复杂策略等 6 类技术规则，总计 7 224 个策略的表现。我们的实证结果表明:在我国股票市场,即使考虑了合理的交易成本之后,仍然存在战胜买入持有策略的技术交易策略。实证结果还表明:在2010年之后,我国股票市场上发现战胜买入持有策略的技术交易规则明显减少,这也表明市场的有效性相比以前有了明显的提升。实证结果还表明:技术交易策略的超额收益在我国市场上存在持续性。我们的研究结果为市场的非有效性提供了直接的证据,也为行为金融在我国股票市场的理论研究和应用研究提供了新的视野。

复习与思考题

1. 考察开放式基金的业绩衡量,我们通常可以用Fama-French三因素模型作为基准收益来衡量一个基金是否存在超额收益,即alpha收益。在对基金的业绩评价中,可能有些实际能力平庸的基金因为运气因素而产生了超额收益,如果我们将这些基金选定为投资对象,则接下来很可能这些基金的业绩将陷入平庸。试应用SRC、SRC(K)、SSPA、SSPA(K)和FDR方法对我国股票型基金是否存在超额收益做出检验和评价。

2. 我国基金市场上推出了许多追踪石油价格的基金,比如:南方原油(501018)、华宝油气(162411)、诺安油气(163208)、石油基金(160416)等,如果将石油价格作为基准(比如:布伦特原油价格),试利用SSPA方法以跟踪误差平方和为评价指标,选出追踪石油价格的基金中跟踪误差最小的基金。

参考答案

1. 略
2. 略

参考文献

[1] Allen F., Karjalainen R., 1999, Using genetic algorithms to find technical trading rules, *Journal of Financial Economics* 51, 245-271.

[2] Bajgrowicz p. and Scaillet, O., 2012, Technical trading revisited: False discoveries, persistence tests, and transaction costs, *Journal of Financial Economics* 106, 473-491.

[3] Bali, T. G., 2003, An extreme value approach to estimating volatility and value at risk, *Journal of Business* 76, 83-108.

[4] Barras, L., Scaillet, O., Wermers, R., 2010, False discoveries in mutual fund performance: measuring luck in estimated alphas, *Journal of Finance* 65, 179-216.

[5] Bowman, A. W., and Azzalini, A., 1997, Applied smoothing techniques for data analysis, London: Oxford University Press.

[6] Brock, W., Lakonishock, J., LeBaron, B., 1992, Simple technical trading rules and the stochastic properties of stock returns, *Journal of Finance* 47, 1731-1764.

[7] Cao, Z, Harris, RDF and Shen, J, 2010, Hedging and value at risk: a semi-parametric approach, *Journal of Futures Markets*, 30: 780-794.

[8] Cao, Z, Harris, RDF and Wang A, Seasonality in the returns, volatility and turnover of the chinese stock markets, *Finance Letters*, 2007, 12: 1-11.

[9] Cao, Z, Harris, RDF and Yang, J, 2012, Heterogeneous beliefs, short-sale constraints and the closed-end fund puzzle, working paper.

[10] Chang, E. C., Lewellen, W. G., 1984, Market timing and mutual fund investment performance, *Journal of Business*, 57, 57-72.

[11] Chan, K. C., G. Andrew Karolyi, Francis Longsta, and Anthony Sanders, 1992, An empirical comparison of alternative models of the short-term interest rate, *Journal of Finance*, 47, 1209-1227.

[12] Easley, David, Maureen O'Hara, and P. S. Srinivas, 2002, Is information risk a determinant of asset returns, *Journal of Finance*, 57, 2185-2221.

[13] Efron B, 1979, Bootstrap methods: Another look at the Jackknife, Annual of statistics, 7, 1-26.

[14] F. A. Longstaff and E. S. Schwartz, 2001, Valuing American option by simulation: a simple least squares approach, *Review of Financial Studies*, 14, 113-147.

[15] Fama, E., and J. MacBeth, 1973, Risk, return and equilibrium: Empirical tests, *Journal of Political Economy*, 81, 607-636.

[16] Fama, E. F., Blume, M. E., 1966, Filter rules and stock market trading, *Journal of Business* 39,

226 - 241.
- [17] Fong, W. M., Yong, L. H. M., 2005, Chasing trends: recursive moving average trading rules and internet stocks, *Journal of Empirical Finance* 12, 43 - 76.
- [18] Gary S. Fields, 2004, Regression-Based Decompositions: A new tool for managerial decision-making, working paper
- [19] Hansen, L., 1982, Large sample properties of generalized method of moments estimators, *Econometrica*, 50, 1029 - 1054.
- [20] Hansen, P. R., 2005, A test for superior predictive ability. Journal of Business and Economic Statistics 23, 365 - 380.
- [21] Hausman, J. A., 1978, Specification tests in economics, *Econometrica*, 46, 1251 - 1271.
- [22] Hong, H., Lim, T., Stein, J., 2000, Bad news travels slowly: size, analyst coverage, and the profitability of momentum strategies, *Journal of Finance* 55, 265 - 295.
- [23] Hong, H., Stein, J., 1999, A unified theory of underreaction, momentum trading, and overreaction in asset markets, *Journal of Finance* 54, 2143 - 2184.
- [24] Hsu, Kuan, and Yen, 2014, A Generalized stepwise procedure with improved power for multiple inequalities testing, *Journal of Financial Econometrics*, 12, 730 - 755.
- [25] Hsu P. H and C. M Kuan, 2005, Reexamine the profitability of technical analysis with data snooping checks, *Journal of Financial Economics* 3, 606 - 628.
- [26] Hsu, P. H., Hsu, Y. C., Kuan, C. M., 2010, Testing the predictive ability of technical analysis using a new stepwise test without data snooping bias, *Journal of Empirical Finance* 17, 471 - 484.
- [27] Huang, C. F. and Litzenberger, R., Foundations for Financial Economics, North Holland, 1988.
- [28] Jegadeesh, N., Titman, S., 2001, Profitability of momentum strategies: an evaluation of alternative explanations, *Journal of Finance* 56, 699 - 720.
- [29] Kosowski, R., Naik, N., Teo, M., 2007, Do hedge funds deliver alpha? A Bayesian and bootstrap analysis, *Journal of Financial Economics* 84, 229 - 264.
- [30] Kosowski, Robert, Allan Timmermann, Russ Wermers, and Halbert White, 2006, Can mutual fund "stars" really pick stocks? new evidence from a bootstrap analysis, *Journal of Finance* 61, 2551 - 2595.
- [31] Kuang P, M Schröder and Q Wang, 2013, Illusory profitability of technical analysis in emerging foreign exchange markets, working paper.
- [32] Leamer, E., 1983, Let's take the con out of econometrics, *American Economic Review* 73, 31 - 43.
- [33] León Ángel, Gonzalo Rubio and Gregorio Serna, 2004, Autoregressive conditional volatility, skewness and kurtosis, Working paper.
- [34] Newey, W., and K. West, 1987, A simple positive semi-definite, heteroscedasticity and autocorrelation consistent covariance matrix, *Econometrica*, 55, 703 - 708.
- [35] Paolo Brandimarte, Numerical Method in Finance-A MATLAB-Based Introduction, John Wiley & Sons. Inc. New York, 2002

[36] Paul Glasserman, Monte Carlo Methods in Financial Engineering, Springer-Verlag New York, Inc, 2004

[37] Peter J. Brockwell and Richard A. Davis, 1996, Introduction to Time Series and Forcasting, Springer Science Business Media, LLC.

[38] Ribeiro Claudia and Nick Webber, 2003, A Monte Carlo method for the normal inverse gaussian option valuation model using an inverse gaussian bridge, working paper.

[39] Rilstone, P., 1991, Nonparametric hypothesis testing with parametric rates of convergence. *International Economics Review* 32, 209–227.

[40] Romano, J. P., and M. Wolf, 2007, Control of generalized error rates in multiple testing, *Annals of Statistics* 35, 1378–1408.

[41] Romano, J., P., Wolf, M., 2005, Stepwise multiple testing as formalized data snooping, *Econometrica* 73, 1237–1282.

[42] Shynkevich Andrei, 2012, Performance of technical analysis in growth and small cap segments of the US equity market, *Journal of Banking & Finance* 36, 193–208.

[43] Suits, 1984, Dummy Variables: mechanics V. interpretation, *The Review of Economics and Statistics*, 66, 177–180.

[44] Sullivan, R., Timmermann, A., White, H., 1999, Data snooping, technical trading rule performance, and the bootstrap, *Journal of Finance* 54, 1647–1691.

[45] White, H., 2000, A reality check for data snooping, *Econometrica* 68, 1097–1126.

[46] 曹志广. 我国交易所交易基金的折溢价行为及波动性[J]. 上海交通大学学报, 2014, 48, 282～289.

[47] 曹志广, 王安兴, 杨军敏. 股票收益率非正态性的蒙特卡罗模拟检验[J]. 财经研究, 2005, 31, 34～41.

[48] 曹志广, 杨军敏. 投机价值与中国封闭式基金折价之谜[J]. 金融学季刊, 2008, 4, 85～106.

[49] 曹志广, 杨军敏, 韩其恒. 技术交易策略表现和数据挖掘偏差. 2016, 工作论文.

[50] 陈浪南, 王艺明. 技术交易规则与超常收益研究[J]. 经济研究, 2001, 12, 73～81.

[51] 威廉. 格林. 经济计量分析[M]. 7 版. 王明舰等, 译. 北京: 中国社会科学出版社, 1998.

[52] 约翰. 赫尔. 期权、期货和其他衍生产品[M]. 7 版. 王勇, 索吾林, 译. 北京: 机械工业出版社, 2010.